BICKEL/FECHNER

# Ferdinand Tönnies - Harald Höffding - Briefwechsel

# Beiträge zur Sozialforschung

**Schriftenreihe der Ferdinand-Tönnies-Gesellschaft e. V. Kiel**

**Herausgegeben von Prof. Dr. Wilfried Röhrich**

**Band 4**

# Ferdinand Tönnies
# Harald Höffding
# Briefwechsel

Herausgegeben und kommentiert

von Cornelius Bickel

und Rolf Fechner

Duncker & Humblot · Berlin

CIP-Titelaufnahme der Deutschen Bibliothek

**Tönnies, Ferdinand:**
Briefwechsel / Ferdinand Tönnies; Harald Höffding. Hrsg. u. kommentiert von Cornelius Bickel u. Rolf Fechner. – Berlin: Duncker u. Humblot, 1989
(Beiträge zur Sozialforschung; Bd. 4)
ISBN 3-428-06773-8
NE: Höffding, Harald:; Bickel, Cornelius [Hrsg.]; Tönnies, Ferdinand: [Sammlung]; Höffding, Harald: [Sammlung]; GT


Druck: Berliner Buchdruckerei Union GmbH, Berlin 61
Printed in Germany

ISSN 0175-6087
ISBN 3-428-06773-8

Für Franziska und Rudolf Heberle

# Vorwort

Die Ferdinand-Tönnies-Gesellschaft — und die vorliegende Schriftenreihe — sind einem großen Namen verpflichtet. Mit Tönnies (1855-1936) begann in Deutschland die einzelwissenschaftliche Soziologie und damit eine neue Epoche sozialwissenschaftlicher Erkenntnis. Tönnies' Soziologie vereint typologisches Denken und historische Wirklichkeitserfassung; sie wurde von Marx beeinflußt und präludiert Max Weber. Durchdrungen ist das Werk von einem tiefgreifenden sozialen Engagement. Davon zeugt schon Tönnies' Fragestellung nach den Bedingungen der (organischen) »Gemeinschaft«, nach den Ursachen der (mechanisch-kapitalistischen) »Gesellschaft« und nach den Möglichkeiten einer neuen Sozial- und Kulturordnung.

Die anhaltende Bedeutung grundlegender Fragen von Tönnies ist unbestritten; und die in seiner Kritik erfaßte Problematik der kapitalistischen Gesellschaft besteht fort. Man muß nicht Kulturkritiker oder Sozialromantiker sein, um zu erkennen, in welch zunehmendem Maße diese Gesellschaft menschliche Lebensführung erschwert. Ihre Komplexität ist zu umfassend, als daß sie erlebnis- und gefühlsmäßig bewältigt werden könnte. Damit erweist sich das Problem »Entfremdung« — von dem Tönnies' Werk auf weiten Strecken handelt — als ein stets aktuelles Thema. Es gemahnt uns an das menschliche Emanzipationsziel.

So widmet sich denn auch die vorliegende Schriftenreihe zwei thematischen Schwerpunkten: Ferdinand Tönnies und den aktuellen Impulsen seiner Disziplin und — hiermit verbunden — der interdisziplinären Problematik: Entfremdung und Emanzipation. Im Briefwechsel mit dem dänischen Philosophen Harald Höffding werden dabei Tendenzen der neueren Geistes- und Wissenschaftsgeschichte sichtbar, die über die intellektuellen und emotionalen Positionen der Briefpartner hinausweisen und als Signatur der Moderne gelten können.

Noch ein Wort des Dankes: Der Kulturstiftung des Landes Schleswig-Holstein ist die Ferdinand-Tönnies-Gesellschaft für die finanzielle Hilfe verpflichtet, welche die Erschließung der vorliegenden Korrespondenz und die Drucklegung des Bandes ermöglichte.

*Wilfried Röhrich*

# Inhaltsverzeichnis



## BRIEFWECHSEL

**ANHANG**

## Editorische Vorbemerkung

»Briefe eines einflußreichen Mannes, an einen oder mehrere Freunde in einer Reihe von Jahren geschrieben, geben uns schon einen reineren Begriff von den obwaltenden Zuständen und Gesinnungen. Aber ganz unschätzbar sind Briefwechsel zweier oder mehrerer durch Thätigkeit in einem gemeinsamen Kreis sich fortbildenden Personen«.[1] Doch auch die geringe Wertschätzung des Briefes als Mittel zur Erschließung eines Lebens oder eines Werkes wird, mehr oder weniger wortgewaltig und bedeutend, vertreten; so, wenn Hugo von Hofmannsthal am 24. April 1927 auf Ruth Sieber-Rilkes Bitte, an der Herausgabe der Briefe Rainer Maria Rilkes mitzuwirken, antwortet: »Wenn ich meinen Tod sehr nahe kommen fühle, würde ich alles tun - soweit sich in dieser zerfahrenen Welt etwas tun läßt - diese vielen schalen oft sehr indiskreten Äußerungen über einen produktiven Menschen und seine Hervorbringungen, dieses verwässernde Geschwätz, zu unterdrücken, zumindest ihm möglichst die Nahrung zu entziehen durch Beiseite-Bringen der privaten Briefe und Aufzeichnungen, Erschwerungen des läppischen Biographismus und aller dieser Unziemlichkeiten. Mein Gedanke wäre, das sehr schwer deutbare menschliche Wesen das einmal da war, R. M. R. oder H. H., wirklich dem Tod zu überantworten, und sei es der Vergessenheit (außer in den wenigen treuen Herzen einiger Menschen), - und die Werke ganz allein diesen schweren geheimen Kampf aufnehmen zu lassen mit den feindseligen nächstfolgenden Dezennien.«[2]

Ferdinand Tönnies teilte diese puristische Auffassung nicht, wie sein Kontakt Mitte der dreißiger Jahre unseres Jahrhunderts mit Hans Höffding, dem Sohn des dänischen Philosophen, zeigt. Das Ziel der beiden, einen fast 43 Jahre währenden Kontakt einer allgemeinen Öffentlichkeit zugänglich zu machen, war offensichtlich frei von dem Vorwurf des »läppischen Biographismus«, eines Vorwurfes mit dem Hofmannsthal wohl selbst nur kokettierte, denn schon 1920 war sein eigener Briefwechsel mit Richard Strauss im Druck erschienen.

---

[1] Johann W. *von Goethe* in seiner Rezension von *Solger*s nachgelassenen Schriften und Briefwechsel, in: Kunst und Altertum, in: Goethes Werke, hrsg. im Auftrage der Großherzogin Sophie *von Sachsen*, 1. Abt., 41.2 Bd., Weimar 1903, S. 269

[2] Aus Hugo von *Hofmannsthal*s Briefen, in: Corona, 1943, 10, Heft 6, S. 800 f.

Die Sammlung und Erschließung der Briefe von Schriftstellern, Wissenschaftlern und anderen bedeutenden und »einflußreichen« Menschen der Zeitgeschichte gehört mittlerweile, unbeschadet ob und mit welcher editorischen Akribie Wichtiges und Unwichtiges, Privates und Werkerhellendes für folgende oder nur für diese oder jene Zeit kodifiziert wird oder nicht, dieses editorische Bemühen jedenfalls gehört zu den wichtigsten Aufgaben der Dokumentierung und Deutung nicht nur eines literarischen Werkes, obwohl dieses natürlich in seinem Gehalt nicht in derartigen Selbstkommentierungen aufgeht. Selbstinterpretationen und Selbstaussagen sind gewiß nicht der einzig verbindliche Wegweiser der Deutung seines literarischen Werkes oder Lebens, doch zeigt eine mittlerweile lange Tradition, daß solche Aussagen keineswegs aus der wissenschaftlichen Beschäftigung mit den Werken eines Autors auszuschließen sind.

Mehrere Faktoren bestimmen dabei Methodik und Anlage von Brief-Editionen: personelle und finanzielle Voraussetzungen, Zielsetzung der Edition, die Bedeutung der Briefpartner, die Forschungs- und Quellenlage - um nur einige zu nennen, die ein Herausgeber beachten muß. Wie jede wissenschaftliche Tätigkeit an ihrer kommerziellen Seite ihre natürliche Grenze findet (und oft genug daran kränkelt), wo immer diese verlaufen mag, erhält sie andererseits auch Konturen durch den subjektiven Blick der Bearbeiter, deren wissenschaftlicher Anspruch durch eine kritische Öffentlichkeit gefordert und reglementiert wird. Die Zielsetzung einer Briefedition ist jedoch nicht allein durch den Mitteleinsatz determiniert. Briefe werden in der Regel ja als historisch-biographische Zeugnisse verstanden, die zur Erläuterung der Werke und zur Charakterisierung ihrer Verfasser und Urheber dienen. Hier geht es also einerseits um eine Verdeutlichung, vielleicht sogar um eine sinnvolle Ergänzung des fragmentarisch, flüchtig oder nur andeutungsweise Gesagten, um eine Vergegenwärtigung des Vergangenen, um ein Auffrischen des Verblaßten, um ein Aufdecken des Verschollenen. Ziel jeder editorischen Tätigkeit muß folglich sein, das historische Zeugnis in seinen historischen Bezügen transparent zu machen. Transparent jedoch für wen und für welchen Zeitgeist? Zwar legitimiert sich der Historiograph, indem er einstige Realitäten zurückbringt und somit das Verständnis für den eigenen Standpunkt schärft, dennoch läßt sich nicht vermeiden, daß diese historische Realität dabei selektiv präsentiert werden muß - nur schlaglichtartig erhellt wird. Jede Aufarbeitung verändert das historische Gefüge, setzt andere, schärfere Kontraste, hebt einzelne Gestalten und Werke auf die Gipfel einer allgemeinen oder auch nur speziellen Aufmerksamkeit (oder versucht es zumindest), verweist damit andere Werke, Taten und Menschen hinter diese Gipfel und damit auf die Geröllhalden der verschlissenen Akzeptanz. Diese Heroisierung, gewollt oder ungewollt, läßt eine Edition dann im Gegensatz zu den vergessenen, ungewürdigten Leistungen als Schatzhaus erscheinen - oder aber als Mausoleum oder Propagandadepot. Oft werden damit Türen aufgestoßen, die nicht nur das Vergangene in einem neuen Licht erscheinen lassen und eine kulturelle Identität erzeugen oder vertiefen, sondern die auch für eine zukünftige Wirklichkeit Möglichkeiten eröffnen, die in der wissenschaftlichen Diskussion sich bewähren müssen; oft werden jedoch durch eine Edition nur noch die Sarkophage des Ruhmes gewürdigt.

Selbstverständlich hängt die Wirkungsgeschichte jedes Schriftstellers eng mit der Präsentation seines Werkes zusammen; dieses muß dem jeweiligen Leser ja zunächst begegnen, ja überhaupt erst begegnen können. Der implizierte Ruf jedoch »Zurück zu den Klassikern«, vielleicht sogar zu den Verschollenen und Vergessenen (der gerade jetzt in den Sozial- und Geisteswissenschaften vehement zu vernehmen ist), muß sich die Frage gefallen lassen, ob eine »kritische Empirie der Texte«[3] nicht doch eine Ruptur des Fortgangs der Wissenschaften darstellt, einen unangebrachten Zweifel am Optimismus des ungebrochenen Erkennens. Kann und soll ein kritischer Textpositivismus die geistes- und sozialwissenschaftliche Alternative zum experimentellen Datenpositivismus der Naturwissenschaften sein? Wenn vorhin gesagt wurde, daß die Zielsetzung jeder editorischen Tätigkeit die Transparenz des historischen Zeugnisses in seinen historischen Bezügen beinhaltet, so muß diese Aussage nun präzisiert werden. Horst BAIER hat, aus sozialwissenschaftlicher Sicht, darauf hingewiesen, daß Texte mehrere Urheber haben: »Sie sind in einem von der Wissenssoziologie und der Soziolinguistik rekonstruierbaren Diskurs entstanden: im Kopf, mit Worten und mit der Feder eines namentlichen Autors. Das Letzte garantiert Authentizität und legitimiert ihre Bindung an einen Namen. Das erste jedoch erzwingt eine quellen-, varianten- und zeugenkritische *Präsentation des Diskurses im Text.* Insofern ist die Aufgabe einer solchen Edition nicht nur eine text-'kausale' Analyse, sondern ebenso eine text-'operante' Darstellung ...«[4]. Briefwechsel sind dabei bekanntlich eine der bewährtesten Formen editorischer Interaktionsanalyse, rechtfertigen sich per se jedoch nur als Mittel für einen Anspruch, der näher begründet werden muß. Gerade sozialwissenschaftliche Texte stehen in besonderer Weise »unter dem Anspruch unmittelbarer *Geltung und Wirkung* für eine Öffentlichkeit, aus der, mit der und für die sie geschrieben und gesprochen worden sind.«[5] Die Frage, warum Ferdinand TÖNNIES, warum Harald HÖFFDING zu den hochrangigen Denkern zu zählen sind, deren Leistungen und Werke die »reflexiven Mechanismen« einer Kultur und Sozietät sind, die diese erst im Selbstverständnis ihrer Mitglieder begründen, muß beantwortet werden.

Es dürfte akzeptabel sein, daß Briefeditionen als ein geeignetes Mittel angesehen werden können, um Originalität zu dokumentieren. Zur Zielsetzung einer derartigen Edition gehört aber sicherlich auch die Auskunft über die Produktions- und Rezeptionsgeschichte der Werke, die mit einem bestimmten

---

[3] Horst *BAIER*, Auf dem Weg zu einem neuen Typus der historisch- kritischen Gesamtausgabe, in: W. *JAESCHKE* et al. (Hg.), Buchstabe und Geist. Zur Überlieferung und Edition philosophischer Text, Hamburg 1987, S. 215 - 218, S. 216.

[4] ebd., S. 217; Hervorhebung im Original.

[5] ebd., S. 218; Hervorhebung im Original.

Namen verknüpft sind. Wenn die paradigmatische Leistung der Klassiker der Soziologie oder Philosophie darin besteht, daß sie nicht nur die Positivität der Fakten, sondern auch deren Methodik und Kategorialität vermitteln[6], dann muß diese Leistung TÖNNIES bzw. HÖFFDING zugesprochen werden können. Zwar gilt für beide Briefpartner, daß sie zu ihrer Zeit einflußreiche Männer waren, die uns, wie GOETHE es formulierte, »einen reineren Begriff von den obwaltenden Zuständen und Gesinnungen« zu geben vermögen - doch sollen sie deswegen in den Rang von Klassikern erhoben werden? Die Antwort hierauf muß einseitig ausfallen. Ungeachtet der Bedeutung und des Ansehens Harald HÖFFDINGS *war* es die ursprüngliche Absicht, Person und Werk TÖNNIES' als Ausgangspunkt zu nehmen und ihn in den Mittelpunkt unseres Interesses zu stellen - und die geistigen, kulturellen, sozialen und politischen Strömungen seiner Zeit gleichsam aus dieser Sicht zu ent-decken. Eine Begründung, diesen vorliegenden Briefwechsel zu veröffentlichen und das Ziel der Edition vorzustellen, läßt sich also nur von diesem Ansatz her geben und verstehen.

Lars CLAUSEN, Präsident der FERDINAND-TÖNNIES-GESELLSCHAFT in Kiel, hat die 'Klassikerrelation' unlängst architektonisch zurechtgerückt: »Die Soziologen haben Max WEBER nie vergessen, er hat uns so viele Zinnen und Fassaden hingestellt, das verdeckte bereits den Meister der Interieurs, Georg SIMMEL, dessen wissenschaftstheoretische Widerlager freilich nicht so tiefgeborsten erschienen wie die WEBERschen. Stellen wir dahin, ob das festere Fundament für einen Erfolg in einer selbst zerklüfteten Wissenschaft nicht eher ungünstiger war, und ob Max WEBER hier nicht einen uneinholbaren Vorsprung hat. Noch nachhaltiger jedenfalls verdecken WEBERs Blickweisen und Formulierungen die Sicht auf Ferdinand TÖNNIES. Und der hat nun die unmoralischste, die festeste Basis bereits vor 100 Jahren gefugt, 1887 in 'seiner Politeia', genannt 'Gemeinschaft und Gesellschaft'.«[7]

Dieses Werk, sein bekanntestes und zweifelsohne auch wichtigstes, stellt ein verwickeltes und vielschichtiges System sozialer Strukturen und sozialpsychologischer Verbundenheitsformen in formaler und historischer bzw. geschichtssoziologischer Absicht dar, so daß es im Spektrum der Kritik sowohl als »große Unklarheit«[8] wie auch als »Steinbruch«[9] apostrophiert wurde. In diesem diffusen Licht der Meinungen und Kenntnisse ist es einfach notwendig, Schneisen zu schlagen, die erhellen, daß Ferdinand TÖNNIES weltweit als einer der Begründer der modernen Soziologie gilt - nicht, weil es in allen soziologischen Lehrbüchern und Kompendien kolportiert wird, sondern weil TÖNNIES das große Thema einer Theorie der Rationalität als Grundlage der wissenschaftlich-

---

[6] vergl. ebd.

[7] Lars *CLAUSEN*, Vorwort, in: Carsten *SCHLÜTER* (Hrsg.), Symbol, Bewegung, Rationalität. Zum 50. Todestag von Ferdinand Tönnies, Würzburg 1987, S. 7 - 9, S. 7

[8] René *KÖNIG*, Die Begriffe Gemeinschaft und Gesellschaft bei Ferdinand Tönnies, in: Kölner Zeitschrift für Soziologie und Sozialpsychologie, 1955, 7, S. 348 - 420

[9] W. J. *CAHNMAN*, R. *HEBERLE* (ed.), Ferdinand Introduction, Tönnies, on sociology: Pure, Applied, and Empirical, S. XVII, Chicago/London 1971

technischen Revolution der Neuzeit in einer Art und Weise anpackte und zu lösen versuchte, die bahnbrechend war. Die Tragik ist nur, daß der Anspruch und das Ausmaß der TÖNNIESschen Soziologiekonzeption weder zu seiner Zeit noch später angemessen erkannt worden ist. Neben dem fachgeschichtlichen Bedürfnis, sich dem Werk von TÖNNIES, das nach dem Kriege nur mit wenigen Titeln neu aufgelegt wurde bzw. aus dem Nachlaß erschlossen wurde[10], in seiner Komplexität nähern zu können, fühlt sich diese Edition auch einem aktuellen fachlichen Interesse verpflichtet. Der junge Schweizer Philosoph und Soziologe Peter-Ulrich MERZ formulierte auf einem Colloquium in Sankelmark 1987 diesen Anspruch treffend: »Das Werk Ferdinand TÖNNIES' erfreut sich seit einiger Zeit einer gesteigerten Aufmerksamkeit, bei der verständlicherweise, da die Zuwendung auf eine lange Phase der Vergessenheit zumindest der Beinahe-Vergessenheit folgt und daher einer eigentlichen Neuerschließung gleichkommt, die historischen Gesichtspunkte noch überwiegen. Daß diese Aufmerksamkeit allerdings übergeht in eine dauerhafte Etablierung der Ergebnisse von TÖNNIES' wissenschaftlicher Arbeit in den Beständen der Gegenwarts-Soziologie, hängt mit davon ab, ob es gelingt, sein Denken unter den inhaltlichen Bedingungen der soziologischen Diskussion der Siebziger und Achtziger Jahre zu reformulieren; mit anderen Worten: für TÖNNIES' erneute Durchsetzung ist entscheidend, ob gleichsam die Voraussetzungen geschaffen werden können, für ein 'Wieder-Erkennen' seines Ansatzes, mithin ein 'Wieder-Erkennen' seiner Begrifflichkeit und Theoreme als Antworten auf *die* Problemlagen, denen sich die soziologische Wissenschaft in den aktuellen Situationen gegenübersieht.«[11] Dazu beizutragen, das verschüttete Fundament einer wesentlichen Epoche der Pionierphase der Soziologie in Deutschland freizulegen und dabei Werk und Person Ferdinand TÖNNIES' für ein »Wieder-Erkennen« zur Verfügung zu stellen, bleibt trotz der ausführlichen Darstellung von Höffdings Gedanken im Kommentar das Hauptinteresse dieser Briefedition. Daß dabei diejenigen, deren Interesse vor allem seinem dänischen Briefpartner gilt, Wissenswertes auf den folgenden Seiten finden, bleibt zu hoffen. Die Edition verfolgt denn auch die Absicht, Werk und Person Harald HÖFFDINGs wieder in das Licht eines sowohl kritischen, wie auch historischen Interesses seitens der Philosophie zu rücken.

---

10 Neben seinem Hauptwerk 'Gemeinschaft und Gesellschaft', das mittlerweile in mehreren Neuerscheinungen der achten Auflage von 1935 erschienen ist, wurde die 'Einführung in die Soziologie' und 'Die Kritik der öffentlichen Meinung' im deutschen Sprachraum erneut zugänglich. Aus dem Nachlaß ist von Jürgen *ZANDER* 'Die Tatsache des Wollens' Berlin 1981, herausgegeben worden und von Olaf *KLOSE* et al. bereits 1961 der Briefwechsel mit Friedrich *PAULSEN*. Eine Neu-Auflage von *TÖNNIES*' 'Nietzsche-Kultus' ist demnächst zu erwarten. Im angelsächsischen Sprachraum sind durch W. J. *CAHNMAN* und Rudolf *HEBERLE* sowie C. P. *LOOMIS* sowohl 'Gemeinschaft und Gesellschaft' wie auch einige andere Schriften seit dem Zweiten Weltkriege erschienen.

11 Peter-Ulrich *MERZ*, Zum Verhältnis von Rationalität und sozialer Wirklichkeit bei Ferdinand Tönnies, in: A. *DEICHSEL*, R. *FECHNER* (Hrsg.), Lokalkultur und Weltgesellschaft - Aspekte der Moderne, Hamburg 1987, S. 140 - 170, S. 140

Inwieweit die philsosophische Substanz im Briefwechsel dieser beiden originären Denker an der Peripherie Europas im späten 19. und frühen 20. Jahrhundert in einem allgemeinen Sinn Aufschlüsse zur modernen Geistes- und Wissenschaftsgeschichte um die Jahrhundertwende geben kann, inwieweit er interessante Einblicke in den intellektuellen Austausch zwischen Skandinavien und Deutschland in jener Zeit geben kann, versucht eine ausführliche Einführung zu erhellen. Sicherlich kann dieser Briefwechsel nicht ohne weiteres als ein durchgehender Kommentar zur wechselseitigen schriftstellerischen Produktion der beiden Briefpartner gelesen werden - obwohl gerade die Auslassungen, die oft erstaunlicherweise geradezu fehlende Diskussion, die Ignoranz gegenüber wichtigen und aufschlußreichen Aussagen in diesem langwährenden brieflichen Kontakt immer wieder verblüffen. Diese epistolographische Käfighaltung verbirgt prima facie die Relevanz vieler angesprochener Probleme, verhüllt das Selbstverständliche und Fragwürdige in der Beziehung zweier Männer, deren Polarität sich bei näherem Hinsehen in gemeinsamen Überzeugungen aufzulösen scheint. Insofern stellen gerade die Lücken, die Banalitäten dieses Briefwechsel besondere Erläuterungsansprüche.

Dieser Briefwechsel hat auch seine Vorgeschichte. Bereits in den Dreißiger Jahren plante Hans HÖFFDING, der Sohn des Philosophen und selbst ausgebildeter Historiker, die Briefe seines Vaters mit TÖNNIES editorisch zu erschließen und zur Veröffentlichung vorzubereiten. Dabei interessierten ihn vorrangig die deutschen und skandinavischen Kontakte. Zu diesem Zwecke nahm er auch mit Ferdinand TÖNNIES persönlich Kontakt auf, der dem Projekt wohlwollend gegenüberstand und auch bald mit einer Einleitung zu dem geplanten Briefwechsel begann. Das Konzept dieser Einleitung (*Meine Beziehung zu Harald HÖFFDING*) ist Bestandteil dieser Edition und steht dem Briefwechsel direkt voran. Hans HÖFFDINGs Absicht, die entsprechenden Briefe seines Vaters zusammen mit denen des deutschen Soziologen und des französischen Erkenntnistheoretikers Emile MEYERSON in einem Bande zu publizieren, ließen sich wegen seines Todes schließlich nicht mehr realisieren. Nur der Briefwechsel zwischen HÖFFDING und MEYERSON, der entgegen der ursprünglichen Absicht doch separiert wurde, erschien 1939[12].

Das hier vorliegende Werk kann also auf gewisse Vorarbeiten zurückgreifen. TÖNNIES erklärte bereits 1934 seine Bereitschaft, die Briefe HÖFFDINGs, die sich in seinem Besitz befanden, DET KONGELIGE BIBLIOTEK in Kopenhagen zur Verfügung zu stellen. Seinem Wunsch, das gesamte Briefkonvolut durchzulesen und mit Anmerkungen zu versehen, konnte nach mehreren Verhandlungen entsprochen werden. Die Schleswig-Holsteinische Landesbibliothek sollte Garant der »grössten Sorgfalt und Aufmerksamkeit« sein, von der die Königliche Bibliothek in Kopenhagen die Herausgabe des »Briefschatzes« abhängig machte. Dort, »im ehemaligen Schlosse«, das »ein schönes Lese-

[12] Correspondance entre Harald Høffding et Emile Meyerson, publiée par Frithjof *BRANDT*, Hans *HØFFDING* et Jean *ADIGARD DES GAUTRIES*, Copenhague 1939

zimmer« enthält, wollte TÖNNIES seinen Beitrag zur Edition der Korrespondenz leisten.[13] Aus Gesundheitsgründen und in Anbetracht der kurzen ihm noch zur Verfügung stehenden Lebensspanne blieben diese Arbeiten in Ansätzen stecken.

Die gesamte Korrespondenz (mit Ausnahme einiger Briefe) befindet sich nunmehr in der königlichen Bibliothek in Kopenhagen, wo auch handschriftliche Abschriften der Briefe, die wahrscheinlich Hans HÖFFDING angefertigt hat, archiviert sind. Diese Abschriften sind jedoch korrigiert und teilweise auch ergänzt worden und mit Randnotizen versehen. Photokopien der Korrespondenz (jedoch nur eingeschränkt nutzbar, da fast ausschließlich Negativdarstellungen minderer Qualität) sind im schriftlichen Nachlaß Ferdinand TÖNNIES'[14], den die SCHLESWIG-HOLSTEINISCHE LANDESBIBLIOTHEK in Kiel zur Einsicht bereitstellt, vorhanden. Dort sind auch maschinenschriftliche Abschriften fast aller Briefe TÖNNIES' an HÖFFDING und der ersten Briefe HÖFFDINGs an ihn vorhanden, wenn auch ohne editorischen Ehrgeiz erstellt.

Die editorische Zielsetzung dieser Edition beruft sich dagegen auf SCHOPENHAUERs letzten editorischen Willen: »Erfüllt mit Indignation über die schändliche Verstümmelung der deutschen Sprache, welche, durch die Hände mehrerer Tausende schlechter Schriftsteller und urtheilsloser Menschen, seit einer Reihe von Jahren, mit eben so viel Eifer wie Unverstand, methodisch und *con amore*, betrieben wird, sehe ich mich zu folgender Erklärung genöthigt: Mein Fluch über Jeden, der, bei künftigen Drucken meiner Werke, irgend etwas daran wissentlich ändert, sei es eine Periode, oder auch nur ein Wort, eine Silbe, ein Buchstabe, ein Interpunktionszeichen.«[15]

Während SCHOPENHAUER seine Maxime in sprachnormierender Absicht benutzte, findet sich hier der Grund im Informationswert, den eine Korrespondenz unabhängig vom Inhalt aufweist. Der äußere Eindruck, die Sorgfalt der Wortwahl, die orthographischen und stilistischen Eigenarten, der (im 19. Jahrhundert übliche) unreglementierte Umgang mit der Rechtschreibung, die Spontaneität des Kontakts, die Fähigkeit, sich in einer fremden Sprache auszudrücken, vermitteln doch manches vom Flair des Kontaktes und decouvrieren oft treffender den Rhythmus der Gedanken, das Temperament und den Charakter, die Art der Beziehung, als es tiefgründige Analysen vermögen. Der Brief als Visitenkarte - eine vielleicht unfaire und kleinliche Position? Aber Briefkul-

---

[13] »Indem ich nun hoffe, dies neue Jahr noch zu durchleben, glaube ich dass die angenehme Arbeit, zu der Sie mir so freundlich Gelegenheit geben, für mich sich am besten auf den Hochsommer verschieben wird«, schrieb *TÖNNIES* am 18. 1. 1935 an Hans *HÖFFDING* und zeigt, wie aufgeschlossen er der Edition gegenüberstand. (Beachte den Briefwechsel zwischen F. *TÖNNIES* und Hans *HÖFFDING*, T-N, Cb 54.51)

[14] Der Nachlaß *TÖNNIES*' ist vorzüglich archiviert, siehe Jürgen *ZANDER*, Ferdinand Tönnies (1855 - 1936). Nachlass, Bibliothek, Biographie, Berichte und Beiträge der Schleswig-Holsteinischen Landesbibliothek, Kiel 1980.

[15] Zitiert ist dieser Fluch, wie ihn *SCHOPENHAUER* in seinem Entwurf für die Vorrede der geplanten, aber nicht realisierten Gesamtausgabe aussprach, nach Ludger *LÜTKEHAUS*, Zur Schopenhauer-Ausgabe letzter Hand, vorgelegt zum 22. 2. 1988, Zürich 1987, S. 5.

tur ist nicht nur ein subjektives Phänomen! 1914, nachdem Harald HÖFFDING gerade als erster die Villa des Jacob JACOBSEN nach dessen Tode auf dem Gelände der Carlsberg-Brauerei in Kopenhagen bezogen hatte, auch 1931, als Niels BOHR, der Physiker, sein Nachfolger in dieser eleganten Villa wurde, und kraft seines Rufes und seines Ansehens seinen Vorgänger gewissermaßen noch nachträglich adelte, hätte die hier vorgelegte Korrespondenz verständnisvollere Leser gefunden. Mittlerweile sind Glanz und Ruf der beiden Biefpartner arg verblaßt. (Das kommerzielle Domizil dieser Edition wird dies in Zukunft genauer demonstrieren können.)

Dennoch: damit eine künftige Diskussion möglich sein kann - das erklärte Ziel dieses Buches - und gerade auch in Verbindung mit Absichten, das Werk Ferdinand TÖNNIES' geschlossen vorzulegen, erhält die Erschließung dieser Korrespondenz (und speziell dieser ungewöhnlich langwährenden) Dimensionen, die eine aufwendige Einführung opportun erscheinen lassen. Eine Revitalisierung muß dem Leser, der nicht mehr das feingesponnene Netz lebender Wissenschaft kennt, eine Topographie der Namen, Bezüge und Ereignisse bieten - und andererseits dem speziell Interessierten sein Verwertungsinteresse befriedigen helfen.

Die Konzessionen an die Gegenwart, der Verzicht auf eine faksimilierte Ausgabe der Briefe, die Wahl moderner Schrifttypen usw. sind notwendig und nicht erklärungsbedürftig, wie spätestens der Blick auf Abbildungen einzelner Briefe verrät. Zur Epiphilologie muß folgendes gesagt werden: Asterisken (*) im Text des Briefwechsels kennzeichnen ein ausgelassenes Wort bzw. -teil, das von den Herausgebern nicht entziffert werden konnte. In eckigen Klammer (<...>) stehende Zeichen sind von den Herausgebern in den Text eingefügt, dies gilt auch für hochgestellte Ziffern (1, 2,..). Diese verweisen auf Kommentare und Erläuterungen am Fuß der Seite. Fußnoten, die die Briefpartner selbst setzten, sind im Text durch ein hochgestelltes (+) markiert. Die Rechtschreibung wurde in der Regel nicht modernisiert und korrigiert; die vielen offenkundigen Fehler sind also authentisch! Bei möglichen Mißverständnissen und Sinnentstellungen wurde behutsam eingegriffen und die sprachlich korrekte Form in einer Fußnote angemerkt. Jedem Brief wurde eine kurze Beschreibung der äußeren Form vorangestellt. Der Name *Høffding* wird nicht in der korrekten dänischen Schreibweise geschrieben, da HÖFFDING dies selbst in seinen Briefen an Ausländer nicht tat.

TÖNNIES hatte die Eigenart, die Konsonanten *mm* und *nn* zeitweilig als $\overline{m}$ bzw. $\overline{n}$, also mit einem hochgestellten Verlängerungsstrich zu schreiben. Doppelte und einfache Unterstreichungen im Brieftext verweisen auf Unterstreichungen, die vom Briefempfänger bzw. vom Absender vorgenommen worden sind: Doppelte Unterstreichungen sind Bleistift-Unterstreichungen, die der jeweilige Empfänger anbrachte.

Herrn Dr. Jürgen ZANDER, dem Nachlaßverwalter des TÖNNIES-Archivs in der SCHLESWIG-HOLSTEINISCHEN LANDESBIBLIOTHEK, der seit 1980 mit Rat und Tat der neueren 'TÖNNIES-Forschung' zur Seite steht, muß natürlich auch hier wieder gedankt werden. Dankbar sind wir auch Herrn F. VØGG und dem CARLSBERG MUSEUM, die schnell und freundlich Fotographien aus dem Museum bereitstellten und für den Druck vorbereiteten. Dankbar sind wir weiterhin Herrn K. MADSEN von der CARLSBERG-BRAUEREI, der uns schnell und unbürokratisch die herrliche 'Ehrenwohnung' zeigte und den Garten, den nicht nur TÖNNIES rühmte, sondern der auch mit Recht der Stolz des dänischen Mäzens JACOBSEN war. So konnte er uns die Bedeutung, die HÖFFDING in seinem Volke genoß, plastisch vor Augen führen. Gewiß wäre diese Edition auch schlechter geworden ohne die angenehme Atmosphäre der KONGELIGE BIBLIOTEK in Kopenhagen mit ihren langen Holzpulten mit Ledereinsatz, grünbeschirmtem Licht und ihren freundlichen, hilfsbereiten Mitarbeitern. Ohne die SCHLESWIG-HOLSTEINISCHE KULTURSTIFTUNG und all denen, die mithalfen, diese administrativen Wege gangbar zu machen, namentlich die Herren Professor Dr. Lars CLAUSEN und Dr. Carsten SCHLÜTER, wäre dieses Buch wohl nicht zustande gekommen. Danken möchten wir auch Lise und Jan TÖNNIES, die, nicht nur was das Dänische 'anbelangte', eine unschätzbare Hilfe waren, sondern die auch großzügig Bücher bereitstellten und Kontakte knüpften. Der SCHLESWIG-HOLSTEINISCHEN LANDESBIBLIOTHEK in Kiel und der KÖNIGLICHEN BIBLIOTHEK in Kopenhagen sowie Jan TÖNNIES aus Kiel danken wir darüber hinaus für die bereitwillig erteilte Erlaubnis zur Veröffentlichung des Briefkonvoluts und des Bildmaterials. Leider konnten Erben und Rechteinhaber HÖFFDINGs nicht ausfindig gemacht werden. Danken möchten wir auch Franziska HEBERLE für die Erlaubnis, ihre Briefe an Harald HÖFFDING mit in die Edition aufnehmen zu dürfen; Dank aussprechen möchten wir ferner Rudolf HEBERLE für seine Korrekturen und Ergänzungen.

Folgende Abkürzungen werden neben den üblichen und verbreiteten gebraucht:

| | |
|---|---|
| *dän.* | *dänisch* |
| *engl.* | *englisch* |
| *franz.* | *französisch* |
| *ungar.* | *ungarisch* |
| *Kbn.* | *København* |
| *Kgl.* | *Kongelige* |
| *GuG* | *Ferdinand Tönnies, Gemeinschaft und Gesellschaft, Leipzig 1887* |
| *SSK* | *Ferdinand Tönnies, Soziologische Studien und Kritiken, Jena 1925 ff.* |
| *T-N* | *Tönnies-Nachlaß in der Schleswig-Holsteinischen Landesbibliothek zu Kiel* |

# Meine Beziehung zu Harald Höffding[1]

*von*

Ferdinand Tönnies

Meine Beziehungen zu Harald Höffding verdanke ich, wie so vieles, was mich gefördert hat, meinem treuen und stets beflissenen Freunde Friedrich Paulsen[2], der zwar 9 Jahre älter als ich aber schon durch unsere engste Landsmannschaft, daß wir beide aus Nordfriesland, also aus dem Herzogtum Schleswig stammen, mir verbunden war. Paulsen, der mit manchen Erscheinungen der philosophischen, deutschen Literatur wenig zufrieden war - nur Wundts[3] Verdiensten wurde er immer gerecht - rühmte an einer Schrift Höffdings, die er im Original gelesen hatte, die streng empirische Basis und die Klarheit des Gedankens. Ich weiß nicht, ob mich dies ermutigt hatte mein im Sommer 1887 erschienenes Buch "Gemeinschaft und Gesellschaft" Höffding zu überreichen; denn ich weiß nicht einmal, ob dies wirklich geschehen ist. So weiß ich nur, daß ich bald von dem dänischen Philosophen ein mir wertvolles Schreiben erhielt, das wie darin ausgesprochen wurde durch eine Äußerung, die ich selber damals in der Vorrede gewagt hatte, veranlaßt war. Ich ließ mir sehr angelegen sein, diesen Brief eingehend zu beantworten, wenn es auch ziemlich lange dauerte, bis ich damit fertig wurde. Dieser Austausch war der Anfang einer Freundschaft, die mich dann bis zu Höffdings Ende mit ihm verbunden hat.

---

1 Konzept der Einleitung zu der geplanten Ausgabe des Briefwechsels *Tönnies - Höffding*, die wegen des Todes von Ferdinand *Tönnies*' 1936 bzw. *Hans Höffding*s 1937 nicht realisiert werden konnte.

2 *Paulsen*, Friedrich (1846 - 1908), Professor der Pädagogik, der im Herbst 1875 seine Lehrtätigkeit mit einem Seminar über *Kant*s 'Kritik der Reinen Vernunft' in Berlin begann, an der auch der Student *Tönnies*, seinerzeit im achten Semester, teilnahm. Aus diesem Kontakt entwickelte sich eine langjährige, intensive Freundschaft, die ausführlich dokumentiert ist: Olaf *Klose*, E. G. *Jacoby*, Irma *Fischer* (Hrsg.), Ferdinand Tönnies - Friedrich Paulsen. Briefwechsel 1876 - 1908, Kiel 1961; vergriffen.

3 *Wundt*, Wilhelm (1832 - 1920), Physiologe; gründete eine experimentelle Schule der Psychologie, die im angelsächsischen Raum starke Wirkungen hatte. Seit 1900 Studien der 'Völkerpsychologie' (1900 - 1920). Seine Frau war eine Cousine *Tönnies*'. Siehe zu dieser verwandtschaftlichen Beziehung zu *Wundt*: *Tönnies*' Brief an *Paulsen* vom 30. 10. 1879 in *Klose* et al., S. 63: "Von *Wundt*s erhalte ich eben eine Einladung auf den Sonntag ... bei Visiten und Einladungen wird es bleiben. In mir ist eine große Scheu, den Schein zu erwecken, als wollte ich durch die Vetterschaft etwas erreichen."

Bild 1: Ferdinand Tönnies, ca. 1895

Bild 2: Harald Höffding, ca. 1885

Ich lernte ihn persönlich im Jahre 1896 kennen in Zürich, wo damals eine Versammlung mit einem Cyklus von Vorträgen durch die Gesellschaft für ethische Kultur bewirkt worden war, um deren Gelingen namentlich Herr Gustav MAIER[4], der damals in der Schweiz wohnte, sich verdient gemacht hatte. Wir wohnten zusammen in einem hochgelegenen Pensionat, das nahe genug bei Zürich und unserer Versammlungsstätte lag. HÖFFDING begegnete mir in herzlicher Weise. Da ich damals schon leicht im Schlafe gestört wurde und in dem mir angewiesenen Zimmer unter irgendwelchen Geräuschen litt, erbot sich HÖFFDING in freundlichster Weise, das Zimmer mit mir zu tauschen, was ich mir dankbar gefallen ließ. Unser Zusammensein war übrigens behaglich: besonders trug Paul POCHHAMMER[5], der schon damals von DANTE erfüllt war, den er später übersetzt hat, durch seinen Humor und eine nicht immer freiwillige Komik dazu bei, unsere gemeinsamen Mahlzeiten zu würzen. Indessen ich greife hier durch eine Skizze meines Verhältnisses zu HÖFFDING weit vor und füge nur die äußeren Daten noch hinzu. Im Jahre 98 besuchte ich HÖFFDING in Kopenhagen, wo ich einige Tage im Hotel wohnte aber HÖFFDINGs regelmäßig geladener Gast zu den Mahlzeiten war. HÖFFDING lebte schon lange als Witwer[6], hatte aber offenbar eine Haushälterin, die sich eine gemütliche Häuslichkeit für ihn angelegen sein ließ. Ich lernte manche andere dänische Gelehrte bei dieser Gelegenheit kennen und habe auch das Bedeutende der Hauptstadt gesehen, und im Theater als HÖFFDINGs Gast mehrere Opern und ein Schauspiel genossen. Im Jahre 1907 hat HÖFFDING begleitet von Dr. THOMSEN[7] und dessen junger Frau[8], einer gelehrten Jüdin, meinen Besuch erwidert, indem er nach Eutin kam, wo er als regelmäßiger Gast unserer Mahlzeiten etwa 10 Tage verweilte, während seine Freunde - THOMSEN hatte ein Stipendium dafür erhalten - ihre Reise nach Wien fortsetzten, wo ich im Herbste dieses Jahres sie wieder sah. Während des Weltkrieges bin ich dann noch zweimal mit HÖFFDING in Kopenhagen zusammen gewesen. Er legte großen Wert auf seine Neutralität

---

[4] *MAIER*, Gustav (1844 - 1923); Schriftsteller und Bankdirektor; als Sozialpolitiker war *MAIER* in der ethischen Bewegung engagiert, er war Herausgeber der Monatsschrift Ethische Umschau und veranstaltete 1896 die 'Züricher Reden', bei denen *TÖNNIES* Vorträge 'Über die Grundtatsachen des menschlichen Lebens' hielt (Bern 1897, Separatdruck aus: Ethisch-sozialwissenschaftliche Vortragskurse, Band 7).

[5] *DANTE*s Göttliche Komödie. In deutschen Stanzen frei bearbeitet von Paul *POCHHAMMER*, Leipzig 1901 u. ö.

[6] *HÖFFDING* war zu jenem Zeitpunkte, nach knapp 7jähriger Ehe, bereits über 20 Jahre Witwer. Erste Ehe mit Emmarenzia Lucie *PAPE* (1843 - 1877).

[7] *THOMSEN*, Anton Ludvig Christian <1877 - 1915>, Philosoph. Beachte folgende Arbeiten *THOMSEN*s: Bemerkungen zur Kritik des Kantischen Begriffes des Dinges an sich, in: Kant-Studien, 1903, VIII; Über die Entwicklung der ethischen Theorie Benekes, in: Archiv für Geschichte der Philosophie, 1903, XVI; David Hume. Religioens naturlige oprindelse og udvigling, Kbn. 1906; Aus Hegels Frühzeit, in: Kant-Studien, 1907, XII; Harald Höffding som Laerer. 1883 - 1908, in: Tilskueren, 1908; David Hume. Hans Liv og Virksomhed, Kbn. 1911; Thomas Hobbes. Grundlove, 1. Del., Kbn. 1912; Religion und Religionswissenschaft, Charlottenburg 1914. Beachte auch den Briefwechsel mit *TÖNNIES*, in: T-N, Cb 54.56.

[8] geb. Olga *EGGERS* <1875 - 1945>

und suchte sie durch eifrige Tätigkeit für die Gefangenen ohne Unterschied der Nation zu gewähren, wenn man auch von deutscher Seite ihm zum Vorwurf gemacht hat, daß er die Franzosen begünstige: die Zahl der Gefangenen war eben hier die viel größere. Über meine ferneren Beziehungen zu ihm geben die hier vorliegenden Briefe hinlänglich Auskunft, die ich aber durch einige Anmerkungen zu diesen Briefen, noch zu ergänzen beflissen sein werde. Sein Andenken bleibt für mich höchst wertvoll. Die Verschiedenheit unserer Nationalität hat uns niemals gestört. Er hat in seinen Erinnerungen, die gegen seine frühere Bestimmung, noch zu seinen Lebzeiten erschienen, mehrfach freundlich meiner gedacht. An dem schweren Schicksal, das ihn bald nach seiner verspäteten zweiten Heirat, zuerst durch die Erkrankung, dann durch den Tod seiner jungen Frau betraf, habe ich mit tiefem Bedauern teilgenommen, wie an den nicht geringen Erzeugnissen seines Geistes, die er noch als Greis hervorgebracht hat. Er ist 88 Jahre alt geworden und war mehr und mehr ein Held seines Volkes geworden, das auch sein Andenken treu bewahrt und ehrt.

*Brief, Format 26,7 x 21 cm, 2 Blätter, mittig gefaltet und fortlaufend Vorder- und Rückseite beschrieben, insgesamt 7 Textseiten im halben Blattformat, Schwarze Tinte. Flüssiges Schriftbild, mehrere Korrekturen und Einfügungen. Gelbliches, schwach liniertes Papier guter Qualität.*

Amici Vej 5.[1] V. Kopenhagen
den 2. Juli 1888

Hochgeehrter Herr!

Aus der Vorrede Ihrer Schrift "Gemeinschaft und Gesellschaft"[2] sehe ich, dass "persönliche Mittheilungen bekannter oder unbekannter Leser, welche etwa in irgendwelchem sympathischen Sinne sich berührt oder gefördert finden", Ihnen nicht ganz unlieb sein würden. Weil ich nun aus Ihrem Buche vielfache Anregung u. Belehrung geschöpft habe, erlaube ich mir, Ihnen meinen Dank zu bringen, zugleich aber folgende, bei der Lectüre hervorgerufenen Bemerkungen vorzulegen.

Es hat mich sehr interessirt den Gegensatz, den ich auch für den grössten in der menschlichen Entwicklung halte, in solcher scharfen und energischen Ausprägung, psychologisch und geschichtlich entwickelt zu sehen. So bis ins Einzelne hinein, in seiner ganzen inneren Artikulation war dieser Gegensatz noch nicht verfolgt geworden.

Ich kann aber nicht verhehlen, dass Sie mir den beiden Gliedern des gewaltigen Gegensatzes nicht ganz unparteiisch gegenüberzustehen scheinen. Instinkt und Autorität haben vor dem willkürlichen Willen die Vorzüge der Sicherheit und der energischen Konzentration; aber diese Vorzüge wurden oft zu theuer erkauft. Brutalität und Egoismus breiteten sich um so ungestörter, als keine Reflexion und Kritik Ihnen entgegentreten und eine Hemmung ihres Laufes bewirken konnten. - Andererseits verstehe ich nicht, warum sich aus der Willkür nicht ein neuer 'Wesenwille' entwicklen kann, - warum Sie überhaupt einen so grossen Unterschied zwischen den beiden Willensformen statuiren, dass nur die eine, nicht die andere Lob und Tadel unterworfen sein solle, und dass nur jene, nicht diese durch Uebung weiter entwickelt werden und neue Möglichkeiten darbieten könne. Stehen die beiden Willensformen doch nicht in einer solchen Wechselwirkung, dass - wie der willkürliche Wille sich aus dem unwillkürlichen entwickelt hat, so wieder - aus dem willkürlichen Willen sich

---

[1] Ein Straße namens Amici Vej ist in Kopenhagen nicht vorhanden, jedoch ein Amicis Vej im Kopenhagener Stadtteil V. Vielleicht ist diese Namensänderung eine Koketterie HÖFFDINGs?

[2] Ferdinand TÖNNIES, Gemeinschaft und Gesellschaft. Abhandlung des Communismus und des Sozialismus als empirischer Culturformen, Leipzig 1887, 294 S. Die folgenden Auflagen erschienen unter dem Titel: Gemeinschaft und Gesellschaft. Grundbegriffe der reinen Soziologie, 2. erhebl. veränderte und vermehrte Auflage Berlin 1912, 312 S.; 3. Aufl. Berlin 1920; 4. und 5. Aufl. Berlin 1922, 6. und 7. Aufl. 1926; 8. Aufl. 1935; reprographischer Nachdruck der achten Auflage, Darmstadt 1963, weitere Nachdrucke der Ausgabe von 1963 erfolgten 1969 (dabei wurde diese Ausgabe von Leinen auf Paperback umgestellt), dann 1970, 1972 und 1979; diese letzte Ausgabe wurde typographisch modernisiert, also neu gesetzt und 1984 erneut ausgegeben. Der Titel wird hier abgekürzt zitiert als: GuG.

ein neuer unwillkürlicher Wille entwickelt? So erweckt ein jeder klar bewusster Gedanke immer zahlreiche Associationen, die nur sehr dunkel im Bewußtsein hervortreten, und jeder Willensakt legt den Grund zu zahlreichen neuen Gewohnheiten. - Ein ähnliches Bedenken habe ich dem Unterschiede zwischen Gemeinschaft und Gesellschaft gegenüber. Die Verfolgung bewusster (darum doch wol nicht immer egoistischer?) Zwecke führt zum Verkehr mit Menschen, welche man vielleicht zuerst als Mittel betrachtet, welche aber später - eben durch die Macht der Association und der Gewohnheit - unbemerkt als Zwecke dastehen. Der kameradliche Geist, welcher z. B. in den Arbeitergenossenschaften (gewiss einer der wichtigsten socialen und geschichtlichen Erscheinungen unserer Zeit) entsteht, ist ein gutes Beispiel einer solchen Entwickelung. Der freie Zusammenschluss tritt an die Stelle der naturgebundenen Gemeinschaft des ancien régime, und der individualistische Auflösungsprocess ist nur ein Nebenprocess. Die Erziehung des Menschengeschlechts geht immer unter neuen Verhältnissen vor sich; zuerst galt es, sich zu emancipiren; jetzt wird es gelten: sich zu associiren.

Der Unterschied zwischen unseren Auffassungen besteht, so viel ich sehen kann, darin, dass Sie meinen, wir zehren nur an dem überlieferten Kapital ohne neues zu erwerben, wogegen ich eine immer vor sich gehende Neubildung von natürlicher Energie annehme.

Ich habe die Stellen Ihres Buches, wo Sie "das Künstliche, ja Gewaltsame in diesen Abstraktionen" (nämlich in den Distinktionen zwischen Wesenwille und Willkür, zwischen Gemeinschaft und Gesellschaft) hervorheben, nicht übersehen. Wenn aber diese Unterschiede nur abstrakt sind, wo bleibt die pessimistische Aussicht? Nur wenn sich in der Wirklichkeit zwei reale Zustände, der der Gemeinschaft und der der Gesellschaft, ablösen, *dies ist der Fall, aber d Begriffe selber haben u. suchen Bedeutung wenn f. d. Wirklichkeit angewandt* -[3] kann von einer pathologischen Entwickelung gesprochen werden. -

Einen Gedankengang, welcher mit dem Ihrigen etwas Verwandtes hat, habe ich in dem ausgezeichneten Werke von Gneist[4]: 'Das Selfgovernment in England'[5] getroffen. - Ich theile mit Ihnen die Bewunderung für K. Marx's[6] Werk.

[3] Einfügung zwischen zwei Zeilen, die wahrscheinlich von *TÖNNIES* vorgenommen wurde; so auch Bleistiftnotiz am Rande der Abschrift: "Samtidig tilskrift af *TÖNNIES*".

[4] *GNEIST*, Rudolf von (1816 - 1859), Jurist und Politiker, trat für die Beteiligung von Laienbeamten im System der preußischen Verwaltung nach englischem Vorbild ein. Verfasser des 'Rechtsstaates' (1. Aufl. 1872). Die Kritik an *GNEISTs* Gegensatz von Staat und Gesellschaft bildete für *TÖNNIES* einen wichtigen Ausgangspunkt für seine 'Gesellschaftswissenschaft'.

[5] Rudolf von *GNEIST*, Geschichte und heutige Gestalt der englischen Kommunalverfassung oder des Selfgovernment, Berlin, 2. Aufl. 1863, 2 Bde.

[6] *MARX*, Karl (1818 - 1883). Zu *TÖNNIES*' Auseinandersetzung mit *MARX* siehe besonders seine 'Neuere Philosophie der Geschichte: Hegel, Marx, Comte, in: Archiv für Geschichte der Philosophie, VII, S. 486 - 515, die eine Vorarbeit zu *TÖNNIES*' Publikation 'Historismus und Rationalismus' darstellt. Letztere Arbeit ist besonders wichtig für das ideengeschichtliche Verständnis nicht nur der Grundlagen, auf denen die Theorie von 'Gemeinschaft und Gesellschaft' beruht, sondern auch der geisteswissenschaftlichen Strömungen des 19. Jahrhunderts. Ferner siehe *TÖNNIES*' *MARX*-Monographie: Marx. Leben und Lehre, Jena 1921, 148 S.

Ich finde aber, dass er all zu sehr Hegelianer ist, was sich darin zeigt, dass er die abstrakte Kategorien als reale Gegensätze behandelt, und eine ganze geschichtliche Periode durch eine einzige[7] Kategorie resumiren zu können glaubt. - Die Wirklichkeit ist aber mannigfaltig und zusammengesetzt, ist eine grosse Synthese von Haupt- und Nebenprocessen.

Sie fragen vielleicht, mit welchem Recht ich mich als sympathischen Leser anmelde, wenn ich Sie doch mit einer so weitlaufigen Kritik plage. Zuerst wollte ich durch meine Einwände zeigen, in welcher Weise ich das Buch verstanden habe. Vielleicht sind Missverständnisse an meinen Bemerkungen Schuld. - Dann muss ich bemerken, dass ich den grossen Ernst des von Ihnen so meisterhaft geschilderten Gegensatzes nicht verkenne. Gibt es doch Erscheinungen genug, sowohl des privaten, als des öffentlichen Lebens, welche uns dazu nöthigen, ihn anzuerkennen. Und Ihr Buch wird mir zu fortgesetztem und wiederholtem Nachdenken über diese Fragen anleiten. Eben weil der Zusammenhang ein sehr komplicirter ist, muss eine so eindringende und aufklärende Behandlung wie die Ihrige mit Dank empfangen werden. Bei allen ernsten und nicht vorher eingenommenen Lesern werden Sie gewiss viele Gedanken in Bewegung setzen.

Sobald meine Zeit es erlaubt, werde ich in einer dänischen Zeitschrift eine Anzeige des Buches schreiben.[8]

Einen sympathischen Eindruck machte das Buch schon durch seine Zueignung[9] auf mich. Denn auch ich zähle Frederich Paulsen unter meinen Freunden; wenigstens hat er sich mir gegenüber als wahrer Freund erwiesen[10].

Mit ausgezeichneter Hochachtung
Ihr ergebener
Harald Höffding

---

[7] Bleistiftrandnotiz in der Abschrift von Hans *Höffding*: "understreget af Tönnies".

[8] H. *Höffding*, Social Pessimisme, in: Tilskueren, 1890, S. 464 - 477; siehe auch Anhang zu diesem Band.

[9] Die 1. Auflage von 'Gemeinschaft und Gesellschaft' ist Friedrich *Paulsen* gewidmet, mit dem *Tönnies* eine langjährige Freundschaft verband.

[10] Bereits am 30. 1. 1888 demonstriert *Höffding* in einem Brief an *Paulsen*, wie aufmerksam er den europäischen Büchermarkt registriert, wenn er auf das jüngst erschienene GuG eingeht: "A propos *Tönnies* - ich habe mit großem Interesse Ihre Anzeige seines Buches gelesen. Dass muss ja eine recht pessimistische Erscheinung sein. Ich zweifele nicht, dass mein Urtheil, wenn ich das Buch gelesen habe, mit dem Ihrigen übereinstimmen wird. -" - Briefe zwischen *Paulsen* und *Höffding*, siehe: Det Kongelige Bibliotek, København, Ny Samling 3815-4o.

*Postkarte an Herrn Professor Harald Höffding, Format 13,9 x 9,2 cm. Schwarze Tinte. Flüssiges Schreibbild.*

Kiel. 8 Lornsenstr. Juli 10. 88.

Mit großer Freude habe ich, verehrter Herr! Ihren Brief empfangen, und bin Ihnen für Billigung und Einwände gleichermaßen dankbar. Für eingehende Beantwortung bedarf ich aber einiger Frist und einer günstigen Stunde; hoffend daß es gelingen werde, eine tiefere Verständigung zu erreichen, soweit nicht etwa unerschütterliche Ueberzeugungen auf einer Seite oder auf beiden entgegenstehen mögen. Auf jeden Fall wird die Erörterung der Dinge mit Ihnen, wahrhaft fruchtbar für mich sein.

Mit aufrichtiger Hochschätzung
bin ich Ihr ergebener
Ferd. Tönnies.

*Brief, Format 28,6 x 22,1 cm, 3 Blätter, mittig gefaltet und fortlaufend Vorder- und Rückseite beschrieben mit 3 großen Rändern, insgesamt 11,5 Textseiten im halben Blattformat, Schwarze Tinte. Flüssiger Schreibstil, kompaktes Schriftbild mit mehreren unauffälligen Streichungen, Korrekturen und Einfügungen. Dichtes, hellbraunes Papier.*

Husum, d. 14. October 1888.

Hochgeehrter Herr Professor!

Viel länger als ich voraussah, hat es gedauert, bis ich auf Ihren mir so erfreulichen Brief zurückkomme, aber ich will Sie mit den Gründen und Entschuldigungen nicht aufhalten; genüge es zu sagen daß ich inzwischen einige Wochen in London und einige in Paris verlebt habe; nach London fuhr ich, von dem benachbarten Tönninger Hafen aus, um meiner Hobbes-Editionen willen[11], von deren Verlagssumpfe Sie vielleicht im Mind[12] gelesen haben; ohne erheblichen Erfolg zu verzeichnen, ging ich dann nach Paris, wo es mir gelang, eine Anzahl recht interessanter Briefe des Hobbes (an Sorbière) auf der Bibl. nation. zu entdecken, die vielleicht in dem Stein'schen 'Archiv'[13] - wo ich auch Ihren Namen neulich fand[14] - gedruckt werden können. Nunmehr aber will ich die kurze

[11] siehe dazu TÖNNIES' Brief an HÖFFDING vom 15. 12. 1895.

[12] Mind. A Quartely Review of Psychology and Philosophy, Edinburgh, ed. by George Croom ROBERTSON (1842 - 1892).

[13] Archiv für Geschichte der Philosophie, Berlin, hrsg. von Ludwig STEIN, Berlin.

[14] Harald HÖFFDING ist 1898, im 1. Band, des STEIN'schen Archiv weder mit einer Veröffentlichung noch mit einem rezensierten Werk vertreten; es könnte sich jedoch um einen Hinweis auf HÖFFDINGs Artikel "Philosophie in Dänemark im 19. Jahrhundert" handeln, der 1889 im Archiv erschien (II, S. 49 - 74).

Frist bis zum Anfange unseres Semesters in Kiel, benutzen, um endlich Ihnen zu antworten und zu versuchen, den Schwierigkeiten zu genügen, die Sie in einer für meine Arbeit so ausgezeichnenden Weise geltend gemacht haben.

Sie sagen zuerst, "daß ich den beiden Gliedern des gewaltigen Gegensatzes nicht ganz unparteisch gegenüberstehe (nach Ihrer Ansicht)" und begründen Ihr Bedenken durch das historische Urteil: "Brutalität und Egoismus breiteten sich um so ungestörter aus, als keine Reflexion und Kritik ihnen entgegentreten und eine Hemmung ihres Laufes bewirken konnten."

Ich antworte vor allem mit einer Voraussetzung die sich auf meinen ganzen Gedanken erstreckt. Sie ist im Buche ausgesprochen, am deutlichsten in der Einleitung (Thema § 2), aber bringt sich, wie ich besorge, bei den entscheidenden Uebergängen nicht genug in Erinnerung. Indessen ist sie doch der psychologischen Betrachtung nicht weniger als zu Grunde gelegt. Sie besteht aber in folgendem. Von den Gliedern des Gegensatzes ist nur das erste eine wahre und positive Realität, ein eigentliches An-Sich, während das andere nur in der Vorstellung oder im Begriffe vorhanden ist. Dieser Unterschied stellt sich sogleich als minder bedeutend dar durch die Erwägung, daß es immer nur um psychologische Existenzen sich handelt, daß also, ganz unbeschadet des Problems der Realität von materiellen Dingen, nach deren Analogie wir allerdings die spirituellen Dinge (um diesen Ausdruck einzuführen) denken müssen, von diesen jedenfalls gesagt werden muß daß "kein Object ohne Subject", daß sie in der Tat nur als Erzeugnisse des Geistes begriffen werden können; wenn auch in einer Stufenfolge das Erzeugen selber sein Wesen verändert, und das Erzeugte von beinahe völliger Identität mit dem Erzeugenden, zu beinahe völliger Diversität von ihm fortschreitet. Dies ist der Uebergang von einer Existenzweise durch das "Gefühl" - was im allgemeinsten Sinne bedeutet: psychische Tätigkeit überhaupt - zu einer Existenzweise durch den "Gedanken" - welcher zwar einerseits nur ein besonderes Organ psychischer Tätigkeit ist, andererseits aber eine psychische Tätigkeit ganz anderer Art. Jene - die allgemeine - hält die von Natur verbundenen Elemente zusam̅en, setzt ihr Leben fort und vermehrt es; diese vermag[15] auch - und tritt erst dadurch in den Gegensatz - ursprünglich getrennte Elemente, insofern als es in irgend einem Sinne solche gibt (und offenbar sind am ehesten die feindlichen als solche zu begreifen) zu verbinden und zu einer Einheit zu machen. Was aber so gemacht werden kann das ist immer ein Totes, und nur das Lebendige existirt in Bezug auf sich selber, als wirkliche und natürliche Einheit. Diesem zufolge ist Gemeinschaft und Wesenwille allein lebendig, hingegen Gesellschaft und Willkür im Grunde nur fictiones, deren Elemente zwar wirklich sind, und auch ihre Einheit und mithin ihr Daseyn, insofern als sie gedacht werden, und dieses Gedachtwerden ist es was ich betrachten wollte. Vom Wesenwillen aus ist alles Denken, und mithin, sofern es darin beschlossen ist, alles durch Denken hervorgebrachte, nur eine Emanation und ein besonderer Ausdruck seiner allgemeinen Natur; ebenso ist

[15] zwei andere Wörter durchgestrichen und durch 'vermag' ersetzt.

Gesellschaft nur ein besonderer Zustand von Gemeinschaft, und kann sich durchaus nicht völlig von ihr ablösen, nicht in sich selber beruhen. Wol aber kann eine Annäherung dahin stattfinden, und diese Annäherung die Tendenz haben, den Wesenwillen selber zu zersetzen oder wenigstens abnehmen zu lassen, die Gemeinschaft der Menschen aufzulösen. Und dies ist der Proceß den ich in der Entwicklung der höchsten Culturen wahrzunehmen glaube.

Diesem gemäß sind nun "Reflexion und Kritik" keineswegs notwendiger Weise vom Wesenw. ausgeschlossen; aber auch wenn sie als charakteristische Betätigungen der Willkür begriffen werden, so liegt mir durchaus ferne, die Nützlichkeit solcher Willkür in Zweifel zu ziehen; vielmehr meine ich daß das Individuum um so menschlicher und edler sich entwickelt je mehr ein besonnenes Urteil, oder die Vernunft, an seinem Wesen und an seinen Handlungen Anteil hat; nur ist die Gefahr vorhanden daß durch diese Verfeinerung, welche den naiven und brutalen Egoismus - der mit seinem Gegenteile zusam̄enbesteht, in Proportionen die nach natürlicher Anlage und nach Umständen oder Gelegenheiten, günstigen und ungünstigen verschieden sind - so sehr zu beschränken geeignet ist, daß eben durch diese der reine, bewußte und ausschließliche Egoismus erst hervorgebracht wird, dessen Subject mit eben so kalter Stirne seine Zwecke setzt als die Mittel dazu erfindet und anwendet. - Zu dieser eigentlichen freien und losen Willkür gehört das rücksichtslose und kritische wissenschaftliche Denken allerdings als ein Complement (in beiden Erscheinungen ist das Denken souverän), womit aber keineswegs gesagt ist, daß in der Erfahrung der praktische Egoist immer ein wissenschaftlicher Mensch, oder daß der wissenschaftliche Mensch immer ein praktischer Egoist sey. Vielmehr hat das wissenschaftliche Denken seine eigentliche Sphäre einer negativen Tätigkeit in dem Gegensatze gegen diejenige Gestaltung des Geistes oder Wesenwillens, welche ich als die künstlerische definire - in dem Gebiete das als das höchste menschliche, intellectuelle oder mentale ihnen beiden gemeinsam ist; wie denn alle Antagonismen in einem bestimmten Felde sich entfalten müssen.

d. 19. October.

Soweit hatte ich neulich geschrieben, und mußte mich unterbrechen; indem ich es jetzt überlese, fürchte ich daß es mir nicht gelungen ist, meine Position als richtig darzutun. Ich will versuchen, mich noch enger an die Form Ihrer Fragen und Bedenken anzuschliessen. Sie "verstehen nicht warum sich aus der Willkür nicht ein neuer Ww. entwickeln kann" und führen aus daß jeder Willensact den Grund zu zahlreichen neuen Gewohnheiten lege". Ich gestehe daß es meine Willkür ist welche dies für den Begriff der Willkür verneint; aber ich meine in der Erfahrung auch einen Kampf gegen die Gewohnheit und Gewohnheitsbildung zu finden, und behaupte daß in der Tat der Vernünftige und Freie immer sich hüten wird, aus Gewohnheit zu handeln, und vielmehr die Untersuchung über das Verhältniß von Zweck und Mittel immer erneuern wird; wie in meinem typischen Beispiele der Kaufende, insonderheit der professionell Kaufende [und es ist ja wol nicht "zufällig", daß wir diese Operation κατ' ἐξοχὴν "Handel" nennen] nach Möglichkeit sich befreit von allen "dunkel bewußten Associationen", die ihn etwan verleiten würden, durch den Glanz einer Waare über ihren Wert sich täuschen zu lassen (was leider das Schicksal so vieler Käufer ist, das aber doch niemand will, vielmehr durch Schaden klug werdend, jeder zu vermeiden trachtet). - So ist es nun auch mit den socialen Begriffen. Ich bin auch hier keineswegs gesonnen, den Uebergang des Gedankens in das Gefühl zu leugnen; glaube auch daß ich dies Moment nachdrücklich hervorgehoben habe, wenn auch vielleicht nicht nach Verhältnis seiner unermeßlichen Wichtigkeit. Ebenso wichtig ist es jedoch zu bemerken daß dies seine Grenzen hat, und unter bestim̄ten Umständen immer unwahrscheinlicher wird. In parenthesi: Sie sagen: "die Verfolgung bewußter (darum doch wol nicht immer egoistischer?) Zwecke" ... ich antworte zuvörderst auf die eingeschaltete Frage. Die Bejahung derselben - woraus so viel Wesens in der Philosophie gemacht worden ist - erachte ich für absurd. Ich habe auch in dem Sinne mich ausgesprochen, - ich gebe zu, nicht deutlich und stark genug - daß alle Zwecke ihren letzten Grund in einem Bedürfnisse des "Herzens" haben, daher an und für sich ebensowol 'altruistischer' als "egoistischer" Natur seyn können, ja sofern sie den ausgebildeten ("höheren") Gestaltungen des Wesenswillen entspringen, eher jenes als dieses sind; hingegen aber, was die Formen der Willkür am meisten notwendig macht, fördert und steigert, das sind diejenigen Zwecke, in Bezug auf welche die Vergleichung von widerwillig angewandten oder ausgegebenen Mitteln unter einander und mit dem Zwecke am meisten gefordert wird oder am leichtesten ist; und diese habe ich in B. 2 § 14 (S. 131 ff) darstellen wollen. Diese Darstellung hat mir nie genügt, und bedarf der Berichtigung; ich würde sie gestrichen haben, wenn sie nicht der Sache nach unentbehrlich gewesen wäre, und besser konnte ich sie damals nicht machen, bin auch jetzt noch nicht darüber völlig im Klaren. Die Hauptsache ist aber der Satz: erst dadurch daß bestimmte Ziele gesteckt werden, deren Erreichung die Ueberwindung von Schwierigkeiten bedeutet, erst dadurch werden die Künste der Willkür gezüchtet und erzogen, d. h. es wird das Denken eingeübt auf Mittel und Wege zu sinnen, auf Verbesserung von Methoden - ob von Methoden einen Arbeitsproceß abzukürzen oder von Methoden die Menschen zu täuschen ist der Sache nach einerlei; und gerade das Letztere ist die große Kunst des Verkehres, das allgemeine Mittel um zu Genuß, Geld oder Macht zu gelangen: die Kunst des Weiberverführers, wie des Marktschreiers und des Politikers - und in alle dem gilt der Satz: Die Not macht erfinderisch; die Not ist ja die Verlegenheit um einen Genuß oder Gegenstand, und der heftige Wunsch, solchen zu erlangen; wie die Sinne des Tieres, so die Vernunft des Menschen in Spannung setzend; diese Not ist aber auch vorhanden im Ueberflusse wenn die Begierde auf mehr gerichtet ist. - Ich muss noch hinzufügen: je mehr es um entfernte Ziele sich handelt, desto mehr wird die Willkür ausgebildet zu complicirten Systemen. - Alles dieses aber ist, wie ich ausgeführt habe, in allem menschlichen Leben relativ charakteristisch für die Männer im Vergleich zu den Frauen, für die Alten gegenüber den Jungen, für die Gebildeten im Gegensatze zum Volke. Im socialen Leben bezeichnet es den Handel im Vergleiche zur Arbeit. Ich sollte vielleicht hinzufügen: es ist ebensosehr der Kampf (wo Schädigung oder gar Vernichtung des Anderen Zweck ist) als die absolute Herrschaft (wo Unterdrückung und Ausbeutung des Anderen Mittel zur eigenen Befriedigung ist), was ein Verhältniß zwischen Menschen begründet das durch Willkür definirbar ist. Daher ist es (im friedlichen Culturleben) sowol bei den Armen und Ohnmächtigen, als bei den Reichen und Uebermächtigen, wo man die rücksichtslosen und willkürlichen Individuen suchen muß. Hier berühren sich gewerbsmäßige Gauner oder Aufrührer[16] und erwerbsmäßige Fürsten oder Corsaren[17].

Um nun weiterzuschreiten, so leugne ich keineswegs daß auch wo eine Verbindung aus kaltem Interesse mit Willkür eingegangen worden, daraus sich Liebe, Freundschaft entwickeln könne; aber es liegt doch nicht im Wesen einer solchen Verbindung - oder: je mehr sie, ihrem Wesen nach, solcher Begründung entspricht, desto weniger ist jene Veränderung wahrscheinlich, bei einer Actien-Gesellschaft zu Handelszwecken (z. B.) so gut wie unmöglich, auch nutz- und sinnlos[18]. Hingegen ist etwan die Ehe ein Bund, dem die Motive der Willkür unnatürlich sind, und sie wird immer dahin tendiren, entweder (wenn auf solche Weise eingegangen) ihr Wesen völlig einzubüßen, oder aber andere Motive zu erwecken, auf denen sie beruhen kann. Was die Arbeiter-Genossenschaften betrifft, so sind sie freilich "eine der wichtigsten socialen und geschichtliche Erscheinungen unserer Zeit", aber nicht in hohem Grade charakteristisch für den Begriff der gesellschaftlichen Verbindungen. Sie sind vielmehr ihrer Natur nach gemeinschaftlich, wie die Ehe, wenn auch in minder ausgeprägter Weise. Schon daß ihre Subjecte Arbeiter sind, daß sie zum eigentlichen[19] Volke gehören, auch wol daß enthusiastische Jünglinge darin wirken, begünstigt ihren gemeinschaft. Charakter. Der kameradliche Geist welcher darin gefunden wird, beruhet[20] auf der Nähe des häufigen persönlichen Umganges, auf der Verwandtschaft der Denkungsart u.s.w., insbesondere aber auf der Gelegenheit die er hat sich zu entfalten und einen Wetteifer der Aufopferung zu erwecken. - Dennoch wird es nicht schwer sein, auch an diesen Genossenschaften die Merkmale unserer in fortschreitenden Maße gesellschaftlich werdenden Civilisation zu entdecken. Sie sind wesentlich Vereine zu bestimmten Zwecken, und nur per accidens Lebensgemeinschaften; in der Werde- und Blütezeit der Zünfte war es umgekehrt (wie besonders aus Gierke[21] zu ler-

---

[16] nachträglich zugefügt.

[17] zuerst: König, Fürsten oder Corsaren.

[18] letzter Halbsatz nachträglich hinzugefügt.

[19] 'eigentlich' nachträglich eingefügt.

[20] 'beruhet' nachträglich ergänzt.

[21] *Gierke*, Otto von (1841 - 1921), Professor der Rechte in Berlin, an den Vorarbeiten zum Bürgerlichen Gesetzbuch (BGB, 1900) beteiligt. *Tönnies* hat sich mit der 'organischen' Theorie *Gierke*s oft auseinandergesetzt: siehe besonders seinen Vortrag vor der Gehestiftung, 1906; Thomas Hobbes, 3. Aufl, 1925. *Gierke*s Hauptwerk hat *Tönnies* "unendlich bereichert" (Vorrede zu 'GuG', 2. Aufl.). "An das großartige *Gierke*sche Werk über Genossenschaftsrecht (bis-

nen). Im modernen Rechte, welches der im römisch. Rechte ausgeprägten Denkungsart immer mehr angepaßt wird, gibt es überhaupt keine Gemeinschaften, sondern nur juristische Personen, die nach Analogie eines willkürlich wollenden Individuums construirt werden; deren hauptsächliche Eigenschaft mithin ist, Vermögen und Schulden zu haben und zu erwerben. Alle Proteste Gierke's - wie noch neuestens in seiner Kritik unseres Code-Entwurfes[22]: Schmollers Jahrb. XII, 4 (1888) S. 120 f. 164 ff.[23] - können gegen diese unüberwindliche Tendenz aller rationalisirten und legislativen Rechtsbildung nichts helfen - und zu seinen Versicherungen daß die Genossenschaft "an und für sich" ein lebendes Wesen sey, schütteln die praktischen Juristen mit Grund ihre Häupter.

"Der freie Zusammenschluss tritt an die Stelle der naturgebundenen Gemeinschaft des ancien régime (hierzu muß ich die Glosse machen daß der fürstliche Absolutismus oder der aufsteigende Statsbegriff am meisten aller Gemeinschaft feindlich gewesen sind, und jene muß man doch als das eigentliche anc. rég. verstehen; ich verweise auf Tocqueville[24])", und der individualistische Auflösungsproceß ist nur ein Nebenproceß". Allerdings. Aber er ist die Bedingung der individualistischen Association, der Gesellschaft in allen ihren Erscheinungen, und schreitet noch gleichzeitig mit dieser fort (auch die Arbeiter werden noch individueller und willkürlicher, indem sie großstädtischer, gebildeter, politischer werden). Der freie Zusam̄enschluß kann auch geschehen vom Wesenwillen aus, und das wird in der Regel auch heißen: daß die Menschen

her 3 Bände) habe ich eben vor kurzem mich herangemacht. Es erfüllt mich mit ungemessenem Respekt. Der hat die Geschichte des Mittelalters am rechten Ende angefaßt; wenn er auch das Gegenteil des Modernen nicht durchschaut." (Brief an *PAULSEN*, 1882, in: *KLOSE* et al., S. 174) Gut 2 Jahre später jedoch, 1885, an *PAULSEN*: "Von *GIERKE* habe ich Dir wahrscheinlich zu viel versprochen, ihm ist freilich Geist nicht eigen, ich habe auch dann nur gemeint, daß man viel und Bedeutendes von ihm lernen könne ..." (ebd., S. 210). Gierkes Werk spielte für die Entstehungsgeschichte von GuG eine wichtige Rolle. Aus der anfänglichen Zustimmung für Gierkes rechtshistorische Forschungen entwickelte sich bei Tönnies bald die Absicht, sein Unternehmen einer soziologischen Theorie gegen Gierkes juristische Auffassung der genossenschaftlichen und gemeinschaftlichen Phänomene in der Rechtsentwicklung vom Mittelalter zur Neuzeit abzugrenzen, und führte dann zu einer immer schärferen Kritik an Gierkes 'Blindheit' gegenüber der aktuellen sozialen Wirklichkeit. *GIERKE* andererseits monierte *TÖNNIES*' Pessimismus bezüglich der Gegenwart und ihrer Entwicklungsmöglichkeit. Dieser Vorwurf ist typisch für die Rezeption von GuG in den Jahren vor dem Ersten Weltkrieg.

22 Otto v. *GIERKE*, Der Entwurf eines bürgerlichen Gesetzbuches und das deutsche Recht, 2. Artikel, in: Schmollers Jahrbuch, 1888, Heft 4, Seite 109 - 195; S. 164 f.: "Indem er (der Entwurf) die Körperschaft als 'einen mit juristischer Persönlichkeit versehen Personenverein' definirt (§ 43), erkennt er zwar eine Gemeinschaft als ihr unentbehrliches Substrat an, setzt aber ihr rechtliches Wesen nicht in die Steigerung der Gemeinschaft zu einem Gemeinwesen, sondern in die Negation der Gemeinschaft durch eine außer und über ihr fingirte Einzelpersönlichkeit. " Und vorher, S. 164: "Die juristische Person des Entwurfs ist, wie schon mehrfach bemerkt wurde, das wohlbekannte *künstliche Individuum...*".

23 Jahrbuch für Gesetzgebung, Verwaltung und Volkswirtschaft im Deutschen Reich, Leipzig, hrsg. von Gustav *SCHMOLLER* (1838 - 1917)

24 *TOCQUEVILLE*, Alexis de (1805 - 1859), Democratie en Amérique, zuerst 1839/40, 1856 dann L'ancién régime et la revolution, das *TÖNNIES* mit "lebhaften Interesse" studierte (in: *KLOSE* et al., S. 55, Brief an *PAULSEN* 1879).

noch gemeinschaftlich bedingt sind und sich fühlen. Ja ich charakterisire eine ganze Periode der modernen Cultur, begrenzt etwa durch die Jh. 1200 und 1500, durch diesen Begriff: Gemeinsch. überwiegt noch, besonders in ihrem religiösen Ausdruck; die Individuen suchen und verbinden sich, die durch Beruf und Bekenntniß (Profession) auf einander angewiesen sind - außer daß auch die früheren Principien der Gemeinsch. die ich als Verwandtsch. und Nachbarsch. definire, noch wirksam bleiben; wie sie es ohne Zweifel bis zum heutigen Tage alle sind, aber bei zunehmendem Uebergewicht der gesellschaftlichen Tendenz - durch welche alle Verbindung bloßes Mittel oder Werkzeug wird, ein totes oder mechanisches System aus Teilen der Willkürsphären, insonderheit aus Vermögensteilen zusammengesetzt; die allgemeine Gesellschaft freilich ist auch dieses nur insofern als sie durch den 'Stat'[25] repräsentirt wird; hingegen, unterschieden vom State, nichts als ein fingirtes Willkür-Subject, welches den übereinstim̄enden Interessen "Aller" d. h. in Wirklichkeit der Mächtigen, entspricht. Der Begriff ist unentbehrlich, so vage er auch ist; man wird ihn, besonders bei zu betrachtenden großstatlichen Entwicklungen nicht ungestraft ignoriren. - Ich wiederhole: es liegt durchaus in meinem Sinne, geltend zu machen: daß ein freier Zusam̄enschluß, zu gegenwärtiger, wie zu jeder Zeit, auch wahre und vollkom̄ene Gemeinschaft, ja die höchste Form der Gemeinschaft, begründen könne - wenn die Gemüter gehörig dazu beschaffen, und mit Anspannung der Kräfte darauf gerichtet sind. Dies ist eine Art von Zeugungsact - wie das künstlerische Schaffen. So wie noch gute und wahre Ehen geschlossen werden, so mögen eines Tages auch gute und wahre Gemeinden hervorgebracht werden. Leichter ist es immer an gegebenen Formen anzuknüpfen. Und in diesem Sinne sind mir einzelne Ausdrücke des christlichen Lebens-Gedankens, wie die Secte der mährischen Brüder (der sogen. Herrnhuter[26], von denen ich die Niederlassung in Christiansfeld gesehen habe) in hohem Grade sympathisch.

Sie formuliren den Unterschied unserer Auffassungen dahin daß ich "meine, wir zehren nur an dem überlieferten Kapital ohne neues zu erwerben", wogegen Sie "eine immer vor sich gehende Neubildung von natürlicher Energie annehmen". Hierzu bemerke ich: allerdings glaube ich daß die moralischen Fonds der Cultur abnehmen - obgleich neuer Erwerb stattfindet, aber die Ausgaben übersteigen bei weitem die Einnahmen. Jene halte ich nämlich - die moral. Fonds - für identisch mit den gemeinschaftlichen Institutionen, Willensrichtungen und Denkungsarten; was alles durch bestim̄te materielle Elemente, Zustände, Beschäftigungen bedingt ist. Der Fortschritt des Handels, der großen Industrie, der Wissenschaft, bedeutet die allgemeine Vermischung der Menschen, die Lösung aller wirklichen und wesentlichen Bande, welche sie zusam̄engehalten haben. Jedoch die Wahrheit dieser Ansicht zu erhärten, würde

---

[25] *Tönnies*' damals übliche, an *Machiavelli* orientierte Schreibweise des Wortes 'Staat'.

[26] Herrenhuter: eine dem Pietismus verwandte evangelische Freikirche, nach der Stadt Herrenhut in der Oberlausitz benannt, in der die evangelischen Exilanten aus Mähren ihre Brüdergemeinde gründeten.

mich zu weit führen. Einiges habe ich in diesem Sinne gesagt in meinem Aufsatze der Philosph. Monatshefte[27] "über Spencers Sociologie"[28], der wie ich denke, im nächsten Monate erscheinen wird.

Sie fragen noch: "wenn diese Unterschiede nur abstract sind, wo bleibt die pessimistische Aussicht?" und fügen hinzu: "nur wenn in der Wirklichkeit zwei reale Zustände, der der Gem. u. der der Ges. sich ablösen, kann von einer pathologischen Entwicklung gesprochen werden". Sogleich nachher aber finde ich den Satz, der nicht leicht in genügender Weise eingeschärft wird: "Die Wirklichkeit ist aber mannigfaltig und zusam̄engesetzt, ist eine große Synthese von Haupt- und Nebenprocessen". Hierauf mich berufend, sage ich daß es mir nur darum zu tun gewesen ist, auf die Hauptprocesse hinzuweisen, und es glaublich zu machen daß wir aus einem Wahr-Leben, in welchem Gem. vorherrscht, immer tiefer in ein Schein-Leben übergehen, das durch Ges. als vorherrschende bezeichnet wird. Die Bildung der Begriffe ist willkürlich, schematisch; ihre Anwendung erheischt die größte Vorsicht; aber zu einer so allgemeinen Charakteristik glaube ich durch Historie und Erfahrung autorisirt zu seyn. Pathologisch ist dieser Gang in dem Sinne, in welchem das so natürliche Altern ein Leiden und Vergehen ist. Und der Uebergang von Gem. zu Ges. bezeichnet die höchste Reife, die Blüte und Fruchtbarkeit einer wahrhaft humanen Cultur. Ich glaube deutlich zu sehen, daß Europa, in seinen am meisten ausgeprägten Gestalten, diesen Übergang um das J. 1500 vollzieht. Die folgenden Jahrhunderte sind nicht mehr - wenn ich der Gefahr des Gleichnisses mich aussetzen darf - die der Blüte, wol aber einer immer weiter sich ausbreitenden Fruchtbarkeit der durch Christentum und Germanentum bezeichneten Cultur und Kunst. Aber schon verfällt die Verfassung der Dorfgemeinden - welche trotz ihrer meistens vollzogenen feudalen Metamorphose bis dahin ihr eigenes Leben, ihre Autonomie bewahrt hatten -, schon die Verfassung der Städte, und die Organisation der Arbeit und Verkehres im Gildewesen. Die Kirchentrennung tritt ein, und die kirchenfeindliche Denkungsart wird im Gegensatze zum volkstümlichen Glauben bald das Erkennungszeichen der Vornehmen und Gebildeten. Der Handel beginnt schon, den socialen Frieden, der bis so lange sich immer mehr in den wirklich zusam̄en-gehörigen Kreisen befestigt hatte, zu zersetzen. Eine überzählige Volksmenge, die pauperes et liberi, werden in den Heeren der Fürsten und in den Manufacturen der Freimeister vereinigt. - Aber ich darf Sie mit dieser unzulänglichen Skizzirung nicht länger aufhalten. Die Schriften Gneist's kenne ich nur wenig und muß sagen daß er zu den Autoren gehört deren Anschauung ich bisher mir nicht zu assimiliren ver-

---

[27] Philosophische Monatshefte (später: Archiv für systematische Philosophie), Heidelberg, herausgegeben von Paul *NATORP*, der *TÖNNIES* für eine Mitarbeit, besonders für die umfassenden soziologischen Literaturberichte, gewinnen konnte. Diese Literaturberichte, die in den Soziologischen Studien und Kritiken, III. Sammlung (abgekürzt: SSK) erneut abgedruckt sind, bilden eine kenntnisreiche und umfassende Dokumentation der soziologischen Literatur und Forschung jener Zeit.

[28] F. *TÖNNIES*, Herbert Spencers soziologische Werk, in: Philosophische Monatshefte, 1889, Bd. 25, S. 50 - 85; erneut in: SSK, I. Sammlung, S. 75 - 104

mocht habe. Ich glaube daß meine historische Ansicht am nächsten mit derjenigen St. Simons[29] und Comte's[30] verwandt ist, obleich namentlich der letztere den ganzen Proceß nur als einen intellectualistisch bedingten auffaßt, ohne die Bedingtheit des intellectuellen Wesens selber zu erkennen. Eben in dieser Hinsicht bezeichnet Marx - wie ich in Übereinstimmung mit den Socialdemokraten behaupte - einen ausserordentlichen Progreß. Ich vermute aber daß jener scharfsinnige Mann, wenn er näher in die causale Betrachtung des historischen Verlaufes einzugehen Gelegenheit genom̄en hätte, die große Complication worin die verschiedenen Factoren auf einander wirken, keineswegs in Abrede gezogen, und die relative Bedeutung der intellectuellen Momente zu würdigen nicht unterlassen haben würde. Daß aber die Unbefangenheit seines Denkens und Sehens nicht ganz selten durch persönliche Verbitterung getrübt war, beklage ich mehr an ihm, als den, auch für so viele andere brillante Köpfe nachteilig, aber doch auch fruchtbar gewesenen Einfluß Hegelscher Philosophie. -

Ich habe ihre Aufmerksamkeit schon zu lange in Anspruch genommen. Jede Mutter wird ja redselig, wenn sie von ihren Kindern sprechen darf. Und welcher Autor sollte es nicht werden, wenn er so ehrenvolle Anregung dazu empfängt, wie mir durch Ihre so sehr in den Kern meines Themas eindringenden Bemerkungen zu Teil geworden ist? Meinen aufrichtigen Dank dafür sage ich aufs Neue, und versichere, daß ich auf keine Weise nach einem höheren Lobe Verlangen trage, als in den Ausdrücken durch welche Sie das Verdienst meiner Arbeit hervorheben, enthalten ist. - Der in Aussicht gestellten Besprechung in einer dänischen Zeitschrift sehe ich mit Spannung entgegen.

Ich habe mich auch gefreut über die Erscheinung der deutschen Ausgabe Ihrer 'Ethik'[31], nachdem mich Paulsens entschiedene Anerkennung des ihm im

---

29 *Saint-Simon*, Claude Henry de Pouvroy (1760 - 1825), franz. Gesellschaftskritiker. Der nach ihm benannte Saint-Simonismus stellte die Kritik des Eigentums in den Mittelpunkt seiner Lehre und postulierte einen stetigen Fortschritt zu stärkerer Vergesellschaftung. Im Gegensatz zum Marxismus sollte die klassenlose Gesellschaft durch Volksaufklärung und das gebildete Bürgertum erstrebt werden.

30 *Comte*, Auguste (1798 - 1857); sein Werk 'Cours de philosophie postive' (1830 - 1862, 6 Bände) gilt allgemein als Grundlage des Positivismus. Mit seinem 'Système de Politique' (1851 - 1854) verfocht er später dann eine Art Vernunftsreligion. Über *Tönnies*' Beziehung zu *Comte* siehe besonders F. *Tönnies*, Comtes Begriff der Soziologie, in: Monatsschrift für Soziologie, 1909, 1. Jg., S. 42 - 50, und ders., Neuere Philosophie der Geschichte: Hegel, Marx, Comte, in: Archiv für Geschichte der Philosophie, 1894, Jg. 7, S. 486 - 515.

31 *Höffdings* Ethik erschien in dänisch 1887; 1888 kam die deutsche, erweiterte Übersetzung heraus. Erstaunlicherweise findet sich im Briefwechsel zwischen *Tönnies* und *Paulsen* keine schriftliche Diskussion dieser beiden 'Ethiken'. Dennoch muß eine Diskussion zwischen den Beiden stattgefunden haben, wie *Höffding*s Brief an *Paulsen* vom 30 1. 1888 zeigt: "*Tönnies* hatte ihm <dem Verleger *Reisland*> geschrieben: 'Von *Höffding*s Ethik hörte ich *Paulsen* im Sommer mit lebhaftem Beifall sprechen; er hatte sich gewundert, wie viele Gesichtspunkte ihm selber mit jenem gemeinsam seien. Seine (*Paulsen*s) eigene Ethik kommt ja im Frühjahr bei *Vert & Co* heraus. Wenn es da nur nicht des Guten zuviel wird.'" Diese Befürchtung schien *Reisland* sich zu eigen gemacht zu haben. Er wollte das Erscheinen von *Höffding*s Ethik verschieben und auch mit gewissen Auflagen verbinden, so daß *Höffding* deswegen bei *Paulsen* intervenierte: "Sie sehen also, dass Ihre gute Meinung über mein Buch dazu Veranlassung gegeben hat, dass es nicht auf deutsch erscheinen kann! ... dass ich trotz aller, mir sehr erfreulichen

Originale bekannten Werkes längst auf dessen Wert vorbereitet hat. Ich werde es nun zugleich mit seinem Buche über denselben Gegenstand, das bereits im Drucke fortschreitet[32], für die Zeit um Neujahr in ernsteste Betrachtung nehmen.

Wenn Sie einmal wieder - worauf ich durchaus keinen Anspruch habe - mir Ihre Zeit widmen wollen, und es Ihnen irgendwie bequemer ist in Ihrer Muttersprache Ihren Gedanken Ausdruck zu geben (obschon Sie auf so vollkom̄ene Weise die deutsche Schreibart beherrschen), so werde ich meinerseits mir ein Vergnügen daraus machen, meine Kenntniß des Dänischen bei solcher Gelegenheit zu verbessern.

Wenn Sie einmal Herman Möller[33] sehen, so sagen Sie bitte diesem meinem Freunde die verbindlichsten Grüße von mir.

Indem ich bitte, mit Nachsicht meine weitläufige und doch wenig Neues bietende Antwort aufnehmen zu wollen, bin ich, vertrauensvoll und mit aufrichtiger Hochschätzung

Ihr ganz ergebener
Ferdinand Tönnies.

Concl. Oct. 20. 88

---

Uebereinstimmung - doch nicht anderes glauben kann, als dass jedes der zwei Bücher doch eine eigene Charakteristik haben wird ... Ueber Hr. TÖNNIES Einmischen habe ich mich etwas gewundert. Ich kann es nur so verstehen, wenn er von REISLAND direkt aufgefordert ist, seinen Rath zu geben." Da PAULSEN in seinem Antwortbrief bestätigte, daß der Verleger REISLAND, bei dem TÖNNIES gerade sein "Gemeinschaft und Gesellschaft" publiziert hatte, Gutachten einholte, konnte der mißliche Eindruck, den TÖNNIES bei HÖFFDING noch vor dem ersten Kontakt hinterlassen hatte, doch soweit beseitigt werden, daß eine respektvolle und freundschaftliche Beziehung entstehen konnte. Beachte den Briefwechsel in der Königlichen Bibliothek, Nye Samling 3815-4°.

32 PAULSENs 'System der Ethik, mit einem Umriß der Staats- und Gesellschaftslehre', dessen Vorarbeiten der TÖNNIES-PAULSEN-Briefwechsel ausführlich dokumentiert, erschien 1889, ein Jahr nach der deutschen Ausgabe von HÖFFDINGs 'Ethik'.

33 Hermann MÖLLER, Kopenhagener Germanist, der zu jener Zeit an einer nordfriesischen Grammatik arbeitete, die jedoch erst aus dem Nachlaß 1938 publiziert wurde: Peter JØRGENSEN, Nordfriesische Beiträge. Aus dem Nachlaß Hermann Möllers, Kbn. 1938.

*Postkarte an Herrn Dr. Ferdinand Tönnies, Rendsburg; Format 14 x 8.9 cm. Schwarze Tinte. Flüssiges Schriftbild, Tinteverwischungen und Flecken, gelbliches Papier.*

Kopenhagen. 25.Januar 1890.

Hochgeehrter Herr!

Vielen Dank für die interessante Publikation der Hobbes-Briefe[1], so wie nicht minder für die frühere Sendung Ihrer Hobbes-Editionen[2]. Ich habe mich lange für Hobbes interessirt und glaube mit Ihnen, dass wenn man ihn früher gründlicher studirt hätte, würde man eine ganz andere Auffassung der Entwickelung und der Bedeutung der neueren Philosophie erreicht haben als die jetzt noch gangbare. - Im Märzhefte der dänischen Zeitschrift "Tilskueren"[3] wird ein Artikel von mir über Ihr "Gemeinsch. u. Gesellsch." erscheinen, welchen ich s. Z. schicken werde. - Die zwei Drittel meiner "psychol. Unters."[4] erscheinen (von October 89 an) in der "Vierteljahresschr. für wiss. Phil."[5] - Mit freundlichem Grusse Ihr ergebenster

Harald Höffding.

*Postkarte an Herrn Prof. Dr. Harald Höffding; Format 14 x 9 cm, Schwarze Tinte. Flüssiges Schriftbild mit zwei beschriebenen Randzeilen.*

Verehrter und lieber Herr Professor. Da ich erkenne dass ich jetzt über Reisevorbereitungen+ und anderen Geschäften nicht dazu gelange, Ihnen auf eingehende Weise zu schreiben, so will ich wenigstens nicht länger versäumen, Ihnen herzlich zu danken für den gütigst übersandten Aufsatz. Ich fühle mich sehr geehrt durch die auszeichnende Art in welcher ich in der vornehmsten Revue unseres nachbarlichen und durch so viele Erinnerungen vertrauten Landes behandelt worden bin. Dem socialen Pessimismus huldige ich nicht so-

---

[1] Leibniz und Hobbes. 1 Brief des Leibniz an Hobbes, zum ersten Mal im richtigen Text herausgegeben mit Erläuterungen von Ferdinand *TÖNNIES*, in: Philosophische Monatshefte, 1887, Bd. 23 S. 557 - 560 und S. 561 - 573 (Erläuterungen). Ferner: Briefe des Thomas Hobbes an Samuel Sorbières nebst Briefen Sorbières', Mersennes u. a., herausgegeben und kommentiert von Ferdinand *TÖNNIES*, in: Archiv für Geschichte der Philosophie, 1889, Jg. 3, Heft 1, S. 758 - 771 und Heft 2, S. 192 - 232.

[2] Thomas *HOBBES*: The Elements of Law and Politics, ed. with an Preface and Editiorial Notes by Ferdinand *TÖNNIES*, London 1889

[3] Tilskueren. Maanedsskrift f. Literatur. Samfundssørgsmaal og Almenfattelige Videnskabelige Skildringer , Red. af Poul *LEVIN*, Kbn.

[4] Harald *HÖFFDING*, Psykologiske Undersøgelser, Kbn. 1889 (103 S.)

[5] Vierteljahrsschrift für wissenschaftliche Philosophie (nach 1902 mit dem Titelzusatz: '... und Soziologie'), Leipzig, herausgegeben von Richard *AVENARIUS*

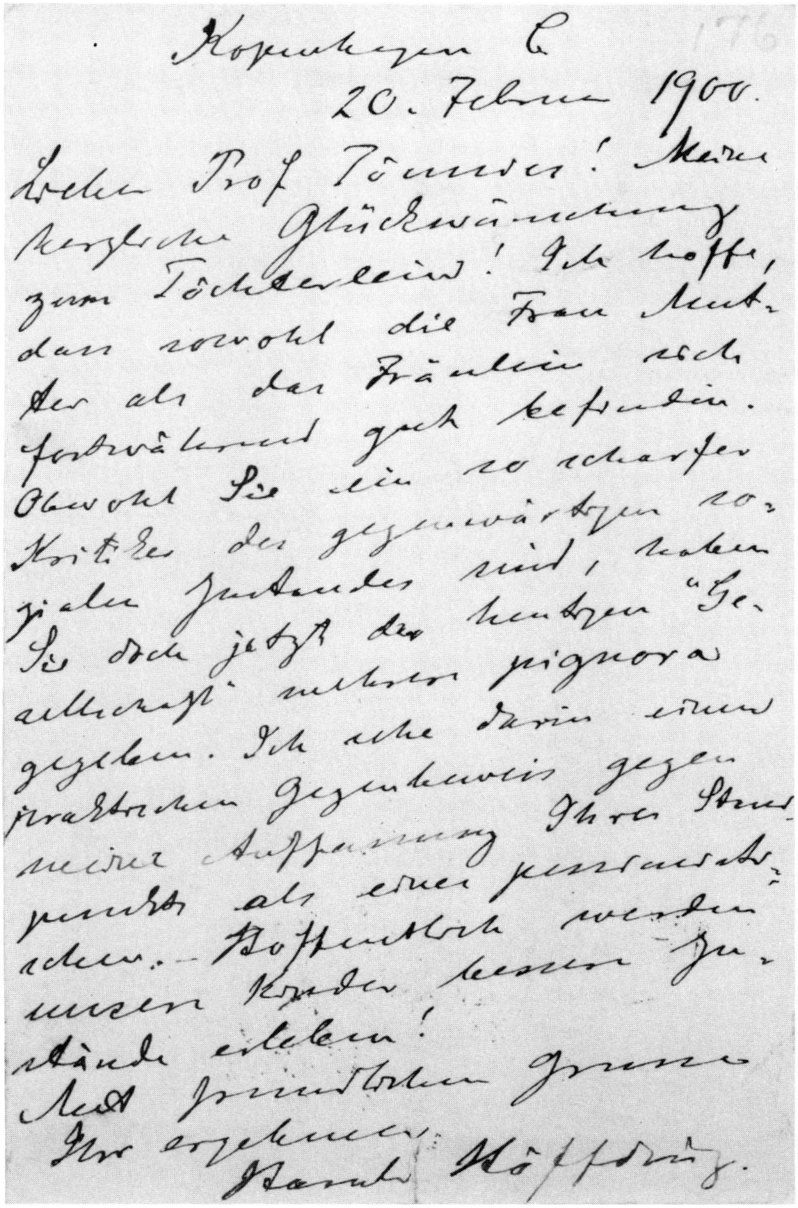
Kopenhagen C
20. Februar 1900.
Lieber Prof Tönnies! Meine
herzliche Glückwünschung
zum Töchterlein! Ich hoffe,
dass sowohl die Frau Mut-
ter als das Fräulein sich
fortwährend gut befinden.
Obwohl Sie ein so scharfer
Kritiker der gegenwärtigen so-
zialen Zustandes sind, haben
Sie doch jetzt der heutigen "Ge-
sellschaft" mehrere pignora
gegeben. Ich sehe darin einen
praktischen Gegenbeweis gegen
meine Auffassung Ihres Stand-
punkts als einer pessimisti-
schen. — Hoffentlich werden
unsere Kinder bessere Zu-
stände erleben!
Mit freundlichen Grüssen
Ihr ergebener
Harald Höffding.

Bild 3: Postkarte von H. Höffding an F. Tönnies vom 20. 2. 1900

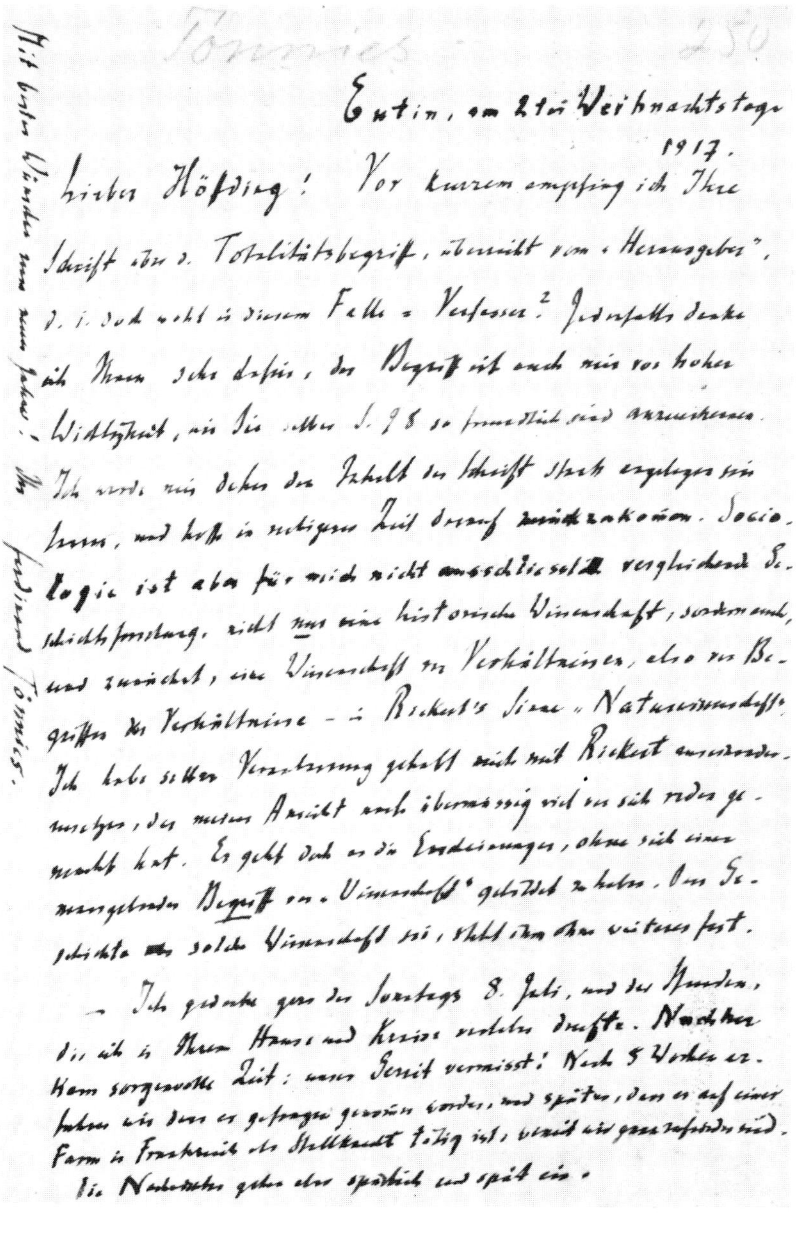

Tönnies 250

Eutin, am 2ten Weihnachtstage 1917.

Lieber Höffding! Vor kurzem empfing ich Ihre Schrift über d. Totalitätsbegriff, übersandt vom „Herausgeber", d. i. doch wohl in diesem Falle = Verfasser? Jedenfalls danke ich Ihnen sehr dafür, der Begriff ist auch mir von hoher Wichtigkeit, wie Sie selber S. 98 so freundlich sind anzuerkennen. Ich werde mir daher den Inhalt der Schrift stark angelegen sein lassen, und hoffe in richtiger Zeit darauf zurückzukommen. Sociologie ist aber für mich nicht ausschliesslich vergleichende Geschichtsforschung, nicht nur eine historische Wissenschaft, sondern auch, und zunächst, eine Wissenschaft von Verhältnissen, also von Begriffen der Verhältnisse – in Rickert's Sinne „Naturwissenschaft". Ich habe selber Veranlassung gehabt mich mit Rickert auseinanderzusetzen, der meiner Ansicht nach übermässig viel von sich reden gemacht hat. Es geht doch an die Erscheinungen, ohne sich einen [illegible] mangelnden Begriff von „Wissenschaft" gebildet zu haben. Ob Geschichte eine solche Wissenschaft sei, steht eben ohne weiteres fest.

– Ich gedenke gern des Sonntags 8. Juli, und der Stunden, die ich in Ihrem Hause und Kreise verleben durfte. Nachher kam sorgenvolle Zeit: unser Gerrit vermisst! Nach 8 Wochen erfuhren wir dass er gefangen genommen worden, und später, dass er auf einer Farm in Frankreich als Stallknecht tätig ist, womit wir ganz zufrieden sind. Die Nachrichten gehen aber spärlich und spät ein.

Mit besten Wünschen zum neuen Jahre! Ihr Ferdinand Tönnies.

Bild 4: Karte von F. Tönnies an H. Höffding vom 2. Weihnachtstage 1917

fern dies eine praktische Richtung bedeuten kann - vielmehr bin ich geneigt, alle Gattungen der Reform mit Hoffnungen zu betrachten! - Hr. Dr. A. Baltzer[6], Verfasser einer Arbeit über Spinoza, hat eine Art von erläuterndem Auszug aus "Gm. u. Gs" verfasst; ich will ihn veranlassen, diese Brochüre - von gegen 50 Seiten - Ihnen zu überreichen.

Mit ausgezeichneter Hochachtung u. freundlichem Gruss
Ihr ergebener Ferdinand Tönnies

Husum, Juli 26. 90.

+ ich reise nach Jena zum 75jähr.Burschenschafts-Jubiläum, u. demnächst nach Ober-Am̄ergau.

---

[6] August *Baltzer*, Ferdinand Tönnies, Gemeinschaft und Gesellschaft, zur Erläuterung der sozialen Frage dargestellt von August Baltzer, Berlin 1890. *Tönnies* über diese Rezension an *Paulsen*: "Hr. *Baltzer*,..., sandte mir kürzlich ... 2 Manuskript-Bücher ... 2) einen neuen Traktat über 'Gemeinschaft und Gesellschaft', worin er einen sorgfältigen und sehr getreuen Auszug (scil. fast ganz in meinen Worten) liefert, nebst Bemerkungen über meine Kritiken, die ich im ganzen als richtig anerkennen muß, besondes sagt er über *Schmoller*s ziemlich einfältige Manier, mich abzutun, einiges Zutreffende." (28. 12. 1889, in: *Klose* et al., S. 273 f.). *Tönnies* hält also offensichtlich eine 'autorisierte Deutung' von GuG zum besseren und richtigen Verständnis *Höffding*s für notwendig.

*Brief, Format 22,9 x 18 cm, 1 Blatt, mittig gefaltet und fortlaufend Vorder- und Rückseite beschrieben, insgesamt 4 Textseiten im halben Blattformat, sehr großer Rand oben und unten. Schwarze Tinte. Flüssigess, kompaktes Schriftbild, jede Seite mit 1 - 2 Zeilen am Rand beschrieben. Hellbräunliches, dichtes Papier.*

Hamburg U. Abendrotstr: 7
d 15. Dec. 1895.

Hochverehrter Herr Professor.

Seit geraumer Zeit schulde ich Ihnen Dank für den freundlichen Willen, womit Sie mir die Gesch. der neueren Philosophie[1] geschenkt haben. Ich habe mich in das Buch schon mit Liebe hineingelesen und finde daß es einen grossen Fortschritt gegen die herkōmlichen Darstellungen bezeichnet. Dafür ist besonders wichtig daß Sie in einer Einleitung die Hauptprobleme klar herausgestellt haben, der Leser gewinnt dadurch einen Leitfaden durch das Wirrsal der Meinungen und ein Reagenzmittel, um seine meist konfuse Vorstellung von Philosophie zu scheiden und zu beherrschen. Auch halte ich es für glücklich, daß die großen Systeme einmal in die centrale Stelle gerückt werden, es kōmt dadurch eine gewisse architektonische Ordnung in den Zusam̄enhang. Ich glaube aber, daß ich noch stärker hervorheben würde, wie sehr und wie lange es um freie und gleichsam in der Luft schwebende Gedanken sich handelt; daß die offizielle, fest fundirte Wissenschaft der Universitäten fast überall bis ins 18te Jahrhundert hinein der Aristotelismus geblieben ist; und daß bis in unsere Tage der Kampf zwischen diesem und den mechanischen Principien den Generalbaß darstellt, auf den sich die Phasen der Entwicklung beziehen, in denen das psychologische Problem die fortwährende Hem̄ung bildet, bis sie vielleicht durch die spinozistische Interpretation des Mechanismus überwunden wird. Nur eine begleitende Untermelodie, von Wenigen vernom̄en, scheint mir der durchaus analoge Proceß in der Entwicklung des Naturrechts auszumachen, weßhalb er hier auch nachhaltiger gelingt - und zwar der politisch-religiösen Gegenmine -, die mechanische, wie ich sage gesellschaftliche Ansicht völlig wieder zu verdrängen, ja das Problem im Bewußtsein der Denker auszuradiren. - Sie gewahren daß ich die Geschichte der Philosophie - u. im Zusammenhange mit ihr die der Theologie und der Wissenschaften - noch tiefer in die sociologische Dynamik der allgemeinen Geschichte versenken möchte, wozu ich aber auch bei Ihnen die entschiedene Tendenz bemerke.

Da Sie in so bedeutungsvoller Weise auf meine Ausgabe der Elements of Law[2] hingewiesen haben, so wird die Nachricht Ihre Teilnahme finden, daß die

---

[1] Harald HÖFFDING, Geschichte der neueren Philosophie. Eine Darstellung der Geschichte der neueren Philosophie vom Ende der Renaissance bis zu unseren Tagen, 1. Bd. 1895, 2. Bd. 1896, Leipzig, 2. dt. Aufl. 1921 (dän.: Den nyere Filosofis Historie. En Fremstilling af Filosofiens Historie fra Renaissances Slutning til vore Dage, Kbn. 1894 -95)

[2] Thomas HOBBES, The Elements of Law and Politics, London 1889, ed. by Ferdinand TÖNNIES, siehe auch den Brief vom 26. 7. 1890

ganze Auflage dieses Buches (wie das Behemoth[3]) vor kurzem durch eine Feuersbrunst in Chilworths Surrey[4], zu Grunde gegangen ist. Nur etwa 20 Expl. von jeder sind in London aufbehalten, und ebenso viele noch in meinem Besitze. Das Mißgeschick, das an diese Bücher geknüpft war, ist ein großes gewesen. Daß ich ein sehr großes Quantum von Zeit und Mühe daran gewandt habe, daß ich die Herausgabe mir mehr als 2000 M. habe kosten lassen, wovon kaum so viele Hundert zurückgekehrt sind, will ich noch wenig rechnen; daß ich aber - wenn ich von Ihrer Aufmerksamkeit und einigen vereinzelten Erwähnungen absehe - keinen Hauch des Dankes der gelehrten Welt empfangen habe, dagegen wird es mir schwer, der Erbitterung des Herzens zu wehren. Wäre Hobbes ein alexandrinischer Com̄entator des Aristoteles, so hätte ich ohne Zweifel durch die Restauration jener Werke Mitglied der Berliner Akademie werden müssen. Daß mein eigenes Werk (Gemeinschaft & Gesellschaft) mit einem Achtungserfolge vorlieb nehmen mußte, und in Deutschland durchaus unverstanden geblieben ist[5], nehme ich fast wie etwas Selbstverständliches hin. Wenn aber die bescheidenen Dienste, die man an großen Werken der Vergangenheit geleistet hat, so übel belohnt werden, so berührt dies um so sonderbarer, wenn der Alexandrinismus eine besondere philosophische Zeitschrift für "Kant-Studien"[6] ins Leben ruft! Ich bekenne offen, daß mir die Verlederung der in Deutschland herrschenden Universitäts- Philosophie durch diese Tatsache ins grellste Licht fällt. Verzeihen Sie diese Expectoration. Ich bin mit grösster Hochachtung Ihr sehr ergebener

Ferdinand Tönnies.

---

[3] Thomas *HOBBES*, Behemoth or the Long Parliament, London 1889, ed. for the First Time from the Original Ms. by Ferdinand *TÖNNIES*.

[4] Durch die Vermittlung George Croom *ROBERTSONs*, des Herausgebers der Zeitschrit Mind, lernte *TÖNNIES* einen Oxforder Verleger kennen, der seine Entdeckungen in den Beständen der Hobbesiana in London verlegen wollte; durch eine Reihe unseliger Ereignisse konnten die beiden o.g. Ausgaben, die *TÖNNIES* schließlich im Selbstverlag veröffentlichte, seit März 1885 im Druck, erst 1889 durch den Kommissionär Simpkin *MARSHALL* ausgeliefert werden. Durch einen Brand wurde der größte Teil der Auflagen vernichtet. 'Behemoth' wurde nicht wieder gedruckt, jedoch erschien eine deutsche Übersetzung von J. *LIPS*, Die Einstellung des Thomas Hobbes zu den politischen Parteien der großen englischen Revolution, Leipzig 1927, mit einer Einführung von F. *TÖNNIES*. Siehe zu dieser Affaire auch E. G. *JACOBY*, Die moderne Gesellschaft im sozialwissenschaftlichen Denken von Ferdinand Tönnies. Eine biographische Einführung, Stuttgart 1971, S. 18 ff.

[5] Bis 1905 waren erst 750 Exemplare verkauft.

[6] Kant-Studien. Philosophische Zeitschrift, Berlin, begründet von Hans *VAIHINGER* (1852 - 1933)

*Brief, Format 27,1 x 21 cm, 1 Blatt, mittig gefaltet und fortlaufend Vorder- und Rückseite beschrieben, insgesamt 2 1/4 Textseiten im halben Blattformat, Schwarze Tinte. Flüssiges Schriftbild, mehrere Korrekturen und keine Einfügungen. Gelbliches, dichtes Papier.*

Brogade 5. C. 4/2 96

Hochgeehrter Hr. Kollega!

Professor Hermann Müller[1] erzählte mir neulich, dass Sie Namen und Notizen der in den letzten 20 Jahren in Dänemark bestraften Verbrecher, welche in Schleswig, Holstein und Eutin geboren waren. wünschten.[2] Da ich einen jungen Freund[3] habe, welcher zu der Gefängnisverwaltung gehört und sich sehr für Gefängniswesen interessirt, bat ich ihn die gewünschten Aufschlüsse zu schaffen. Nun hat er mir aber geschrieben, dass er nur Zahlen, aber keine Namen, überhaupt Nichts, was dazu dienen kann, die Personen zu identificiren mittheilen darf. Wenn Ihr Zweck ist, die Verhältnisse der Recidivirten zu studiren, werden die Zahlgrössen Ihnen ja nicht nutzen. Ehe mein Freund weiter geht, wünscht er zu wissen, ob Sie von den blossen Zahlnotizen Nutzen haben können; sonst würde seine Arbeit, die er übrigens mit Vergnügen unternimmt, werthlos sein. Wenn Sie mir ein Paar Worte hierüber geben wollen, werde ich Ihnen die eventuellen Notizen so bald als möglich verschaffen. -

Ich danke Ihnen sehr für Ihren freundlichen Brief. Es thut mir sehr leid, daß Ihr schönes Hobbes-Buch ein so unglückliches Schicksal gehabt hat. Noch mehr aber bedauere ich, dass Sie - nach dem was mir Hermann Müller erzählt hat - noch immer keine feste Lehrwirksamkeit haben.[4] Ich kann mir denken, dass die Atmosphäre in Deutschland Ihnen nicht günstig ist[5], - aber eben Ihre

---

[1] Vielleicht Hermann *Müller* (1868 - 1932), Theologe und Musikwissenschaftler.

[2] *Tönnies*' umfangreiche 'Vebrecherstudien' fanden erst spät publizistischen Niederschlag besonders in folgenden Schriften: Das Verbrechen als soziale Erscheinung, in: Archiv für soziale Gesetzgebung, 1895, Bd. 8, S. 329 - 344; Verbrechertum in Schleswig-Holstein, in: ebd., 1924, S. 761 - 805; Ortsherkunft von Verbrechern in Schleswig-Holstein, in: Deutsches Statistisches Zentralblatt, 1929, S. 146 - 150; Die schwere Kriminalität von Männern in Schleswig-Holstein in den Jahren 1899 - 1914, in: Zeitschrift für Völkerpsychologie und Soziologie, 1929, S. 26 - 39; Uneheliche und verwaiste Verbrecher. Studien über Verbrechertum in Schleswig-Holstein, Leipzig, 1930.

[3] Handschriftliche Bemerkung am Rande der Abschrift: Dr. phil. Alexander *Kraft* <1863 - 1906>, Gefängnisinspekteur.

[4] Erst am 31. 12. 1908 erfolgte die Bestallung des mittlerweile 53jährigen *Tönnies* zum außerordentlichen Professor für wirtschaftliche Staatswissenschaften unter besonderer Berücksichtigung der Statistik. Erst 1913 bekam er das Ordinariat.

[5] Diese Atmosphäre in Deutschland, die Fr. *Paulsen* in einem Artikel in den Preußischen Jahrbüchern anprangerte, der sich mit der Stellung der Privatdozenten aus Anlaß des "Falles *Arons*", beschäftigte und sich gegen den Versuch wandte, einen Privatdozenten der Physik zu entlassen, weil dieser der sozialdemokratischen Partei angehörte (dazu *Klose* et al., S. 315), eskalierte in der berüchtigten "Umsturzvorlage" aus der Zeit des Sozialistengesetzes vom 19. 10. 1878 (dazu F. *Tönnies*, Der Kampf um das Sozialistengesetz 1878, Berlin 1929), die die Monarchie und die Religion strafrechtlich besser sichern sollte; Freiherr *von Stumm* ging dann in seinem Angriff besonders gegen den Verein für Sozialpolitik, aus dem sich 1909 die Deutsche Gesellschaft für Soziologie entwickelte, zu der Forderung über, den Sozialisten das aktive und passive Wahlrecht zu entziehen. *Tönnies* schreibt dazu am 5. 6. 1897 an *Paulsen*: "Ließe sich nicht eine Massenkundgebung deutscher Universitätsprofessoren ins Werk setzen, die einen

Gesichtspunkte dürften unter den gegenwärtigen Verhältnissen eine bedeutungsvolle Einwirkung üben können.

Mit freundlichem Grusse
Ihr ergebenster
Harald Höffding.

*Brief, Format 22,9 x 18 cm, 1 Blatt, mittig gefaltet und fortlaufend Vorder- und Rückseite beschrieben, insgesamt 4 Textseiten im halben Blattformat, sehr großer Rand oben und unten Schwarze Tinte. Flüssiges, kompaktes Schriftbild, gegen Ende gedrängt. Eine Einfügung. Hellbräunliches, dichtes Papier.*

Hamburg U<hlenhorst>. Feb. 5. 1896.

Hochgeehrter Herr Professor.

Sehr dankbar für Ihre gütige Bemühung und Mitteilung, erlaube ich mir auf die gestellte Frage hiemit zu antworten. Die blossen Zahlnotizen werden in der Tat auch einigen Wert für mich haben, zumal wenn die bestraften Delicte, Schwere der Strafe und etwa auch die Wiederkehr derselben Personen - also die Recidive - daraus ersichtlich sind. Aber auch wenn das nicht der Fall.

Mein eigentlicher Wunsch ginge allerdings dahin, wenn auch nicht die Namen, so doch Monat, Jahr und Ort der Geburt zu erfahren - wonach ich mit hinlänglicher Sicherheit verificiren könnte, ob die gn. Individuen mir schon in der einheimischen Kriminalität vorgekom̄en sind. Denn es liegt mir daran, die Verbrecher in annähernder Vollständigkeit auf ihre Geburtsorte (und Kreise) zu verteilen, was in die Causalität der Sache merkwürdige Einblicke gewährt. Hierbei sind aber manche Fehlerquellen unvermeidlich. Die Auswanderung nach Dänemark ist eine dieser Fehlerquellen, die durch jene Angaben, je nach deren Art, zugedeckt werden könnte. Die nackten Zahlen würden wenigstens für meine Schätzungen einen besseren Halt gewähren. Als Minimum würden aber auch schon die Angaben der Kreise (z. B. Kreis Apenrade, Kr. Sonderburg oder auch die historischen Bezeichnungen: Insel Alsen, Sundewitt u.s.w.) und etwa, wenn es geborene Städter sind, der Geburts-Städte, erheblich ins Gewicht fallen.

energischen Protest gegen die Anmaßungen und Fälschungen des Herrenhausredners erhöben, dessen politischer Einfluß notorisch ist, vor dem der Kultusminister seine bangen Verbeugungen macht?" Da *Tönnies* 1892 auch noch an der Gründung der Gesellschaft für Ethische Kultur in Berlin teilgenommen hatte, wurde sein Status als "aus politischen Gründen hoffnungsloser Privatdozent", wie H. *Plessner* (Nachwort zu Ferdinand Tönnies, in: Kölner Zeitschrift für Soziologie und Sozialpsychologie, 1955, S. 341) es formulierte, quasi festgeschrieben. Siehe dazu auch E. G. *Jacoby*, Die moderne Gesellschaft im sozialwissenschaftlichen Denken von Ferdinand Tönnies, Stuttgart 1971, S. 99 - 103.

Es scheint dass die Verwaltung der Strafanstalten in Bezug auf ihre Geheimnisse strenger in Dänemark ist, als selbst in Preussen. Früher war jenes Geheimniss, wenigstens abseiten der Justiz- und Polizei-Verwaltung, nicht vorhanden. Die Einreichung genauer Listen der bestraften Personen war seit 1802 für die Herzogtümer - ich weiss nicht ob auch für die königlichen Teile der damaligen Monarchie - obligatorisch, und diese Listen wurden gedruckt. - Uebrigens würde ich von den Namen durchaus keinen literarischen Gebrauch machen, wozu ich auch der Hamburger Verwaltung gegenüber mich verpflichtet habe. -

Vielleicht würde ich in Dänemark, bei der Polizei oder der Justiz-Verwaltung eher zum Ziele gelangen. Es würden ja auch die etwa vollstreckten Todes-Urteile, oder die vor vollstreckter Strafe verstorbenen Individuen in Frage kom̅en. - Jedoch muss ich wol mich bescheiden damit, dass eine so genaue Kunde sich nicht erlangen lässt.

Auch für Ihre übrigen freundlichen Worte danke ich sehr. Ich glaube allerdings - und ich erkenne auch sehr grosse Vorzüge darin - dass es mir beschieden sein wird, ein ganz zurückgezogenes und blos der privaten Arbeit gewidmetes Leben zu führen; werde mich auch an die äusseren Entbehrungen (Comfort, Bücher, Reisen, Gelegenheit und Fähigkeit, anderen zu helfen) mit zunehmendem Alter gewöhnen. - Was mich in Preussen suspect gemacht hat, ist sonderbarerweise hauptsächlich meine Teilnahme an der ethischen Bewegung[6]. Die Gesichtspunkte, die da herrschen und zugelassen werden, sind sehr kurz; für meine ist kein Raum. -

Mit dankbarst-freundlichem Grusse bin ich
Ihr ganz ergebener Tönnies.

[6] Die Ethische Bewegung, die unter führender Beteiligung von Georg v. *Gizycki* (1851 - 1905), beeinflußt von einer ähnlichen frei-religiösen Bewegung in Amerika, 1892 entstand, betrachtete *Tönnies* als "Supplement zur Sozialdemokratie" (Brief an *Paulsen* v. 2. 10. 1892, in *Klose* et al., S. 299). Beachte auch die Briefe von *Gizycki* an *Höffding* zwischen 1889 - 1893, Kgl. Bibliothek, Nye Samling 3815, 4°, Nr. 134 - 153.

*Brief, Format 21 x 13,5 cm, 1 Blatt, scharf abgerissen mit entsprechenden Ausfransungen am Rand, 1 1/3 Textseiten, Schwarze Tinte. Flüssiges Schriftbild mit geringen Korrekturen und Einfügungen. Gelbliches, dichtes Papier.*

Brogade 5. Kopenhagen C.
d. 18. Februar 1896

Hochgeehrter Hr. Kollega!

Nachdem ich wieder mit meinem am Gefängnis Vridslöselille (zwei Meilen von Kopenhagen) angestellten Freunde korrespondirt habe, glaube ich, dass wenn Sie sich durch das deutsche Ministerium der auswärtigen Angelegenheiten an die dänischen Staatsmündigkeiten wenden, werden Sie alle die in den Strafregistern enthaltenen Aufschlüsse bekommen, wenn Sie ein durch das genannte deutsche Ministerium verificirtes Versprechen, die Liste nicht zu missbrauchen, einsenden, - ein ähnliches Versprechen, welches Sie den Hamburger Mündigkeiten gegeben haben.

Diesen Weg sieht mein Freund als den einzigen an, auf welchem Sie Ihren Zweck erreichen können werden. Er kann Ihnen sonst nur die blossen Zahlen schaffen, welche Ihnen ganz unnütz sein werden.

Ich werde mit Vergnügen weitere mögliche Aufschlüsse schaffen.

Mit freundlichem Grusse
Ihr ergebenster
Harald Höffding.

*Brief, Format 26,7 x 21 cm, 1 Blatt, mittig gefaltet und fortlaufend Vorder- und Rückseite beschrieben, insgesamt 4 Textseiten im halben Blattformat, Schwarze Tinte. Flüssiges Schriftbild mit geringer Gliederung, wenige Korrekturen und Streichungen. Gelbliches Papier guter Qualität.*

Strandgade 26.
Kopenhagen C
d. 23. Februar 1897.

Lieber Professor Tönnies!

Schon lange ging ich mit dem Vorsatz um, Ihnen zu schreiben, als mir Ihr "Nietzsche-Kultus"[1] mit einer freundlichen Zuschrift zuging. Wenn diese Zuschrift an unser Zusammensein in Zürich erinnerte, muss ich Ihnen sagen, dass diese Erinnerung auch bei mir lebt. Besonders denke ich mit Vergnügen an unseren Spaziergang auf Zürichberg einen schönen Sonntag Morgen, wo ich auch auf dem Gebiete des Stimmungslebens eine grosse Verwandtschaft zwischen uns entdeckte.

Mit ganz besonderem Interesse habe ich Ihr Buch gelesen. Auch ich habe nämlich meinen Nietzsche=Streit gehabt. Vor ungefähr acht Jahren hielt Georg Brandes[2], der bekannte Kritiker hier Vorträge über Nietzsche[3] und veröffentlichte einen Aufsatz über ihn in einer hiesigen Monatsschrift. Ich schrieb gegen ihn, und es entwickelte sich ein ziemlich langer Streit zwischen uns. Was Brandes besonders bewunderte, war die Uebermenschen- und Raubthiertheorie, der 'aristokratische Radikalismus': Gegen diesen setzte ich den "demokratischen Radikalismus."[4] Der Streit wurde von seiner Seite mit grosser Gereiztheit und Grobheit geführt,[5] aber es gelang mir doch die Hauptfrage festzuhalten

[1] F. *Tönnies*, Der Nietzsche-Kultus. Eine Kritik, Leipzig 1897, 114 S.; eine Neuauflage im Berliner Akademie-Verlag (DDR) ist geplant. Siehe zum Thema '*Nietzsche*' auch F. *Tönnies*, Ethische Kultur und ihr Geleite. 1. Nietzsche-Narren, Berlin 1893.

[2] *Brandes*, Georg <1842 - 1927>, dänischer Literaturkritiker. Siehe zu *Brandes*, der für *Tönnies* ein typischer Vertreter des von ihm wenig geschätzten Typus des 'Intellektuellen' war, auch *Tönnies*' Brief an *Paulsen* vom 28. 7. 1881, S. 138: "Er <*Brandes*> kann so, wie er ist, als ein reiner aber *möglichst vorteilhaft* ausgearbeiteter Typ des modernen geistigen Lebens angesehen werden: Kritiker, Skeptiker, Allerweltskerl; mit allen zeitgemäßen Theorien, Ansichten, Büchern kokettierend ohne tiefere Sympathie; unfähig zum Handeln, zu einer lebendigen Wirksamkeit, zu einem ursprünglichen Gedanken; verständnislos für die Einfalt und Innigkeit alten Volkslebens, für die Mystik und Symbolik der Religion - aber voll neugierigen Interesses für alles Glänzende, Hastige, Rauschende; wenn zufällig auch ernste Menschen und Dinge in solche Umgebung kommen, so werden auch diese beguckt, betastet und beschnüffelt."

[3] G. *Brandes*, Eine Abhandlung über aristokratischen Radicalismus, in: Tilskueren, 1889, S. 565 - 613; erneut in: ders., Menschen und Werke. Essays, Frankfurt/M. 1900, 3. Aufl. (dän.: Mennesker og Værker).

[4] H. *Höffding*, Demokratisk Radikalisme (En Insigelse imod Brandes' Nietzsche-Artikel), in: Tilskueren, 1889, S. 849 - 872.

[5] Beachte: H. *Höffding*, Gensvar til Dr. Georg Brandes, in: Tilskueren, 1890, S. 125 - 153; ders., Epilog, ebd., S. 343 - 353; ferner: Georg *Brandes*, Duplik (Polemik med Høffding), in: Tilskueren, 1890, S. 281 ff.. Beachte auch die öffentliche Diskussion, so: in: Politiken: 12. 1. 1890, 3. 3. 1890; Morgenbladet: 13. 2. 1890, 15. 2. 1890, 19. 2. 1890, 11. 3. 1890; København: 15. 2. 1890, 18. 2. 1890, 20. 2. 1890, 23. 2. 1890, 2. 3. 1890, 6. 3. 1890, 8. 3. 1890, 10. 3. 1890, 11. 3. 1890, 31. 5. 1890.

und festzustellen, dass es keinen Sinn hätte, die grossen Menschen als das absolute Ziel der Geschichte zu betrachten. - Seit diesem Streite, welcher bei uns grosse Aufsicht machte, ist es hier selten, von Nietzsche sprechen zu hören, und Brandes hat selbst erklärt, dass er von dem Gebahren der Nietzsche-Jünger sehr wenig erbaut war. - Dr. Kurella[6] welcher meine "Einleitung in die englische Philosophie neuerer Zeit"[7] übersetzt hat, wollte auch meine erste Abhandlung gegen Nietzsche - Brandes übersetzen; aber ich meinte, es wäre besser, wenn ein deutscher Kritiker den Nietzscheanismus für Deutsche beurtheilte. Obgleich ich andere Versuche in dieser Richtung gesehen habe, scheint mir die Aufgabe doch erst recht durch Ihr Buch gelöst. Ich freue mich, dass Ihre Untersuchung im wesentlichen zu demselben Resultate kommt wie die meinige. Auch nach meiner Auffassung ist N. mehr Dichter oder Rhetor als Philosoph. Ich konnte aber vor acht Jahren noch nicht die ganze Schriftenreihe und Entwicklung N.s übersehen, und daher nicht in der gründlichen Weise orientieren, wie Sie es vermögen.

Wenn ich nicht irre, findet sich in Ihrem neuen Buche eine Anschauung, von der man in "Gemeinschaft und Gesellschaft" keine Spur findet, nämlich, dass sich mit der Kulturentwickelung nicht nur ein Isolierungs- und Egoisierungsprozeß verbindet, sondern dass auch die Humanität und die Milde, die sittliche Kultur und "der zarte und scharfe Sinn der Gerechtigkeit Produkte der Entwicklung sind S. 90 - 96 sind für mich ganz besonders interessant und lehrreich gewesen[8]. Nur würde ich eine Distinktion zwischen dem Humanitätsgefühl als Schätzungsmotiv (subjektiver Grundlage der ethischen Beurtheilung) und als Handlungsmotiv machen (Vergl. meine Ethik, deutsche Ausgabe 22 f, 32 f, 50 f, 166 f). Die männlichen Tugenden der Selbstbehauptung müssen eben vom Standpunkte einer universellen Sympathie sehr hoch gestellt werden; nur die blinde und passive Menschenliebe vermag nicht sie zu schätzen. Und eigentlich ist es (wie schon Hume[9] und A. Smith[10] gezeigt haben) nur die Sympathie,

---

[6] Hans *KURELLA* <1858-19??>, Nervenarzt; siehe auch seinen Brief an *TÖNNIES*, T-N, Cb 54.56:466, ferner *TÖNNIES*' Rezension von *KURELLA*s Schrift: Ein Handbuch über Kriminal-Anthropologie. Naturgeschichte des Verbrechens, in: Deutsche Worte, 1894, 24. Jg., S. 363 - 370

[7] H. *HÖFFDING*, Einleitung in die englische Philosophie unserer Zeit, Leipzig 1889, 249 S.

[8] "..., daß die höchste Art der Überlegenheit das sicherste Mittel der Herrschaft ist, - und daß diese höchste Art die Überlegenheit des Geistes und der sittlichen Kultur ist, die nicht anders als mit Milde gepaart sein kann, deren reife Frucht eben der zarte und scharfe Sinn der Gerechtigkeit ist; daß nur die Milde sich Liebe erwirbt, das einzige zuverlässige Band, nur die Gerechtigkeit Ehrfurcht, das einzige Mittel zur Erhaltung und zur Stärkung der Liebe, aber auch der Autorität hervorruft. Dies bewußte ethische Denken nähert den so Gebildeten wiederum dem Volke, lehrt ihn Selbsterkenntnis und dadurch heilsame Einkehr in sich selber - anstatt der Verfolgung äußerer Ziele -, die zugleich eine heimatliche Berührung mit der Überlieferung und dem gemeinschaftlichen Geiste bedeutet, worin der Einzelne, gerade der Hervorragende, mit seinem ganzen ökonomischen, leiblichen und geistigen Leben wurzelt." - F. *TÖNNIES*, Der Nietzsche-Kultus, a.a.O., S. 95/96.

[9] David *HUME* <1711 - 1776>, engl. Philosoph, der mit seiner psychologisch-erkenntnistheoretischen Analyse des Bewußtseins *KANT*s Wendung zum Kritizismus auslöste und den Positivismus und Psychologismus des 19. Jahrhunderts stark beeinflußte.

welche die Selbsterhaltung und die Selbstbehauptung Anderer unmittelbar werthvoll finden kann. -

Ich hoffe, dass Ihre Gesundheit sich erheblich verbessert hat. Sie haben der Welt so viel Gesundes und Klares zu sagen, dass Sie es auch verdienen, Gesundheit und Klarheit in Ihrem eigenen Leben geniessen zu können. Mit den besten Wünschen bin ich

Ihr aufrichtig ergebener
Harald Höffding

*Brief, Format 22,4 x 17,4 cm, 1 Blatt mit eingeprägten Initialien, mittig gefaltet und fortlaufend Vorder- und Rückseite beschrieben, insgesamt 4 Textseiten im halben Blattformat und großen Rändern oben und unten. Schwarzbraune Tinte. Flüssiges, kompaktes Schriftbild mit geringer Gliederung, gegen Ende sehr gedrängt und drei Zeilen am Rande geschrieben. Starkes, hellbräunliches Papier.*

Hamburg U.<hlenhorst> 6ten Juli 1897.
Zimmerstr. 34

Lieber Professor Höffding.

Für Ihren lieben Brief vom 23. Februar hätte ich längst danken sollen, hoffe inzwischen, dass Freund Pfungst[11] meine Grüsse überbracht hat, er war einen Abend bei mir und meinte, einige Tage später in Kopenhagen zu sein. Unser Zusammenleben in Zürich wird bald jährig, auch ich habe, obgleich es mir so jämmerlich die halbe Zeit hindurch erging, sehr freundliche Eindrücke von dort behalten. Insbesondere mit Ihnen hoffe ich noch einmal in ähnlicher Weise einige Woche zusam̄enzuleben. Philosophische Gespräche mit Naturgenuss - das ist eine Kost, die um so besser mundet, je seltener sie, auf die rechte Weise zubereitet, zu Teil wird.

---

*10* Adam SMITH <1723 - 1790> , schottischer Philosoph, Begründer der klassischen Nationalökonomie.

*11* Arthur PFUNGST *<1864 - 1912>*, Begründer der Frankfurter Halbmonatsschrift 'Das Freie Wort'. Das 'Freund PFUNGST' ist wohl kritisch-ironisch gemeint; am 25. 10. 1898 schreibt TÖNNIES an PAULSEN, a.a.O., S. 339: "... Du solltest Pfungst kennen: ein harmloser, gutmütiger Kerl, mehr Frankfurter als Jude, Geschäftsreisender, der im Coupé und abends im Hotel 25 Journale in allen Sprachen, dazu die Sacred books of the East (indische) liest, in allen Ländern zu Hause, mit allen möglichen Leuten bekannt, immer freundich und gefällig, wenig interessiert, ein 'guter Europäer' und fleißiger Mitarbeiter der Frankfurter Zeitung." Siehe auch TÖNNIES spätere Rezension von A. PFUNGST, Zu seinen Gesammelten Werken, in: Deutsche Zeitung vom 14. 12. 1927.

Was Sie über Nietzsche-Kultus mitteilen, hat mich interessirt und erfreut. Ich weiss sonst nicht, ob ich dem Genialischen ganz gerecht geworden bin[12], von Zeit zu Zeit muss ich mich selber prüfen, ob nicht etwas Neid auf das schriftstellerische Vermögen und den Success in meinem Urteile enthalten sei; es wäre ja nur allzu natürlich. Bei Ihnen kann davon keine Rede sein, aber Sie stehen wieder der Komödie so viel ferner, die sich in deutschen Landen abspielt - Sie werden aber leicht gewahren, dass ich sehr allein stehe, trotz der "Ethiker", und wenn es mir auch an einzelnen Anhängern und "Verehrern" nicht mangelt. Für die ganze offizielle und den grösten Teil der gesellschaftlichen Welt bin ich schlechthin Krypto-Socialdemokrat, als solcher klassifizirt oder vielmehr déclassé - Sie wissen wol, dass ich viel zu skeptisch und viel zu wenig auf praktische Politik versessen bin, als dass solche Klassirung zutreffen könnte. Aber man ist damit "erledigt". Da sagt dann freilich Goethe: "musst Ruhm gewinnen, Da werden sich die Leute gleich anders besinnen". Ich aber denke zuweilen daran, nach England oder Amerika auszuwandern, mir liegt nur daran, die besten Lebensbedingungen zu suchen, um gewisse Werke auszuführen und zu vollenden, in denen ich meinen eigentlichen Lebensberuf sehe. Indessen sind solche Entschlüsse für mich, der ich sehr stark an meinem engsten Heimatlande - d. h. streng genommen: Westküste des Herzogtums Schleswig - hänge, sehr schwer. Alles andere auch. Nun - dies diem docet. Die Unterscheidung zwischen Humanitätsgefühl als Schätzungsmotiv und als Handlungsmotiv, worauf Sie mich freundlich hinweisen, anerkenne ich als sehr wichtig und habe die Stellen Ihrer Ethik nachgelesen, worauf Sie aufmerksam machen. Ich habe aber auch früher - in Gemeinschaft u. Gesellschaft - keineswegs die Milderung der Sitten in den letzten Jahrhunderten oder deren Wert leugnen wollen, sie lag nur gleichsam ausserhalb meines Themas, das die Begriffe eines natürlich-kunsthaften und vernünftigen sozialen Lebens und Individualwillens auf der einen Seite, eines zum blossen Mittel und zur grossartigen Maschinerie gestalteten - vervollkom̄neten und erniedrigten, - sozialen Lebens und Willens auf der anderen Seite, in möglichster Schärfe und Nackheit darstellen wollte. - Nun muss ich noch sagen, mit wie grossem Genusse und starker Förderung ich Ihren Rousseau[13] gelesen habe; daran liessen denn alle diese Erörterungen sich wundervoll anknüpfen, obwol ich allerdings meine, dass wir jetzt Rousseau ganz überwinden können, teilweis doch auch in der Richtung, in der Nietzsche, der ihm so wahlverwandte, ihn überwinden wollte.

---

[12] Zum Begriff des Genialen und des Genies bei TÖNNIES siehe Rolf FECHNER, Der Wesenwille selbst ist künstlerischer Geist; Referat beim III. Internationalen Tönnies-Symposium in Kiel 1987 In: L. CLAUSEN, C. SCHLÜTER, Hundert Jahre 'Gemeinschaft und Gesellschaft', Leverkusen, voraussichtlich 1989.

[13] H. HÖFFDING, Jean Jacques Rousseau und seine Philosophie, Stuttgart 1897 u. ö. (dän.: Jean Jacques Rousseau og Hans Filosofi, Kbn. 1896).

- Meine Gesundheit ist ganz leidlich, die meiner Frau[14] etwas angegriffen, wir begeben uns übermorgen in ein kleines, stilles Nordseebad Büsum in Norder-Dithmarschen (Geburtsort des Chronisten Neocorus[15]) - Sie haben wol auch schon Ferien und sind vielleicht nicht in Kopenhagen? - Ich werde immer glücklich sein, von Ihnen und Ihrem Wohlergehen zu hören. Mit herzlichen Grüssen und treuem Gedenken Ihr

Ferdinand Tönnies.

[14] Marie Henriette Wilhelmine *Sieck*, geb. am 18.11.1865 in Kirchmühl als Tochter eines Gutspächters, heiratete Ferdinand *Tönnies* am 22. 5. 1894. Sie überlebte Ihren Gatten nur kurze Zeit (gest. am 19. 11. 1937).

[15] *Neocorus*, Johann <ca. 1555 - 1630>, Prediger in Büsum; seine große Chronik des Landes Dithmarschen wurde 1827 in Kiel von F. C. *Dahlmann* neu herausgegeben. Siehe zur Biographie: Dieter *Lohmeier*, in: Schleswig-Holsteinisches Biographisches Lexikon, Band 5, Neumünster 1979, S. 169 - 172.

*Dieser Brief ist im Original nicht einzusehen; es liegt auch keine Abschrift von Hans Höffding vor, so daß eine Fotokopie im T-N als Quelle diente.*

Strandgade 26
Kopenhagen C.
d. 9. Februar 1898

Lieber Professor Tönnies!

Zur glücklichen Geburt Ihres jungen Sohnes[1] bringe ich Ihnen und Ihrer Frau Gemahlin meine herzliche Glückwünschung. Ich hoffe, dass Sie sich jetzt einer besseren Gesundheit erfreuen, als in den Zürichertagen, nur dass Sie, die als Soziologe das Familienleben so hoch schätzen und so schön schildern, auch durch eigene Erfahrung diese ihre wissenschaftliche Überzeugung verificiren können, jetzt und in der Zukunft. Dies ist eigentlich ein egoistischer Wunsch, denn wenn Sie sich in dem Kreise, wo Ihnen der Werth des Lebens recht aufgeht, froh und frisch fühlen, dann können wir auch hoffen, neue Früchte Ihres Denkens und Forschens zu sehen. Was mich betrifft, sind die letzten zwei Jahre sehr arbeitsvoll gewesen. Ich habe eine zweite dänische Ausgabe meiner Ethik[2] und eine vierte meiner Psychologie[3] ausgearbeitet. Und dann habe ich viel Zeit auf Seminarübungen angewandt; es hat sich eine Kreis von Studenten gebildet, der sich für Philosophie interessirt, und ich habe ihnen soviel Zeit als möglich geopfert. Ich betrachte es besonders als meine Aufgabe, Kritik und selbständiges Denken zu erwecken, und im Ganzen ist die Zeit, die ich darauf angewandt habe auch mir selbst sehr erfreulich gewesen. Ich fühle mich - trotz meiner 55 Jahre - selbst jung, wenn ich so im Kreise meiner jungen Freunde sitze.

Ich habe lange daran gedacht, eine philosophische Behandlung des religiösen Problems zu geben. Die Religionsphilosophie ist, meiner Auffassung nach, eine Kombination erkenntnistheoretischer, psychologischer und ethischer Untersuchungen, und ich würde in einem solchem Versuche sehr verschiedene Studien, die viele interessiren und interessirt haben, verbinden können. Mehrere Entwürfe und Gedanken habe ich schon bereit - aber ob etwas daraus werden können wird, wird sich erst zeigen. -

Ich danke Ihnen herzlich, dass Sie bei dem glücklichen Familienereignis auch an mich gedacht haben, und bleibe mit den besten Wünschen für das Wohl Ihrer selbst und den Ihrigen

Ihr aufrichtig ergebener
Harald Höffding.

---

[1] Gerrit Friedrich Otto *TÖNNIES*, geb.am 31. 1 1898 in Hamburg, gest. am 15. 9. 1978 in Kanada, Leiter der Biochemischen Abteilung des Krebsforschungsinstitutes in Philadelphia, USA; 2 Söhne.

[2] Die 2. dän. Auflage erschien 1897.

[3] Harald *HØFFDING*, Psykologi i Omrids paa Grundlag af Erfaring, Kbn. 1882; 2. Aufl. 1885, 3. Aufl. 1892, 4. Aufl. 1898 (399 S.)

*Brief, Format 26,6 x 17,8 cm, 1 Blatt mit gedruckter Adresse, mittig gefaltet und fortlaufend Vorder- und Rückseite beschrieben, insgesamt 4 Textseiten im halben Blattformat mit großem Rand oben und unten. Schwarze Tinte. Flüssiges, sauberes Schriftbild mit etwas nach rechts ansteigender Schrift, mehrere Korrekturen und Einfügungen. Hellbräunliches, etwas fleckiges Papier.*

Altona (Elbe)
Mathildenstrasse 21.
d. 23. 3. 1899.

Lieber Prof. Höffding.

Es macht mir Freude, einmal wieder an Sie zu schreiben und mich nach Ihren Zuständen zu erkundigen. Innerliche Veranlassung dazu habe ich im Laufe dieses Winters oft empfunden, weil ich das Bedürfnis hatte, mich gegen Sie über das Unrecht auszusprechen, das die preussische Regierung in Nord-Schleswig verübt.[1] An der öffentlichen Erörterung habe ich mich durch einen (anonymen) Artikel in der Kieler Zeitung beteiligt[2], besitze aber leider kein einziges Exemplar, wenn ich eins erlangen kann, so will ich es Ihnen zusenden.

Uebrigens komme ich auf Ihr Schreiben vom 18. 2. 1896 zurück, das sich auf meine Wünsche wegen Verbrecher-Listen bezog. Ich habe bei unserem Auswärtigen Amte bisher keine Schritte getan. Meine Arbeit ist lange unterbrochen gewesen, am meisten durch meine Teilnahme für den Hafen-Strike im Winter 96/97[3], - ich habe eine ganze Literatur darüber verfasst[4], wovon Ihnen vielleicht die Aufsätze in der "Ethischen Kultur"[5] zu Gesichte gekommen sind. Jene Teilnahme hat, wie Sie denken können, mein Ansehen bei unserer Regie-

---

[1] Im letzten Jahrzehnt des 19. Jahrhunderts näherte sich die dänische Minderheit in Nordschleswig, das seit 1864 preußische Provinz war, immer mehr der liberalen Linken in Dänemark an; das deutsch-dänische Verhältnis verschlechterte sich wieder. Der deutsche Kaiser führte dies - und die Spannungen zu Rußland - auf Intrigen des dänischen Hofes zurück. In dieser Situation begann der neu eingesetzte Oberpräsident E. Matthias von *Köller* eine verschärfte Politik verbunden mit Pressionen gegen die dänische Minderheit. Erst nach der Jahrhundertwende kam es zu einem Ausgleich (nicht zuletzt aufgrund der Neutralitätspolitik Dänemarks).

[2] F. *Tönnies*, Über die preußische Nordschleswig-Politik, in: Kieler Zeitung von 1899 (Datierung fraglich).

[3] siehe dazu C. *Bickel*, Tönnies in Hamburg (1894 - 1901). Skeptische Aufklärung in Theorie und Praxis, in: Rainer *Waßner* (Hg.), Wege zum Sozialen. 90 Jahre Soziologie in Hamburg, Leverkusen 1988, S. 25 - 48.

[4] F *Tönnies*, Zum Hamburger Strike. Offener Brief an die Redaktion des 'Hamburger Korrespondenten', in: Ethische Kultur, 1896, 4. Jg., S. 409 - 411; ders., Hafenarbeiter und Seeleute in Hamburg, in: Archiv für soziale Gesetzgebung und Statistik, 1897, Bd. 10, S. 173 - 238 (unter durchgehender Mitarbeit von Heinrich *Hennings*); ders., Rezension von C. *Legien*, Der Strike der Hafenarbeiter und Seeleute in Hamburg-Altona, Hamburg 1897, in: ebd., S. 490 - 492; ders., Der Hamburger Strike von 1896/97, in: ebd., S. 673 - 720; ders., Straftaten im Hamburger Hafenstrike, in: ebd., Bd. 11, S. 513 - 520; ders., Hamburg, in: Die Kritik, 1897, Jg. 4, S. 342 - 345 (unter dem Pseudonym '*Krito*'); ders., Das Ende des Strikes, in: Ethische Kultur, 1897, 5. Jg., S. 28 - 30 und S. 36 - 37; ders., 'Strike-Terrorismus'. Ein Nachwort, in: ebd., S. 65 - 66; ders., Die Wahrheit über den Streik der Hamburger Hafenarbeiter und Seeleute in Hamburg 1896/97, Hamburg 1897 (Quelle dieser 31seitigen Schrift ist jedoch fraglich, Angaben nach Vermutung J. *Zanders*), ders., Die Enquête über die Zustände der Arbeit im Hamburger Hafen, in: Archiv für soziale Gestzgebung und Statistik,, 1898, Bd. 11, S. 303 - 348.

[5] Die 'Ethische Kultur', Berlin, gegründet von Georg *v. Gizycki*, war das Sprachrohr der Gesellschaft für Ethische Kultur.

rung nicht erhöht. - Nun möchte ich aber doch sehr gern jene Nachweisungen, wegen deren ich damals Sie bemüht hatte, erhalten. Ich glaube auch nicht, dass das Auswärtige Amt mir die "Verification" meines Versprechens, die Liste nicht zu missbrauchen - nur eine solche Verification bezeichneten Sie als erforderlich - verweigern würde. Vielleicht würde aber ein anderer Weg rascher zum Ziele führen (ich vermute, wenn ich jetzt an das Ausw. Amt schriebe, so würde die Sache Monate lang liegen bleiben, und man dürfte eine solche Behörde nicht "treten"!) Ich könnte vielleicht ermöglichen, im April auf 6 - 8 Tage nach Kopenhagen zu kommen (bis zum 14ten gibt es eine billige Rückfahrt auf der Eisenbahn, und ich würde vielleicht den Landweg vorziehen, um auch einmal durch Fünen zu passiren). In Kopenhagen würde ich mich auf der deutschen Botschaft vorstellen, und ich vermute, dass für die dänischen Behörden ein Zeugnis der Botschaft ebenso gut sein würde, wie ein solches des Auswärtigen Amtes. Ich glaube aber, dass ich jenes rascher erhalten würde.

Für den kleinen Zweck allein wäre die Reise ein unverhältnismässiger Aufwand. Ich würde aber noch andere kleine Zwecke damit verbinden, und in der Hauptsache sollte es eine Reise zum "vernünftigen Vergnügen" sein, worin die Gelegenheit, mit Ihnen zu sprechen und auch Herman Möller zu sehen, das wesentliche Ingrediens ausmachen sollte. Auf jeden Fall müsste ich daher sicher sein, Sie anzutreffen und auch Ihnen nicht ungelegen zu kommen. Wenn Sie mich ermutigen wollen, so haben Sie vielleicht die Güte, mir einen ruhigen u. nicht zu teuren Gasthof zu empfehlen.

Ich würde mich in der Tat sehr freuen, eine Aussprache mit Ihnen über viele Dinge, die uns gemeinsam am Herzen liegen, zu gewinnen.

In diesem Sinne grüsse ich Sie herzlich, und verbleibe
Ihr aufrichtig ergebener
Ferdinand Tönnies.

Im Herbste sind wir von Hamburg-Uhlenhorst nach der Nachbarstadt Altona umgezogen.

*Brief, Format 27 x 21 cm, 1 Blatt, mittig gefaltet und fortlaufend Vorder- und Rückseite beschrieben, insgesamt 2 1/4 Textseiten im halben Blattformat. Schwarze Tinte. Flüssiges Schriftbild, wenige Korrekturen und Streichungen, geringe Gliederung. Gelbliches, dichtes Papier.*

Strandgade 26.
Kopenhagen C
d. 25. März 1899.

Lieber Professor Tönnies!

Die Aussicht, Sie hier zu sehen, hat mich sehr erfreut, und ich hoffe, dass Sie Ihren schönen Plan ausführen werden. In den Ostertagen bin ich verreist, aber wenn Sie z. B. am 5. April Abends hier kämen, würde ich gleich den nächsten Tag (einen Donnerstag, wo ich keine Universitätspflichten habe) zu Ihrer Disposition stellen können; im Laufe der folgenden Woche würde ich Ihnen dann jede freie Stunde widmen. - Ich empfehle Ihnen "Hotel Monopol", wo ich in vorigen Jahre Björnson[6] besuchte; es ist ein früheres Pensionat, das jetzt etwas erweitert ist, aber gewiss gut für Sie passen wird. Dieses[7] Hotel ist nicht sehr weit von meiner Wohnung (jetzt Strandgade 26). Wenn Sie mir die Zeit Ihrer Ankunft melden wollen, werde ich Sie so bald als möglich aufsuchen.

Ich denke oft mit Freude an die Tage in Zürich, ganz besonders an einen Spaziergang mit Ihnen einen schönen Sonntagsmorgen auf Zürichberg. Einige Fragen, die wir damals besprachen, wollte ich sehr gern wieder aufnehmen. - Wenn Sie eine Legitimation von der deutschen Legation mitbringen, werden Sie gewiss bei der Gefängnisbehörde Ihren Wunsch erfüllt bekommen.

Also auf baldiges Wiedersehen! Ich werde mich bestreben, Ihnen die Tage in Kopenhagen so angenehm wie möglich zu machen.

Ihr aufrichtig ergebener
Harald Höffding

---

[6] Wahrscheinlich meint *Höffding* hier Björnsterne *Björnson* <1832 - 1910>, den norwegischen Nobelpreisträger für Literatur (1903), der sich für eine von Schweden losgelöste Republik, für einen geistigen Anschluß an Deutschland, für Darwinismus und Positivismus aussprach.

[7] In der Abschrift: Dieser - im Original ist die Schreibweise nicht deutlich erkennbar.

*Karte, Format 11,6 x 8,8. Schwarze Tinte. Flüssiges Schriftbild, eine Korrektur und Streichung.*

Mittwoch 26. April 99

Lieber Prof. Tönnies!

Ich bin heute Abend aufgenommen, wünsche Ihnen darum nur mit diesen Zeilen willkommen in Kopenhagen zu sein. Morgen um 10 Uhr werde ich Sie im Hotel abholen, und dann können wir einen Plan für Ihr "vernünftiges Vergnügen" in Kopenhagen legen

Ihr ergebenster
Harald Höffding

*Brief, Format 26,8 x 17,8 cm, 1 Blatt mit gedruckter Adresse, mittig gefaltet und fortlaufend Vorder- und Rückseite beschrieben, insgesamt 4 Textseiten im halben Blattformat mit großem Rand oben und unten, seitlich beschriebene Ränder. Schwarze Tinte. Flüssiges, klares, kompaktes Schriftbild. Dichtes, hellbräunliches Papier.*

Altona (Elbe) d. 7. Mai 99
Mathildenstrasse 21.

Lieber Professor Höffding! -

Meine Reise ist ganz ihrem Progra̅me gemäss verlaufen; auf der Ostsee war sie schön und heiter, ich kam gegen 8 Uhr in Kiel an, am nächsten Tage hielt ich meine Vorlesung, und war Abends zurück bei den Meinen, die ich in bestem Wohlsein antraf. Selten ist mir ein Ausflug so gut beko̅men und hat mir - trotz der kleinen Leiden in den ersten Tagen - so ungeteilt freundliche Erinnerungen hinterlassen, wie dieser Besuch in Kopenhagen. Und das Beste daran waren die Stunden mit Ihnen, sowol in Ihrem Hause, das mich so unmittelbar anheimelte, als auf unseren Spaziergängen. Ja, ein ruhiges Gespräch und gegenseitiges Verständniss ist für unsere Naturen - die wir so viel mit uns selbst zu sprechen genötigt sind - die erquicklichste Sache, und ich wollte dass ich wenigstens alle Woche einmal mit Ihnen solchen Austausch geniessen dürfte. Man muss sich ja i̅mer aufs neue bescheiden, aber ich hoffe doch, dass uns, mein verehrter Freund, das Leben noch einigemal zusammenführen wird. Dass ich etwa nach 2 - 3 Jahren einmal wieder nach Kopenh. ko̅men kann, halte ich nicht für ausgeschlossen, vielleicht würde ich mich dann darauf einrichten, dort etwas Historisches oder Statistisches zu arbeiten und gleich ein paar Wochen zu bleiben - aber das sind weit ausschauende Pläne. 9. V. Am Sonntag wurde ich unterbrochen und schreibe erst heute weiter. Von Möller fand ich bei Ankunft hier schon eine Karte vor, er war am Mittwoch nochmals im Hôtel gewesen und hatte mich einladen wollen; wir hatten allerdings von meiner Abreise garnicht gesprochen, und er hatte gemeint, dass ich länger bleiben würde. Für mich wäre das nur erfreulich gewesen. Sehr gern hätte ich mit Ihnen, wie über manches andere, auch über das Thema "Socialer Pessimismus" gesprochen, um so mehr da Sie sagten, dass Ihr damaliger, für mich wertvoller Vortrag in einer Samlung aufs neue gedruckt werde[8]. Ich kann eigentlich diesen Charakterzug nicht als ein wesentliches Merkmal der Schrift gelten lassen. Zu tun war mir nur um die Statuirung der Begriffe von zwei ganz verschiedenen, wenn auch in einander übergehenden Gattungen socialer Verbindung und socialen Wesens überhaupt; und um die Parallelisirung mit den Arten des Wollens, die jenen socialen Begriffen zu Grunde liegen, oder doch als ihnen immanent gedacht werden dürfen. Den Widerstreit zwischen Historismus und Rationalismus[9], zwischen dem 'Werden' und dem 'Machen' wollte ich lösen, indem ich das angeblich blos 'Gewordene' auch als Gebilde menschlichen Wollens auffasse, und zugleich mit der schroffen Darstellung des Gegensatzes den Uebergang in der Wirklichkeit als einen unmerklichen betrachte: alle Produktion menschl. Wollens setzt Zweck und Mittel, die rein rationalistische aber isolirt Zweck und Mittel gegeneinander und macht das Mittel zum blossen, nackten, rein mechanischen Mittel, den Zweck zu einem rein äusserlichen, logisch scharf begrenzten u.s.w. So werden - in meinem Begriffe von "Gesellschaft" - die Individuen selber einander gegenseitig zu Nichts=als-Mitteln, in der 'wirklichen' Gesellschaft - soweit denn so etwas verwirklicht ist - insbesondere die dienende oder arbeitende Klasse zum Mittel für die Kapital[10]-besitzende Klasse. Ich habe in den 12 Jahren, seit mein Buch erschien, mich nicht überzeugen können, dass diese einfachen und doch ziemlich schwierigen Begriffe zum Verständnisse der socialen und historischen Processe unnütz, oder dass sie fehlerhaft seien. Auch beginnen sie in der sociologischen Literatur, wenn gleich in verzerrter Gestalt, Einfluss zu gewinnen, obgleich z. B.[11] Schmoller[12] (der an dem Buche übrigens "geschichtsphilosophischen Tiefsinn, feine psychologische Beobachtung, eigentümliche Auffassung" rühmte) zuversichtlich vorausverkündete: "Und doch wird das Buch garkeine Wirkung ausüben".[13] Meine Zuversicht ist dadurch keinen Augenblick erschüttert worden. Ich weiss aber nicht ob es für Sie der Mühe wert sein kann, den Gegenstand

[8] H. *Höffding*, Social Pessimisme, in: Mindre Arbejder, Kbn. 1899 (zuerst in: Tilskueren, 1890, S. 468 - 477)

[9] Zur Bedeutung der Historismus-Rationalismus-Kontroverse für *Tönnies* siehe C. *Bickel*, Tönnies' Kontroverse mit Rickert, in: L. *Clausen* u. F. U. *Pappi* (Hrsg.), Ankunft bei Tönnies, Kiel 1981, S. 95 - 132; siehe auch *Tönnies* Aufsatz aus dieser Zeit: Historismus und Rationalismus, in: Archiv für systematische Philosophie, 1894, 1. Bd., S. 228 - 252, erneut: in F. *Tönnies*, SSK, I, Jena 1925, S. 105 - 127.

[10] Kapital - nachträglich eingefügt

[11] z. B. - nachträglich eingefügt

[12] Gustav *Schmoller* <1838 - 1917>, Mitbegründer des Vereins für Sozialpolitik, Herausgeber von 'Schmollers Jahrbuch', Haupt der historischen Schule der Nationalökonomie.

[13] *Schmoller* rezensierte als einer der ersten *Tönnies*' GuG, in: Schmollers Jahrbuch, 1888, 12, S. 727 ff.

nochmals zu betrachten. Durch mündliche Erörterung hätte ich allerdings gehofft, auch hierüber noch zu innigerem Verständnis mit Ihnen zu gelangen. -

Grüssen Sie Ihren Herrn Sohn[14], von dem ich gern noch etwas aus dänischer Geschichte, die meinem Interesse sehr nahe liegt, gelernt hätte. Seien Sie selbst herzlich und nochmals mit Dankbarkeit begrüsst für die so angenehmen Tage, die Ihre Gastfreundschaft mir bereitet hat.

Ihr aufrichtig ergebener
Ferdinand Tönnies.

Auch meine Frau lässt sich Ihnen freundlichst empfehlen, und ist sehr zufrieden mit dem Zustande, worin ihr das geliehene Gut zurück erstattet wurde.

*Brief, Format 27 x 21 cm, 1 Blatt, mittig gefaltet und fortlaufend Vorder- und Rückseite beschrieben, insgesamt 3 1/3 Textseiten im halben Blattformat. Schwarze Tinte. Flüssiges Schriftbild, wenige Korrekturen, Streichungen und Einfügungen. Dichtes, gelbliches Papier.*

Strandgade 26
Kopenhagen C.
d. 10. Mai 1899

Lieber Professor Tönnies!

Eben nach Ihrer Abreise hat mich das Essay, das ich s. Z. under dem Titel "Socialer Pessimismus" über Ihr "Gemeinschaft u. Gesellschaft" schrieb, auf Veranlassung der Vorbereitung zum Druck wieder beschäftigt. Auch ich bedauere, dass wir nicht darauf kamen, dieses Thema zu besprechen. Ich war mehr von anderen Fragen aufgenommen, und hatte diese Frage nicht recht gegenwärtig.

Ich glaube, wenn ich mich in die Zeit der Veröffentlichung Ihres Buches versetze, - also vor unserer schriftlichen und besonders vor unserer persönlichen Bekanntschaft, - dass das Buch auf den Leser einen pessimistischen Eindruck machen musste, indem es die ganze Entwicklung, die zur jetzigen socialen Verfassung geführt hat, verurtheilt. In meinen Augen machte es auch einen romantischen Eindruck, indem die älteren socialen Verhältnisse in einem sehr freundlichem (und eigentlich nur freundlichem) Lichte geschildert werden.

Nachdem ich aber mit Ihnen und Ihren Ideen mehr direkt und eingehend bekannt geworden bin, sehe ich ein, dass der Titel "Socialer Pessimismus" vielleicht auf das Buch, aber nicht auf Ihre Anschauung im Ganzen passt. Sie haben

[14] HÖFFDING, Hans <???? - 1937>, M.A., Historiker

mir es schon gleich nach dem Erscheinen des Artikels gesagt. Nun bitte ich Sie mir zu erlauben, in der Vorrede des Buches ("Mindre Arbejder" wird es heissen) einige Ihrer Aeusserungen in dem Briefe, den ich heute empfangen habe, abzudrucken. Ich wünsche auch einen Satz aus einer Briefkarte von 1890 abzudrucken, nämlich den: "Dem socialen Pessimismus huldige ich nicht, sofern dies eine praktische Richtung bedeuten kann; vielmehr bin ich geneigt, alle Gattungen der Reform mit Hoffnungen zu betrachten!" - In dieser Weise werden, meine ich, die Leser gewarnt werden, aus meinem Essay nicht verkehrte Schlüsse über Ihren Standpunkt zu ziehen.

Ich denke mit Vergnügen auf unser Zusammenseins hier zurück, und freue mich, dass auch Sie dieses Zusammenseins in freundlicher Weise gedenken. - Mein Sohn dankt für den freundlichen Gruß, und wir senden beide Ihnen und den Ihrigen unsere besten Wünsche.

Ihr aufrichtig ergebener
Harald Höffding.

*Brief, Format 26,8 x 17,8 cm, 1 Blatt mit gedruckter Adresse, mittig gefaltet und fortlaufend Vorder- und Rückseite beschrieben, insgesamt 4 Textseiten im halben Blattformat mit großem Rand oben und unten, seitlich beschriebene Ränder. Schwarze Tinte. Flüssiges, sehr kompaktes Schriftbild mit Randergänzung auf S. 3, zum Ende gedrängt. Dichtes, hellbräunliches Papier.*

Altona (Elbe)
Mathildenstrasse 21.
d. 14. Mai 1899.

Lieber Prof. Höffding.

Dankbar bin ich für so baldige freundliche Antwort. Ich bin sehr damit einverstanden, wenn Sie in der Vorrede Ihres Buches[15] einige Mitteilungen von mir anführen wollen, die Ihre Auffassung meiner Schrift "Gemeinschaft u. Ges." qualificiren. Ich habe erst heute sowohl Ihren Brief vom 2ten Juli 1888, als auch den Essay - wovon ich leider die deutsche Uebersetzung mir nicht angeeignet hatte[16] - wieder vor Augen genom̄en, und ich erkenne daraus von neuem die ausgezeichnete Sorgfalt und Gründlichkeit, die Sie meinem Werke gewidmet haben, dem ich einen besseren philosophischen Interpreten nicht wünschen konnte, weshalb auch die neue Ausgabe für mich sehr erfreulich ist. Ich erinnere mich nicht mehr, was ich auf Ihren angedeuteten Brief ausführlich

---

[15] H. HÖFFDING, Mindere Arbejder (Første Række), Kbn. 1899 -1913, 3 Bde. Hier erschien auch der Aufsatz 'Social Pessimisme'.

[16] Eine deutsche Übersetzung von 'Social Pessimisme' existierte bisher nicht, im Anhang zum ersten Male in deutscher Sprache veröffentlicht (in einer Übersetzung von Lise TÖNNIES).

geantwortet habe - es muss im August oder September 1888[17] von Husum aus gewesen sein -, aber ich glaube dass ich auch damals schon widersprochen habe, als Sie mir geschrieben hatten: "Der Unterschied zwischen unseren Auffassungen besteht, soviel ich sehen kann, darin, dass Sie meinen, wir zehren nur an dem überlieferten Kapital, ohne neues zu erwerben, wogegen ich eine immer vor sich gehende Neubildung von natürlicher Energie annehme". Sie fügten hinzu, dass Sie die Stellen, worin ich die abstrakte Bedeutung meiner Distinktionen hervorhebe, nicht übersehen haben. "Wenn aber diese Unterschiede nur abstrakt sind, wo bleibt die pessimistische Ansicht?" - Soviel ich weiss, habe ich allerdings in dem Urteile niemals gewankt, dass die gesam̄te moderne Entwicklung wesentlich negativ+ und, in St Simons Sinne, kritisch ist, eben wegen des vorherrschenden gesellschaftlichen Charakters, der sie notwendigerweise trägt; dass sie also schliesslich allerdings zum Tode dieser Kultur führen muss. Diese Erkenntniss muss uns aber so wenig hindern sozial[18] tätig zu sein, als wir Grund haben, uns keine grossen Aufgaben individuell mehr zu stellen, wenn wir klar und deutlich wissen, dass wir über die Blüte unseres Lebens hinaus sind und auf dem absteigenden Aste uns befinden. Im Gegenteil: nun gilt es, unsere Kräfte zusam̄enzunehmen, Früchte zu sam̄eln, mit der Zeit sparsam umzugehen u.sw. Ich meine, wir haben den Boden zu bereiten für eine neue Kultur, die vielleicht erst nach 4 - 500 Jahren ihr eigentliches Leben beginnen wird, und wir können ihr keinen besseren Boden bereiten, als wenn wir der gegenwärtigen alten Kultur so viel Gesundheit und Rüstigkeit als irgend möglich, einflössen. Das aber geschieht nicht durch Erhaltung, weder durch Erhaltung des durch und durch revolutionären, demoralisirenden und deintellektualisirenden (das Wort habe ich gebildet, es ist cum grano zu verstehen) Kapitalismus und der Gesellschaft, auch durch Erhaltung innerlich unwahr gewordener Gemeinschaften, wie der Kirche, der Monarchie u.s.w. Ich muss Ihnen willig einräumen, dass ich, als das Buch geschrieben wurde, in Bezug auf diese mögliche Regeneration trüber in die Zukunft sah, und dass Spuren davon an dem Buch haften; aber praktisch habe ich doch schon damals, und längst, dem Standpunkte der Sozialdemokratie sehr nahe gestanden

Sollten Sie meinen damaligen Brief (also Aug. od. Sept. 88) noch aufbewahren und leicht finden können, so würde ich sehr dankbar sein, wenn Sie mir ihn für eine kurze Weile überlassen möchten. Ich habe schon längst darum bitten wollen. Es muss eine Ausführung darin sein, die für mich einen gewissen Wert hat, und von der ich eine Abschrift nehmen möchte. - Indessen, Sie erwähnen dieses Briefes nicht, so dass Sie ihn vielleicht nicht mehr haben. Sie sollen jedenfalls keine Unbequemlichkeit darum haben. Mit besten Grüssen Ihr

herzlich ergebener Ferdinand Tönnies.

---

[17] 14. -19. Oktober 1888

[18] sozial - später eingefügt

+) einzelnes in dem Buch klingt wol wie ein "Verurteilen" der ganzen Entwicklung. Indessen heben Sie doch selber in Ihrem Essay hervor: "Han undersöger og konstaterer paa rent teoretisk Vis, og fordrer at imödegaas paa samme Vis" (p. 466)[19]

*Brief, Format 27 x 21 cm, 1 Blatt, mittig gefaltet und fortlaufend Vorder- und Rückseite beschrieben, insgesamt 4 Textseiten im halben Blattformat. Schwarze Tinte. Flüssiges Schriftbild mit geringer Gliederung, zum Ende zwei Zeilen an den Rand geschrieben, wenige Korrekturen, Streichungen und Einfügungen. Gutes, gelbliches Papier.*

Kopenhagen C.
d. 18. Juni 1899

Lieber Professor Tönnies!

Heute schicke ich Ihnen meine "Mindre Arbejder", unter welchen Sie auch mein Essay über Ihr "Gem. und Gesellsch" finden werden. In der Vorrede habe ich Ihre Bedenken wegen des Titels des Essays erwähnt; ich habe mich aber nicht enthalten können, auch Ihre lobende Aeussserung über meine Darstellung Ihrer Ideen anzuführen.[20] Wie ich daselbst angedeutet habe, finde ich die Schwierigkeit Ihres Standpunktes darin, dass der rein negative und auflösende Character, den Sie der Entwickelung seit "der guten alten Zeit" zuschreiben, eigentlich keine realen Möglichkeiten für eine zukünftige Entwickelung anzuerkennen erlaubt. Es ist dies eine Schwierigkeit, die bei jeder Theorie über den Gegensatz "organischer" und "kritischer" Perioden hervortreten muss. Sogar die Physiker sind ja immer zuletzt mit der "potenziellen" Energie in Verlegenheit. -

Einen Brief von Ihnen aus den Jahren 1888 oder 1890 habe ich nicht finden können; ich besitze nur zwei Briefkarten aus diesen Jahren. -

Sie erinnern vielleicht, dass ich Ihnen etwas von der unglaublich leichtfertigen und grobsinnlichen Richtung eines Theils unserer Presse und unserer Literatur erzählte. Man hat sich allzu sehr nach französischen statt nach englischen Mustern gebildet. Es war sehr schwierig gegen dieses Unwesen aufzutreten, weil man dadurch leicht von einer reaktionären Richtung als Allierter betrachtet werden könnte Daher kam der Gedanke hervor, ein Meeting zu halten, auf welchem die ganze Presse kritizirt werden sollte. Die Aufforderung wurde von 15 Gelehrten und Verfassern unterzeichnet, unter welchen auch ich war; ich hatte versprochen einige einleitende Worte zu sprechen. Aber am Tage

---

[19] Übersetzung: "Er untersucht und konstatiert auf rein theoretische Weise und verlangt, daß man ihm auf dieselbe Weise entgegnet".

[20] Siehe Vorrede; dazu *TÖNNIES* in den SSK, I, S. 74

vor dem Meeting kam es zu unserer Kunde, dass eine kriminale Anklage wegen unzüchtiger Darstellung gegen einen der Journalisten, dessen Gebahren nicht zum wenigsten das Meeting veranlasst hatte, beschlossen war. Wir gaben dann das Meeting auf, indem kriminelle Untersuchung und freie Erörterung in unseren Augen einander ausschlossen. Wir wollten nicht das Dossier des öffentlichen Anklagers mit Material versehen. Nachher sind wir sowohl von reaktionärer als von libertinischer Seit angegriffen wurden. Aber ich glaube doch, dass unsere Demonstration seinen Nutzen gehabt hat. Der Ton in der libertinischen Presse ist zeitdem entschieden geändert, obwohl sie uns mit Grobheiten überschüttet hat. -

In diese Woche fängt meine Ferie an, die ich theils in Südseeland theils in Jütland zubringen werde. Mit herzlichen Wünschen um einen guten Sommer für Sie und die Ihrigen bin ich

Ihr ergebenster Harald Höffding

*Brief, Format 26,8 x 17,8 cm, 1 Blatt mit gedrucker Adresse, mittig gefaltet und fortlaufend Vorder- und Rückseite beschrieben, insgesamt 3 Textseiten im halben Blattformat mit 3 großen Rändern. Schwarze Tinte. Flüssiges, kompaktes, gegen Ende aufgelockertes Schriftbild. Hellbräunliches Papier.*

Altona (Elbe)
Mathildenstrasse 21.
d. 29. Juni 1899.

Lieber Professor Höffding.

Sie sind nun schon in die Ferien gereist und ich hoffe, dass Sie sich der Landschaft und schönen Wetters erfreuen. Ich habe Ihnen herzlich zu danken für das willkom̄ene Geschenk Ihres Buches, aus dem ich schon manches gelesen habe. Ich wünsche nur, dass die dänische Sprache mir etwas geläufiger wäre, als sie ist, aber ich will mich bei dieser Gelegenheit tüchtig üben. Besonders viel verspreche ich mir von dem Essay über Hamilton[21], nach dem, was Sie darüber mitteilten. Ihre Religionsphilosophie werden wir hoffentlich bald als Ganzes empfangen, da Sie, wenn ich richtig verstand, im Winter die Vorlesung darüber zu halten gedenken. Wenn Sie die "Mindre Arbejder" ins Deutsche übersetzt zu haben wünschen, und ich irgendwie dazu helfen kann, so wird es mir lieb sein. Besonders erkläre ich mich bereit, eventuell Hr. Ben-

---

21 HAMILTON, Alexander <1757 - 1804>, amerikanischer Staatsmann; beachte: Harald HÖFFDING, Alexander Hamilton og den nordamerikanske Unionsforfatning, in: Tilskueren, 1889, S. 699 - 725.

dixens[22] Uebersetzung von Danismen zu reinigen. Ich habe in dieser Zeit auch viel in Ihrer Psychologie gelesen, und finde, wiederum, in vielen Stücken die Gedankenrichtung darin, der die meine am meisten konform ist. Die Ihre ist die eleganteste Psychologie die ich kenne. Haben Sie bemerkt dass A. Wagner[23] in seiner Volkswirtschaftslehre (Bd. I: Grundlegung)[24] sich oft darauf bezieht. Wagner ist freilich (als Denker) alles andere als elegant. Aber er gibt sich ehrlich Mühe um die Dinge, an Scharfsinn und Gelehrsamkeit fehlt es ihm auch nicht.

Dass Sie meiner noch so ausführlich in der Vorrede gedacht haben, kann mir nur zu gute kommen. Ich möchte noch bemerken, dass mir im̄er das Hinscheiden der antiken Kultur im römischen Reiche vorschwebt und das grosse Vermächtniss das sie dem Germanismus hinterliess. Ich meine: wir müssen unser Haus bestellen und der Kultur, die nach uns kom̄en wird, ein so sehr als möglich gut gehaltenes Erbe hinterlassen. Wann, wo und wie diese kom̄en wird, weiss ich nicht. Aber ich denke mir allerdings, dass ein Niedergang, der noch etwa 500 Jahre dauern möchte, vorausgehen wird, und dass sie - auf Grund des fortschreitenden modernen Processes - den ganzen Erdball umfassen wird. - Eben gelangt an mich das Titelblatt des Mind, Juli-Nummer. Darin steht an der Spitze mein Aufsatz über Terminologie.[25]

Seien Sie freundlichst gegrüsst und lassen Sie einmal wieder ein Wort vernehmen.

Ihr aufrichtig ergebener
Ferdinand Tönnies.

---

22 *Bendixen*, F. <???? - ????>, übersetzte Höffdings 'Religionsphilosophie' ins Deutsche.

23 *Wagner*, Adolph <1835 - 1917>, seit 1870 Professor für Nationalökonomie und Statistik in Berlin, Mitbegründer des Vereins für Sozialpolitik. Seine von *Rodbertus* beeinflußte Lehre formulierte er in dem *historischen Gesetz* der zunehmenden Staatstätigkeit.

24 A. *Wagner*, Grundlegung der politischen Ökonomie, 1. Theil: Grundlagen der Volkswirtschaft, Leipzig 1892, 3. erweiterte Aufl., S. 71 und 76 ff. *Wagner* legte bei seiner Auffassung der wirtschaftlichen Natur des Menschen die physischen, psychologischen und physiologischen Erkenntnisse von Empfindung, Vorstellung, Reiz, Trieb und Wille, wie sie besonders *Höffding* und *Wundt* dargestellt hatten, zugrunde.

25 F. *Tönnies*, Philosophical Terminology (Part 1), in: Mind, 1899, vol. 8, S. 289 - 332.

*Brief, Format 26,5 x 20,8 cm, 1 Blatt, mittig gefaltet und fortlaufend Vorder- und Rückseite beschrieben, insgesamt 3 1/2 Textseiten im halben Blattformat. Schwarze Tinte. Sehr flüssiges Schriftbild mit geringer Gliederung. Dichtes, gelbliches Papier mit geprägter Linierung.*

Strandgade 26
Kopenhagen C.
d. 29. Dez. 1899

Lieber Professor Tönnies!

Wenn ich auf das jetzt beinahe vergangene Jahr zurückblicke, gehört Ihr Besuch zu den Lichtpunkten, und ich will Ihnen daher meinen wärmsten Gruss und Dank bringen, ehe wir in das neue Jahr übergehen. Bei Ihnen fängt ja sogar ein neues Jahrhundert an; hier sind wir nicht so weit, und ich verspare daher vorläufig alle Betrachtungen über das verflossene Jahrhundert.

Ich habe einen sehr schönen Sommer gehabt, und das Herbstsemester ist mir dadurch bedeutungsvoll gewesen, dass ich zum erstenmal Religionsphilosophie vortrug. Ich hatte ein sowohl quantitativ als qualitativ sehr gutes Auditorium, und ich sprach in jeder Stunde recht con amore. Mit der Umarbeitung in Buchform geht es sehr langsam, indem dieser Winter sehr reich an academischen Geschäften (Preisabhandlungen, Disputationensabhandlungen etc.) ist, wozu noch kommt, dass ich eingeladen bin, ein Votum über die Aspiranten zu einem in Lund ledigen Professorate abzugeben.

Ich hatte geglaubt, dass die Zeit meiner Psychologie - den vielen neueren Arbeiten gegenüber - jetzt vorbei wäre. Aber Reisland[26] will eine neue Ausgabe sowohl von ihr als von meiner Ethik haben. Wenn dazu kommt, dass auch meine Religionsphilosophie, wenn sie im Laufe des Jahres 1900 fertig sein wird[27], auf Deutsch erscheinen wird, so werde ich in den ersten Jahren ein recht häufiger Gast auf dem deutschen Büchermarkte sein.

Von den 'Mindre Arbejder' beabsichtige ich keine deutsche Uebersetzung. Sie waren so freundlich für eine solche Uebersetzung Ihr Mitwirken als Revisor zu versprechen: darf ich auf dieselbe Freundlichkeit bei der Uebersetzung der Religionsphilosophie rechnen? -

Ich hoffe, dass Ihre Gesundheit nicht von dem ziemlich kalten Winter leiden wird, und ich wünsche im neuen Jahre alles Gute für Sie und die Ihrigen. Mein Sohn empfielt <sic> sich bestens.

Ihr aufrichtig ergebener
Harald Höffding.

---

[26] O. R. REISLAND, Nachfolger des FUES Verlages, seit 1863 in Leipzig; hier erschien neben vielen Werken HÖFFDINGs auch TÖNNIES' Hauptwerk GuG. Durch REISLANDs Praxis, Stellungnahmen anderer Autoren seines Verlages für zu verlegende Bücher einzuholen, wäre HÖFFDINGs Verhältnis zu TÖNNIES beinahe ernsthaft gefährdet wurden, vgl. dazu Fußnoten zum Brief vom 14./19. 10. 1888. Beachte auch die Briefe von REISLAND an HÖFFDING, Det Kgl. Bibliotek, Ny Kgl. Saml. und die Briefe an TÖNNIES, T-N.

[27] H. HÖFFDING, Religionsphilosophie. Unter Mitwirkung des Verfassers übers. von F. BENDIXEN, Leipzig 1901 (dän.: Religionsfilosofi, Kbn. 1901)

*Brief, Format 26,8 x 17,8 cm, 1 Blatt mit gedruckter Adresse, mittig gefaltet und fortlaufend Vorder- und Rückseite beschrieben, insgesamt 4 Textseiten im halben Blattformat mit großem Rand oben und unten, der auf der letzten Seite unten eine Randnotiz hat. Schwarze Tinte. Flüssiges, etwas schiefes, kompaktes Schriftbild, eine Einfügung. Hellbräunliches, dichtes Papier.*

Altona (Elbe) d. 15ten Januar 1900.
Mathildenstrasse 21 u. 18. "

Lieber Professor Höffding.

Es hat mich lebhaft erfreut, dass Sie so gütig waren, meiner beim Jahreswechsel zu gedenken. Ich erwidere mit Dank die besten Wünsche für ferneres Wohlergehen, den Eintritt ins 20. Jahrhundert habe aber auch ich noch nicht vollzogen, ich stehe eben zu ferne von unserer offiziellen Welt, und in einigem Gegensatz zu ihr. Die Ungeduld, Hast und Unklarheit ist nur zu charakteristisch für das persönliche Regiment, dessen wir uns erfreuen. - Auch mir steht im verflossenen Jahre der Besuch in Kopenhagen als ein glänzender Punkt der Erinnerung; wenn auch der Genuss mir wieder durch körperliches Unbehagen getrübt war, ich erkannte erst nachher, dass ich mir die Erkältung bei der Hinfahrt auf dem Schiffe zugezogen hatte, da ich auf dem Decke gesessen hatte, und eingenickt war - freilich im warmem Sonnenschein, aber - es war Ende April, eine gefährliche Jahreszeit. Ich musste wol froh sein, noch mit dem Zahnübel davonzukom̄en. - Was Sie von Ihnen selber mitteilen, ist angenehm zu hören, bis auf die Last äusserer Obliegenheiten, die Sie an Ausarbeitung der Religionsphilosophie behindern. Sehr gern will ich an der Uebersetzung mitwirken, es wird mir erwünschte Gelegenheit und Anregung geben, das Werk sogleich mit gehöriger Aufmerksamkeit zu lesen. Auch freut es mich, von den neuen Auflagen der Psychologie und der Ethik zu hören. Mit der ersteren, und auch mit den Nachträgen dazu habe ich gerade in diesem Sommer mich angelegentlich beschäftigt.

Ich sandte Ihnen das erste Stück meiner Welby-Preisarbeit[1] auf englisch, und lasse heut das 2te folgen. Da Sie den Mind selber besitzen, so geben Sie die Abdrücke vielleicht einem Schüler oder Freunde, z. B. Herrn Dr. Hansen[2], den ich bei Ihnen sah, und der sich eben verheiraten wollte; wenn ihm Politik und Ehestand für die Philosophie Zeit übrig lassen. Ferner überreiche ich Ihnen noch vor dem Erscheinen einen Artikel, der nächstens in der Falckenberg'schen Zeitschrift[3] (die den Charakter eines allgemeinen Sprechsaales hat) herausköm̄t

---

1 2. Teil der 'Philosophical Terminology', in: Mind, 1899, vol. 8, p. 467 - 491. Die Ausschreibung des englischen '*WELBY*-Price' mit einem Preisgeld in Höhe von 50 englischen Pfund für eine Arbeit über philosophisch-psychologische Terminologie, die *TÖNNIES* gewann, "hat dazu beigetragen," seine "Gedanken an Philosophie wieder zu ermutigen" (an *PAULSEN*, 15. 10. 1898, a.a.O., S. 334). Siehe zum *WELBY*-Price auch H. Walter *SCHMITZ*, Tönnies' Zeichentheorie zwischen Signifik und Wiener Kreis, in: L. *CLAUSEN* et al. (Hg.), Tönnies heute, Kiel 1985, S. 73 - 93, und ders., Victoria Lady Welby und die Folgen, in: Zeitschrift für Semiotik, 1983, 5, S. 123 - 138. Beachte auch *TÖNNIES*' kleine Arbeit 'Notes on the Welby Prize Essay', in Mind, 1901, vol. 10, p. 201 - 209.

2 Vielleicht *HANSEN*, Axel Marius <1877 - 1960>, Staatsrevisor, Minister?

3 Zeitschrift für Philosophie und philosophische Kritik, Halle/ Saale

- eine Selbstanzeige, zum grössten Teile schon 1889, also vor 10 Jahren verfaßt[4]. Es war mir lieb, hier auf Ihre 'Mindre A.' hinweisen zu können[5]. Ich beschäftige mich mit diesen Aufsätzen von Zeit zu Zeit, kann das Dänische nur langsam lesen. Zu dem Hamilton kehre ich um so lieber zurück, da ich inzwischen meine Kenntnisse von Nord-Amerikas Verfassung, Geschichte pp. durch Lektüre von Bryce, The american commonwealth[6], erweitere, eines Buches von gesundem Urteil. - Erst 2 Tage später kom̄e ich zum Abschluss dieses Briefes. Ich wollte noch in Bezug auf meine Selbstanzeige sagen, dass ich grösseren Wert lege (meiner Erinnerung nach) auf eine Erörterung, die ich in meinem ersten an Sie gerichteten Brief niedergelegt hatte. Eine Bemerkung, die Sie im Sommer machten, lässt mich fast befürchten, dass Sie diesen Brief nie erhalten haben. Indessen: es wird Ihnen in der langen Zeit eines Decenniums entfallen sein. Denn, wenn Sie den Brief nicht empfangen hätten, so wäre es für Sie sehr auffallend gewesen, da Sie - aufgrund meiner Vorrede - ausdrücklich mich um Auskünfte ersucht hatten (in Ihrem Brief vom 2. Juli 1888), die ich dann auf etwa 12 Briefseiten gegeben habe, wenn ich mich recht erinnere[7]. Doch - lassen wir das. - Ich habe endlich noch ein Exemplar des kleinen Wochenblattes "Die Hilfe"[8] bei <sic>, das Sie vielleicht interessiren wird, ich besitze es in duplo, da Paulsen mir seinen Beitrag schickte. Man hatte auch mich zu einer Betrachtung "über d. Entwicklung der Gesellschaft im 19. Jh" aufgefordert, ich habe aber, schon weil ich an der falschen Voraussetzung über "Jahrhundertwende" nicht teilnehmen wollte, abgelehnt. Ich muss aber anerkennen, dass das kleine Blatt sehr tüchtig geleitet und von anständigen Menschen geschrieben wird; so kühl ich dem Enthusiasmus für deutsche Weltpolitik und Flotte auch gegenüberstehe. -

Ich möchte Ihnen, verehrter Freund, noch manches vortragen und erzählen, aber ich muss mich für heute bescheiden, Sie und auch Ihren Herrn Sohn

---

[4] F. TÖNNIES, Zur Einleitung in die Soziologie, in: Zeitschrift für Philosophie und philosophische Kritik, 1899, 115. Bd., S. 240 - 251; erneut in F. TÖNNIES, SSK, I, S. 65 - 75.

[5] "Die eingehendste Besprechung und sorgfältigste Prüfung, die das Buch erfahren hat <GuG>, rührt von Prof. *Harald* HÖFFDING her (neuerdings abgedruckt in dessen '*Mindre Arbejder*, Khvn. 1899', S. 142 - 157). Darin wird die objektive Ruhe und Unbeirrtheit (Uforstyrrethed) in Betrachtung der Phänomene des menschlichen Lebens, als Merkmal des Buches hervorgehoben, und zugleich die 'eigentümliche Verbindung von Soziologie und Psychologie' unterstrichen. Gegen die Kritik des dänischen Philosophen habe ich nur einzuwenden, das sie zu sehr auf das, was er den 'sozialen Pessimismus' des Verfassers nennt (schon in der Überschrift), sich bezieht. Dies erklärt sich aber völlig daher, daß dem Artikel ein vor Studenten gehaltener Vortrag zugrunde liegt. Mein 'Pessimismus' betrifft höchstens die Zukunft der gegenwärtigen Kultur, aber nicht die Zukunft der Kultur überhaupt." - F. TÖNNIES, SSK, I, S. 74, Anmerkung 1.

[6] BRYCE, James <1838 - 1922>, amerikanischer Historiker; J. BRYCE, The American Commonwealth, 3 vols., London 1888; siehe zu BRYCE auch TÖNNIES' Rezensionen: Die obligatorischen Schiedsgerichte in Australien (nach Bryce), in: Soziale Praxis, 1921, 30. Jg., S. 712 - 714, und: Obligatorische Schiedsgerichte in Neuseeland (nach Bryce), in: ebd., S. 1038 - 1040.

[7] siehe Brief vom 14./19. Oktober 1888, 12 handgeschriebene Seiten. Beachte hierzu auch E. G. JACOBY, Die moderne Gesellschaft im sozialwissenschaftlichen Denken von Ferdinand Tönnies. Eine biographische Einführung, Stuttgart 1971, S. 72 - 76.

[8] Die Hilfe. Wochenschrift für Politik, Literatur und Kunst, begründet von Friedrich NAUMANN

freundlich zu grüssen. Auch meine Frau lässt sich Ihnen dankend empfehlen. - Zum Schlusse muss ich noch hervorheben, da ich mir sonst erlaubt hatte, Sie auf kleine Irrtümer im Gebrauch der deutschen Sprache aufmerksam zu machen, dass Ihr Brief vom 29. Dec. tadellos ist. Um so mehr hoffe ich, dass Sie bald einmal wieder sich zu einem deutschen Briefe entschliessen.

Ihr herzlich ergebener
Ferdinand Tönnies.

*Postkarte "Til Herrn Prof. Dr. Ferdinand Tönnies", 14,1 x 9 cm. Schwarze Tinte, flüssiger Schreibstil.*

Kopenhagen C
20. Februar 1900.

Lieber Prof. Tönnies! Meine herzliche Glückwünschung zum Töchterlein![9] Ich hoffe, dass sowohl die Frau Mutter als das Fräulein sich fortwährend gut befinden. Obwohl Sie ein so scharfer Kritiker des gegenwärtigen sozialen Zustandes sind, haben Sie doch jetzt der heutigen "Gesellschaft" mehrere pignora gegeben. Ich sehe darin einen praktischen Gegenbeweis gegen meine Auffassung Ihres Standpunkts als eines pessimistischen. - Hoffentlich werden unsere Kinder bessere Zustände erleben!

Mit freundlichen Grusse Ihr ergebener
Harald Höfding.

[9] Franziska, geb. am 14. 2. 1900 in Altona, lebt z. Zt. in Baton Rouge, USA; 2 Söhne, 1 Tochter.

*Brief, Format 26,8 x 20,8 cm, 1 Blatt, mittig gefaltet und fortlaufend Vorder- und Rückseite beschrieben, insgesamt 4 Textseiten im halben Blattformat. Schwarze Tinte. Flüssiges, sauberes Schriftbild mit geringer Gliederung, die letzten zwei Zeilen an den Rand geschrieben; wenige Korrekturen und Streichungen. Gelbliches Papier mit geprägter Linierung.*

Strandgade 26
Kopenhagen C
d. 3. Novbr. 1900

Lieber Professor Tönnies!

Wie geht es Ihnen? Ich bewunderte neulich Ihre Energie, als ich sah, dass Sie auf dem philosophischen Congresse gewesen waren, und einen internationalen Vortrag gehalten <haben>.[10] Ich liebe nicht Kongresse[11], und ich wollte meinen idyllischen Aufenthalt bei Faxe (Süd Seeland) nicht unterbrechen. Es scheint aber (nach der Berichterstattung der 'Revue de Metaphysique et de Morale'[12]) dass der Kongress viel Interessantes dargeboten hat. Ich habe in diesem Sommer die letzte Hand auf meine Religionsphilosophie gelegt, und sie ist jetzt im Druck. Gleichzeitig wird sie nach den Aushängebogen ins Deutsche übersetzt. Darf ich Sie daran erinnern, dass Sie mir das freundliche Angebot gegeben haben, die Uebersetzung zu revidiren? Wenn es Ihnen nur nicht unbequem sein wird, will ich sehr gern dieses Angebot annehmen, weil eben dieses Buch gern eine freiere & mehr fliessende Form haben sollte. Mein Uebersetzer ist sehr gewissenhaft, auch ein geborener Deutscher (Hollsteiner[13]), aber es finden sich viele Härten und viele Danismen in seinem Stile. - Wenn Sie es also erlauben, werde ich Ihnen allmählich die Uebersetzung schicken.

Es wird mir ganz besonders interessant sein zu hören, wie Ihnen meine Behandlung des religiösen Problemes gefällt. Ich glaube, dass wir in vielen Punkten übereinstimmen. - Ich habe mich bestrebt den ganzen Ernst des Problemes hervorzuheben, und doch einen ganz freien Standpunkt einzunehmen. Es ist für mich in erster Linie eine psychologische Frage, eine Frage, ob es ein Aequivalenz für die tiefe geistige Koncentration, welche die positive Religion repräsentirte, geben kann. Ich stehe nicht leichten Herzens dieser Frage gegenüber, und ich meine, dass die meisten 'Freidenker' die Sache mehr oberflächlich behandeln.

Ich habe Ihnen noch nicht für Ihre schöne Abhandlung über die Terminologie gedankt. Sie gab mehr und besonders mehr Reales, als ich nach dem Titel

---

[10] Congrès International de Philosophie, 1.8. - 4. 8. 1900 in Paris

[11] HÖFFDING verwendt tatsächlich unmittelbar hintereinander diese zwei Schreibweisen von 'Kongreß'.

[12] Revue de Métaphysique et de Morale. Paraissant tous les deux mois, Réd.: M. Xavier LEON, Paris; Bericht: 1900, S. 503 - 698

[13] Diese Schreibweise steht auch in der Abschrift.

erwartet hatte. Es muss Ihnen interessant gewesen sein, dass die terminologische Frage auch in Paris verhandelt wurde.

Mit freundlichem Grusse
Ihr ergebener
Harald Höffding.

Mein Sohn hat sich mit einem schönen und liebenswürdigen Mädchen verlobt. Ich habe also jetzt eine Tochter.

*Brief, Format 26,2 x 17,1 cm, 1 Blatt mit gedruckter Adresse, mittig gefaltet und fortlaufend Vorder- und Rückseite beschrieben, insgesamt 4 Textseiten im halben Blattformat mit drei großen Rändern oben, unten und seitlich. Schwarze Tinte. Flüssiges, kompaktes Schriftbild, das gegen Ende aufgelockert wird, 2 Zeilen Randnotiz. Eine Korrektur. Hellbräunliches, dichtes Papier.*

Altona (Elbe), d. 7. Nov. 1900.
Mathildenstrasse 21.

Lieber Prof. Höffding.

Es versteht sich ganz von selbst, daß ich mein Versprechen erfüllen will; es kann auch keine grosse Mühe sein, da ich ja nicht den dänischen Text zu vergleichen brauche, den Herr Bendixen so viel besser versteht als ich. Aber ich freue mich darauf, Ihre Ansichten der Religion kennen zu lernen, in Gedanken kom̄e auch ich sehr oft darauf zurück. Zufälligerweise hatte ich gerade in diesen Tagen ein Buch wieder zur Hand genommen, das ich vor etwa 20 Jahren mit Begierde gelesen habe: ob auch Sie es kennen? Sir Alfred Lyall[14] Asiatic Studies+, handelt vorzugsweise über die Function der Religionen in Indien und China - mit sehr viel Verstand. Wenn Sie es nicht kennen, so sollten Sie doch für die 2te Auflage Ihres Werkes, die bald kommen wird, darin Einsicht nehmen. Auch ich glaube, daß wir in vielen Stücken über dies höchst bedeutende Problem übereinstim̄en, obgleich für mich es in erster Linie ein soziologisches ist, und die Frage, ob es ein Aequivalent für die gewaltige soziale Function des Glaubens im allgem. und des geistlichen Standes im besonderen geben könne - aber diese soziologische Schwierigkeit ist von der psychologischen allerdings untrennbar. Denn meine Aufgabe wäre leicht gelöst, wenn es für die Furcht vor übersinnlichen Mächten und für das Vertrauen zu solchen einen Ersatz gäbe.

[14] Sir Alfred LYALL, Verfasser der 'Asiatic Studies, religious and social', London 1882 u. ö.; zusammen mit Henry Sumner MAINE wesentlicher Inspirator für die (rechts-)ethnologische Komponente von TÖNNIES' Gemeinschaftsbegriff.

Ich weiss nicht einmal ob ich Ihnen von der englischen Uebersetzung der Terminology auch den 2ten und 3ten Teil geschickt habe? Wenn es Wert für Sie hätte, würde ich die Stücke gern nachliefern. Sie werden sie sonst im Mind gelesen haben. Lady Welby[15], die Preisstifterin verfolgt das Thema mit leidenschaftlichem Eifer. Sie will im Oktober n. J. eine Conferenz in Oxford zusam̄enbringen, zum Behuf der Förderung einer neuen Disziplin, die sie Significs nennt. Sie hofft dabei auch auf Sie, und ich habe versprochen, den Versuch zu machen, Sie zur Teilnahme zu überreden. Es ist ja kein "Kongreß". In Paris bin ich nicht gewesen - wenn ich Geld gehabt hätte, so wäre ich vielleicht zum Soziologen-Congreß gereist; ich lebe so vereinsamt, daß ich doch gerne einmal mit Leuten zusammenkom̄en mag. Für den Philos. Congr. hatte ich allerdings ein kleines Mémoire eingesandt[16], um mein Interesse zu bekunden. Es ist ein Fehler, der oft in diesen Berichten gemacht wird, daß die blos eingesandten Sachen nicht deutlich von den vorgetragenen unterschieden werden.

Es freute mich sehr, so gute Nachricht von Ihnen zu empfangen. Ich gratulire allen Beteiligten zur Verlobung Ihres Sohnes - es ist doch der ältere?[17] - und hoffe daß Sie viel Glück daraus schöpfen werden.

Schicken Sie mir die Uebersetzung in Druckbogen? Das würde ja das Lesen erleichtern.

Mit herzlichem Gruße bin ich Ihr ergebener
Ferdinand Tönnies.

*+)* ganz neuerdings ist ein 2ter Band herausgekom̄en, den ich noch nicht kenne.

---

[15] WELBY, Lady Victoria , ehemals Ehrendame der Königin VICTORIA von England. "Sie war eine geistvolle und gute Frau, rastlos in ihrem Streben zu lernen, zu schaffen, zu helfen, erfüllt von der Überzeugung, daß alles darauf ankomme, die Wahrheit der Dreieinigkeit von sense, meaning und significance (Sinn, Bedeutung, Hochsinn habe ich zu übersetzen vorgeschlagen) in der Sprache aber auch im Sein zu begreifen", erinnert sich TÖNNIES später in seiner Selbstdarstellung, a.a.O., S. 221. 1903 führte sie mit ihren Büchern 'What is Meaning? Studies in the Development of Significance' und später, 1912, 'Significs and Language' den Ausdruck 'Significs' ein, während sich TÖNNIES für den Begriff 'Semantik' einsetzte; siehe dazu auch H. W. SCHMITZ, a.a.O.

[16] F. TÖNNIES, Die schöpferische Synthese. Ein philosophisches Résumé, in: Die Zeit, 1901, Bd. 26, (und französisch: La synthèse créatrice, in: Bibliothèque du Congrès International de Philosophie, 1900, tome 1, p. 415 - 434).

[17] Handschriftliche Randbemerkung auf der Abschrift: nein, der jüngere

*Brief, Format 26,8 x 20,8 cm, 1 Blatt mit gedruckter Adresse, mittig gefaltet und fortlaufend Vorder- und Rückseite beschrieben, insgesamt 2 1/3 Textseiten im halben Blattformat. Schwarze Tinte. Flüssiges, Schriftbild mit geringer Gliederung; eine Korrektur und Streichung. Gelbliches, dichtes Papier mit geprägter Linierung.*

Strandgade 26
Kopenhagen. C
d. 23. Novb. 1900

Lieber Professor Tönnies!

Ich erlaube mir also von Ihrem freundlichen Angebot, die deutsche Uebersetzung meiner 'Religionsphilosophie' zu revidiren, Gebrauch zu machen. Weil das Manuskript sehr deutlich ist, und der Druck noch nicht anfangen soll, schicke ich Ihnen den Anfang in Manuskript. Ich hoffe nicht, dass ich Ihnen damit zu verdriessliche Arbeit geben werde. Vielleicht wird es auch nicht notwendig sein, die ganze Uebersetzung zu revidiren; Ihre Bemerkungen über den ersten Theil werden hinreichende Anweisungen für das Uebrige enthalten können. Wenn es Ihnen nicht unbequem sein sein wird, wünschte ich gern das Manuskript vor Weihnachten zurück.

Auch bezüglich des Inhalts werden mir Ihre Bemerkungen sehr wertvoll sein. Doch mache ich darauf aufmerksam, dass der Schwerpunkt meiner Untersuchung in dem psychologischen Abschnitte (dem dritten und größten des Buches) liegt.

Mit freundlichem Grusse
Ihr ergebenster
Harald Höffding.

Es ist mein jüngster Sohn (der Historiker), welcher sich verlobt hat. - Ist "das Dasein" nicht ein besserer Ausdruck als "die Existenz" (für "Alles was ist")?

*Postkarte an "Herrn Prof. Dr. Höffding", 14 x 9,2 cm. Schwarze Tinte. Flüssiger Schriftstil mit Randbemerkungen unten und seitlich.*

A. 27. Nov. 1900.

Lieber Prof. H. Die Sendung ist eingegangen; ich habe schon gestern Abend mich beinahe <u>fest</u> darin gelesen und bin über die Hälfte hinaus gekom̄en. Es entspricht doch Ihrer Meinung, dass ich die Verbesserungen in den Text <u>hinein</u>trage, wie Sie schon selber an einigen Stellen getan haben? Wo Sie "Dasein" eingesetzt haben, ist es überall das Richtigere, an einigen Stellen habe ich "das Sein" für noch besser gehalten, 2 mal "das Weltall" und einmal "die Welt" anstatt "Existenz", das niemals das auf deutsch zutreffende Wort ist. - Die Uebersetzung liest sich im ganzen sehr gut, aber eine Feile ist doch notwendig, ich glaube es wird im Interesse der Sache sein, dass Sie mich auch den Rest lesen lassen; wenn Sie aber wiederum MS senden, so würde ich raten, es als "Geschäftspapiere" einschreiben zu lassen, wofür ja nur Drucksachenporto erfordert wird. - Es hat einen eigentümlichen Reiz, ein solches Werk im Ms zu lesen, wenn es so deutlich und schön geschrieben ist. Von dem Inhalte bin ich lebhaft ergriffen, ich werde aber alles Bisherige noch 1 mal lesen. Auch gedenke ich einen kleinen Kreis hier zu versam̅eln, um einige Abschnitte vorzulesen.

Ich gratulire Ihrem Sohn besonders, da ich weiss, dass der eine näher bekannte der glückliche Freier ist.

Mit freundlichen Grüssen
Ihr F. T.

Auch "Rationalität" i. d. Sinne, wie Sie es gebrauchen, kan̅ m. auf D.[18] nicht wol sagen. Ich setze dafür "logische Richtigkeit" u. glaube nicht dass etw. anderes möglich ist.[19]

Hat man Ihnen mitgeteilt, dass d Bildhauer Hugo Rheinhold[20] gestorben ist? Ich habe es recht bedauert.

*Postkarte an "Herrn Professor Dr Harald Höffding", Format 14 x 9 cm. Schwarze Tinte. Flüssiges, Schriftbild mit verblassendem Tintenfluß und 1 Einfügung. Gelbliches, dichtes Papier.*

Altona Weihnachtabend 1900
(Jul)

Lieber Prof. H. Ich bin ausser Stande, Ihnen heute mehr als einen Gruss zum Begleitworte zu senden. Die Arbeit ist hoffe ich nicht vergeblich gewesen. Den grösseren Teil habe ich in einem Kreis meist junger Leute vorgelesen. Alle waren sehr davon erbaut und sehen mit Spannung der Fortsetzung entgegen. Ich selber finde das Werk in mancher Hinsicht meisterhaft - durch Klarheit ver-

---

18 lies: kann man auf Dauer

19 Logische Richtigkeit im Gegensatz zur absolut zu nehmenden, den Dingen innewohnenden Rationalität, äußert sich für *TÖNNIES* in der logischen Konsistenz bei der Konstruktion der 'Gedankendinge' als ideelle Typen, mit deren Hilfe die Erfahrungsdaten objektiviert und damit quantifizierbar gemacht werden sollen. Siehe dazu auch *JACOBY* (1971), S. 52 ff.

20 *RHEINHOLD*, Hugo Wolfgang <1853 - 1900>, Bildhauer, Schüler von Max *KRUSE* und E. *HERTER*, siehe dazu: *SCHULZ*, Deutsche Skulptur der Neuzeit, 1900.

bunden mit Tiefsinn; wenn ich auch den "Glauben an die Erhaltung des Wertes" noch nicht völlig würdigen kann. -

Da ich nicht weiss ob ich noch vor Neujahr zum Schreiben kom̄e, so möchte ich Ihnen zugleich Heil im Saeculum vicesimum zurufen! und zur Vollendung des schönen Buches gratuliren. Mit vielen Grüßen

Ihr ergebener
Ferdinand Tönnies.

*Brief, Format 26,8 x 20,8 cm, 1 Blatt, mittig gefaltet und fortlaufend Vorder- und Rückseite beschrieben, insgesamt 2 1/2 Textseiten im halben Blattformat. Schwarze Tinte. Flüssiges, Schriftbild mit zwei Einfügungen. Gelbliches, dichtes Papier mit geprägter Linierung.*

Strandgade 26
Kopenhagen C.
d. 4. Januar 1901.

Lieber Professor Tönnies!

Indem ich die wärmsten Wünsche für Sie und die Ihrigen im neuen Jahre und im neuen Jahrhundert ausspreche, denke ich mit Freud und Dank an die Freundschaft, die Sie mir bewiesen haben. Besonders bin ich für die Mühe dankbar, der Sie sich mit dem Durchsehen meiner Religionsphilosophie unterzogen haben. Ihr vorläufiges Urtheil ist für mich sehr ermunternd gewesen. In einem solchen Werken muss die Individualität des Verfassers eine so grosse Rolle spielen, dass er auf vollständigen Anschluss von Seite selbständiger Forscher kaum hoffen kann. Mein Hauptgefühl beim Schlusse der Arbeit ist, dass ich mein Herz erleichtert und mein Scherflein (ins Fass der Danaiden?) gegeben habe.

Ich schicke Ihnen jetzt die Fortsetzung. Zur besseren Uebersicht lege ich Ihnen ein Inhaltsverzeichnis über das Ganze bei (s. bei dem Manuskript).

Es würde für mich sehr interessant sein Genaueres über den Eindruck, den Ihre jungen Freunde von dem Buch bekommen, zu hören. Mein Buch wendet sich ja besonders an 'die Werdenden.'

Mit herzlichem Gruss und Dank
Ihr ergebenster
Harald Höffding

*Brief, Format 32,9 x 20,8 cm, 1 Blatt, mittig gefaltet und fortlaufend Vorder- und Rückseite beschrieben, insgesamt 4 Textseiten im halben Blattformat, großer Rand oben und unten. Schwarze Tinte. Flüssiges, flüchtiges, kompaktes und schiefes Schriftbild mit je 5 Zeilen Randbeschriftungen (S. 2 + 4). Gelbliches, hellbräunliches Papier.*

(z. Zt. Husum) d. 9. April 1901
Kirchspiel Garding

Lieber Prof. Höffding.

Morgen gedenke ich, Ihnen das MS eingeschrieben zurückzusenden. Ich habe das meiste 2 mal und öfter durchgesehen, und den Text, bis auf den letzten Abschnitt, in dem Ihnen schon bekan̄ten Kreise vorgelesen. Das letzte

Mal war auch ein mir befreundeter schwedischer Kaufmann, Herr Norlin[1], zugegen, der starke theologische Neigungen hat und mit mehreren Gelehrten nahe Beziehungen unterhält, u. a. mit Sabatier[2], auch sonst mit französischen Protestanten. Ich bedauere daher, dass wir an dem Abende nicht bis zu dem Sabatier - dessen Esquisse[3] auch ich oberflächlich gelesen habe - betreffenden Passus gelangten. Sie verstehen übrigens, dass für mich, wie für die Zuhörer, die Beschäftigung mit dem Inhalte Ihres Werkes durch die fortwährende Aufmerksamkeit auf die sprachliche Form etwas beeinträchtigt wurde. Doch kann ich versichern, dass der Eindruck ein bedeutender und tiefer gewesen ist, besonders auch auf die Frauen, so weit sie denn zu folgen und die Sache in sich aufzunehmen vermochten. Alle freuen sich darauf, das Buch, wenn es im Drucke vorliegen wird, von neuem zu lesen, und ganz zu lesen. Unsere Abende, die ohnehin manchen Hemmungen begegneten, wurden leider durch den Umzug der Familie Bleicken[4] nach Hamburg und durch häusliche Schwierigkeiten bei mir, unterbrochen. Auch wir verlassen jetzt Altona, ich habe ein Haus mit Garten in Eutin gekauft, wohin wir in dieser Woche übersiedeln. Für unsere Kinder wird der Wohnsitz günstiger sein, und ich hoffe auch für mich, dass ein noch ruhigeres Leben meiner Gesundheit und damit auch meiner Schaffenskraft zuträglich sein werde. Eutin ist ja sehr anmutig; wenn Sie es noch nicht kennen, so muss ich Sie um so dringender einladen, uns recht bald dort zu besuchen. - Aber ich wollte über Ihre Religionsphilosophie schreiben. Zunächst bemerke ich, dass ich den Endabschnitt der Uebersetzung bald zu empfangen in Aussicht nehme; ich werde diesen im Laufe des Monats Mai leicht erledigen können, auf Verlangen auch schon viel früher und in wenigen Tagen. Ich rate aber sehr, das Ganze jetzt nicht, ohne dass ich auch das Ende gesehen habe, drucken zu lassen, da sonst Ungleichmässigkeiten des Ausdruckes stark auffallen würden. Ich freue mich, an dem Werke eine kleine Mitwirkung zu haben. Ich glaube mich nicht zu täuschen, wenn ich sage, dass Sie darin Ihr Meisterwerk, d. h. die am meisten "urtümliche" - um ein ungewöhnliches aber gutes Wort aus Hrn Bendixens Uebersetzung anzuwenden - Ihrer Schriften verfasst haben. Ich sage es, obgleich ich - wie schon früher bedeutet - gewohnt bin, den Gegenstand vorzugweise unter einem ganz anderen Gesichtspunkt zu betrachten, der freilich in dem mir noch unbekan̄ten Reste auch bei Ihnen zur Geltung kom̄en soll. Ich denke aber, dass er auch als Haupt-Gesichtspunkt, neben Ihrem individual-psychologischen sein eigenes Recht behält, und zwar gerade auch für eine philosophische Ansicht der Religion, wenn gleich Logik, Psychologie und Ethik herköm̄licher Weis einen festeren Platz im philosophischen Bewusstsein und System einnehmen, als Sociologie und Philosophie

[1] *Norlin*, Christopher <18?? - ????>, Fabrikant; siehe auch seinen Brief an *Tönnies* im T-N, 54.56:545.

[2] *Sabatier*, Auguste <1839 - 1901>, franz. Theologe, Professor in Straßburg und Paris.

[3] A. *Sabatier*, Esquisse d'une philosophie de la religion d'après la psychologie et l'histoire, Paris 1903, 7. Aufl. (deutsch: Leipzig/Tübingen 1898)

[4] *Bleicken*, Bleick Matthias <1835 - 1900> war Bürgermeister in Ottensen bei Hamburg; beachte die Briefe im T-N, Cb 54.56:87-94.

der Geschichte. Ich betrachte die Religion (und Religionen) in erster Linie als historische, oder, allgemeiner gefasst, als sociale Erscheinung. Darum ist für mich der Kultus, schlechthin Kern jeder Religion, und die Gemeinde von Ihrem Begriffe untrennbar. Sie heben - vom (individual-) psychologischen Standpunkte aus - mit Recht stark hervor, dass Gefühle dem religiösem Bewusstsein zu Grunde liegen und früher sind als die relig. Vorstellungen. Volks-psychologisch kann ich das nur dahin ergänzen, dass starke Gefühle unmittelbar sichtbar werden in Tätigkeiten, und die specifisch religiöse Tätigkeit ist eben das 'colere', das Hegen und Pflegen, dessen allgemein-menschliche Bedeutung im TotenKultus ihren Uebergang zum Opfer, der eigentlichen und wesentlichen Kulthandlung gewinnt. Sie sehen, dass meine Anschauung derjenigen Spencers sehr nahe kömt. In der Tat halte ich dieses Stück der Spencerschen Sociologie für weitaus das bedeutendste und für das einzige von bleibendem Werte. Inwiefern nun hieraus etwas zur Kritik Ihrer Auffassung folge? ich meine, dass die individuelle Hingebung und Reflexion, die für Sie - und Sie komen damit der modernen protestantischen Theologie entgegen - so stark im Vordergrunde steht, ein später, sehr abgeleiteter, sehr hoch entwickelter Bestandteil des religiösen Bewusstseins ist, der seine Wurzeln - ebenso wie dies von den dogmatischen Stücken der höheren Religionen selber gilt - vielmehr im wissenschaftlichen Denken und der Philosophie, als im ursprünglichen und dauernden Wesen der Religion hat - welchem Wesen gegenüber sich sogar regelmässig jenes Denken gleichgültig, ja zumeist kritisch und negativ verhält.

Ich meine aber damit dem hohen Werte Ihrer Kritik eben jenes religiösen Bewusstseins keineswegs Abbruch zu tun. Sie ist um so stärker, weil sie eben der protestant. Theologie aüsserlich so nahe kömt, daher auch innerlich ganz gerecht werden kann. Indessen meine ich doch nicht, dass es bei unserer Differenz blos um das Wort Religion sich handelt. Ich hoffe dass wir Gelegenheit haben werden, u. zwar am liebsten mündliche, auf das Thema zurückzukomen. Ich wollte, dass wir wenigstens alle 2 Tage mit einander einen Spaziergang machen könnten; das würde den Wert des Lebens für mich erhöhen, darum vielleicht auch meine - 'Religiosität', denn auf diesen Ausdruck beziehe ich alles, was Sie über die Schätzung des Wertes im Dasein so schön und gross ausführen; dieses psychologisch-ethische Problem, das auch für mich aus dem religiösen sich herausschält, aber nicht wie Sie wollen, als dessen empirischer Nucleus, sondern als ein ihm zwar wesens-verwandter, aber doch von ihm verschiedener Sprössling! - für heute herzliche Grüsse!

Ihr treulich ergebener
Ferdinand Tönnies.

N. S. Eine Schwester meiner Frau lebt seit kurzem in Kopenhagen, als Directrice in einem Putzgeschäft. Sie ist ein intelligentes und gebildetes Mädchen von tadellosem Rufe, sie war bisher bei ihrer Mutter in Kiel. Darf ich ihr eine Empfehlung an Sie geben? Ich weiss ja, dass Sie auch sonst junge Damen bei sich sehen, und glaube, es wird Ihnen keinen Anstoss geben, dass diese nur eine Arbeiterin ist. Sie werden sie vielleicht, zumal im Anfange, etwas schüchtern und verlegen finden, obgleich sie schon 30 Jahre alt ist.

*Brief, Format 26,8 x 20,8 cm, 1 Blatt, mittig gefaltet und fortlaufend Vorder- und Rückseite beschrieben, insgesamt 4 Textseiten im halben Blattformat. Schwarze Tinte. Flüssiges, Schriftbild mit deutlichen Korrekturen, Streichungen und Einfügungen. Gelbliches, dichtes Papier mit geprägter Linierung.*

Strandgade 26 / d. 13. April 1901
Kopenhagen C.

Lieber Professor Tönnies!

Herzlichen Dank für die Mühe, die ich Ihnen mit meinem Manuskript gemacht habe. Es ist für mich von grossem Interesse, schon jetzt Ihre Meinung über mein Werk zu hören, und daher habe ich ja auch den Vortheil, dass das Buch, das - wie Sie richtig bemerken - das persönlichste meiner Schriften ist, in besserem Deutsch erscheinen wird, als <es> mit meinen früheren Schriften der Fall war. Der Druck muss jetzt anfangen, und ich will bei der Korrektur dafür sorgen, dass keine Ungleichmässigkeiten im Ausdruck entstehen. Den Rest des Manuskripts will ich Ihnen dann im Anfang Mai's nach Eutin schicken. Ich bitte Sie, mir Ihre Adresse in Eutin aufzugeben, und bei dieser Gelegenheit mir auch den Namen und die Adresse Ihrer Schwägerin hier in Kopenhagen zu geben; es wird mir ein Vergnügen sein, wenn ich ihr in irgend einer Weise dienen kann. Wie Sie wissen, lebe ich mit meinem Sohne in studentikoser Weise, aber wir wollen sie sehr gern gelegentlich in unserem kleinem Kreise sehen.

Sie haben ganz Recht darin, dass die rein soziologische Betrachtung bei mir zurücksteht. Selbst im letzten Abschnitte, in der "ethischen Religionsphilosophie" werden Sie nicht so viel Soziologie finden, dass Sie zufrieden sein können. Meiner Ansicht nach kann man aber nicht die Religion als Problem behandeln, ohne auf die subjektive Seite der Religion ein entscheidendes Gewicht zu legen. Es hilft ja nicht, dass die schönsten objektiven Formen da stehen, wenn der geistige Inhalt fehlt, - und dieser Inhalt stammt immer von der Subjektivität. Die Frage ist: was kann die Religion uns sein, und in welcher Bedeutung können wir noch Religion haben? - Ich gestehe, dass die subjektive und kritische Betrachtung bei mir überwiegend ist, aber liegt dies nicht in den Kulturverhältnissen? Und ich gebe andererseits die Hoffnung nicht auf, dass sich einmal ein Kultus bilden wird, der nicht, wie der alte Kultus, auf dogmatischen und abergläubischen Voraussetzungen beruht. Vorläufig leben wir im Zeitalter der Analyse und der Kritik, und die alten Kulturformen können höchstens symbolische Bedeutung für uns haben. Die neueren Formen werden sich einmal aus dem bewegten Innern der Subjektivität entwickeln wie die alten Formen es seiner Zeit gethan haben.

Mit herzlichem Gruss und Dank
Ihr ergebenster Harald Höffding

*Brevkort "Til Herrn Prof Dr. Ferdinand Tönnies", Format 14 x 9 cm. Schwarze Tinte. Flüssiges, flüchtiges Schriftbild mit mehreren Tintenverwischungen, 6 kleine Zeilen am oberen Rand. Gelbliches, dichtes Papier.*

Kopenhagen C.
d. 5. Mai 1901.

Lieber Professor Tönnies!

Ihrem freundlichen Erlaubniss gemäss schicke ich Ihnen jetzt den Rest des religionsphilosophischen Manuskripts. Wenn es möglich wäre, wollte ich es sehr in der ersten Hälfte von Juni zurück haben. - Ich bin Ihnen ausserordentlich dankbar für die Güte, die Sie mir durch diese Revision beweisen. und hoffe nur, dass ich Ihnen nicht zu grosse Mühe verursacht. - Ihr Fräulein Schwägerin habe ich gesucht, aber leider nicht getroffen, und meiner Einladung zu einem Abend konnte sie nicht folgen. Ich hoffe, ein andermal das Vergnügen zu haben, sie kennen zu lernen. - Ihr ergebenster

Harald Höffding

[5]Ihrer Frau Gemahlin meinen besten Dank für den freundl. Brief.

*Postkarte "Herrn Professor Dr. Harald Höffding", Format 14 x 9,1 cm. Schwarze Tinte. Flüssiges, flüchtiges und sehr kompaktes Schriftbild. Gelbliches, dichtes Papier.*

Eutin 9. Mai 1901

Lieber Prof. Höffding. Das MS ist hier eingegangen, ich habe schon die ersten 70 Seiten durchgelesen und darf mit Gewissheit darauf rechnen, bis 15. Juni fertig zu werden, wenn auch vielleicht diese Grenze scharf getroffen wird. Die Pfingstzeit dürfte einige Störungen bringen. - Ich freue mich, dass ich

[5] Folgende Notiz links oben in der Ecke, in der Abschrift als P.S.

neben dem interessanten Studium Ihres Werkes auch zu dessen Vollendung einen kleinen Beitrag liefern kann; den damit geleisteten Dienst würde ich lediglich als Erwiderung der herzlichen Gastfreundschaft betrachten, die ich in Ihrem Hause genossen habe, wenn ich nicht die Hoffnung hegte, diese Gastfreundschaft dereinst in regelrechtem Austausche zu erwidern. Am liebsten aber ist es mir, mich mit Ihnen in 'Gemeinschaft' verbunden zu denken, was eine Berechnung gegenseitiger Leistungen ausschliesst.

Meine Schwägerin dürfte bis in die Pfingstwoche allzusehr Not haben, die Begierden der Kopenhagener Damen nach neuen Hüten zu stillen; Sie werden vielleicht interessant finden, zu hören, wie diese Zierden der weiblichen Menschheit zu Stande komen. Hin und wieder klebt wohl etwas Blut daran. Indessen soll der Arbeitgeber, ein Landsmann aus Dithmarschen, ein ganz humaner Mann sein. Meine Frau lässt freundlich grüssen und für Ihre Bemühung danken.

Ihr F. Tönnies

*Brief, Format 22,3 x 17,4 cm, 1 Blatt, mittig gefaltet und fortlaufend Vorder- und Rückseite beschrieben, insgesamt 4 Textseiten im halben Blattformat und drei großen Rändern. Schwarze Tinte. Flüssiges, flüchtiges und aufgelockertes, schiefes Schriftbild. Hellbräunliches, dichtes Papier.*

Eutin 15. Juni 1901.

Lieber Prof. Höffding.

Gestern früh habe ich das MS abgesandt, es wird wol schon in Ihren Händen sein. Ich habe es 2mal durchgelesen und mir den Inhalt recht zu eigen gemacht, mit viel Genuss und Förderung. In der Grundrichtung der Weltanschauung glaube ich mit Ihnen durchaus übereinzustimen. Im einzelnen hätte ich noch viel über Ihr Werk zu sagen, ein paar sachliche Bemerkungen habe ich auf die losen Blätter geschrieben. Sie sagen S. 504: " Die Rel. ist nicht bloss Sache des einzelnen Individuums -" Ich würde sie betrachten als in 1ster Linie Sache menschlicher Gemeinschaft: der Familie, der Gemeinde, des Volkes. Alles Individuelle darin ist mehr oder weniger Philosophie. Der Process der Rel. ist der, immer mehr Philosophie in sich aufnehmen und gleichsam verdauen zu müssen; wie überhaupt der Process der Gemeinschaft, immer mehr Individualismus, der sie zunächst zersetzt, zu resorbiren.

Jedoch. Ihre Ansicht ist geschlossen und konsistent. Ich erwarte und hoffe, dass sie einen grossen Eindruck machen wird. Ich freue mich besonders, dass 1 mal wieder ein Philosoph über diese Sache zu Worte komt, nachdem neuerdings das Harnacksche[6] Buch "Wesen des Christentums"[7] in Deutschland so grosse Sensation gemacht hat. Auch Paulsen hat sich meiner Meinung nach viel zu tief mit dem liberalen Protestantismus eingelassen.

"Die Erhaltung des Wertes" ist ein sehr abstrakter Ausdruck und nicht geeignet, allgemeineres Verständnis zu finden. Ist es nicht am Ende dasselbe, was Fichte[8] als "sittliche Weltordnung" bezeichnete, eine Idee, der sogar Schopenhauer[9] sich nicht verschliessen konnte, wenn er es für frech und frevelhaft erklärt, zu wähnen, dem Zusammenhange der Dinge komme keine moralische Bedeutung zu. (Doch die Stelle lautet etwas anders).

Sie werden bemerken, dass ich sehr oft "dasselbe" getilgt habe. Es hat einen besonderen Grund: seit 10 - 12 Jahren hat man bei uns angefangen, gegen den "papierenen Stil" zu kämpfen und da ist denn jenes harmlose Wort auf die Proscriptionsliste gesetzt worden. - Es ist aber besser, solchen Modeneigungen Concessionen zu machen.

Herzlich grüssend
Ihr ergebenster
Ferdinand Tönnies.

---

[6] Adolf *VON HARNACK* <1851 - 1930>, seit 1889 Professor für Theologie in Berlin, Präsident der Preußischen Akademie der Wissenschaften.

[7] A. *HARNACK*, Wesen des Christentums. 16 Vorlesungen vor Studierenden aller Fakultäten im Wintersemester 1899/1900 an der Universität Berlin, Leipzig 1900 u.ö.

[8] *FICHTE*, Johann Gottlieb <1762 - 1914>, Philosoph, der den Kantischen Kritizismus zu einem metaphysischen Idealismus fortbildete; in seiner Religionsphilosophie kam er zu einer Gleichsetzung Gottes mit der sittlichen Weltordnung.

[9] *SCHOPENHAUER*, Arthur <1788 - 1860>, Philosoph, der den Willen zum vom Einzelsubjekt unabhängigen Weltprinzip deklarierte und damit den Deutschen Idealismus mit dessen Thematisierung des Absoluten als Geist abschloß; er beeinflußte stark die Lebensphilosophie und mit seinem Willenskonzept auch *TÖNNIES*. Siehe zu diesem für *TÖNNIES* wichtigen Philosophen besonders Jürgen *ZANDER*, Sozialgeschichte des Willens. Arthur Schopenhauer und die Anfänge der deutschen Soziologie im Werk von Ferdinand Tönnies, in: Rudolf *MALTER* et al. (Hg.), Schopenhauer in der internationalen Diskussion. 69. Schopenhauer-Jahrbuch zur 200. Wiederkehr seines Geburtstages, Frankfurt/M. 1988, S. 583 - 592.

*Brief, Format 26,8 x 21 cm, 1 Blatt, mittig gefaltet und fortlaufend Vorder- und Rückseite beschrieben, insgesamt 4 Textseiten im halben Blattformat. Schwarze Tinte. Flüssiges, flüchtiges Schriftbild mit deutlichen Korrekturen und Streichungen und mehreren Einfügungen. Gelbliches, dichtes Papier.*

p. t. Dalkovedhus
pr. Faxe Ladeplads
d. 6. Juli 1901

Lieber Professor Tönnies!

Ihr freundlicher Brief vom 15. Juni und das revidirte Manuskript kam mir zu in der Mitte einer sehr anstrengenden Examenszeit. Ich hatte c. 200 Studenten in "philosophischer Propädeutik" (s: Psychologie, Logik und Geschichte der Philosophie) zu examiniren. Ich musste daher die Beantwortung bis auf bessere Tage aufschieben. Und jetzt bin ich schon seit zwei Wochen hier in einer idyllischen Gegend in Süd-Seeland (bei der Faxe Bucht, mit der Insel Möen im Hintergrunde), wo ich ein kleines Haus für die Sommermonate gemiethet habe. Ich will nun nicht länger aufschieben, Ihnen nochmals meinen herzlichen Dank auszusprechen für den grossen Dienst, denn Sie mir und meinem Buch erwiesen haben. Ich fühle, dass das Buch durch Ihre Revision viel gewonnen hat. Bendixen ist ein sorgfältiger Uebersetzer, aber zu steif und schulmeisterhaft, und es liegt mir besonders am Herzen, dass dieses Buch in freier und persönlicher Form hervortreten solle.

Ihre Bemerkungen in den Noten und in Ihren Briefen sind sehr interessant und lehrreich gewesen. Bei der gemeinsamen Grundrichtung unserer Gedanken gibt es doch einen charakteristischen Unterschied zwischen unseren Gesichtspunkten, der damit zusammenhängt, dass Sie Soziologe und ich Psychologe bin. Ich räume willig den sociologisch bedingten Charakter der Religion ein, und neben den drei Abschnitten (Erkenntnistheorie, Psychologie und Ethik) könnte noch ein vierter (die Soziologie der Religion) hinzuzufügen sein. Aber es war für mich die Hauptsache, dass die Religion ein Problem geworden ist, das sich für jedes denkende Individuum stellen muss. Die Frage ist: was kann und muss die Religion für mich sein? Und hier liegt das Hauptgewicht auf der individuell-psychologischen Betrachtung; denn dass die Religion grosse soziale Bedeutung hat oder gehabt hat, kann doch nicht für die Entscheidung des einzelnen Individuums hinlänglich sein.

Ich läugne auch nicht, dass ich in dem Begriffe 'Gemeinschaft', wenn er in scharfem Gegensatze zu den einzelnen Individuen gestellt wird, immer eine gewisse Mystik finde. In der zweiten Ausgabe meiner Ethik (die Ihnen hoffentlich bald in deutscher Uebersetzung zugehen wird) habe ich dies besonders Wundt gegenüber, hervorgehoben.

Der Gegensatz zwischen Psychologie und Soziologie ist aber kein prinzipieller. Die Psychologie zählt unter ihren verschiedenen Hülfswissenschaften auch die Soziologie, und ohne psychologische Ansicht[10] kann man nicht Soziologie treiben. -

Es ist mir nicht darum zu thun gewesen, ein Slagwort[11] für meine Ansicht zu finden. "Die Erhaltung des Wertes" ist ein abstrakter Ausdruck, aber wenn er mehr treffend ist, ist es ein Vorzug, dass er nicht zu populär ist. - Fichtes Gedanke ist ein ähnlicher, steht aber der gewöhnlichen Theologie näher als der meinige. -

Mit freundlichem Grusse
Ihr ergebenster Harald Höffding

*Brief, Format 22,5 x 17,4 cm, 1 Blatt, mittig gefaltet und fortlaufend Vorder- und Rückseite beschrieben, insgesamt 4 Textseiten im halben Blattformat und drei großen Rändern. Schwarze Tinte. Flüssiges, flüchtiges und schiefes, aufgelockertes, gegen Ende kompakt werdendes Schriftbild mit wenigen Korrekturen und Streichungen. Hellbräunliches, dichtes Papier.*

Eutin d. 20. Sept. 1901

Lieber Professor Höffding!

Haben Sie freundlichen Dank für die beiden schmukken neuen Bücher, die ich gestern durch Reisland empfing; ich erkenne mit Bewunderung, dass Sie viel Neues hineingearbeitet haben, und glaube dass insbesondere die Ethik gerade im gegenwärtigen Zeitpunkt berufen sein kann, lebendigen Einfluss nach mehr als einer Richtung hin auszuüben. Unsere Gesellschaft "für ethische Kultur" schläft nicht ganz; aber sie kōm̄t über Program̄-Beratungen nicht hinaus. Möglicherweise wird sich aber doch allmälich etwas Lebensfähiges daraus entwickeln. Damit das geschehe, wird freilich zuerst die religiöse Frage in Fluss und frische Diskussion kommen müssen. Und dazu werden Sie nun auch an Ihrem Teile beitragen. Ich vermute, dass die deutsche Ausgabe der Rel.philos. bald fertig sein wird. Aus der Buchhändler-Anzeige sehe ich dass Sie die Erhaltung nunmehr in "das Bestehen" des Wertes umgeändert haben. Vielleicht wäre "aber das Beharren" noch eben so gut gewesen.

In Schottland, wohin ich einer Einladung folgte[12], lernte ich Ihre engl. Uebersetzerin Miss Meyer[13] kennen, die mir auch von ihrem Besuche bei Ihnen erzählt hat - eine gescheidte und muntere Dame. Sie schrieb Ihnen von dem

---

[10] oder: Einsicht.

[11] Randbemerkung (wahrscheinlich von Hans *Höffding*): Stichwort?

[12] Einladung, 1901, von Victoria Lady *Welby*, der Stifterin des nach ihr benannten Preises, den *Tönnies* gewann.

[13] Randbemerkung (wahrscheinlich von Hans *Höffding*): Mayer?

Hause aus, wo wir gemeinsam zu Gast waren, ich konnte aber aus dem Kopf Ihre Landadresse ihr nicht angeben.

Ich bin Ihnen dankbar dass Sie in Ihren Zusätzen zur Ethik auch meiner gedacht haben. Ueber "Strafe"[14] denke ich jetzt freilich etwas anders - ich meine dass vor allem so sehr als möglich der Begriff des <u>Rechtes</u> festgehalten werden muss. Ich habe Ihre neuen Ausführungen übrigens noch nicht gelesen.

Darf ich zu S.392 Sie dahin berichtigen, dass die Ausgabe der Sombartschen Vorträge[15], deren Sie Erwähnung tun, von S. nicht anerkan̄t ist und beinahe zu einem Process geführt hätte; sie beruht auf Nachschriften von Herrn Gustav Maier[16], die Ausgabe war nicht autorisirt. Dagegen ist die echte Ausgabe, worin die Vorträge teilweise umgearbeitet sind, von Somb. selber bei Fischer-Jena[17] herausgegeben und hat einen sehr grossen Erfolg gehabt (billige Ausgabe a 50 Pf.[18]) - viele 1000e abgesetzt und in mehreren Sprachen übersetzt. - (Entschuldigen Sie meine kritzelnde Feder.) Sombart hat übrigens seitdem an Reife und Besonnenheit sehr zugenom̄en. Es kom̄t nächstens ein grosses Werk von ihm über Entwicklung der neueren Technik und Wirtschaft heraus[19], wovon man sich viel versprechen darf.

Mit freundlichen Grüßen
Ihr ergebener
Ferdinand Tönnies.

---

[14] Hinsichtlich 'Strafe' beachte *TÖNNIES*' Literatur zu diesem Thema; siehe dazu auch Brief vom 24. 12. 1902.

[15] *SOMBART*, Werner <1863 - 1941> den eine nahe Freundschaft mit *TÖNNIES* verband, erhielt ebenfalls erst spät, 1917, eine Professur. Wegen seiner fortschrittlichen sozialen Anschauungen, u.a. führende Beteiligung an der Deutschen Gesellschaft für Soziale Reform, die es wagte, die freien Gewerkschaften zur Mitarbeit heranzuziehen, hatte er von offizieller Seite schwere Repressionen zu erfahren. "Mit *SOMBART* unterhalte ich mich immer recht gern und bin traurig darüber, daß er früh altert und eigentlich, obschon er nach allen Seiten hin glänzende Eindrücke macht, innerlich fertig ist. Die fehlende offizielle Geltung wirkt natürlicherweise dazu mit, ...", schreibt *TÖNNIES* am 30. 5. 1905 an *PAULSEN*, a.a.O., S. 392. In *SOMBART*s Werk klafft ein auffälliger Bruch durch seine Wandlung vom fast orthodoxen Marxismus hin zum scharfen Anti-Marximus. Siehe dazu auch *HÖFFDING*s 'Ethik', 1901, S. 392. - Die erwähnten Vorträge sind Sozialismus und soziale Bewegungen, Jena 1897 u. ö. Nach dem Weltkrieg, besonders in der Krisenzeit der Weimarer Republik, kommt es zwischen *TÖNNIES* und *SOMBART* - bei fortbestehender persönlicher Wertschätzung - in politischer und wissenschaftlicher Hinsicht zu einer Distanzierung. Vgl. als spätes Zeugnis dieser Konstellation den letzten Austausch von Briefen zwischen beiden (Okt. und Nov. 1935), abgedruckt bei E. G. Jacoby, a.a.O., S. 241 - 242.

[16] Randbemerkung (wahrscheinlich von Hans *HÖFFDING*): Maier? ja? ja

[17] Gustav Fischer Verlag, Jena, seit 1878

[18] Pf. = *Pfennig* ist im Brief durch das früher gebräuchliche Pfennigzeichen dargestellt.

[19] W. *SOMBART*, Der moderne Kapitalismus, Bde. 1 + 2, Leipzig 1902; siehe auch *TÖNNIES*' Rezension dieses Werkes in: Soziale Praxis, 1902, 11. Jg., S. 1070 - 1075.

*Brief, Format 26,8 x 21 cm, 1 Blatt, mittig gefaltet und fortlaufend Vorder- und Rückseite beschrieben, insgesamt 4 Textseiten im halben Blattformat. Schwarze Tinte. Flüssiges, Schriftbild mit geringer Gliederung; wenig Korrekturen und Streichungen. Gelbliches, dichtes Papier.*

Upsala d. 4. Februar 1902

Lieber Professor Tönnies!

Ich schreibe Ihnen heute von einem noch nördlicheren Orte als gewöhnlich. Nach Einladung der Upsala Universität halte ich im Laufe Februars eine Reihe von Vorlesungen über "Probleme und Richtungen in der Philosophie unserer Zeit". Ich bin hier sehr freundlich und ehrenvoll empfangen worden und halte meine Vorträge recht con amore. - Die Stadt ist klein, und ich wähne recht ländlich, mache auch Spaziergänge in der Gegend, so dass ich ausser dem Verkehr mit Kollegen und Studierenden auch viel Vergnügen in der freien Natur habe.

Es ist lange Zeit, seit ich von Ihnen gehört habe; ich hoffe, dass es Ihnen gut geht. - Der Winter ist für mich sehr arbeitsvoll gewesen. Ausser meinen gewöhnlichen Vorlesungen habe ich an unserer "Volksuniversität" Vorlesungen über Ethik gehalten. Ich hatte mehr als 300 Zuhörer, so dass ich Gelegenheit hatte, die ethische Kultur zu verbreiten. Jeder Vorlesung schloss sich eine Fragestunde an, so dass ich recht interessante Beobachtungen über <u>die</u> Seite der Probleme, die grössere Kreise am meisten interessirt, machen konnte. - Dann kam die schwedische Einladung, welche die Ausarbeitung von Vorlesungen nothwendig machte.

Ueber meiner Religionsphilosophie habe ich noch keine öffentlichen deutsche Urtheile gesehen. Von Rudolf Eucken[1] habe ich dagegen einen freundlichen und interessanten Brief darüber gehabt. Er charakterisirt seinen Standpunkt als ontologisch gegenüber dem meinigen als einen[2] psychologischen. Dann könnten ja Sie der Dritte in unserem Bunde sein - als Repräsentant des soziologischen Standpunkts.

In meinem Hause ist es in diesem Winter noch stiller als sonst gewesen, weil mein Sohn seine "Konferenz" machen soll, und auch sein Freund in gleicher Weise aufgenommen ist. Unsere Violinistin ist in England. Der ganze kleine Kreis ist also vorläufig zerstreut. Hoffentlich nur vorläufig. - Ich muss Ihnen noch erzählen, dass ich von Edinburgh die Anfrage bekommen habe, ob ich eventuell eine Reihe "Gifford Lectures" halten wollte. Weil ich die englische Sprache nicht beherrsche, - und weil auch eine längere, und wiederholte Abwesenheit mit meinen Pflichten meiner eigenen Universität gegenüber unverträglich wäre, habe ich verneinend antworten müssen. Wäre ich, so wie Sie, ein halber Engländer gewesen, dann wäre die Sache doch nicht ganz unmöglich gewesen.

---

1 EUCKEN, Rudolf Christoph, <1846 - 1926>, Philosophieprofessor in Basel und Jena; erhielt 1908 den Nobelpreis für Literatur.

2 korrekt: einem

Wenn Sie mir noch vor den letzten Tagen Februars schreiben wollen, dann ist meine Adresse: Hotel Svea, Upsala. -

Mit bestem Gruss
Ihr ergebenster
Harald Höffding.

*Brief, Format 26,6 x 21 cm, 1 Blatt, mittig gefaltet und fortlaufend Vorder- und Rückseite beschrieben, insgesamt 4 Textseiten im halben Blattformat. Schwarze Tinte. Flüssiges, Schriftbild, das zum Schluß gedrängt ist, mit geringer Gliederung; wenig Korrekturen und Streichungen. Gelbliches, dichtes Papier.*

Kopenhagen. C
Strandgade 26.
d. 27. Mai 1902

Lieber Professor Tönnies!

Jetzt da Ihre für mich so bedeutungsvolle Anzeige meiner "Religionsphilosophie" abgeschlossen vorliegt, spreche ich Ihnen meinen herzlichen Dank für sie - und für Alles was Sie für mein Buch gethan haben - aus. Ich wage nicht zu glauben, dass Alles, was Sie von dem Buche sagen, und was Sie von seiner Wirkung erwarten, sich bestätigen wird. Aber schon dass Sie öffentlich ausgesprochen haben[3], dass mein Buch für Sie einen 'Lebenswert' darstellte, ist mir eine grosse Sache; wenn ich dazu Ihre Anerkennung, dass ich eine wesentliche Seite des grossen Problems erfasst habe, füge, dann sind die beiden Elemente oder Motive, die mich zu dieser Arbeit geführt haben, zu ihrem Recht gekommen. Denn ich wollte beides auf einmal: ein philosophisches Problem behandeln und eine persönliche Konfession geben. Ein junger Freund von mir, von dem ich vieles in philosophischer Rücksicht erwarte, meinte, ich hätte zwei Bücher schreiben sollen, ein rein geschichtlich-philosophisches und ein persönlich- confessionelles. Es gehört aber zu meinen Eigenthümlichkeiten, dass ich hier keine reine Scheidung durchzuführen vermag. Ganz abstracte philosophische Gedanken haben für mich einen rein persönlichen (so zu sagen, erbaulichen) Werth, und andererseits kann ich meine persönliche Lebensanschauung nur in stetigem Zusammenhang mit objectiven Gedanken und Thatsachen festhalten. Auch bin ich früh - als philosophischer Verfasser in einem kleinen Lande - daran gewöhnt geworden, möglichst koncentrirte Darstellungen zu geben, in denen das Allgemeine und das Spezielle, das Objektive und das Subjektive auf einmal berücksichtigt werden. Ich füge hinzu, dass ich mir dieser

[3] F. TÖNNIES, Höffdings Religionsphilosophie, Teil 1, in: Das Freie Wort, 1902, 1. Jg., S. 725 - 730, und Teil 2 + 3, ebd., 2. Jg., S. 76 - 86 + S. 139 - 144

Eigenthümlichkeit klar bewusst bin und auf die Fehlerquellen, die hieraus entspringen können, immer meine Aufmerksamkeit gerichtet habe.

Eine rein soziologische Religionsphilosophie wird wahrscheinlich Wundt geben, als dritten Theil seiner grossen Völkerpsychologie. Ich werde gewiß Vieles von ihr lernen, aber wie Sie ja auch einräumen, das Problem kann dadurch nicht gelöst werden, sobald die psychologische Entwickelung des Einzelnen sich von der Psychologie der Volksseele geschieden hat. Kann ich doch als Vater oder Staatsbürger keine andere Religion haben denn als Mensch.

Ich kann nicht hoffen, von anderen Seiten eine solche, auf einmal einsichtsvolle und sympathische Beurtheilung meines Buches zu bekommen.[4] Hier im Norden liegen zwei philosophische Anzeigen vor (von schwedischen Verfassern), beide anerkennend, aber zugleich andeutend, dass ich nicht zu den höchsten (s: spekulativ-theistischen) Höhen gelangt bin. Ausserdem eine grosse Menge theologischer Anzeigen in allen Nuancen. Einige sind froh, dass ich doch noch ein religiöses Problem anerkenne, - andere finden meine Lehre "falsch und verderblich", - und andere wieder haben ausgefunden, dass ich in meinem Innern der Verzweiflung hingegeben bin. -

Der verflossene Winter war für mich besonders dadurch interessant, dass ich im Februar eine Reihe Vorlesungen über die philosophischen Probleme in Upsala (nach Einladung der philosophischen Fakultät) hielt. Ich hatte grosse Befriedigung und Ermunterung aus diesem Besuche. Ueberhaupt ist es für uns von grosser Bedeutung, dass wir in Schweden, Norwegen und Finland in unserer eigenen Sprache verstanden werden. - Mir herzlichem Gruss Ihr

ergebenster
Harald Höffding

---

[4] Neben *Tönnies*' sind außerhalb Skandinaviens noch folgende Rezensionen bzw. Abhandlungen zu *Höffding*s 'Religionsphilosophie' erschienen: A. *Vierkandt*, Höffding. Religionsfilosofi, 1901, in: Vierteljahrsschrift für wissenschaftliche Philosophie und Soziologie, 1902, xxvi, 2, S. 265 - 267; *Anonym*, Høffding. Religionsfilosofi, in: American Journal of Psychology, 1902, vol. xii, p. 584; Léon *Poitevin*, Höffding. Religionsphilosophie, in: Revue Philosophique, 1903, p. 66 - 69; F. C. *French*, Höffding. Religionsphilosophie, 1901, in: Philosophical Review, 1903, 3; ders., An Examination of Höffdings Theory of Religion, in: American Journal of Psychology, 1904, vol. xv, p. 108 - 113; *Anonym*, Höffding. The Philosophy of Religion (A Danish Thinker), in: The Times, Literary Supplement, 24. Aug. 1906; J. B. *Baillie*, Høffding. The Philosophy of Religion, in: International Journal of Ethics, 1907, xvii, p. 371 - 380; Max *Schinz*, Die Wahrheit der Religion nach den neuesten Vertretern der Religionsphilosophie, Zürich 1908, S. 262 - 301; *Ruyssen*, Problème de la personnalité en religion (d'aprés Höffding. Philosophie de la religion, in: Année psychologique, 1912, p. 460 - 477; Georg *Schott*, Harald Höffding als Religionsphilosoph München 1913 (Erlanger Dissertation); Francisque *Papillon*, Le Problème religieux dans la philosophie de Harald Höffding, Genève 1920.

*Brief, Format 28 x 22 cm, 1 Blatt, mittig gefaltet und fortlaufend Vorder- und Rückseite beschrieben, insgesamt 4 Textseiten im halben Blattformat und großen Rändern oben und unten. Schwarze Tinte, ungleichmäßiger Tintenfluß. Flüssiges, flüchtiges, gegen Ende kompakteres Schriftbild mit je 1 Zeile Randbeschriftung auf den letzten 3 Seiten. 1 Tintenverwischung, 1 Einfügung. Gelbliches, dichtes Papier.*

Eutin d. 24. Dec. 1902.

Lieber Professor Höffding: -

Erst heute, am Weihnachtsabend, beantworte ich Ihren lieben und interessanten Brief vom 27. Mai. Er war mir besonders interessant durch das, was Sie darin über die Vermischung abstracter Gedanken und persönlicher Empfindungen - man könnte vielleicht auch sagen: der kalten Wissenschaft und der warmen Herzensangelegenheiten - in Ihrem Bewusstsein[5], bemerken. Die Einheit dieser Elemente hat wohl immer die eigentlichen Philosophen bezeichnet und viel zu ihrer Wirkung beigetragen. Für mich bleibt diese Einheit Problem, ich habe eine zerrissene Seele, und finde mich genötigt, die Gebiete ganz auseinander zu halten, das des Erkennens und das des Wirkens. Ich versuche in beiden tätig zu sein, aber ich weiss längst dass es meine Kräfte übersteigt, wenn man auch nie genau weiss, welche Kräfte man in Zukunft haben wird, und wenn man auch in seinem Tun immer wieder durch unmittelbare Motive bestim̄t wird, die allzuleicht der festesten Einsichten spotten. Meine Einsicht sagt mir, dass ich um noch in dem kurzen Leben etwas Bleibendes zu leisten, mich koncentriren muss, ich sehe aber auch in jeder koncentrirten Aufgabe etwas Unendliches und - was schlimmer ist - ich kann die allzuvielen angefangenen Sachen nicht im Stiche lassen. So ist es am Ende ein Glück, wenn auch zugleich eine grosse Entsagung für mich, dass ich ohne Amt und Würde lebe, und es sind im Grunde nur die leidigen oekonomischen Erwägungen die mich immer wieder zweifeln lassen, ob ich dies unabhängige Leben lange fortsetzen kann. Einstweilen erhalte ich von Berlin aus "Remunerationen", die mir im Augenblicke wohl helfen, aber doch nur ein schwacher Trost für die Zukunft sind. Indessen - ich gebe mich diesen Sorgen nicht viel hin.

Haben Sie, und hat man bei Ihnen, kein Interesse für das Project einer "internationalen Sprache"? Ich bin in Folge des Umstandes, dass ich in meinem Welby-Price-Essay (abgedruckt im 'Mind') mich für Erneuerung des Neu-Lateins als gelehrter Sprache ausgesprochen hatte[6], mit dem Pariser Comité, speciell mit dem unermüdlichen Herrn Louis Couturat[7], in Verbindung gekom̄en. Ich habe vor kurzem die Petition unterzeichnet, welche für die Idee Propaganda machen soll - man lässt dabei die Frage offen, für welche internationale Sprache man sich entscheiden solle -; persönlich sind aber die Herren für eine Kunstsprache, und hegen namentlich eine ausgesprochene Vorliebe für das

[5] eingefügt: in Ihrem Bewusstsein

[6] siehe dazu F. TÖNNIES, Philosophical Terminology, in: Mind, 1899 f.

[7] COUTURAT, Louis <1868 - 1914>, Mathematiker; beachte seinen Briefkontakt mit TÖNNIES (Delegation pour l'adoption d'une langue auxiliaire internationale), T-N, Cb 54.56:212.

"Esperanto", das ausserordentlich leicht zu erlernen sein soll. Für mich haben freilich alle reinen Kunstsprachen etwas Abscheuliches, aber ich werde mich nicht verwundern, wenn die Generation die nach uns kom̅t, diesen Abscheu nicht mehr verstehen wird. - Die "Delegation" an deren Spitze M. Couturat steht, legt grossen Wert darauf, die Unterschriften bekannter Namen des Auslandes zu erhalten, und ich würde stolz darauf sein, wenn ich Ihre Adhaesion, die wie gesagt nur der Idee einer intern. Sprache gelten würde, melden dürfte. -

Glauben Sie dass für einen begabten und fähigen, vielseitig unterrichteten Mann - er ist seminaristisch gebildet, paedagogisch erfahren, hat auf eigene Hand die alten Sprachen gelernt - in Kopenhagen sich ein 'Levbró'[8] als Sprachlehrer finden könnte? Es handelt sich um einen Menschen von etwas unglücklichem Naturell und unglücklicherer Lage, dessen Schicksal mir seit vielen Jahren auf der Seele liegt. Er ist ein Dithmarscher und hat den ganzen Trotz und Eigensinn, aber auch die Tüchtigkeit und Intelligenz, die in diesem Stamme heimisch ist.[9]

Ich erwarte nicht sehr viel von Wundts sociologischer Religonsphilosophie. Ich verehre Wundt sehr; aber seine Stellung zu den historischen Dingen hat etwas von der Naivität mit der regelmässig die Naturforscher sich dazu verhalten, wenn auch lange nicht in dem schrecklichen Maasse wie Häckel[10]. Uebrigens soll Wundt - er ist im August 70 Jahre geworden - etwas gebrechlich werden. Vor kurzem hat auch W. Förster[11] das 70ste Lebensjahr vollendet, der noch sehr frisch ist.

Mich erfreute was Sie über Ihren Besuch in Upsala schrieben. Was Sie über die Kritiken Ihrer Religionsphilos. mitteilen, ist sehr bezeichnend für den allgemeinen Stand des Denkens im Norden, innerhalb dessen Sie ein ganz neues Centrum darstellen - ein beneidenswerter aber auch schwieriger Vorzug. -

Mit besten Wünschen zum Weihnachtsfeste und neuen Jahre bin ich Ihr ergebener Ferdinand Tönnies.

---

[8] vielleicht: Lebensbrot?, Randbemerkung (wahrscheinlich von Hans HÖFFDING): Cerbró

[9] HENNINGS, Heinrich <18?? - 19??>; veröffentlichte zusammen mit TÖNNIES einige Schriften, so: Hafenarbeiter und Seeleute in Hamburg vor dem Strike 1896/97 (unter durchgehender Mitwirkung von Heinrich HENNINGS), in: Archiv für soziale Gesetzgebung, 1897, Bd. 10, S. 173 - 238; siehe auch seinen Brief an Tönnies, T-N, Cb 54.56:369. Am 1. 8. 1927 erreicht TÖNNIES es dann, daß HENNINGS auf Veranlassung des Preußischen Kulturministeriums von der Regierung in Stade eine Unterstützung "in dem zulässigen Höchstbetrage von z. Zt. monatlich 35 RM erhält." (Mitteilung des 'Preußischen Ministeriums für Wissenschaft, Kunst und Volksbildung', Berlin, den 1. 8. 1927 als Antwort auf TÖNNIES' Brief vom 14. 6. 1927), siehe T-N.

[10] HAECKEL, Ernst <1834 - 1919>, zwischen 1862 und 1909 Professor für Zoologie in Berlin; er wurde mit naturwissenschaftlichen Beiträgen zur Evolutionstheorie populär - so urteilte Charles DARWIN, daß sein eigenes Buch nicht erschienen wäre, wenn HAECKELs Arbeiten früher publiziert gewesen wären.

[11] FÖRSTER, Wilhelm <1832 - 1921>, Astronom, der zusammen mit G. von GIZYCKI die Deutsche Gesellschaft für Ethische Kultur ins Leben rief. TÖNNIES widmete ihm seine Schrift 'Politik und Moral. Eine Betrachtung', Frankfurt 1904, 48 S., sowie die Laudatio 'Wilhelm Förster (Zum 70. Geburtstag)', in: Nationalzeitung vom 16. 12. 1902, 55. Jg., Nr. 730.

Ich sende Ihnen einen Aufsatz - in 2 Heften einer neuen Zeitschrift erschienen - über Probleme des Strafrechtes[12]. Sie werden daraus ersehen, dass ich die vor 10 Jahren vertretene Ansicht einer "zweckmässigen Behandlung", derer Sie in Ihrer Ethik, neue Ausg. S. 569 freundlichst Erwähnung tun, nicht mehr in dieser Gestalt aufrechterhalte, sondern (wie ich glaube), wesentlich verbessert habe.

T.

[12] F. *Tönnies*, Probleme des Verbrechens und der Strafe, in: Deutschland, 1902/03, 1. Jg., S. 54 - 60 + S. 171 - 213.

*Postkarte an "Herrn Professor Harald Höffding", Format 14 x 9,3 cm. Schwarze Tinte. Flüssiges, flüchtiges, kompaktes Schriftbild mit ungleichmässigem Tintenfluß und kleinen Tintenverwischungen.*

Eutin 30 Juli 1903.

Lieber Prof. Höffding. Die Sendung die ich heute an Sie ergehen lasse, köm̄t um einige Monate zu spät. Das Versäumnis ist meine Schuld. Ich hatte der Lady Welby versprochen, eine Anzahl Exemplare ihres Buches[1] an deutsche Philosophen und an Sie zu versenden. Die übrigen sind längst distribuirt, nur das Ihre war liegen geblieben. Ich wollte Ihnen ausführlich dazu schreiben, sehe mich aber auch jetzt dazu ausser Stande, am Vorabend einer Badereise, die ich morgen nach Bad Kissingen antrete. An Ihrem Urteil wird der Frau[2] Welby besonders gelegen sein; was mich betrifft, so finde ich begreiflicher Weise, dass diejenigen Gesichtspunkte die in meiner Preisschrift (abgedruckt im 'Mind') enthalten sind, zu wenig oder garnicht berücksichtigt worden sind, und dass das Buch über seine eigene Frage "What is ..."[3] im Unklaren bleibt.

Für heute meine freundschaftlichen
Grüsse! Ihr ergebener
Ferdinand Tönnies.

*Briefkarte mit Motiv auf der Rückseite [Villa, See und Wiese (Schloß Erimitage[4])] an "Herrn Prof. Dr. Ferdinand Tönnies und Frau", Format 13,6 x 8,8 cm. Bleistift.*

3. 9. 1903

L<ieber> F<erdinand>. Von dem herrlichen Lande am Sunde schicken wir Dir herzliche Grüsse.

Treulichst Deine
K. L. Paulsen[5]
Fr. Paulsen[6]
Harald Höffding

[1] TÖNNIES verteilte im Auftrage der Lady Victoria WELBY deren Buch 'What is Meaning' an europäische Philosophen. Siehe hierzu die Briefe im T-N.

[2] zuerst: Lady

[3] Bleistiftpunkte!

[4] König CHRISTIAN V. ließ 1734 - 1736 das Rokokoschlößchen Erimitage als Rastort erbauen; beachte Theodor FONTANEs Beschreibung in seinem Roman 'Unwiederbringlich'.

[5] K. Laura PAULSEN war die Gattin von Friedrich PAULSEN.

[6] Beachte zum Verhältnis zwischen HÖFFDING und PAULSEN nicht nur HÖFFDINGs Brief vom 2. 7. 1888, sondern auch den Briefwechsel zwischen 1882 - 1898 (11 Briefe von HÖFFDING) in Det Kgl. Bibliotek, Håndskriftafdelingen, N4 KGL. Sammling 3815-4°.

*Brief, Format 27,6 x 21,2 cm, 1 Blatt, mittig gefaltet und fortlaufend Vorder- und Rückseite beschrieben, insgesamt 4 Textseiten im halben Blattformat. Schwarze Tinte. Flüssiges, flüchtiges Schriftbild, wenige deutliche Korrekturen und Einfügungen. Einfaches gelbliches, kariertes Papier.*

Strandgade 26
Kopenhagen C
D. 14. Juni 1907.

Lieber Professor Tönnies!

Mein junger Freund Dr. Thomsen hat Ihnen schon geschrieben[1], dass er Ihnen sehr gern einen Besuch machen wollte, wenn er in wenigen Tagen (25. Juni) eine längere Reise anfängt, und dass er mich aufgefordert hat Ihn zu begleiten. Es würde mir sehr lieb sein, Sie einmal wieder zu sehen, und zwar in Ihrem Hause. Das Schicksal hat uns ja recht wunderbar immer wieder zusammengeführt - in Zürich, Berlin und Amerika, sowohl als hier in Kopenhagen. Den eigentlichen Wert hatte dieses wiederholte Zusammentreffen doch in einer gewissen Gemeinschaft der Anschauungen, die sich vielleicht am besten in unserer gemeinsamen Bewunderung für Spinoza[2] ausspricht. - Es würde mir nun sehr lieb sein, Sie in Ihrem Interieur zu sehen.

Aber die Bedingung ist, dass Sie keine besondere Veranstaltungen treffen. Wir beabsichtigen nur, einige Stunden mit Ihnen zusammen zu sein.

Dr. Thomsen ist von seiner jungen liebendwürdigen und sehr gelehrten Frau (die einen Magistergrad in der griechischen Sprache und Literatur erworben hat) begleitet. Wir drei gehen nun am 25. Juni mit Dampfschiff nach Lübeck, sehen uns diese Stadt am 26. an, und kommen am 27. zu Eutin. Abends gehen wir wir weiter, Thomsen und seine Frau nach Berlin, und ich nach Fühnen und Jütland.

Schreiben Sie mir nun aufrichtig, ob vielleicht Ihrerseits Hindernisse gegen die Ausführung dieses schönen Planes vorliegen sollten. Und wenn kein Hinderniss da ist, bitte ich Sie mir zu mittheilen, zu welcher Stunde Ihnen unser Besuch am liebsten wäre.

Ich schätze Dr. Thomsen sehr hoch und hoffe, dass er einmal mein Nachfolger werden wird. Bis jetzt hat er besonders auf dem Gebiete der Geschichte

---

[1] Brief vom 6.1.1907; siehe T-N.

[2] SPINOZA, Baruch (Benedikt) de, niederländischer Philosoph, dessen Einfluß auf die deutsche Philosophie bis in die Neuzeit beträchtlich war. Die frühen Aufsätze TÖNNIES' über SPINOZA (Studie zur Kritik des Spinoza, in: Vierteljahrsschrift für wissenschaftliche Philosophie, 1883, 7. Jg., S. 158 - 183; Studie zur Entwicklungsgeschichte des Spinoza, in: ebd., S. 334 - 364) und HOBBES fanden die Aufmerksamkeit HÖFFDINGs (siehe dazu PAULSEN in einem Brief an TÖNNIES vom 25. 7. 1884, a.a.O., S. 200). TÖNNIES kritisierte darin die traditionelle Auffassung von SPINOZAs Rationalismus, indem er bezweifelte, daß bei SPINOZA das Denken die Grundfunktion der menschlichen Seele sei. PAULSEN kommentierte diesen Ansatz so: "SCHOPENHAUER als Interpret SPINOZAs" (Brief vom 3. 8. 1883, a.a.O., S. 180). Auch HÖFFDING publizierte über SPINOZA, z. B.: Spinozas Ethica. Analyse og Karakteristik, Kbn. 1918.

der Philosophie (Hume, Kant[3], Hegel[4], Beneke[5]) gearbeitet. Er hat auch in der Religionsgeschichte gute Beiträge gegeben. Es bestehen zwischen uns gewisse, z. Th. recht tief gehende Differenzen oder Nuancen, aber ich habe grosses Vertrauen zu ihm. Und besonders hoffe ich, dass seine Reise ihn bereichern und entwickeln wird.

Auf gutes und fröhliches Wiedersehn
Ihr aufrichtig ergebener
Harald Höffding

*Brief, Format 25,8 x 17 cm, 1 Blatt, mittig gefaltet und fortlaufend Vorder- und Rückseite beschrieben, insgesamt 4 Textseiten im halben Blattformat und drei großen Rändern. Schwarze Tinte. Flüssiges und sehr aufgelockertes Schriftbild. Gutes, gelbliches, dichtes Papier. Handschriftlicher Zusatz (wahrscheinlich von Höffding) auf Seite 4: "Stadt Hamburg (Lübeck)".*

Eutin 15. Juni 1907.

Lieber Professor Höffding - Ihre Ankündigung erfüllt mich mit grosser Freude, es wird mir ein Festtag sein, an dem ich Sie und Ihre Begleiter in meinem Hause willkom̄en heisse. Wenn es irgendwie möglich, so werde ich Sie schon in Lübeck empfangen, oder dort zu Ihnen stossen, ich sehe die Merkwürdigkeiten dort gern einmal wieder und werde es geniessen, auch diesen Tag noch mit Ihnen zu verleben.

Die Arbeiten Herrn D. Thomsens, die er so gütig war mir zu schicken, haben mir einen sehr guten Eindruck gemacht, ich bedauere nur dass ich nicht besser Uebung habe in Dänisch Lesen. Es wird mir sehr angenehm sein, den jungen Philosophen und seine Gattin persönlich kennen zu lernen. Ich selber kann mich leider mit der eigentlichen Philosophie wenig mehr beschäftigen, teils nehmen mich die Sozialwissenschaften zu sehr in Anspruch, teils muss ich für meine grosse Familie einen harten Kampf ums Brot, wie ich lieber statt des abgegriffenen Schlagworts 'ums Dasein' sage, kämpfen. Bis jetzt ist es ja noch leidlich gegangen, aber die Zukunft steht oft dunkel vor meinen Augen. Man sollte aber davon schweigen, wenn man Gäste begrüssen will. Also bitte,

---

[3] KANT, Immanuel <1724 - 1804>, Philosoph, dessen Lehre den Ausgangspunkt für die meisten neueren philosophischen Richtungen bildet; siehe auch TÖNNIES kleine Schrift: Immanuel Kants Weltbedeutung, in: Der Firn, 1924, 5. Jg., S. 244 - 245; ferner auch HÖFFDINGs Arbeit 'Kontinuiteten i Kants filosofiske Udviklingsgang, D. Vis. S. Skrifter,1893, 58 S. (deutsch: Die Kontinuität im philosophischen Entwicklungsgange Kants, in: Archiv für die Geschichte der Philosophie, 1893, VII).

[4] HEGEL, Georg Friedrich Wilhelm <1770 - 1831>, Philosoph; beachte F. TÖNNIES, Neuere Philosophie der Geschichte: Hegel, Marx, Comte, in: Archiv für Geschichte der Philosophie, 1894, Jg. 7, S. 486 - 515; H. HÖFFDING, Philosophien i Tyskland efter Hegel, Kbn. 1872, 325 S.

[5] BENEKE, Friedrich Eduard, <1798 - 1854>, Philosoph; siehe auch S. 29 in diesem Buch.

achten Sie dieser Aeusserung nicht und nehmen Sie <sie> nur als ein Zeichen meines Vertrauens, mit dem ich beständig bin, bittend, Herrn und Frau Dr Thomsen meine herzlichen Empfehlungen zu sagen,

Ihr ganz ergebener
Ferdinand Tönnies.

*Brevkort "Til Herrn Prof. Dr. F. Tönnies", Format 13,8 x 9 cm. Schwarze Tinte. Flüchtiges Schriftbild mit deutlicher Streichung und einigen Tintenverwischungen.*

Lieber Prof. Tönnies! Viel Dank für Ihren freundlichen Brief. Wir gehen Dienstag (25. Juni) mit Dampfschiff gerade nach Lübeck, wo wir Mittwoch früh ankommen und in "Stadt Hamburg" absteigen. Es wird mir eine Freude sein, Sie schon hier begrüssen zu können. Bitte, schreiben Sie (nach hier oder nach 'Stadt Hamburg'), zu welcher Stunde wir Sie erwarten können. Wir können dann das Weitere abreden. - Auf fröhliches Wiedersehen! Ihr ergebenster

Harald Höffding

Kopenhagen C.
20. Juni 1907.

*Brief, Format 27,4 x 21,2 cm, 1 Blatt, mittig gefaltet und fortlaufend Vorder- und Rückseite beschrieben, insgesamt 3 Textseiten im halben Blattformat, dabei erste Seite unbeschrieben. Blauschwarze Tinte. Flüssiges, flüchtiges Schriftbild, wenige Korrekturen. Einfaches, gelbliches, kariertes Papier.*

p. A. Buderupholm
pr. Skörping
(Jylland)
7. Juli 1907

Lieber Professor Tönnies!

Nachdem ich mich jetzt in meine Ferienheimat etwas eingelebt habe, geht mein Gedanke wieder an die guten Tage in Eutin zurück, wo ich mich auch so ganz heimisch fühlte. Es war mir eine grosse Freude, Sie einmal in Ihrem engsten Kreise zu sehen und Ihre Frau Gemahlin kennen zu lernen, wie ich auch den blühenden Kinderkreis[6] nicht vergessen werde. In unseren Gesprächen kamen wir dann mehrmals auf fundamentale Punkte zurück in denen unsere Auffassungen, obgleich sie von verschiedenen Denk- und Lebensmotiven aus erwachsen sind, einander begegnen.

So wird mein Eutineraufenthalt als eine schöne und stärkende Erinnerung für mich stehen.

Hier lebe ich im Hause eines Gutsbesitzers als Feriengast und bringe den grössten Teil des Tages in den grossen Wäldern der Umgegenden zu. Nur ein paar Stunden werden zum Schreiben angewandt. Im Schlusse Julis kehre ich nach Kopenhagen zurück.

Grüssen Sie Ihre Frau Gemahlin herzlich und erstatten Sie ihr meinen innigsten Dank für Ihre grosse Freundlichkeit. Ich fühlte recht, wie ihre wiederholte Aufforderungen, meine Abreise aufzuschieben, von Herzen kamen. Auch die Kinder bitte ich zu grüssen, wenn sie den "Onkel" noch nicht vergessen haben.

Leben Sie recht wohl, und vergessen Sie nicht Ihre "Curwege" im Tannenwald zu gehen.

Mit freundlichem Gruss
Ihr ergebenster
Harald Höffding.

*Brief, Format 22,5 x 17,4 cm, 1 Blatt, mittig gefaltet und fortlaufend Vorder- und Rückseite beschrieben, insgesamt 4 Textseiten im halben Blattformat und großen Rändern oben und unten. Schwarze Tinte, ungleichmäßiger Tintenfluß und kleine Tintenverwischungen. Flüssiges Schriftbild mit längerer Einfügung und Randbeschreibung auf der ersten und vierten Seite. 1 Fleck. Hellbräunliches, dichtes Papier.*

Eutin 16. Juli 1907.

Lieber Prof. Höffding - Es freute mich recht zu hören dass Sie wohlbehalten in Ihrem Buen Retiro eingetroffen sind und ich hoffe dass Sie eine gute Erholung heimtragen werden. Ihr Besuch, und der des Ehepaares Thomsen, aber vorzüglich der Ihre, war für mich eine rechte Erfrischung, ich entbehre doch sehr die Gelegenheit zu philosophischen und wissenschaftlichen Gesprächen.[7] Sonst bin

---

[6] Mittlerweile hatten Ferdinand und Marie *Tönnies* vier Kinder; am 10. 10. 1902 wurde Jan Friedrich in Eutin geboren, gestorben am 24. 12. 1970 in Freiburg i. Br., Dr. ing, Dr. med h.c., Gehirnforscher; und am 17. 8. 1904 wurde als viertes Kind Carola in Eutin geboren, die am 12. 12. 1978 in Charleywood bei London starb (Mittelschullehrerin).

[7] "Der dänische Besuch macht mir Freude ... *Höffding* blieb noch 3 Tage hier, das war recht gemütlich", schrieb *Tönnies* an *Paulsen* am 9. 7. 1907, a.a.O., S. 408.

ich ja mit meiner Lebensweise hier, wenn Sie auch auf Resignation beruht, zufrieden, und nur durch die Sorge um meine Familie wird meine Gemütsruhe gestört. Freilich möchte ich auch noch erleben dass meine Arbeiten mehr als bisher anerkannt und verstanden würden, aber das Ungenügen aus dieser Ursache regt mich selten auf. Wenn ich nicht in den letzten Wochen vor Ihrem Besuch ziemlich leidend gewesen wäre, so hätte ich mir die Zeit genom̄en, mich mit Ihren "Problemen"[8] und 'moderner Philosophie'[9] etwas eingehender zu beschäftigen, um Sie über dies und jenes daraus zu interpellieren. Die Probleme wollte ich schon vor Jahren mit einem anderen Herrn zusam̄en (dem Gymnasialdirektor der in diesem Winter verstorben ist) zusam̄en lesen, es ist aber nichts daraus geworden, der Herr hatte zu wenig "Zeit" oder zu wenig Sam̄lung. Was die Philosophie betrifft, so glaube ich dass von unsern Deutschen weder Eucken noch Wundt dauernde Bedeutung haben werden, Wundt ist doch zu sehr eklektischer Polyhistor, und Eucken ist gleich ihm wenig koncis; aber ich kenne ihn direkt wenig. Was aber Niebuhr[10] betrifft, so ist es doch eine üble Sache für die Philosophie, dass er jetzt allgemein als ein Philos. u. sogar ein grosser, betrachtet wird.[11]

Von Herrn Dr Thomsen erhielt ich eine Karte aus Cöln, seine Frau hatte schon vorher einen Gruss an die Kinder gesandt. Ihre heitere Natur klang so glücklich in unser Haus hinein, sie wusste die Kinder trefflich zu unterhalten. Diese haben die Episode jetzt vergessen, aber die kleinste sprach noch nach einigen Tagen vom "Onkel" meinte aber nun er sei aus "Emmerika", weil dazwischen, am Nachmittage, nachdem Sie abgereist waren, Kuno Francke[12] hier einen Tag verweilte, mit dem ich dann am Dienstag nach Kiel fuhr. In dieser Verbindung hatte sie dann von Amerika gehört, sie dachte aber an Sie, wie aus den Nebenworten hervorging. In voriger Woche kam dann meine älteste Schwester aus Husum und hat sich die Kleine mitgenom̄en, was für meine Frau eine Entlastung bedeutet. Ich weiss noch nicht ob ich im August irgend etwas unternehmen kann. Das neue Familien-Ereignis steht mir recht bevor. Man sollte diese Dinge in jüngeren Jahren abmachen.

---

[8] H. HÖFFDING, Philosophische Probleme, Leipzig 1903 (dän.: Filosofiske Problemer, Kbn. 1902)

[9] H. HÖFFDING, Moderne Philosophen. Vorlesungen, gehalten an der Universität in Kopenhagen im Herbst 1902, unter Mitwirkung des Verfassers übersetzt von F. BENDIXEN, Leipzig 1905 (dän.: Moderne Filosofer, Kbn. 1904)

[10] NIEBUHR, Barthold Georg <1776 - 1831>, Staatsmann und Historiograph des Preußischen Hofes; besonders seine universal-historischen Vorlesungen über das Altertum zeitigten große Wirkung.

[11] Der letzte Satz wurde zwischen zwei Zeilen eingefügt.

[12] FRANCKE, Kuno <1855 - 1930>, gebürtiger Kieler, der von 1884 bis zu seinem Tode Professor für deutsche Literatur an der Harvard University, Mass., war.

Haben Sie nochmals herzlichen Dank für die Freude die Sie mir bereitet haben!

Treulichst ergeben
Ihr
Ferdinand Tönnies.

Wir hatten heute den ersten schönen Tag seit den beiden schönen Tagen mit Ihnen, dem 26. und 28. Juni.

Meine Frau lässt aufs freundlichste grüssen, sie ist stolz darauf dass es ihr gelang Sie noch 2 Tage festzuhalten.

Die Karte von unserer Freundin Reventlow[13] haben Sie wol erhalten, sie schickte sie mir zur Beförderung, ehe ich Ihre Adr. in Jütland wußte, ich habe Sie nach Kopenh. gesandt.

*Postkarte an "Herrn Professor Dr. Harald Höffding", Format 14 x 9 cm. Schwarze Tinte. Flüssiges, aufgelockertes Schriftbild mit Nachtrag.*

Eutin 31. Aug. 1907.

Lieber Prof. Höffding. Wir wünschen Ihnen freundschaftlich mitzuteilen, dass uns gestern der dritte Sohn geboren wurde.[14] Mutter und Kind sind wohl.

Hoffentlich sind Sie gestärkt aus Ihrer Sommerfrische heimgekehrt?

Freundlich grüssend
Ferdinand Tönnies
und Frau.

Wir hätten gern die Adr. von Herrn und Frau Dr Thomsen. Eine Karte, die ich nach Cöln, Hôtel Bristol vor etwa 6 Wochen geschrieben, kam zurück, hat sie nicht erreicht. Sie hatten uns von dort geschrieben, später noch an die Kinder von Heidelberg.

---

13 Wahrscheinlich Franziska von REVENTLOW <1871 - 1918>, Schriftstellerin, die um die Jahrhundertwende besonders in literarischen Kreisen Münchens bekannt war.

14 Kuno, das fünfte und letzte Kind Tönnies', wurde am 30. 8. 1907 in Eutin geboren; am 28. 7. 1963 verstarb er dort als Rechtsanwalt und Notar; 1 Sohn, 2 Töchter.

*Postkarte an "Herrn Professor Dr. Harald Höffding", Format 14 x 9 cm. Schwarze Tinte. Flüchtiges Schriftbild mit Einfügungen und Korrektur. Unterschriften in Bleistift und Tinte*

Heidelberg d. 4 Sept 1908

III Internat. Congr. für Philos.
Geschrieben beim Schlusse des Festmahls

Lieber Prof. Höffding! Sie haben vor einigen Tagen ein schönes Jubelfest gefeiert, dessen ich mit liebevoller Teilnahme gedacht habe. Meine Glückwünsche komen zwar zu spät, aber ich finde gerade hier in diesem Trubel Gelegenheit, Ihrer zu gedenken, weil es sehr schön gewesen wäre, Sie mit hier zu haben. - Sie können denken, mit welchen Gefühlen ich den Tod Paulsens[1] empfunden habe. Es ist ein sehr schwerer tiefer Verlust für mich wie für so Viele und noch viel mehr!![2] - Mit mir wird es ***!

Ihr stets treu ergebener
Ferdinand Tönnies.

Besten Gruss e. Leser Ihrer Werke K. Vorländer[3], F. Staudinger[4], Fr. Muckle[5] Döring[6] Reinh. Geijer[7]

---

1 *Paulsen* verstarb am 14. 8. 1908; siehe dazu *Tönnies*' Nekrologe: Friedrich Paulsen (geb. 16. Juli 1846, gestorben am 14. August 1908, in: Morgen, 1908, 2. Jg., S. 1180 - 1172, und: Worte, gesprochen am Grabe Friedrich Paulsens, in: Husumer Nachrichten vom 27. 8. 1908.

2 Zwischen zwei Zeilen eingefügt: Und noch viel mehr!!

3 *Vorländer*, Karl <1860 - 1928>, Philosoph, seit 1919 Professor in Münster; bemühte sich um eine Vereinigung von Neukantianismus und marxistischem Sozialismus; siehe auch Karl *Vorländer*, Immanuel Kants Leben, Leipzig 1911; ders., Geschichte der Philosophie, Leipzig 1927[7]; ders., Französische Philosophie, Breslau 1929.

4 *Staudinger*, Franz <1849 - 1931>, Sozialökonom und Genossenschaftler; siehe auch *Tönnies*' Nachruf: Zum Gedächtnis an Franz Staudinger, in: Kölner Vierteljahreshefte, 1921, 2. Jg., S. S. 66 - 70, ferner seinen Brief an *Tönnies*, T-N, Cb 54.56:784; beachte auch Franz Staudinger, Ethik und Politik, Berlin 1899, und ders., Sozialwirtschaftlicher Grundriß, Hamburg 1912.

5 *Muckle*, Friedrich <???? - ????>. Am 22. 1. 1908 schrieb *Muckle* an *Tönnies*: "Hochgeehrter Herr Professor. Gerne sende ich Ihnen mein Buch über St. *Simon*, namentlich wo ich weiß, daß Sie meinen Arbeiten Interesse entgegenbringen. Sie können sich denken, wie gespannt ich auf Ihr Urteil bin, auf das ich großen Wert lege. Nicht wenig überrascht hat mich die günstige Aufnahme, die meine Dissertation (St. Simon und die ökonomische Geschichte) bei den deutschen Sozialisten gefunden hat. Was wird wohl *Kautsky*, dessen Besprechung meiner Studie Sie wohl kennen werden, zu meinem größeren Werke sagen? Mit dem Ausdruck der Ergebenheit und freundlichem Gruße bin ich Ihr Fr. *Muckle*". Zum Verhältnis zu *Tönnies* beachte seine Briefe im T-N. Siehe auch Fr. *Muckle*;, Friedrich Nietzsche und der Zusammenbruch der Kultur, München/Leipzig 1921; ders., Die Rettung des Abendlandes durch den Geist der Goethezeit, Leipzig 1932, ders., Die Kulturprobleme der franzöischen Revolution, Jena 1921; siehe auch *Tönnies*' Rezension von *Muckle*, Geschichte der sozialistischen Ideen im 19. Jahrhundert, Leipzig 1909.

6 *Döring*, August <1834 - 1922>, Gymnasialdirektor; beachte seine Briefe an *Tönnies*, T-N, Cb 54.56:246. Er hatte besonders Kontakt zu *Tönnies* über die Deutsche Gesellschaft für Ethische Kultur.

7 *Geijer*, Karl Reinhold <1849 - 1922>, Philosophieprofessor in Uppsala; siehe zu ihm H. *Höffdings* Aufsatz: Lotzes Lehren über Zeit und Raum und R. Geijers Beurtheilung derselben, in: Philosophische Monatshefte, 1888, XXIV, S. 422 - 440.

*Brief, Format 26 x 20,5 cm, 1 Blatt, mittig gefaltet und fortlaufend Vorder- und Rückseite beschrieben, insgesamt 4 Textseiten im halben Blattformat. Schwarze Tinte. Flüssiges, immer flüchtiger werdendes Schriftbild, mit gedrängtem letzten Absatz; 1 Korrektur und 1 größere Tintenverwischung. Gelbliches, kariertes Papier.*

Carl Bernhard Vej 15
Kopenhagen - V.
d. 29 Decb. 1908[8]

Lieber Professor Tönnies!

Das alte Jahr soll nicht ganz verlaufen, ohne dass Sie ein Lebenszeichen von mir erhalten. Ich habe ein sehr anstrengendes Semester gehabt, nicht nur mit Vorlesungen und Vorbereitungen, sondern auch weil Freunde und Schüler mir die Ehre gemacht hatten (<u>anlässlich</u> des 25. Jubiläums, dessen Sie sich auch aus Heidelberg so freundlich erinnerten), zwei Gemälde von mir zu bestellen (für das Nationalmuseum und für die Universität). So habe ich mich nicht der Wissenschaft, als Subjekt, sondern auch der Kunst, als Objekt, widmen müssen.

Der Tod unseres gemeinsamen Freundes Paulsen hat mich sehr ergriffen. Er war (nebst Gizycki) der erste auswärtige Kollege, mit dem ich in Verbindung kam und ich verdanke seiner Aufforderung und Hilfe, dass meine Bücher ins Deutsche übersetzt wurden und dadurch auch weiter in die Welt hinaus kommen konnten. Seine ganze einfache, harmonische Natur war mir sehr sympathisch, und in unseren Ansichten konnten wir eine gute Strecke mit einander gehen. Doch stand ich dem Positivismus weit näher als er, und er näherte sich in späteren Jahren immer mehr dem liberalen Protestantismus. Eine mehr straffe, obgleich immer psychologisch offene Haltung scheint mir als die rechte Haltung der Philosophie, wenn sie ihrer Minerva treu bleiben soll.

Sie sagten in der Briefkarte aus Heidelberg von Paulsens Tode: "Es ist ein grosser Verlust für mich und für so Viele - <u>und noch viel mehr</u>!" Ich habe oft an diese letzten Worte gedacht, wollte aber nicht gleich fragen. Meinten Sie damit etwas, das auch mir mitgeteilt werden könnte? -

Ich hoffe, dass Frau Tönnies, meine liebenswürdige Wirthin, und die blühende Kinderschaar gesund und froh sind. Sie leben ja jetzt als Patriarch und Hausvater, während ich immer mehr Einsiedler werde, oder wenigstens wie ein alter studiosus (hoffentlich perpetuus) lebe.

Dr. Thomsen hat im Herbst eine gut besuchte Vorlesung über Hume gehalten. Ich hoffe das Beste für seine Zukunft an der Universität, besonders wenn er etwas mehr "psychologische Offenheit" erwirbt.

Ich gehe Ende Juni nach Cambridge zur Darwinfeier als Delegierter der Universität, und später nach Genève, wo ich einen der einleitenden Vorträge am psychologischen Congresse halten soll[9].

---

[8] *1908* steht über der nicht durchgestrichenen Jahreszahl *1900*.

Grüssen Sie Ihre liebe Frau freundlichst, und die Kinder, wenn sie sich meiner noch erinnern, und leben Sie und die Ihrigen recht wohl im neuen Jahre.

Ihr treu ergebener Freund
Harald Höffding

*Brief, Format 26,6 x 17,4 cm, 1 Blatt, mittig gefaltet und fortlaufend Vorder- und Rückseite beschrieben, insgesamt 4 Textseiten im halben Blattformat und großen Rändern oben und unten. Schwarze Tinte. Flüssiges Schriftbild mit je 2 Zeilen Randbeschriftung auf den letzten 3 Seiten. 1 bräunlicher Fleck, leichte Tintenverwischungen. Bräunlichgraues, dichtes Papier.*

Eutin d 30. Dec. 1908.

Lieber und verehrter Freund! Es war mein festes Vorhaben, Ihnen meinerseits zu Neujahr zu schreiben, den nächsten Anlass bot mir die neue Auflage Ihrer Psychologie, über die ich mich sehr gefreut habe, und ich sage herzlichen Dank dafür! Nun sind Sie mir noch mit einem Briefe zuvorgekom̄en, wofür ich auch zu danken habe. Im Herzen habe ich natürlich auch sehr an Ihrem Professorenjubilaeum teilgenom̄en[10] und hätte es gern längst kundgegeben. Es gereicht Ihrem Lande zur Ehre, dass es Ihre Verdienste würdigt und in Ihrem Wirken einen Gegenstand seines Stolzes erkennt. Nach der traurigen moralischen défaite Ihrer Regierung, die mir eben durch eine porträtirte Postkarte von Dr Thomsen in Erinnerung gebracht wird[11], hat das Volk um so mehr Grund, sich auf seine "Spitzen" zu besinnen; in Berlin steht es ja in dieser Hinsicht nicht anders als in Kopenhagen, wenn gleich dort die Skandale etwas anderer (und mannigfacherer!) Natur waren.[12] - Ich gratulire auch zu Ihren Auslandsreisen, die zu Ihrer Genugtuung ausfallen mögen und jedenfalls Interessantes bieten werden. Vielleicht erwählen Sie die Route Lübeck-Kopenh. für Ihre Heimreise, und dann könnte ein kleiner Abstecher nach Eutin wohl abfallen. Wir erinnern uns dankbar und froh Ihres Besuches, meine Frau dankt herzlich für Ihre Grüsse und erwidert sie aufs beste. Wir glauben dass wir Ihnen ein andermal auch Nachtquartier anbieten können. Unsere 5 waren sehr

---

[9] Beachte *HÖFFDING*s Aufsatz: Charles Darwin og hans Betydning for Filosofien. En Betragtning i Hundredaaret efter Darwins Fødsel og Halvhundredaaret efter Udgivelsen af 'Artemes Oprindelse', in: Tilskueren, 1909, I, S. 538 - 562 (Englisch: The Influence of the Conception of Evolution on modern Philosophy. Darwin and modern Science, ed. by A. C. *SEWARD*, Cambridge 1909, p. 446 - 464).

[10] *HÖFFDING* wurde 1883 ordentlicher Professor an der Kopenhagener Universität.

[11] siehe Karte von *THOMSEN* vom 29.12.1908 mit einem Bild des Peter Adler *ALBERTI* <1851 - 1932>, dän. Justizminister.

[12] *TÖNNIES* publizierte 1908 in der Neuen Rundschau und in: 'Das Freie Wort' (unter dem Pseudonym '*NORMANNUS*') mehrere politische Stellungnahmen. Beachte dazu R. *FECHNER*, 'Tönnies-Bibliographie', a.a.O.

niedliche Weihnachtskinder; sie haben viel gesungen: O du fröhliche, o du selige u.sw., worin es heisst "Welt ging verloren, Christ ward geboren" - daraufhin sagte der kleine sinnige Jan Friedrich (6jährig) neulich bei Tische (sehr bedächtig): "Wenn die ganze Welt auch verloren geht (er meinte natürlich, wie ein Spielzeug verloren geht), da merken wir garnichts von". Von seinem älteren Bruder hat er gelernt, dass die Erde sich immer dreht, ohne dass wir es merken. Daher die Schlussfolgerung.

Was ich gemeint habe, mit meiner Bemerkung über den Verlust von Paulsen, dessen kann ich mich nicht mehr entsinnen; wenn ich die Karte wiedersehe, so würde es mir wohl einfallen. Ich vermisse Paulsen auf Schritt und Tritt, weil ich so gewohnt war, auf sein Urteil zu horchen, und weil er ein wahrer treuer Freund war! Auch mir war er zu nachgiebig gegen die unklaren Mittelsleute geworden, er war überhaupt etwas schwach gegen persönliche Einflüsse. Ich glaube wohl zu verstehen, was Sie unter "psychologischer Offenheit" verstehen (und bei dem trefflichen Dr Thomsen vermehrt zu sehen wünschen) - obgleich es kein gebräuchlicher deutscher Ausdruck und auch schwerlich übersetzbar ist; wir helfen uns da mit Fremdwörten wie "Objektivität" -

Im Sommer übernehme ich eine nationaloekonomische a.o. Professur (besonders für Statistik) in Kiel[13], die ich mir gefallen lassen muss, weil sich meine äussere Lage erheblich dadurch verbessert, und ich hoffe dass ich gleichwohl hier werde wohnen bleiben können; im Ministerium war man wenigstens damit einverstanden. Ich muss am 1. wieder nach Berlin, da ich am 3ten (Sonntag) einen Vortrag im reichsstatistischen Amte "über meine statistische Methode" und meine Verbrecherstudien zu halten mich anheischig gemacht habe.[14] Ich wollte dass ich in Kopenhagen, wo die Statistik so hervorragende Vertreter hat, auch einmal darüber vortragen könnte.

Mit herzlichen Grüssen bleibe ich, treu verbunden, der Ihre
Ferdinand Tönnies.

---

[13] Am 31 12.1908 erhielt *Tönnies* das durch das Ableben Prof. *Adler*s erledigte Extraordinariat mit der Verpflichtung, im Verein mit dem Fachordinarius die wirtschaftlichen Staatswissenschaften unter besonderer Berücksichtigung der Statistik in Vorlesungen und Übungen zu vertreten. *Tönnies*, verbittert, in einem Briefentwurf an Georg *Hoffmann*: "Ich habe die Professur ... nur angenommen gegen das Vesprechen, daß man mich zum ordentlichen Honorarprofessor ernennen wird ... Es ist wirklich für einen 50jährigen Mann, der schon vor 25 Jahren einen besseren Namen in der philosophischen Literatur hatte, als mancher Ordinarius ihn damals und jetzt genießt, etwas zu wenig." (Siehe T-N)

[14] F. *Tönnies*, Eine neue Methode der Vergleichung statistischer Reihen, in: Schmollers Jahrbuch, 109, 33. Jg., S. 699 - 720; zugrunde liegt der Vortrag am 3. 1. 1909 im Kaiserlichen Statistischen Amte zu Berlin.

*Ansichtskarte mit Motiv (Kopenhagener Universität) an "Herrn Professor Dr. F. Tönnies", Format 13,9 x 8,6 cm. Schwarze und dunkelgraue Tinte. Flüssiges Schriftbild mit Zusatz zu Beginn des Textes (gedreht). Handschriftliche Bleistiftbemerkung der Post wegen Nachsendung der Karte von Eutin nach Husum.*

25. 9. 09

Freunde und Verehrer senden herzliche Grüsse; die Eutinfahrer von 1907 erinnern sich sich immer mit Freude der schönen Tage am schönen Orte und im gastfreien Hause.

Harald Höffding.
Olga Thomsen[1]
Anton Thomsen
Ihr dankbarer K. A. Gerlach[2]
Paul Smidt[3]
Herdis Krarup[4]
Arth. Christensen[5].

---

[1] THOMSEN, Olga Eggers <1875 - 1945>, von der Gattin Anton THOMSENs sind im T-N Briefe vorhanden (Cb 54.56)

[2] GERLACH, Kurt Albert <1886 - 1926>, siehe seine Briefe an TÖNNIES im T-N, Cb 54.56:290 ff.

[3] SMIDT, Paul - konnte nicht ermittelt werden.

[4] KRARUP, Herdis; siehe KRARUPs Rezension von HÖFFDINGs, Den store humor, in: Tilskueren, 1917, I, S. 561 - 569.

[5] CHRISTENSEN, Arthur Emanuel <1875 - 1945>, Orientalist.

*Brief, Format 26,6 x 17,6 cm, 1 Blatt, insgesamt 2 Textseiten mit großen Rand oben und auf der ersten Seite auch unten. Schwarze Tinte. Sehr flüssiges Schriftbild mit 3 Zeilen Randbeschriftung auf der Rückseite. Feines, bläulich-graues Papier.*

Eutin d. 24. März 1912.

Verehrter und lieber Freund!

Nachdem ich mich entschlossen habe, eine neue Auflage meiner Schrift "Gemeinschaft u. Gesellschaft" herauszugeben, die bald erscheinen wird[1], wende ich mich an Sie, mit der Bitte, mir zu erlauben, dass ich auf das Widmungsblatt an die Stelle des Namens Paulsen Ihren Namen "zu gemeinsamem Gedächtniss an Friedrich Paulsen" setze[2]. Sie haben mir damals, als persönlich noch unbekanntem Verfasser, einen förderlichen und ermutigenden Brief geschrieben - an dessen Schlusse Sie aussprachen, das Buch habe schon durch seine Zueignung einen sympathischen Eindruck auf Sie gemacht -; Sie haben in einem Studentenverein einen Vortrag darüber gehalten, der in Tilskueren und später in Ihren Mindre Skrifter abgedruckt ward; Sie haben es in den neueren Ausgaben Ihrer Ethik mehrmals erwähnt - für das alles habe ich vielen Grund Ihnen dankbar zu sein, und bin es im̄er gewesen. Es scheint mir daher, dass diese Widmung - wenn ich meines eigenen Terminus mich bedienen darf - aus reinem Wesenwillen entspringt, und ich glaube dass Sie sie so empfinden werden.

Ich habe nicht die Kraft besessen, das Buch vollständig umzuarbeiten. Durch die Notwendigkeit, ein Lehramt anzunehmen, das mich wiederum nötigt, Vorlesungen über Nationaloekonomie und Statistik zu halten,[3] wird meine Zeit allzusehr in Anspruch genom̄en. Ueberdies machten sich in diesem Winter die Folgen einer im vorigen Winter überstandenen schweren Krankheit bemerkbar. - Indessen werden Sie doch das Buch in manchen Einzelheiten verändert finden. An vielen Stellen habe ich mich bemüht, den Stil etwas leichter und flüssiger zu machen, hie und da sind auch Stellen gestrichen, und dagegen erläuternde Zusätze eingefügt. Ich schreibe im Augenblicke noch an einer neuen Vorrede, in der ich mich auch auf Ihre Vorrede vom 22. V. 1899 beziehen werde[4]. Ich hoffe dass Sie gesund und munter in Ihr 70stes Lebensjahr einge-

---

1 Die zweite, erheblich veränderte Auflage erschien 1912 in Berlin.

2 Text der Widmung: "Seinem verehrten und lieben Freunde Harald Höfding Professor der Philosophie an der Universität Kopenhagen D.L.L. (St. Andrews) D. Sc. (Oxford) D.L.L. (Aberdeen) wird diese neue Ausgabe in gemeinsamem Andenken an Friedrich Paulsen († 1908) dargebracht vom Verfasser". - In *Tönnies*' Exemplar befinden sich handschriftliche Korrekturen (so von *Höffdings* Namen) und Ergänzungen der akademischen Titel.

3 1909 wurde *Tönnies* in Kiel ordentlicher Honorarprofessor.

4 *Tönnies* verweist hier unter Verwendung eines *Höffdings*-Zitat auf die Verbindung von Soziologie und Psychologie (vgl. den Brief vom 15./18. 1. 1900): "*Höffding*, selber als Psychologe der Soziologie geneigt, durch Ethik und Religionsphilosophie zu ihr hingezogen, schrieb von diesem Werke, es verbinde auf eigentümliche Weise Soziologie und Psychologie, indem es zeige, wie die soziale Entwicklung notwendigerweise zusammenhänge mit, und ihr Seitenstück habe in, einer entsprechenden Entwicklung der menschlichen Geistesfähigkeiten" (S. XXXIV).

treten sind, und wünsche lebhaft, dass es mir vergönnt sein möge, dessen Vollendung zu erleben und mitzufeiern.

Heute wird unser ältester Sohn konfirmirt. Ich habe um seinetwillen den schweren Entschluss gefasst, gestern mit meiner Frau die "Beichte" abzulegen und muss heute "kommuniziren". Nach kurzer Ueberlegung ist es mir besser erschienen, wenn man einmal in der Kirche beharrt, diese Konsequenzen zu ziehen. Meine Frau lässt Ihnen die freundlichsten Grüsse sagen und hofft mit mir, dass wir Sie noch einmal wieder in unserem Hause werden begrüssen dürfen.

In treuer Verehrung und Liebe der Ihre
Ferdinand Tönnies.

*Brief, Format 27,5 x 21 cm, 1 Blatt, mittig gefaltet und fortlaufend Vorder- und Rückseite beschrieben, insgesamt 4 Textseiten im halben Blattformat. Schwarze Tinte. Flüssiges, immer flüchtiger werdendes Schriftbild mit Streichungen und Korrekturen. Gelbliches Papier mit eingeprägter Linierung.*

p.t. Christiania[5]
d. 29. März 1912

Lieber Tönnies!

Ich kann Ihnen nicht sagen, wie froh mich Ihr Brief, den ich erst gestern hier empfangen habe, gemacht hat. Es wird mir eine grosse Ehre und Freude sein, auf dem Widmungsblatte der neuen Ausgabe des von mir bewunderten Buches meinen Namen zu sehen, und ich danke Ihnen herzlich für den freundlichen Gedanken, der Sie hierbei geleitet hat. Sie wissen, dass es nicht nur Ihre Schriften, sondern auch Ihre Persönlichkeit ist, die ich hochschätze und liebe. Und ich vergesse nicht, welchen grossen Dienst Sie mir durch Ihre Revision der deutschen Übersetzung meiner Religionsphilosophie geleistet haben, - noch weniger die schönen Tage in Eutin vor fünf Jahren.

Ich habe zwar gewusst, dass Sie im vorigen Jahre krank waren, aber nicht, dass es eine schwere Krankheit war. Um so mehr freue ich mich darüber, dass Sie wieder in voller Arbeit sind. -

Ich halte in diesen Wochen, nach Einladung des "Komité's für Wechselwirkung zwischen den nordischen Universitäten", Vorlesungen an der hiesigen Universität. In voriger Woche sprach ich in der grossen Aula in drei Stunden vor c. 1000 Zuhörern über "geistige Kultur" (s: über die Stellung der Wissen-

---

[5] das heutige Oslo.

schaft, der Kunst und der Religion im modernen Geistesleben); in dieser Woche lese ich ebenfalls in drei Stunden über "erkenntnistheoretische Fragen" in der kleinen Aula für c. 200 Zuhörer. - Ich bin sehr gut disponiert gewesen, und man hat mir grosse Aufmerksamkeit erwiesen.

Nachdem ich einige Tage in den Bergen oberhalb Christiania zugebracht habe, kehre ich in der Mitte der nächsten Woche nach Kopenhagen zurück. -

Ich verstehe sehr wohl, dass Sie und Ihre Frau Ihrem Sohne bis an das Altar haben folgen wollen. Meiner Meinung nach haben wir, solange die Staatskirche besteht, volles Recht dazu, den kirchlichen Kultus in unserer Weise zu interpretiren, besonders die tiefe Poësie der alten Gebräuche uns anzueignen. Doch habe ich es selbst seinerzeit nicht thun können. Mein jüngster Sohn (der älteste wollte nicht konfirmirt werden) ging mit meiner Schwester in die Kirche.

Ich wünsche Ihnen und Ihrer lieben Frau Glück dazu, da jetzt Ihr ältestes Kind so weit gekommen ist, und ich hoffe, dass die ganze blonde und frische Schaar in gutem Gedeihen ist. - Ich danke Frau Tönnies herzlich für ihre freundlichen Grüsse, und ich schliesse mit herzlichem Dank für Ihr so freundlich gedachtes Ehrenzeugnis

Ihr ergebener Freund
Harald Höffding

*Brief, Format 27,6 x 21 cm, 1 Blatt, mittig gefaltet und fortlaufend Vorder- und Rückseite beschrieben, insgesamt 4 Textseiten im halben Blattformat. Schwarze Tinte, unsauberer Tintenfluß. Flüchtiges, uneinheitlich wirkendes Schriftbild mit mehreren Korrekturen, geringe Gliederung und 1 auffällige Tintenverwischung. Gelbliches, kariertes Papier.*

Kopenhagen. N.
9. Juni 1912

Lieber Tönnies!

Seit einigen Tagen ist Ihr schönes Geschenk in meinen Händen, und ich spreche Ihnen wieder meinen herzlichen Dank aus. Die neue Ausgabe würde auch an und für sich meine lebhafte Aufmerksamkeit zugezogen haben, aber ich habe keinen Grund zu verbergen, dass sie durch Ihre Widmung einen ganz besonderen Wert für mich bekomme. Ich freue mich lebhaft auf ein eingehendes Studium, das mir jetzt - in der Mitte eines anstrengenden Examens und bei der Müdigkeit, die ein mit Vorlesungen ungewöhnlich ausgefüllten Winter bewirkt hat - unmöglich ist. Ich nehme das Buch mit nach den Wäldern und Heiden Jütlands, wohin ich mich am Schluss dieses Monats begebe.

Sie sagen in der Vorrede[6], dass ich "als Psychologe der Soziologie geneigt war." Ich habe oft gemeint, dass, wenn man mich[7] in ethischen und religionsphilosophischen Fragen meinen einseitigen psychologischen Gesichtspunkt vorwarf, man dann übersah, dass meine Psychologie nicht nur eine analytisch-deskriptive, eine experimentale und eine physiologische, sondern auch eine soziologische Methode anerkennt. Die Psychologie und die Soziologie stehen in steter Wechselwirkung. Ich pflege meinen Zuhörern zu sagen, dass unsere jetzige Psychologie überwiegend die Psychologie des modernen Europäers ist, indem sie eine Differenziation der psychischen Funktionen voraussetzt, die nicht auf allen Entwicklungsstufen vorhanden war. - Aber ich gestehe, dass das soziologische Element in meinen Darstellungen ein mehr hervortretendes Element hätte sein sollen. Um so mehr bin ich froh, dass Sie mir die neue Ausgabe von "Gemeinschaft und Gesellschaft" gewidmet haben. -

Neulich hatte ich den Besuch von Professor Gusti[8] aus Jassy, der ein grosser Bewunderer von Ihnen ist, und er war sehr froh, dass ich ihm aus bester Quelle erzählen konnte, dass eine neue Ausgabe Ihres Buches bald kommen würde.

- Ich danke auch für das Geschenk Ihres "Hobbes"[9], und ich gratulire Ihnen, dass Ihre beiden bedeutenden Bücher jetzt in neuen Form und für ein neues Geschlecht vorliegen.

Mit den freundlichsten Grüßen an Ihre Frau, und mit den besten Wünschen für Ihr ganzes Haus bin ich

Ihr ergebener und dankbarer Freund
Harald Höffding

---

[6] GuG, 2. Aufl., 1912, S. *xxxvi*

[7] korrekt: mir

[8] *Gusti*, D. <???? - ????>; beachte die Briefe im T-N.

[9] *Hobbes' Leben und Lehre* erschien in erweiterter 2. Auflage unter dem Titel "Hobbes, der Mann und der Denker", Stuttgart 1912, 249 S.

*Brief, Format 26,2 x 20,6 cm, 1 Blatt, mittig gefaltet und fortlaufend Vorder- und Rückseite beschrieben, insgesamt 4 Textseiten im halben Blattformat. Schwarze Tinte, 1 Tintenverwischung. Flüssiges, flüchtiges Schriftbild mit mehreren deutlichen Einfügungen. Gelbliches, dichtes Papier.*

Kopenhagen V.
D. 7. Mai 1913

Lieber Tönnies!

Ich darf nicht länger zögern, Ihnen meine grosse Freude darüber auszusprechen, dass Sie an der Feier meines 70. Geburtstages teilnehmen wollten. Ihre Anwesenheit in jenen Tagen war für mich ein wesentliches Element in der Situation, und Ihr schöner Aufsatz[1] gehörte zu den Kundgebungen, die mich am meisten freuten. Nachher haben Sie nicht nur in Westminster Gazette[2] Ihre freundliche Charakteristik wiederholt, sondern auch meinen "skandinavischen Individualismus" fein und schön vertheidigt. - Für die freundliche Gesinnung die sich so schöne Ausdrücke gegeben hat, bin ich herzlich dankbar.

Es waren für mich schöne Tage, ganz besonders durch das spontane Auftreten der Studenten. Nicht nur in dem "Studentersamfund" (wo Sie zugegen waren), sondern auch in der grossen (mehr konservativen) "Studenterforening" wurde ich gefeiert, und zuletzt hatte ich einen schönen Abend im Kreise der Teilnehmer an meinen Seminarübungen.

Ich fühlte mich sehr demüthig nach allen diesen Feiertagen, aber zugleich froh und stolz wegen der Liebe und des Verständnisses die mir entgegen strömten. -

In einem peinlichen Kontraste gegen alles dieses steht mein Verhältniss zu Dr. Thomsen, oder richtiger sein Verhältnis zu mir. Er kann mir meine Kritik seines "Hume"[3] nicht verzeihen, und in einem Briefwechsel, den er neulich einleitete, hat er seine Gesinnung sehr scharf ausgedrückt. Ich habe nimmer daran gedacht, dass meine Kritik ihm den Weg zur Universität sperren sollte; ich hoffte auf den zweiten Teil, den ich gleich erwartete, der aber gar nicht geschrieben zu sein scheint. Der erste Teil war meiner Meinung nach ein schlechtes Buch, und seine Polemik (nicht gegen mich) grob und unritterlich. Er hat das Niveau der Diskussion gesenkt. Aber alles dieses könnte durch eine gute Leistung sehr wohl aufgewogen werden. Die Hauptsache aber ist, dass gar keine Aussicht zu einer Anstellung sich darbietet, weil wir 4 Professoren der Philosophie (den Experimentalpsychologen Lehmann[4] mitgerechnet) sind. Ich

---

[1] F. TÖNNIES, Zum 11. März 1913, in: Das Freie Wort, 1913, 12. Jg., S. 901 - 907; in dänischer Sprache erschien der Aufsatz in: Tilskueren, 1913, S. 233 - 239; Else BRENKE, eine Mitarbeiterin TÖNNIES' in den letzten Jahren, erwähnt in ihrer 'Tönnies-Bibliographie' auch einen - jedoch unwahrscheinlichen - Aufsatz "Harald Höffding", in: Ny Tid vom 10. 3. 1913.

[2] Eine Veröffentlichung TÖNNIES' in der Westminster Gazette ist bisher nicht bekannt.

[3] Harald HÖFFDING, Rezension von: Anton THOMSEN, David Hume. Hans liv og virksomhed, Kbn. 1911, <deutsch: David Hume, sein Leben und seine Philosophie. Anläßlich des 200. Geburtstages seiner Geburt, Berlin 1912>, in: Nordisk Tidskrift, 1911, S. 209 - 212.

habe versucht, sein Stipendium zu verlängern, weiss aber nicht, ob dies möglich sein wird.

Wegen unserer früheren nahen Beziehungen ist mir dieses Verhältnis sehr peinlich. Ich gebe aber nicht die Hoffnung besserer Zeiten auf. -

Hoffentlich trafen Sie die Ihrigen frisch und froh bei Ihrer Zurückkunft. Ich bitte Sie, Ihrer Frau und der ganzen Kinderschaar für den freundlichen Gruss bestens zu danken.

Mit herzlichem Gruss und Dank
Ihr ergebener
Harald Höffding

---

[4] LEHMANN, Alfred Georg Ludvig <1858 - 1921>, Direktor des psychologischen Laboratoriums und Professor der Psychologie in Kopenhagen. Beachte den Nachruf HÖFFDINGs: Alfred Lehmann (29. December 1858 - 26. September 1921), in: Det kongelige Videnskabernes Selskab Forh., 1921/22, S. 47 - 50.

*Brief, Format 27,2 x 18 cm, 1 Blatt, mittig gefaltet und fortlaufend Vorder- und Rückseite beschrieben, insgesamt 4 Textseiten im halben Blattformat und großen Rändern oben und unten. Schwarze Tinte. Flüssiges Schriftbild mit 2 Einfügungen und Randbeschriftungen (unten) auf der 2. und 4. Seite. Bläulich-weißes, gemasertes, dichtes, gerissenes Papier mit geklebter Bruchstelle.*

Eutin d 10 April 1914.

Lieber Höffding -

Meinen Dank für Ihren Brief vom 7ten Mai 1913[1] spreche ich in Gestalt von freundlichen Wünschen zum Osterfest 1914 aus! Zugleich aber mit einer Gratulation zu der grossen Auszeichnung die Ihnen vor kurzem aufs neue zu Teil geworden ist![2] Es wird mir freilich schwer, Sie als einen Palastbewohner mir vorzustellen, nachdem ich Sie in 2 verschiedenen Wohnungen gesehen habe, die beide für Ihre persönlichen Bedürfnisse trefflich geeignet zu sein schienen. Ich hoffe für Sie, dass nicht zu grosse gesellschaftliche Verpflichtungen mit den neuen Wohnverhältnissen verbunden sein mögen. Uebrigens aber: Glückauf.

Im März habe ich lebhaft an die schönen Tage und die erhebende Feier zurückgedacht, an der ich mit vollem Herzen teilgenom̅en habe. Fast möchte ich Sie ein wenig beneiden um die Stellung, die Sie in Ihrem Volke einnehmen. In entsprechender Weise zu den "Grossen" in Berlin zu gehören, danach würde mein Verlangen freilich nicht stehen, [3]auch wenn ich sonst meine Leistungen mit den Ihren vergleichen könnte. Ueberhaupt bin ich mit meinem Lose doch zufrieden genug, wenn ich auch viel Bitteres habe erfahren müssen. Familienglück entschädigt. Von unseren Kindern haben wir bisher grosse Freude. Der älteste Sohn ist jetzt Primaner, freilich schwach versetzt - er interessiert sich für die alten Sprachen garnicht, der zweite Quartaner geworden mit gutem Zeugniss, der jüngste (damals noch ungeborene) hat im Winter bei mir Lesen gelernt, ohne dass ich mir bewusst wäre, ihn gelehrt zu haben. Es war eitel Spielerei. Auch die beiden Mädel sind gelehrig. Und alle, soweit man bis jetzt urteilen kann, auch sittlich gut geartet.

Von Dr Thomsen hörte ich seit geraumer Zeit nicht mehr. Er war aber nach seinen letzten Berichten glücklich als Vater - nach der früheren kindlosen Ehe kann man sich leicht dahin "einfühlen" - und hatte auch bessere Hoffnung in Bezug auf sein Fortkom̅en. Ich finde jedenfalls gut, dass er Kopenhagen nicht verlassen hat, und wünsche ihm vor allem, dass er sich bemühen möge, sein Verhältnis zu Ihnen wiederherzustellen.

---

[1] 1913 - nachträglich eingefügt

[2] Wahl HÖFFDINGS durch die dänische Gesellschaft der Wissenschaften auf Vorschlag des Carlsbergfondet zum 'Ehrenbewohner' einer von der Carlsbergbrauerei und ihrem Gründer Jacob Christian JACOBSEN gestifteten Villa (gebaut 1852), die dieser selbst noch als Wohnung genutzt hatte und die zwischen 1887 bis zum Tode seines Sohnes Carl unbewohnt blieb. Sie wurde für die Stiftung 1914 nach dem Tode Carl JACOBSENs verfügbar.

[3] der folgende Halbsatz wurde eingefügt.

Meine Frau grüsst mit mir herzlich. Die beiden grösseren Knaben sind bei der Grossmama[4] in Husum.

Wann sehen wir uns einmal wieder? Bleiben Sie gesund und leben Sie wohl!

Treulich ergeben der Ihre
Ferdinand Tönnies.

Ich schicke ein paar kleine Sachen, in die Sie vielleicht hineinsehen mögen.

*Brief, Format 25,9 x 20,5 cm, 1 Blatt, mittig gefaltet und fortlaufend Vorder- und Rückseite beschrieben, insgesamt 4 Textseiten im halben Blattformat. Schwarze Tinte, 1 deutliche Tintenverwischung. Flüssiges, immer flüchtiger werdendes Schriftbild mit deutlichen Korrekturen, Einfügungen und Streichung. Gelbliches, dichtes, schwach-liniertes Papier.*

Carlsberg
København (Valby).
D. 24. Mai 1914.

Lieber Tönnies!

Es ist kein "Palast", in welchem ich Ihnen schreibe; es ist eine schöne Villa in italienischem Stile, mit z. Th. künstlerisch geschmückten Räumen, in denen ich mich schon heimisch fühle, weil sie trotz ihres Umfangs sich doch, jeder für sich, zu einem Ganzen harmonisch zusammenfügen. Zwei grosse Räume sind von der Carlsberg-Institution[5] ausgestaltet; in meinem Arbeitszimmer und meiner Bibliothek habe ich meine alten Geräthe. Ein grosser Vortheil ist, dass ich einige Gastzimmer habe, so dass ich Kinder und Enkel in den Ferien beherbergen kann. Und dann gehört dazu ein grosser, prächtiger Garten, der mir nur geistigen und materiellen Gewinn bringt, indem die Kosten von der Institution geleistet werden.

Ich bin hier mit dem lebhaften Gefühl eingezogen, dass mir von meinen Landsleuten, älteren und jüngeren, eine Überschätzung zu Theil geworden ist. Es hat für mich den Charakter eines succès d'éstime, den ich persönlich als etwas Schönes u. Gutes fühle, ohne dass ich mich durch ihn in meiner Selbstschätzung irren lasse. Ich glaube so ziemlich zu wissen, wo ich stehe. - Es freute mich sehr, Ihre Berichte über Ihre Kinder zu lesen, und den Eindruck zu bekommen, dass Sie ein glücklicher Hausvater sind und in dieser Eigenschaft

---

[4] *Tönnies*' Mutter, Ida Friederike, geb. *Mau*, geboren am 6. 4. 1826, gestorben am 19. 2. 1915.

[5] Die Carlsberg-Stiftung wurde 1876 von Jacob Christian *Jacobsen* gegründet. Sie hat laut Testament drei Aufgabengebiete: das Carlsberg Laboratorium, die Finanzierung wissenschaftlicher Aufgaben und das Nationalhistorische Museum im Schloß Frederiksborg.

einen selbst erlebten und von Ihnen selbst geleisteten Beitrag zur Soziologie abgeben. -

Dr. Thomsen sehe ich fortwährend nicht. Er hat im Herbst eine Dozentur gesucht. Ich sprach in der Fakultät mit Eifer für seinen Antrag, und die Majorität der Fakultät empfahl ihn. Nach der Aufforderung des Dekans redigierte ich das Schreiben an das Ministerium. Der Minister wollte aber nicht neue Stellungen vorschlagen, so lange nöch drei Professoren in der Philosophie, und ausserdem ein spezieller Professor der Experimentalpsychologie da waren.

Ich fühle mich in voller Arbeitskraft und bleibe noch, denke ich, c. zwei Jahre an der Universität. Ich kann mir nicht denken, das Verhältnis zu den Studenten aufzugeben. (Pecuniär macht es keinen Unterschied, weil die Carlsberg-Institution mir eventuell die Differenz zwischen Pension und Gehalt erstatten will).

Mit freundlichen Grüssen an Sie und Ihre geehrte Frau
Ihr ergebener
Harald Höffding

*Fotopostkarte mit einem Bild von (wahrscheinlich) Frau Tönnies und den 5 Kindern an "Herrn Professor Dr. Harald Höffding", Format 14,1 x 8,9 cm. Schwarze Tinte. Flüssiges, immer gedrängter werdendes Schriftbild mit 1 Korrektur. "Mit herzlichen Grüssen zum Pfingstfest 1914" (handschriftlich).*

Eutin d. 29. Mai 1914.

L. H.

Ihren Mitteilungen gemäß darf man um so mehr sich freuen - besonders wird der Genuss des Gartens für Sie gross und immer neu sein. Leider hat jetzt eine grimmige Sommerkälte eingesetzt, die in Ihren Regionen nicht geringer sein wird als hier. - Meine Frau dankt für Ihren Gruss, wir sprechen noch zuweilen von stakkels lille Gutte[6], deren hübsches Bildchen ich auf dem gedruckten Liede heimbrachte. Sie ist hoffentlich wohl gediehen, nebst Geschwistern. - Das umstehende Bild hat ein Schüler von mir, der jetzt hier wohnt, vor einem Jahre gemacht. Treulich der Ihre

F. T.

---

[6] Übersetzung: arme kleine Gutte

*Brief, Format 28,9 x 18,6 cm, 1 Blatt, mittig gefaltet und fortlaufend Vorder- und Rückseite beschrieben, insgesamt 4 Textseiten im halben Blattformat und großen Rändern oben und unten auf den ersten 3 Seiten. Schwarze Tinte. Flüssiges, flüchtiges und immer kompakter werdendes Schriftbild. Beidseitig schwarz umrandetes, gelbliches Papier, das auf der Vorderseite auch durch einen senkrechten schwarzen Strich getrennt ist.*

Eutin d. 27. Juni 1915.

Lieber Höffding -

Schon lange, schon bei Jahreswende, habe ich vorgehabt, Ihnen zu schreiben, um für die Aufmerksamkeit zu danken, die Sie mir im Oktober, bei meinem 2maligen Aufenthalt in Ihrer Stadt, erwiesen haben. Dann kam eine neue Veranlassung, die Nachricht von Ihrem Abgange[1]. Ich wurde davon bewegt, denn ich weiss, dass Ihnen der Entschluss schwer geworden ist, und ich begreife es. Sie beschliessen eine glanzvoll erfolgreiche Tätigkeit. Sie haben darin immer neue Genugtuung gefunden. Sie sind dadurch, in Verbindung mit Ihrer literarischen Tätigkeit, für Tausende ein Führer und Freund geworden. Die Jugend hing nach wie vor an Ihren Lippen. "Kühn wäre der Wunsch zu erringen[2] verwandte Belohnung", [wie Platen[3] in Bezug auf Klopstock[4] sagt.] Ich hege so verwegene Wünsche natürlich nicht mehr und habe sie kaum je gehegt. Ich bin auch zufrieden damit, einigen wenigen einiges Licht gegeben zu haben. Mein Streben geht doch mehr in andere Richtungen. Das Scheiden aus der amtlichen Stellung[5] - die ohnehin nicht eigentlich der Idee meiner wissenschaftlichen Absichten entspricht - wird mir darum nicht schwer werden. Es wird auch dadurch leichter, dass am 1. August 1914 "alle liefen aus der Lehre" und 3 meiner liebsten Schüler sind seitdem gefallen, von denen 2 noch Studenten waren. Auch einen begabten Neffen, der sich (aus allerhand Nebengründen der Theologie gewidmet hatte), habe ich verloren. - Indessen ich wollte nicht von mir reden. - Ich wünsche und hoffe dass Sie noch viele Jahre rüstig und tätig bleiben und des Ruhestandes geniessen werden, den Ihr schöner Wohnsitz mit Rosen und Lilien schmückt. Die weite Entfernung von der Stätte Ihre bisherigen Wirkens, die fortwährenden Strassenbahnfahrten bei jedem Wetter, bedeuteten doch eine Gefahr für Ihre Gesundheit, die mit den Jahren notwendigerweise zunim̅t. Es werden sich nun, die noch von Ihnen lernen und empfangen wollen, zu Ihnen hin bemühen müssen, und es wird sicherlich nicht an solchen fehlen!

Ich erwarte die № von Politiken[6], mit dem schlechten Holzschnitt und dem Bericht von Ihrer letzten Vorlesung. Ich empfing auch die Nachricht von der

---

[1] im 72. Lebensjahr nahm *HÖFFDING* seinen Abschied von der Universität.

[2] eingefügt: erringen

[3] *PLATEN*, August Graf von, <1796 - 1835>, Dichter.

[4] *KLOPSTOCK*, Friedrich Gottlieb <1724 1803>, Dichter, der im Dichter den zum priesterlich-seherischen Amte Berufenen sah.

[5] Am 3. 9. 1913 erhielt der nunmehr 58jährige *TÖNNIES* das neugeschaffene, zweite Ordinariat der wirtschaftlichen Staatswissenschaften in Kiel; 1916 ließ er sich bereits emeritieren.

[6] Kopenhagener Zeitung

Ernennung Thomsens[7], die ich freudig begrüsse. Es ist mein lebhafter Wunsch gewesen, dass eine Ausgleichung zwischen Ihnen beiden entstehe, da ich bemerkt hatte, dass für den einen wie den anderen die Sache peinvoll war. Eben bringt mir mein unglücklicher Schützling Heinrich Hennings ein Büchlein zurück, auf dessen Titelblatt Ihre beiden Namen vereinigt stehen: das Fragment von Cai Viale[8] (das mich auch deshalb interessirt, weil ich selber einen starken Eindruck von Stallo's Concepte[9] empfangen hatte). Herr Hennings ist von Beruf Volksschullehrer, als solcher verunglückt in der Laufbahn, weil er sich antireligiöser und sozialdemokratischer Tendenzen verdächtig gemacht, ausserdem auch bei seinen Vorgesetzten durch zu grossen Freimut und Unklugheit missliebig gemacht hatte. Er ist derselbe, um dessen willen ich vor bald 20 Jahren die Schilderung der Streikbewegung in Hamburg auf mich nahm[10]. Er ist nun 53 Jahre alt geworden und hat - nichts. Er lernt jetzt mit Eifer Dänisch und hofft, in Dänemark vielleicht als Sprach- oder Institutslehrer anzukom̄en. Ich kann nichts tun als diese Hoffnung dämpfen. Er ist ein redlicher Mann, der sich für seinen Stand ein erstaunliches Wissen angeeignet hat und von Liebe zur Erken̄tnis ist er beseelt, aber ein hartköpfiger, eigensinniger Dithmarscher. Er sprach mit Begeisterung von Viale und von Ihrem u. Thomsens Mindeord[11]. Beim Katalogisiren meiner Broschüren und Sonderabdrücke war er darauf gestossen. - Als Privatsekretär, Bibliothekar oder dergl. könnte ich ihn empfehlen. Ich kann ihn auf die Dauer nicht erhalten und weiss keinen Rat. - Uns geht es sonst gut. Meine Frau lässt sehr grüssen. Mein ältester Sohn wollte mit ins Feld. Von 6 Oberprimanern ist er allein geblieben. Ich habe meine Einwilligung nicht gegeben. Meine liebe Mutter, die im Februar fast 89jährig von uns gegangen ist, schrieb noch am 28sten Januar, mich darin zu bestärken. Ich bin auch grundsätzlich dagegen, Siebzehnjährige den Nöten des Krieges auszusetzen.

Leben Sie wohl! Mit herzlichen Grüssen der Ihre
Ferdinand Tönnies.

---

[7] siehe dazu den Brief *THOMSEN*s an *TÖNNIES* vom 24. 6. 1915, in: T-N.

[8] *VIALE*, Cai <1875 - 1906>, früh verstorbener Schüler Höffdings.

[9] J. B. *STALLO*, The Concepts and Theories of Modern Physics

[10] siehe dazu den Brief vom 23. 3. 1899.

[11] *HÖFFDING*s und *THOMSEN*s Mindeord: Cai Viale, Et fragment om Den Moderne Opfattelse af Naturerkendelsen, efter hans død udgivet med mindeord af Harald *HØFFDING* og Anton *THOMSEN*, Kbn. 1906, 32 S.

*Brief, Format 27,6 x 21 cm, 1 Blatt, mittig gefaltet und fortlaufend Vorder- und Rückseite beschrieben, insgesamt 4 Textseiten im halben Blattformat. Schwarze Tinte. Flüssiges, Schriftbild mit lockerer Gliederung und Nachsatz. Gelbliches Papier mit schwach linierter Prägung.*

Carlsberg
Kopenhagen
(Valby)
4. Juli 1915

Lieber Tönnies,

Herzlichen Dank für Ihren guten Brief. Sehr oft dachte ich im Laufe des Winters daran, Ihnen zu schreiben, besonders nachdem ich Ihren schönen, für Dänemark so freundlichen Artikel in der "Frankfurter Zeitung" gelesen hatte[12]. Leider komme ich immer schwierig zum Briefschreiben. Meine Gedanken sind aber oft bei Ihnen, und ich verstehe, wie die Begebenheiten der Zeit Sie stimmen müssen. Es ist aber der grosse Schmerz in dieser für alle Europäer so schweren Zeit, dass man sich selbst unter Freunden nicht mehr verstehen kann, obgleich man wohl versteht, dass die Verschiedenen von den Begebenheiten verschieden ergriffen werden.

Ja, es war eine wehmüthige Stunde, als ich meinen letzten allgemeinen Cursus schliess[13]. Und ich war von der Sympathie, die mir entgegenkam, ganz überwältigt. - Noch soll ich an einigen Doktordisputationen fungiren, und dann trete ich als ordentlicher Professor ab. Nach dem Wunsche einiger älteren Studirenden fahre ich aber fort "Laboratorieübungen" zu halten, und ich werde gelegentlich wohl auch kleine Reihen von Vorlesungen halten. Persönliche Arbeit habe ich genug, namentlich in psychologischer und erkenntniss-theoretischer Richtung. Und dann gibt es noch so viele Sachen, in denen ich mich zu orientiren wünsche, während ich noch so ziemlich geisteskräftig bin.

Ich habe niemals daran gezweifelt, dass Thomsen mein Nachfolger werden sollte. Es gab einen schweren Streit in der Facultät wegen der theoretischen und praktischen Blössen, die er sich gegeben hat. Und es war gut für ihn, dass er keinen gefährlichen Nebenbuhler hatte.

Er hat mir jetzt einen Höflichkeitsbesuch gemacht. Nach der ganzen Art aber, in der er sich mir gegenüber in den letzten Jahren betragen hat, wird das alte freundschaftliche Verhältnis nicht wieder eintreten können.

Mit den herzlichen Wünschen für Sie, Ihre liebe Frau (deren milde und mütterliche Gastfreundschaft vor 8 Jahren ich recht gegenwärtig habe) und alle die

---

[12] F. TÖNNIES, Eindrücke von Dänemark, in: Frankfurter Zeitung vom 24. 10. 1914. Zusammen mit Cay Baron VON BROCKDORFF führte TÖNNIES während des Krieges eine Skandinavienreise durch, die u.a. nicht nur zur der obigen Schrift führte, sondern auch zu der Publikation 'Frei Finnland. 5 Briefe an einen schwedischen Politiker', in: Aftonbladet, 1917, S. 1-24, die TÖNNIES später das Freiheitskreuz III. Klasse für seine Verdienste um die finnische Freiheit eintrug. Eine ähnliche Mission führte TÖNNIES im Krieg auch nach Holland.

[13] korrekt: schloß

Ihrigen bin ich

in treuer Gesinnung
Harald Höffding

Für Hr. Hennings wird es gewiss sehr schwierig sein hier in Copenhagen eine Wirksamkeit zu finden, besonders unter den jetzigen Verhältnissen.

*Brief, Format 27,2 x 22 cm, 1 Blatt, mittig gefaltet und fortlaufend Vorder- und Rückseite beschrieben, insgesamt 4 Textseiten im halben Blattformat und großen Rändern oben und unten. Schwarze Tinte, ungleichmäßiger Tintenfluß. Flüchtiges, schiefes Schriftbild; letzte Seite unten mit Randbeschriftung. Gelbliches Papier mit Perforationskante.*

Eutin 11. März 1916.

Lieber Höffding.

Seit lange hatte ich vor, in diesem Jahre zu Ihrem Geburtstage zu schreiben, stand aber unter dem Eindrucke dass es der 13te sei, bis ich gestern bemerkte, dass es zu spät ist, Sie noch an dem Tage selbst zu begrüssen. Nun aber gedenke ich Ihrer an diesem Tage mit lebhaften Wünschen für Ihr ferneres Wohlergehen, und hoffe dass Sie den Tag gesund und heiter verleben. Im Herbst besuchte mich ein Kopenhagener Herr Knud Barfod[1], von dem erfuhr ich erst die Nachricht vom jähen Tode Anton Thomsens[2], der mich tief bekümmerte. Wie die Wittwe mit nachher mitteilte[3], sei er schon lange herzkrank gewesen, womit freilich mehrere Eindrücke die ich gewonnen, übereinstim̄en. Wie schade um den hochbegabten Mann! Ich habe ihn auch persönlich nur von liebenswerter Seite kennengelernt. Dass Sie nun durch den unerwarteten Todesfall wieder in die Lehrtätigkeit hineingezogen worden sind, berichtete auch Hr Barfod, und von einer neuen Ernennung habe ich nichts gehört.

Unter welchem ungeheuren Atmosphärendruck wir noch fortdauernd leben, wissen Sie so gut wie ich selber. Staunenswert ist es doch, mit wie heiterer Miene das im ganzen ertragen wird. Ob von den uns feindlichen Nationen ebenso, weiss ich nicht. Freilich: auch bei uns hält sich Leid und Kummer mehr im Verborgenen. - Auch mir und den Meinen geht es noch gut. In Verwandtschaft und Freundschaft freilich gar viele Verluste; besonders für mich an lieben, anhänglichen Schülern. Unser ältester Sohn hat eben, kaum 18jährig, das Abiturienten-Examen bestanden und will sich der Elektrotechnik widmen. Er war von Oberprimanern allein nachgeblieben. Ich wollte dem Siebzehnjährigen meine Einwilligung zum Eintritt ins Heer nicht geben. Jetzt hätte ich sie nicht mehr verweigert, er hat aber den Bescheid erhalten, dass ein kriegsministerieller Erlass die Annahme von Freiwilligen seines Jahrganges (1898) untersagt. Ein Beweis auch, dass an Mannschaften noch kein Mangel ist. -

An Philosophie kann ich nur noch beschränkten Anteil nehmen. So viel ich sehe, macht sich in Deutschland ein Wiederaufleben von Fichte und besonders von Hegel sehr bemerkbar. In meinen Gebieten treffe ich überall die Spuren von Rickert[4], dem ich selber nicht viel abgewinnen kann. Ich bin mit einem

---

1 BARFOD, Knut - konnte nicht ermittelt werden; siehe jedoch seine Briefe an TÖNNIES im T-N, Cb 54.56:34. Handschriftlich am Rand der Abschrift (wahrscheinlich von Hans HÖFFDING): ?

2 Anton THOMSEN starb am 18. 9. 1915.

3 siehe die Briefe seiner Frau, Olga THOMSEN, im T-N, Cb 54.56.

4 RICKERT, Heinrich <1863 - 1936>, Philosoph, begründete die südwestdeutsche Schule des Neukantianismus; siehe zu seinem Verhältnis zu TÖNNIES den Beitrag C. BICKELS auf dem I. Tönnies-Symposium 1980 in Kiel: Tönnies' Kontroverse mit Rickert über wissenschaftstheoretische Probleme der Geschichtswissenschaft und der Soziologie, in: L. CLAUSEN u. F. U. PAPPI

kleinen Werke über die "öffentliche Meinung" beschäftigt.[5] Ich fand den Titel eines dänischen Buches von Edvard Holm[6], das ich mir nicht entgehen lassen werde. Es ist von 1888. Gibt es wohl neuere dänische oder sonst skandinavische Literatur über den Gegenstand?

Leben Sie wohl. Ich wünsche dass es auch Ihren Kindern und Enkeln wohl gehe.

Treulich ergeben
Ihr
Ferdinand Tönnies.

Ich weiss nicht, ob Sie das beifolgende kleine Heft schon früher erhielten. Wenn ja, so verschenken Sie es bitte weiter. Ich habe im Augenblick kein besseres Exemplar davon zur Verfügung.

*Brief, Format 27,7 x 21 cm, 1 Blatt, mittig gefaltet und fortlaufend Vorder- und Rückseite beschrieben, insgesamt 4 Textseiten im halben Blattformat. Schwarze Tinte. Flüssiges, immer flüchtiger werdendes Schriftbild mit geringer Gliederung und sehr uneinheitlich wirkend; wenige Korrekturen und 1 gedrängte Einfügung. Gelbliches, dichtes Papier.*

Carlsberg
Kopenhagen (Valby)
D. 27. März 1916

Lieber Tönnies!

Es war schön und freundlich, dass Sie meiner an meinem Geburtstage gedachten. Ich bin in mein 74stes Jahr mit frohem Muthe eingegangen, und ich fühle wohl einigen Mangel an Rezeptivität, <u>nicht aber wenn</u> es Ausarbeitung eigener Gesichtspunkte gilt. Dieser Winter ist nicht geworden, was ich erwartete, eine freie Zeit, wo ich vormittags mit Ausarbeitungen, nachmittags mit Li-

---

(Hg.), Ankunft bei Tönnies, Kiel 1981, S. 95 - 131. TÖNNIES setzt sich in seinem Aufsatz 'Zur Theorie der Geschichte', in: Archiv für systematische Philosophie, 1902, 8. Bd., S. 1 - 38, mit RICKERTs Theorie der historischen Erkenntnis auseinander ('Grenzen der naturwissenschaftlichen Begriffsbildung', Tübingen 1902, 1. Bd. 1896).

[5] Die 'öffentliche Meinung' beschäftigte TÖNNIES bereits seit Anfang des Jahrhunderts; so nahm er schon 1907 verlegerische Kontake für ein 'Die Kritik der öffentlichen Meinung' zu betitelndes Buch auf, das jedoch unter diesem Titel erst 1922 in Berlin (583 S.) erschien. Hier meint TÖNNIES jedoch wohl seine Schrift 'Zur Theorie der öffentlichen Meinung', in: Schmollers Jahrbuch, 1916, 40. Jg., S. 2001 - 2030 oder aber seine Schrift 'Der Umschwung der öffentlichen Meinung', die in The New Statesman vom 19. 8. 1916 veröffentlich wurde.

[6] HOLM, Peter Edvard <1833 - 1915>, Historiker, siehe sein Buch: Den offentlige Mening og Statssnagten i den dansk-norske Stat i Slutningen af den 18de Aarhundrede (1784 - 1799), Kbn. 1888, 202 S.

teratur und Biographie beschäftigt sein könnte. Der Tod Thomsen's, und dann jetzt die Arbeit im Jury wegen der Wahl eines Nachfolgers hat meine Zeit sehr in Anspruch genommen. Ich habe zum Teil die propädeutischen Vorlesungen übernommen, und habe sie mit grossen Vergnügen durchgeführt. Die Examination habe ich aber nicht übernehmen wollen, sie wird die erste Funktion des neuen Professors sein. Es sind 5 Kandidaten angemeldet (u.a. Dr. Starcke[7], der nach beinahe 20jährige praktische Wirksamkeit jetzt wieder als Philosoph auftritt, der Pädagoge Dr. Kuhr[8] und der Experimentalpsychologe Dr. Rubin[9]). Sie haben eine Aufgabe ("Psychologie u. Erkenntnistheorie") behandelt (mit zwei Monaten Frist, und ich habe also 5 Abhandlungen zu durchgehen gehabt. Dann kommt in nächster Woche 3 Probevorlesungen von jedem Kandidaten, also 15 Vorträge zu anhören!! -

Hätte Thomsen als Philosoph gelebt, wäre er noch lehrend und wirkend. Es ist eine Tragödie gewesen. - Ich habe doch in diesem Winter eine kleine Schrift über "den grossen Humor"[10] vollendet. Sie kommt in Mai heraus, und ich will es Ihnen schicken, obgleich die Sprache Ihnen vielleicht jetzt Schwierigkeiten machen wird. Ausserdem arbeite ich an einer erkenntnistheoretischen Abhandlung (über die Kategorie der Totalität)[11].

In dieser für alle Nationen, auch die neutralen ( wenn sie sich noch als Menschen fühlen) schweren Zeit ist es ein Bedürfnis etwas zu thun um das Leiden zu vermindern. Auf Veranlassung eines jungen Freundes von mir hat sich hier eine "section pour livres destinés aux prisonniers de guerre" gebildet (unter dem rothen Kreuze), deren Vorsitzender ich bin. Wir haben durch die hiesigen Gesandten Verhandlungen mit dem deutschen und dem russischen Kriegsministern[12] getrieben, uns als neutrales Zwischenglied für Büchersen-

---

[7] *STARCKE*, Carl Nikolai <1858 - 1926>, Philosophieprofessor in Kopenhagen; befaßte sich vorrangig mit ethischen und sozialen Problemen; korrespondierendes Mitglied der Deutschen Gesellschaft für Soziologie, siehe auch seinen Brief an *TÖNNIES*, T-N, Cb 54.56:61. Beachte von *HÖFFDING* die Rezension von *STARCKEs* "Die primitive Familie in ihrer Entstehung und Entwicklung" - H. *HÖFFDING*, Nye Undersøgelser om den primitive Familie, in: Tilskueren, 1888, V, S. 787 - 795, ebenfalls *TÖNNIES*' Rezension in: Philosophische Monatshefte, 1889, Bd. 25, S. 366 - 369. Und später *HÖFFDING*: Om mit Forhold til Filosofen C. N. Starcke, in: Tilskueren, 1928, II, S. 145 - 148.:

[8] Wahrscheinlich *KUHR*, James Victor <1882 - 1948>, Philosoph. Beachte *HÖFFDINGs* Aufsatz über *KUHRs* Ästhetik in: Tilskueren, 1927, I, S. 396 - 404.; ebenfalls *KUHRs* Nekrolog: Ved Harald Høffdings Død, in: Berlingske Tid. Aften., 1931, 2. Juli.

[9] *RUBIN*, Edgar John <1886 - 1951>, Psychologe, Studien der Experimentalpsychologie von 1911 - 1914 in Göttingen, danach von 1918 - 1922 Lektor in Philosophie; beachte folgende Schriften: Zur Psychologie der Geradheit, 1922; Einige prinzipielle Gesichtspunkte, 1927; Haptische Untersuchungen, 1935.

[10] H. *HÖFFDING*, Den store Humor. En psykologisk Studie, Kbn. 1916, aus den Dänischen übersetzt von Heinrich *GOEBEL*, deutsch unter dem Titel: Humor als Lebensgefühl (Der grosse Humor). Eine psychologische Studie, Leipzig/Berlin, 1918, 205 S., 2. Aufl. 1930.

[11] H. *HÖFFDING*, Totalitet som kategori. En erkendelsesteoretisk undersøgelse, Kbn. 1917, 78 S.; deutsch: Der Totalitätsbegriff. Eine erkenntnistheoretische Untersuchung, Leipzig 1917, 126 S.

[12] Diese Unterstreichung stammt wohl von Hans *HÖFFDING* (zur Markierung einer schwer leserlichen Stelle).

dungen angeboten, und jetzt werden hier auf Carlsberg (in grossen, von der Institution Carlsberg überlassenen Lokalitäten) grosse Büchersendungen von Deutschland und Russland aufgestellt, um beziehungsweise nach Russland und Deutschland gesandt zu werden. Junge Herrn und Damen sind mit Ordnung und Einpacken beschäftigt. Repräsentanten aus Deutschland und Russland helfen uns mit Rath und Tath. Auch England schickt uns jetzt prachtvolle Büchersammlungen für englische Kriegsgefangenen in Deutschland. - Ich bin froh, an dieser Arbeit beteiligt zu sein, um die geistige Not der Gefangenen zu lindern, und um zu zeigen, dass neutral sein und passiv zu sein nicht dasselbe ist.

9. April

Erst jetzt kann ich den Brief abschliessen. Die Konkurrenz endete damit, dass eine Majorität von 6 Dr. Starcke erwählte, während eine Minorität von 2 (unter denen ich) Dr. Kuhr vorschlug.

Mit herzlichem Grusse, der auch Ihre Frau gilt, Ihr treu ergebener
Harald Höffding.

*Brief, Format 27,6 x 21,1 cm, 1 Blatt, mittig gefaltet und fortlaufend Vorder- und Rückseite beschrieben, insgesamt 3 Textseiten im halben Blattformat. Schwarze Tinte. Flüssiges, flüchtiges Schriftbild mit einigen Korrekturen und Einfügungen. Gelbliches, kariertes Papier.*

Carlsberg
Kopenhagen (Valby)
D. 31. Juli 1916

Lieber Tönnies!

Ein schwedischer Freund und Kollege, Professor Hans Larssen[13] in Lund, hat mich gebeten, Ihnen zu schreiben um Ihre Stellung einem Gedanken, von dem er in hohem Grade aufgenommen ist[14], gegenüber zu erfahren. Als eifriger "Pacifist" fragt er, ob nicht ein dauernder Friedenszustand möglich wäre, wenn die verschiedenen Staaten das Nationalprinzip in der Bedeutung anerkannten, dass jedes Volk, sei es nun selbst ein selbständiger Staat, sei es in einem Staate einverleibt, in welchem es nur eine Minorität ausmacht, volles <Recht> zum Gebrauch seiner Sprache und überhaupt zur Entwickelung seines eigentüm-

---

13 gemeint ist gewiß: LARSSON, Hans <1862 - 1944>, Philosoph, Professor für theoretische Philosophie in Lund, Schweden; beachte dazu HÖFFDINGs Schrift: Hans Larsson, in: Festskrift tillägnad Hans Larsson, Lund 1927, S. 3 - 7.

14 Zu verstehen im Sinne von: in Anspruch genommen, fasziniert sein etc.; vergl. ähnliche Verwendungsweisen des Wortes in den deutschen Übersetzungen von HÖFFDINGS Büchern.

lichen nationalen Lebens, unter gleichzeitigem Genusses aller staatsbürgerlichen Rechte, haben sollte.

Was mich selbst betrifft, habe ich hier vielleicht eine Hoffnung, aber keinen Glauben. Aber ich habe kein Vertrauen dazu, dass ein Resultat in dieser Richtung auf dem Wege der Diskussion und der Agitation erreicht werden könnte. -

Ich hoffe, dass es Ihnen und den Ihrigen in diesen schweren Zeiten gut geht. Ausser in meinen erkenntnisteoretischen Studien und in dem Niederschreiben meiner "Erinnerungen", lebe ich in der Arbeit unseres Bücherkomité's. Die Carlsbergdirektion hat uns Raum gegeben für c. 200000 Bücher, die uns aus Deutschland gesandt sind und allmählich in die Gefangenlagern in Russland gesandt werden. Leider erfahren wir oft schwere Hindernisse von Seiten der russischen Censur.

Im Herbste hoffe ich Ihnen mein Buch 'Der grosse Humor' in deutscher Übersetzung schicken zu können. Es erscheint bei Teubner[15], übersetzt von Professor Goebel[16] in Hildesheim.

Mit freundlichem Grusse und den besten Wünschen für Sie und Ihr ganzes Haus

Ihr ergebener
Harald Höffding

*Brief mit gedrucktem Briefkopf vom Hotel De Zalm, Format 26,3 x 21,6 cm, 1 Blatt, Vorder- und Rückseite beschrieben, insgesamt 2 Textseiten. Schwarze Tinte. Flüssiges, flüchtiges und aufgelockertes Schriftbild; Rückseite links und oben mit Randbeschriftung. Gelbliches, liniertes Papier mit Perforationskante.*

z. Zt. Den Haag, 7. August 1916.

Lieber Höffding!

Ihr werter Brief trifft mich wiederum auf einer 'neutralen' Reise, diesmal zu wirtschaftspolitischen Zwecken; die Reise geht in dieser Woche zu Ende und ich freue mich sehr auf die Heimkehr. - Was die Anregung des geehrten Lunder Collegen betrifft, so kann ich in der Hauptsache nur Ihren eigenen Bemerkungen zustim̄en. Ich möchte aber dabei hervorheben: auch ich erwarte eine bedeutende Verbesserung der inneren Verhältnisse der modernen Staaten davon, dass man sich entschliessen wird, das gesamte geistige Leben in viel höheren Maße als es bisher für möglich gehalten wurde, frei zu geben. Ich

---

[15] B. G. TEUBNER, Verlag in Leipzig/Berlin.

[16] GOEBEL, Heinrich; beachte sein Vorwort zu H. HÖFFDING, Humor als Lebensgefühl, 1918.

glaube allerdings dass es dazu komen wird, je mehr die intellektuelle Bildung steigt und sich verbreitet. Gerade die Unerträglichkeit der "freien Presse", wie man sie in Friedenszeiten hat, d.h. ihre tatsächliche Abhängigkeit von kapitalistischen Interessen und von rohen Sensationsbedürfnissen u. dgl.[17] schreit nach "Selbstbeherrschung", die nur wird gewonnen werden, wenn der Staat überhaupt die Geister schalten und walten lässt, wie sie zu ihrem eigenen Besten es für geboten halten; d.h. es muss auf wissenschaftlicher Basis ein neuer 'pouvoir spirituel' entstehen, wie St Simon und Comte es, nach Analogie der röm.kath. Kirche verlangten. Je mehr der moderne Staat genötigt sein wird - auch im Frieden - des volkswirtschaftlichen Lebens sich zu bemächtigen, um so mehr wird er geneigt werden und auch für angängig halten, nicht nur die Reste seines konfessionellen Wesens abzustreifen, sondern auch in allen anderen Stücken 'jeden auf seine Façon selig werden zu lassen', also selbstverständlich den Gebrauch der Sprache und anderer Eigentümlichkeiten, nicht nur zu dulden, sondern als etwas moralisch wertvolles zu begünstigen. - Das ist freilich Sache eines langwierigen Prozesses, und Diskussion und Agitation werden ihn nicht wesentlich beschleunigen können; darum werden sie aber nicht unnütz sein. - Allerdings wird durch Annahme des Prinzips eine der offenbaren Ursachen der Kriege in einigem Masse[18] geschwächt werden; aber mehr auch nicht. Die geheimen und inneren Ursachen bleiben. Im 16. u. 17. Jahrh. war die Uneinigkeit über Religion und der Confessionszwang scheinbar Hauptursache der Kriege; man konnte damals wol hoffen, dass mit dieser Ursache auch das Zerfleischen der Völker aufhören werde. Was ist in Wirklichkeit geworden? -

Ihre früheren Miteilungen über Büchersendungen hatte ich - meinend, dass es für Angehörige erfreulich sein werde - im Auszuge an das Hamburger Fremdenblatt[19] - das in weitem Umkreise am meisten gelesen wird - eingesandt, weiss aber nicht ob dieser Auszug gedruckt wurde. Gefunden habe ich ihn nicht, und Belege schicken die Zeitungen jetzt noch seltener als in Friedenszeit. Wir haben auch in Kiel von Universitäts wegen gesamelt. - Ich freue mich lebhaft darauf, Ihr Buch über den grossen Humor zu empfangen. Selber schicke ich im Herbst eine Vorstudie über die öffentliche Meinung, die in Schmollers Jahrbuch erscheinen wird[20]. Den Meinen geht es, soweit ich Nachricht habe, gut. Herzl. Dank! Ende der Woche gedenke ich wieder bei ihnen zu sein.

Mit freundlichen Grüssen u. besten Wünschen
stets der Ihre
Ferdinand Tönnies.

---

17 eingefügt: und von rohen Sensationsbedürfnissen u. dgl.

18 vorher: 'wesentlich', dann durch: 'in einigem Masse' ersetzt.

19 Hamburger Fremdenblatt, teilweise 2 Ausgaben (morgens und abends), 1828 - 1944/45, dann aufgegangen in: Hamburger Zeitung, mit 31. 10. 1954 Erscheinen eingestellt.

20 siehe den Brief vom 11. 3. 1916.

*Postkarte an Herrn Prof. H. Høffding, Format 14 x 9 cm, mit einem Bild von Spinoza und einem Aufdruck GEMEENTE-MUSEUM - 'S GRAVENHAGE. Schwarze und dunkelgraue Tinte und Bleistift; weitere 4 Namen und Zusatz 'Herzlichen Gruß'.*

<ca. August 1916>

Kære Prof. Höffding. Underlegnede, der savner dem dybt, sander Dem de hjartelegte Hilsner.[21]

Ferdinand Tönnies m. herzl. Gruss

Adolfo Rava

Lamkoth <?>

Herzlichen Gruß H. Maier[22]

Iva *

*Brief, Format 25,7 x 17,8 cm, 1 Blatt, mittig gefaltet und fortlaufend Vorder- und Rückseite beschrieben, insgesamt 4 Textseiten im halben Blattformat und großen Rändern oben und unten. Schwarzblaue Tinte, ungleichmäßiger Tintenfluß. Flüchtiges, ungleichmäßiges Schriftbild, Randnotiz links auf der 4. Seite. Gelbliches Papier.*

Eutin d. 13. Okt. 1916

Lieber Höffding -

Für Ihre freundliche Zueignung der Abhandlung, die sich mit Durkheim's Buch[23] beschäftigt, danke ich vielmals. Es ist mir sehr interessant, wie Sie sich mit der soziologischen Betrachtung auseinandersetzen. Ich anerkenne nicht Comte als Begründer der Soziologie, von der er wie mir scheint, nur den Namen erfunden hat, was freilich ein grosses Verdienst war. Was die Ableitung der Religion betrifft, so glaube ich mit Thomsen, dass Hobbes und Hume die richtigen Grundlagen der Erkenntniss gelegt haben. Dann halte ich aber auch daran fest, dass Spencer's Lehren nicht zu umgehen sind. Es hängt freilich davon ab, wie man das Wesen der Religion begrifflich bestim̄t. Ich sage immer, ihr Wesen liegt im Kultus von vorgestellten Wesen. Die blosse Scheu vor dem Heiligen und Sonderbaren, und die Neigung durch Zauberkünste mit der Natur sich ins Vernehmen zu setzen, berühren sich zwar an vielen Punkten mit Religion, sind aber ihrem Kerne nach nicht verschieden von den späteren Ver-

[21] Übersetzung:Lieber Prof. Höffding. Die Unterzeichneten senden Ihnen die herzlichsten Grüße.

[22] Beachte den Brief vom 4. April 1920.

[23] *DURKHEIM*, Emile <1858 - 1917>, franz. Soziologe, seit 1902 Professor an der Sorbonne. Siehe *HÖFFDINGs* Rezension von E. *DURKHEIM*, Les formes élémentaires de la vie religieuse, Revue de Métaphysique et de Morale, 1914, S. 828 - 848 mit dem Titel: Sociologi og Religionsfilosofi, in: Vor Tid, 1914/1915, I, S. 1 - 16.

suchen, die Natur durch wissenschaftliche Erkeñtniss und Versuche zu bezwingen. Dass das soziologische und das psychologische Problem in einander verhakt sind, haben Sie, meines Erachtens, auch bei dieser Gelegenheit mit Recht betont.

Ich hoffe dass Sie meinen Brief aus dem Haag erhalten haben. Über den Empfang von Briefen fühlt man sich jetzt niemals sicher. Uns geht es gut. Ich habe mich von meinen amtlichen Pflichten entbinden lassen[24], werde aber mit der Universität in Verbindung bleiben. Man hat mir den Titel eines Geheimen Regierungsrats verliehen. Ich hoffe dass es mir nun vergöñt sein wird, noch die Vollendung manches Werkes zu erleben. Die Freude daran wird mir freilich durch die gegenwärtigen internationalen Verhältnisse stark vergällt sein. Wichtiger wird es sein, zu leben, um am Wiederaufbau unserer heimischen Lebensverhältnisse mitzuwirken. Dabei wird auch der "Rat der Alten" unentbehrlich sein.

Meine Frau, die Sie sehr freundlich grüssen lässt, wagt es, nach der Regel "Bitten steht frei" Ihnen eine recht grosse Bitte vorzutragen. Diese geht dahin, Sie möchten so gut sein, uns einen Hut Zucker zu schenken! Wir wissen freilich nicht ob die Ausfuhr aus Dänemark gestattet ist. Unsere Central-Einkauf-Gesellschaft gestattet uns die Annahme von Geschenken durch Verwandte oder Freunde. Ich glaube, es muss ein Formular zu dem Behuf unterschrieben werden. Wenn Sie Umstände und Schwierigkeiten dabei haben sollten, so betrachten wir natürlich die Bitte als unerfüllbar! - Möchten Sie sich stets guter Gesundheit erfreuen!

Treulich ergeben
der Ihre Ferdinand Tönnies.

[24] siehe den Brief vom 27. 6. 1915.

Bild 5: Friedrich Paulsen, ca. 1888

*Brief, Format 17,5 x 11,2 cm, 1 Blatt, Vorder- und Rückseite beschrieben, insgesamt 2 Textseiten. Schwarze Tinte. Etwas ungelenkes Schriftbild. Gelbliches Papier mit geprägter Linierung.*

Eutin den 27. Juni 1917

Sehr verehrter Herr Professor!

Darf ich Sie freundlich bitten, um die Gefälligkeit, meinem Manne den einliegenden Brief auszuhändigen. Er begiebt sich, so viel ich weiss, in diesen Tagen auf die Rückreise[1], von Schweden, über Kopenhagen und wird doch gewiss Sie aufsuchen. Alle Post scheint recht lange unterwegs zu sein, und da wir noch keine Adresse haben, wähle ich diesen Weg, ihm eine Nachricht zu senden.

Es ist eine so traurige Zeit, wenn wir im engsten Familienkreis auch noch von grossen Verlusten verschont geblieben. Auch das alle internationalen wissenschaftlichen Beziehungen fast ganz zerstört sind, ist so hart. Werden wir Sie einmal wieder in Eutin sehen? Ich hoffe von meinem Manne zu hören, dass Sie, verehrter Herr Professor, wohl sind und grüsse Sie sehr herzlich. Ihre

Marie Tönnies.

*Postkarte an "Herrn Professor Dr. Höffding", Format 14 x 8,9 cm. Schwarze Tinte. Flüssiges, zum Schluß kompakt wirkendes Schriftbild, links am Rand 1 Zeile Beschriftung.*

Eutin, am 2ten Weihnachtstage 1917.

Lieber Höffding! Vor kurzem empfing ich Ihre Schrift über d. Totalitätsbegriff, überreicht vom "Herausgeber", d.i. doch wohl in diesem Falle=Verfasser? Jedenfalls danke ich Ihnen sehr dafür, der Begriff ist auch mir von hoher Wichtigkeit, wie Sie selber S. 98 so freundlich sind anzunehmen.[2] Ich werde mir daher den Inhalt der Schrift stark angelegen sein lassen, und hoffe in ruhigerer Zeit darauf zurückzukom̄en. Sociologie ist aber für mich nicht ausschliesslich vergleichende Geschichtsforschung, nicht <u>nur</u> eine historische Wissenschaft, sondern auch, und zunächst, eine Wissenschaft von Verhältnissen, also von Begriffen der Verhältnisse - in Rickert's Sinne "Naturwissenschaft". Ich habe sel-

---

[1] vgl. den Brief vom 4. 7. 1915.

[2] H. *Höffding*, Der Totalitätsbegriff. Eine erkenntnistheoretische Untersuchung, Leipzig 1917. Im 4. Kapitel 'Der Totalitätsbegriff und die realen Kategorien' geht *Höffding* auf *Tönnies*' 'organische' und 'mechanische' Darstellung von den zwei sozialen Totalitätstypen ein (S. 98 f.) und bezeichnet wenig später (S.102) die Soziologie als "eine historische Wissenschaft".

ber Veranlassung gehabt mich mit Rickert auseinanderzusetzen[3], der meiner Ansicht nach übermässig viel von sich reden gemacht hat. Er geht doch an die Erscheinungen, ohne sich einen massgebenden Begriff von "Wissenschaft" gebildet zu haben. Dass Geschichte solche Wissenschaft sei, steht ihm ohne weiteres fest.

- Ich gedenke gern des Sonntags 8. Juli, und der Stunden, die ich in Ihrem Hause und Kreise verleben durfte. Nachher kam sorgenvolle Zeit: unser Gerrit vermisst! Nach 5 Wochen erfuhren wir dass er gefangen genom̄en worden, und später, dass er auf einer Farm in Frankreich als Stallknecht tätig ist, womit wir ganz zufrieden sind. Die Nachrichten gehen aber spärlich und spät ein.

Mit besten Wünschen zum neuen Jahre!
Ihr Ferdinand Tönnies.

*Brief, Format 26,2 x 20,5 cm, 1 Blatt, mittig gefaltet und fortlaufend Vorder- und Rückseite beschrieben, insgesamt 3 1/2 Textseiten im halben Blattformat. Schwarze Tinte. Flüssiges, immer flüchtiger werdendes Schriftbild mit einigen Korrekturen und Einfügungen. Gelbliches, dichtes, schwach liniertes Papier.*

Carlsberg
Kopenhagen (Valby)
31. Dec. 1917.

Lieber Tönnies,

"Der Totalitätsbegriff" hätte Ihnen "im Auftrage des Verfassers" zugehen sollen. Ich hatte Reisland so instruirt, weil der Weg über Kopenhagen zu weitläufig war. Ich hätte doch sehr gern das Buch in Ihren Händen mit einer Zuschrift von mir wissen wollen. Während ich hier eine (vielleicht die letzte) erkenntnisteoretische Erörterung meiner Auffassung gegeben habe, habe ich in der psychologischen Studie über "den grossen Humor" Fragen erläutert, die z.T. mit meinen neuesten persönlichen Stimmungen zusammenhängen. Hoffentlich wird Ihnen dieses Buch bald zugehen; die Übersetzung (von Goebel in Hildesheim) befindet sich schon lange in den Händen des Verlegers (Teubner).

Jetzt bin ich ganz in Spinoza versunken, indem ich die Noten, die ich im Laufe der Jahre für meine Seminarübungen über 'Ethica' niedergeschrieben habe, zu einer "Analyse und Charakteristik" zusammenarbeite. Überhaupt bin

[3] F. TÖNNIES, Zur Theorie der Geschichte, in: Archiv für systematische Philosophie, 1902, 8. Bd., S. 1 - 38, siehe dazu auch C. BICKEL, Ferdinand Tönnies: Soziologie als skeptische Aufklärung zwischen Historismus und Rationalismus, Opladen 1989, i. Dr.

ich mit dem beschäftigt, was die alten Römer vasa colligere nannten. Ich weiss ja nicht, wie bald mein Lager abgebrochen wird.

Ich bin nicht so rezeptiv wie früher, aber ich fühle mich glücklich, wenn ich mit meiner Ausarbeitung beschäftigt bin. Das vespasianische stantem mori! ist auch mein Wunsch. Doch denke ich selten an den Tod. Als guter Spinozist ist mein Nachdenken eine meditatio vitae[4].

Ich verstehe, dass Sie eine schwere Zeit der Spannung wegen Ihres Sohnes gehabt haben. Es muss Ihnen eine Erleichterung sein, ihn jetzt in Sicherheit und in verhältnismäßig guten[5] Verhältniss zu wissen.

Wie wir für französische Gefangene in Deutschland wirken, so wirken wir (d.h. das dänische rothe Kreuz) auch für deutsche Kriegsgefangene in Frankreich. Wenn Sie uns die Adresse Ihres Sohnes schicken wollen, können wir vielleicht etwas für ihn thun.

Ich hoffe, dass das neue Jahr für Sie und die Ihrigen Heil und Gesundheit bringen wird.

Mit freundlichem Gruss
Ihr ergebener
Harald Höffding

---

[4] Vgl. dieses Wort *SPINOZAs* in seiner Eigenschaft als Lebensmotto auch mit *HÖFFDINGs* 'Humor-Buch': "Das Denken der freien Menschen beschäftigt sich mit dem Leben, nicht mit dem Tode." - H. *HÖFFDING*, 'Der Grosse Humor', a.a.O., S. 124.

[5] korrekt: gutem

*Brief, Format 18 x 13,2 cm, 1 Blatt, Vorder- und Rückseite beschrieben. Schwarze Tinte, sehr ungleichmäßiger Tintenfluß. Flüssiges Schriftbild, 1 Tintenfleck. Bläulich-hellgrau meliertes, dickes Papier mit 3 Rißkanten.*

Eutin d. 20.1. 1918.

Lieber Höffding. Haben Sie vielen Dank für Ihr freundliches Schreiben, und dafür dass Sie gütigst versuchen wollten etwas für unseren Sohn zu tun. Seine Adr ist Gerrit Tönnies Prisonnier de Guerre No 18064 Dépôt d'Orléans (Loiret), France. Eben ging eine Karte von ihm ein, am 9. Dec. geschrieben. Er ist, oder war bis dahin, auf einem Landgut in Arbeit, damit sind wir sehr zufrieden und wünschen nur dass es so bleiben möge, wenn auch andere Arbeit ihm willkom̄ener wäre - vielleicht, ich glaube auch dies nicht einmal. Das Einzige, was ich lebhaft erwünsche, ist eine spätere, möglichst neue Nachricht, aber die werden Sie auch nicht erwirken können. Also müssen wir doch mit vielem Dank auf Ihre Hilfe verzichten. - Vor kurzem empfing ich aus Graz dringende Bitte, für eine dort herauskom̄ende Schriftensam̄lung[1] dortiger Soziologen-Gesellschaft einen 'theoretischen' Beitrag zu geben. Ich habe mich, trotz mehrfacher anderer Arbeit, sogleich ans Werk gemacht, und dabei an Ihre "Totalität" anknüpfen können. Uebrigens bin ich nicht sehr arbeitsfähig wegen viel unterbrochenen Schlafes und oft recht gedrückter Stim̄ung. - Nach dem Eindruck den ich im Sommer empfing, glaube ich aber fest, dass Sie noch eine gute Frist vor sich haben, und wenn ich selber lange genug da sein werde, hoffe ich zuversichtlich, auch Ihren 80. Geburtstag, wenn auch aus der Ferne, mitzufeiern. Der Gedanke an den unausweichbaren Tag, da man einmal nicht mehr sein wird, beschäftigt ja auch in meinem Alter die Seele zuweilen, während man sich um die Ewigkeit vor der Geburt, oder vielmehr vor dem bewussten Dasein, das erst erheblich später anfängt, garnicht küm̄ert. - Mein Schüler Willy Schlüter[2], sonst Autodidakt, leidenschaftlich ringender Metaphysiker, Mystiker, Prophet, schrieb mir kürzlich einen seiner langen und schwer beantwortbaren Briefe, worin er mir dankt, dass ich ihn auf H's Religionsfilos. aufmerksam gemacht. Er habe das Buch "mit grossem Nutzen" gelesen und sich dann in Söderblom[3] vertieft (von dem ich nichts weiss). Herzlich grüssend Ihr

Ferdinand Tönnies.

---

[1] F. *Tönnies*, Menschheit und Volk, Graz/Wien 1918, 48 S. (Separatdruck: Zeitfragen aus dem Gebiete der Soziologie)

[2] *Schlüter*, Willy, <1873 - 1935>, Privatgelehrter, siehe seinen Briefwechsel mit *Tönnies*, T-N, Cb 54.56:717 ff. und F. *Tönnies*, Philosophie in Selbstdarstellungen, hrsg. von Raymund *Schmidt*, Leipzig 1922, S. 199 - 234.

[3] *Söderblom*, Nathan, <1866 - 1921>, ev. Theologe, Professor in Upsala und Leipzig, seit 1914 Erzbischof von Upsala, Friedensnobelpreisträger 1930.

*Brief, Format 17,8 x 13,2 cm, 1 Blatt, Vorder- und Rückseite beschrieben, großer Rand oben und unten. Schwarze Tinte. Flüssiges Schriftbild. Bläulich-hellgrau meliertes, dickes Papier mit 3 Rißkanten.*

Eutin 27. Jan 1918

Lieber Höffding -

Als ich Ihnen neulich schrieb wegen unseres Sohnes, geschah es unter folgender Vorstellung. Wir besorgten, jede Verwendung zu seinem Gunsten möchte die Folge haben, dass er in eine Arbeit versetzt würde, die zwar seinem Geiste besser zusagen, aber seinen Ernährungsstand verschlechtern möge. Um diesen zu erhalten, wünschten wir lebhaft, dass er auf dem Lande bleiben sollte. Eben hören wir nun aber, dass er seit dem 18ten December wieder im Lager ist, wo er es jedenfalls viel schlechter hat. Wenn also jetzt das Dänische R.K. etwas für ihn tun könnte, so wären wir sehr dankbar dafür!

Seine Adresse ist unverändert
Soldat Gerrit Tönnies
Prisonnier de Guerre
No 18064 Dépôt d'Orléans (Loiret)

Ich hoffe dass Sie auch im neuen Jahre sich wohl befinden, verehrter Freund. Das Wetter ist - ohne Zweifel auch in Ihrem höheren Norden - nach früher und harter Kälte in jüngster Zeit auffallend milde gewesen. Es wird wol noch ein "Nachklapp" folgen.

Mit freundschaftlichem Gruss
Ihr
Ferdinand Tönnies.

*Brevkort "Til Herrn Geh. Regierungsrath Dr. Ferdinand Tönnies", Format 14 x 9 cm. Schwarze Tinte. Unharmonisches Schriftbild, 1 Korrektur.*

Lieber Tönnies, es freut mich sehr, mitteilen zu können, dass - laut Mitteilung vom 'Bureau des renseignements sur les Prisonniers de Guerre' (im französ. Kriegsministerium) an unser Korrespondenzbureau - befindet Ihr Sohn Gerrit Tönnies sich in guter Gesundheit in Dépôt du Havre Abattoires.

Mit den besten Grüssen
Ihr ergebener
Harald Höffding

Carlsberg
Kopenhagen (Valby)
12. April 1918

*Brief, Format 26,2 x 16,8 cm, 1 Blatt, mittig gefaltet und fortlaufend Vorder- und Rückseite beschrieben, insgesamt 4 Textseiten im halben Blattformat und großen Rändern links, oben und unten. Schwarze Tinte. Flüssiges Schriftbild. Bläuliches, dickes Papier mit 3 Rißkanten*

Eutin d. 7. März 1919.

Lieber Höffding.

Sechs Jahre sind vergangen, seit wir Ihren 70sten Geburtstag feierten - welche 6 Jahre! Nur an das erste kann man noch heiter zurückdenken, dann folgten die Jahre des Todes und der Zerstörung. Sie haben Mitleid gefühlt und es betätigt, aber das Leid und der Kummer ist Ihnen fern geblieben; auch ich bin nicht in unmittelbarer Nähe davon berührt worden, aber die gesamte Trübsal hat sich doch lähmend und verdüsternd auf meine Seele gelegt. Ich werde mich in meinem Leben nicht völlig davon erholen. Auch wird wol uns allen das Leben durch diese Leiden und Entbehrungen verkürzt werden.

Ich habe Ihnen noch nicht gedankt für das freundliche Geschenk Ihres Buches "Humor als Lebensgefühl", das ich schon im Ausgang des vorigen Sommers empfangen habe. Ich konnte es noch nicht lesen, ich habe das Gefühl, als müsse, um es zu würdigen und zu verstehen, in mir selber der Humor sich etwas erholt haben, wovon er noch recht weit entfernt ist. Ich freue mich, dass Sie noch sich ungebrochener Schaffenskraft erfreuen, und wünsche zu Ihrem 76sten Geburtstage, dass es Ihnen noch für viele Jahre vergönnt sein möge.

Ich weiss nicht ob Sie das kleine Heft "Menschheit und Volk"[1] erhalten haben, worin ich mich auf Ihr Buch "Die Totalität" bezogen habe? Ich hatte es den österreichischen Soziologen zu Liebe verfasst, die mich für eine kleine Sam̄lung von Schriften um Mitleitung und Mitarbeit ersucht hatten. Ich werde von vielen Seiten fortwährend in Anspruch genom̄en, weit über meine Arbeitskraft, die nie sehr gross gewesen ist, hinaus. Die Ungewissheit der Zukunft, an der nur gewiss ist dass sie für uns gedrückt, armselig, jammervoll sein wird, vergrissert[2] die Sorgen des Familienvaters, ohne seine Tätigkeit fruchtbarer zu machen.

Unser ältester Sohn schmachtet noch in der Gefangenschaft in Le Havre; wenn wir hoffen dürften ihn im Laufe des Jahres zurückkehren zu sehen, so wäre das schon ein Trost. Aber dies glorreiche Zeitalter sagt in dieser wie in so mancher Beziehung Lasciat' ogni speranza![3] -

Mit freundlichstem Gruss der Ihre
Ferdinand Tönnies.

---

[1] siehe den Brief vom 20. 1. 1918.

[2] korrekt: vergrössert

[3] Randnotiz in der Abschrift (wahrscheinlich von Hans HÖFFDING); siehe: DANTEs Inferno. Korrekt: Lasciate ogni speranza, voi ch'entrate! (Beim Eintritt hier laßt alle Hoffnung fahren!) - aus DANTEs 'Divina comedia' der letzte Vers der Inschrift über der Höllenpforte.

*Brief, Format 26,2 x 20,4 cm, 1 Blatt, mittig gefaltet und fortlaufend Vorder- und Rückseite beschrieben, insgesamt 3 3/4 Textseiten im halben Blattformat. Schwarze Tinte. Flüssiges, immer unharmonischer werdendes Schriftbild, 1 Einfügung. Gelbliches, dichtes, schwach liniertes Papier.*

Carlsberg
Kopenhagen (Valby)
D. 14. März 1919

Lieber Tönnies,

Sie machten mir eine Freude durch Ihren Brief. Sehr oft habe ich in dem letzten halben Jahre daran gedacht, wie es Ihnen zu Mute sei in diesen für Ihr Vaterland so traurigen und verhängnisvollen Zeiten. Wenn wir während der für die deutschen Waffen siegreichen Periode miteinander verkehrten, waren Sie immer so zurückhaltend und massvoll. Um so mehr verstehe und ehre ich die Stimmung, in der Sie jetzt leben. Ich kenne sie ja auch aus meiner Jugend, aus dem für uns so verhängnisvollen Jahre 64. Damals erbauten wir uns an dem Wahlspruche von Dalgas[4] (dem Grundleger der jütländischen Heidenbepflanzung): "was auswärts verloren ist, soll im Inneren gewonnen werden". Habe ich aber Recht, wenn ich vermuthe, dass Ihr grösstes Leid eben von der inneren Auflösung Ihres Vaterlandes bewirkt wird? Hier können wir von unserer Seite ganz besonders mit Ihnen sympathisieren, denn auch für uns wäre es verhängnisvoll, wenn die deutsche Kultur nicht wieder aufblühen sollte, ganz davon zu schweigen, dass die bolschewistische Bewegung sich unserem Lande nähern wird, wenn sie nicht in Deutschland überwunden wird. Ich meine aber, dass eben Sie, der Sie in so männlicher Weise die auflösenden Tendenzen unserer heutigen Kultur aufgezeigt und geschildert haben, ohne je die Hoffnung neuer schönen Zeiten aufzugeben, auch jetzt nicht die Hoffnung verlieren dürfen. Und durch Ihre stille Arbeit haben Sie schon Ihr Scherflein dargeboten. Sie werden noch manches Scherflein geben können.

Sie haben, schreiben Sie, mein Humorbuch noch nicht lesen können. Vielleicht machen Sie sich doch ein falsches Vorurteil über das Buch. Es fordert nicht unbedingt eine fröhliche Stimmung um gewürdigt zu werden. Besonders das Kapitel "Tragik und Humor" würde Ihnen zeigen, dass meine Anschauung gar nicht die Dinge leicht nimmt, sondern für die grössten Disharmonien einen offenen Sinn hat. - Wenn Sie einmal dazu kommen, das Buch zu lesen, würde es mich sehr interessiren, Ihr Urteil darüber zu hören.

Ich bin jetzt damit beschäftigt, für ein grosses dänisch=schwedisches Sammelwerk ein Buch über "Leitende Ideen im 19ten Jahrhunderte"[5] zu schreiben. Die Aufgabe interessirt mich sehr, und sie trifft mich nicht unvorbereitet. -

Und nun, mein lieber Freund, halten Sie an dem Glauben fest, dass sich auch aus diesem Chaos wieder ein Kosmos entwickeln wird. Hoffentlich werden Sie

---

4 DALGAS, Christian <1862 - 1939>, Förster, Direktor for Hedeselskabet.

5 H. HÖFFDING, Ledende tankar under det nittande århundradet, Stockholm 1921.

auch bald Ihren Sohn wieder umarmen können. Ich bitte Sie, Ihrer lieben Frau meinen herzlich Gruss zu bringen. Leben Sie recht wohl,

Ihr ergebener
Harald Höffding

*Brief, Format 27,6 x 20,8 cm, 1 Blatt, mittig gefaltet und fortlaufend Vorder- und Rückseite beschrieben, insgesamt 4 Textseiten im halben Blattformat und großen Rändern oben und unten. Schwarze Tinte. Flüssiges, akkurat wirkendes Schriftbild - trotz mehrerer Einfügungen und Randbeschriftungen (Seite 1, 3 + 4: links je 2 Zeilen; Seite 2 + 4: unterer Rand vollgeschrieben). Gelbliches, kariertes Papier mit Perforationskante.*

Eutin d. 15. April 1919.

Lieber Freund Höffding!

Haben Sie innigen Dank für Ihren Brief vom 14. III. der auf mich wohltuend gewirkt hat. Ich hatte Ihnen in einer der Stimmungen geschrieben, wie Sie jetzt, zumal bei uns Aelteren, vorherrschen und wie sie immer wieder auch bei mir die Oberhand gewinnen. Aber wir sagen uns auch immer wieder "Arbeiten und nicht verzweifeln", auch in der österreichischen Nationalversam̄lung ist dieser Ruf Carlyle's[6] neulich 3-4mal wiederholt worden. Sie vermuten ganz richtig, daß die innere Zerrüttung unseres Volksgeistes das ist, was mich am tiefsten mit Kummer und mit Sorge erfüllt. Man frägt sich: wie und wann soll dies überwunden werden? Als Familienvater empfindet man die Not um so stärker. Die Zukunft der Kinder wird weit schwieriger sein als man früher sich vorgestellt hatte.

Ich leide nicht weniger als andere, obschon ich nie ein übergrossses Vertrauen zu dem Bismarckischen Deutschen Reich gehabt habe. Ich habe erst allmälich die grossen Tugenden des preussischen Staates würdigen gelernt, und muss um der Gerechtigkeit willen sagen, dass das preussisch-deutsche Reich in mehr als einer Hinsicht das beste unter den Grossstaaten gewesen ist.+ Ungeachtet aller Sympathien für die Bestrebungen der Arbeiterklasse habe ich die Revolution keineswegs willkom̄en geheissen, wie auch die Besonnenen unter den Sozialdemokraten lieber eine ruhigere Entwicklung gesehen hätten. Ob der neue politische Zustand haltbar sein wird? jedenfalls wird er mit unermesslichen Schwierigkeiten zu kämpfen haben. - Die grosse Ungerechtigkeit, der wir überall begegnet sind, obschon wir das am wenigsten imperialistische unter

[6] CARLYLE, Thomas <1795 - 1881>, engl. Publizist, den TÖNNIES in einem Brief an PAULSEN vom 12. 3. 1881, a.a.O., S. 118, als den "großen englischen Propheten des 19. Jahrhunderts" bezeichnete (andererseits aber auch seine Distanz zu ihm feststellend). CARLYLE spielte auch in der Korrespondenz zwischen TÖNNIES und PAULSEN eine bezeichnende Rolle; beachte dort besonders die Briefe vom 1. 1. 1888 und 15. 3. 1888.

den grossen Reichen waren, empört mich fortwährend. Alle Gedanken treten aber jetzt zurück hinter dem Wunsche zu helfen - aber was vermag der Einzelne? Wäre ich 20 Jahre jünger, so hätte ich mich nun mit Eifer in die Politik gestürzt, nur um der Tätigkeit willen. Denn die rein theoretische Beschäftigung genügt mir jetzt nicht. - Trotz der Druckschwierigkeiten soll bald die 3te Auflage von "Gemeinschaft u. Ges." erscheinen[7], ich habe eine neue Vorrede dazu geschrieben, da diese aber einen politischen Beigeschmack hat, so werde ich das Widmungsblatt nicht wieder einfügen, ausser wenn Sie es ausdrücklich gutheissen, daher die Vorrede in Abschrift oder Korrektur Ihnen vorher zu lesen geben. Auch die "Entwicklung der sozialen Frage"[8] erscheint bald in dritter Auflage.[9]

Mit Ihrem Humorbuch habe ich mich inzwischen beschäftigt und finde es so anziehend wie auch der Gegenstand für mich ist. Wir Niederdeutsche stehen ja in dem Rufe gute Humoristen zu sein, und Mecklenburg hat ja einen der besten humoristischen Schriftsteller hervorgebracht. In meiner mütterlichen Familie und nicht am wenigsten bei meiner vor 4 Jahren (in hohem Alter) verstorbenen Mutter selber, ist der Humor sehr zu Hause gewesen - verbunden mit musikalischer Begabung, mit Melancholie, grüblerischen Neigungen und Redegabe; ob diese Verbindungen auch sonst angetroffen werden? Der dänische Theologe Mau[10] war mein Grossoheim; da er die dänischen Sprichwörter herausgegeben hat, so vermute ich dass er auch für den Humor der Sprichwörter Sinn hatte. - Ich wusste wohl vorher, dass für Ihre Philosophie der Humor auch eine ganz ernsthafte Sache ist, ich wollte neulich nur sagen, mein Sinn sei noch zu schwer für solche stille Betrachtungen. Vielen Deutschen gilt ja der ernsthafte Jean Paul[11] als Typus des Humoristen. Ich habe nie ein Verhältnis zu ihm gewonnen, obwol mich in früher Jugend einmal Theodor Storm[12] ein Stück Jean Paul zu Hause lesen hiess, das er zu gleicher Zeit lesen wolle, damit wir es dann besprächen. Jean Paul findet immer wieder einzelne glühende Verehrer; so ist es einer meiner jungen Freunde, auch sonst ein seltsam-sinniger Mensch, einziges Kind eines grüblerisch veranlagten Lokomotivführes. - Ich muss Ihr Buch noch genauer kennen lernen, um mehr darüber zu sagen als dass ich es erfreulich

---

7 Berlin 1920

8 F. *Tönnies*, Die Entwicklung der sozialen Frage, Leipzig 1907, 154 S., erschien als 2. verbesserte Auflage 1913, 160 S., dann Berlin/Leipzig 1919, 161 S. mit dem Titelzusatz "bis zum Weltkriege" und schließlich die 4. verb. Aufl., Berlin 1926 (152 S.).

9 der letzte Satz ist zwischen zwei Zeilen nachträglich eingefügt.

10 Vielleicht *Mau*, Johann August <1777 - 1861>, Dr. theol. h.c. in Kiel, Gemeindepastor, Ritter des dänischen Danebrog-Ordens, der auch als Schriftsteller eine bekannte Persönlichkeit war.

11 *Paul*, Jean <1763 - 1825>, Künstlername des Schriftstellers Jean Paul Friedrich *Richter*.

12 *Storm*, Theodor <1817 - 1888>, zu dem *Tönnies* seit 1869 ein enges Verhältnis entwickelt hatte; siehe dazu Dieter *Lohmeier*, Die persönlichen Beziehungen zwischen Storm und Tönnies, in Rolf *Fechner* (Hg.), Der Dichter und der Soziologe. Zum Verhältnis zwischen Theodor Storm und Ferdinand Tönnies, Hamburg 1987, S. 11 - 20. *Tönnies* selbst veröffentlichte 1917 'Theodor Storm. Zum 14. 9. 1917. Gedenkblätter', Berlin 1917, 72 S. und bereits 1898 'Theodor Storm. Festrede zur Einweihung des Stormdenkmals am 14. 9. 1898, in: Ethische Kultur, 1898, 6. Jg., S. 333 - 336.

finde. Zu S. 44 möchte ich bemerken dass Delius[13] in seiner Shakesp. Ausgabe[14] humorous als "launenhaft" erklärt, und dem entspricht ja auch was Sie aus Burton[15] mitteilen. D. Begriff der 'Laune' köm̄t vielleicht nicht zu gehöriger Geltung bei Ihnen, in der deutschen Sprache ist Laune zugleich das Veränderliche und doch die gute Laune, so dass wir "humoristisch" oft durch "launig" wiedergeben können.[16] - Rührt nicht von Jean Paul das "unter Thränen lächeln" her? Vielleicht citiren Sie es, ich habe Ihr Buch bisher nur stückweise gelesen.

Ich schliesse für heut mit der Bitte, dass Sie die Güte haben wollen, einliegenden Brief zu schliessen und frankirt Ihrer Post zu übergeben. Miss Alice Clark besuchte uns im Juli 1914, reiste am 2. August ab, es waren bewegte Tage. Sie ist Quakerin, Enkelin von John Bright[17] also entschieden antikriegerisch. Ich hatte seit bald 3 Jahren nicht mehr von ihr gehört, als vor einigen Tagen ein Brief über die Schweiz von ihr einging. -

Mit besonderem Interesse höre ich von Ihrem Vorhaben, über die leitenden Ideen des 19ten Jahrhunderts zu schreiben. Das köm̄t meinen Gedankenkreisen sehr nahe. Kennen Sie Cournot[18]? - Meine Frau erwidert mit lebhaftem Dank Ihren freundlichen Gruss. Sie hat schwere Jahre gehabt und bisher gut überstanden, so dass wir getrost unserer silbernen Hochzeit, wenn sie auch nicht gefeiert wird, entgegengehen. Von unserem Gerrit lief dieser Tage ein Brief ein, noch aus Le Havre, vom 16. März. Die Zurückhaltung unserer Gefangenen erregt eine unermessliche Verbitterung.

Herzlich grüssend der Ihre Ferdinand Tönnies.

Ich freue mich mit diesem Briefe Ihnen auch einen Ostergruss zu bringen. Wenn je ein Fest auf die Stim̄ung wirkt, so ist es das Fest der Auferstehung! -

+In diesem Sinne habe ich vor 2 Jahren ein Buch erscheinen lassen, das ich Ihnen zugehen lasse, da ich meine dass es hinlänglich objektiv gehalten ist. Ich habe Sie sonst mit Kriegsschriften nicht behelligen wollen[19].

---

13 DELIUS, Nicolaus <1813 - 1888>, Shakespeare-Forscher, Professor in Bonn.

14 Shakespeare's Werke, Elberfeld 1860, herausgegeben und erklärt von Dr. DELIUS.

15 BURTON, ROBERT, <1577 - 1640>, Schriftsteller; The Anatomy of Melancholy, Oxford 1621.

16 HÖFFDING ging an dieser Stelle auf Wort und Begriff *Humor* ein und nimmt SHAKESPEARES HAMLET als Muster, wenn dieser von "the humorous man" spricht, was wohl mit Charakterschauspieler übersetzt werden müßte.

17 BRIGHT, John <1811 - 1889>, Quäker, englischer Politiker, Handelsminister von 1868 - 1870; siehe auch: H. AUSUBEL, John Bright. Victorian Reformer, New York 1966.

18 COURNOT, Antoine Augustin <1801 - 1877>, Nationalökonom und Mathematiker.

19 F. TÖNNIES, Der englische Staat und der deutsche Staat. Eine Studie, Berlin 1917, 211 S. Hinsichtlich der reichhaltigen Kriegsliteratur TÖNNIES' beachte in der 'Tönnies-Bibliographie' jene Jahre; siehe dazu auch die beiden Vorträge des III. Internationalen Tönnies-Symposions in Kiel 1987: Michael DREYER, Ferdinand Tönnies und die Kriegsschuldfrage, sowie Oliver LEMBCKE, Die Auseinandersetzung Tönnies' mit Grelling und Kautsky, in: L. CLAUSEN, C. SCHLÜTER (Hrsg.), Hundert Jahre 'Gemeinschaft und Gesellschaft', Leverkusen, voraussichtlich 1989.

*Brief, Format 27,6 x 20,8 cm, 1 Blatt, mittig gefaltet und fortlaufend Vorder- und Rückseite beschrieben, insgesamt 4 Textseiten im halben Blattformat und großen Rändern oben und unten. Schwarze Tinte. Flüssiges Schriftbild mit 1 Einfügung. Blaugraues, dichtes Papier mit ausgefransten Rändern.*

Eutin d. 8. März 1920.

Lieber Freund Höffding. Von Herzen gedenke ich der Wiederkehr Ihres Geburtstages, an dessen schöner Feier ich vor 7 Jahren teilnehmen durfte. Nun sind, seit ich Sie zuletzt gesehen habe, wiederum 3 Jahre fast vergangen, ich glaube aber annehmen zu dürfen dass Ihre Kraft nicht merklich abgenom̄en hat und dass Sie nach wie vor Ihres otium cum dignitate et labore sich erfreuen. Früher hatte ich im März noch 3 andere "befreundete" Geburtstage: Paul Heyse (15)[1], Adolf Wagner (25) und Richard Böckh (28)[2], alle 3 haben den 80sten Geburtstag auch begangen und hinter sich gelassen; noch lieber wollte ich aber dass Sie sich W. Wundt und W. Förster zu Vorbildern nehmen, die beide noch im 88sten rüstig und tätig sind, und alle Aussicht haben die Nonagenarier Ranke[3] und Hase[4] (von früheren Hobbes und Fontenelle[5] nicht zu vergessen)[6] zu erreichen oder sogar zu übertreffen. Möge dies auch Ihnen beschieden sein. Skandinavien ist ja von altersher durch Langlebigkeiten berühmt. - Wir sind hier vergnügt, da wir seit 3 1/2 Wochen unseren Gerrit wieder daheim haben. Er ist ein gereifter ernster Jüngling geworden, aber gesund und munter, gedenkt im Sommer in Freiburg i/B. Chemie zu studieren, wozu ich ihm Mut mache, obgleich sonst wegen starker Ueberfüllung abgeraten wird. Aber mit anderen Fächern ist es nicht besser. Die Aussichten sind sehr düster. Um so erfreulicher ists dass unsere Jugend sich nicht abschrecken lässt - ich habe mit ca 120 heimkehrenden Gefangenen gesprochen -, sie will auch den Lebenskampf tapfer aufnehmen und "zieht aus, das Fürchten zu erlernen". So müssen auch wir Alten getrost sein und uns mitziehen lassen, die wir die Früchte unseres Lebens verdorrend sehen: man ist jetzt tatsächlich mit einem Einkom̄en das nach dem Maasstabe von 1914 recht gut war, ein armer Mann, und dies zu fühlen ist nicht eben leicht, wenn man im 65sten steht und 5 unversorgte Kinder hat.

Ich bin ziemlich fleissig und hoffe bis Ende des Jahres noch allerhand heraus oder doch in den Druck zu bringen - es dauert jetzt sehr lange -, vor allem ein

---

1 *Heyse*, Paul <1830 - 1914>, Dichter, Nobelpreis für Literatur 1910.

2 *Böckh*, Richard <1824 - 1907>, seit 1852 im Preußischen Statistischen Büro, dessen Leiter er von 1875 - 1902 war; trat auch als Lehrer und Schriftsteller auf dem Gebiete der Statistik hervor; siehe auch F. *Tönnies*' Rezensionen von *Böckh*s 'Statistisches Jahrbuch der Stadt Berlin', Berlin 1900: Die Berliner Statistik, in: Das Freie Wort, 1901, 1. Jg., S. 461 - 467.

3 *Ranke*, Leopold von <1795 -1886>, Historiker, gilt in Deutschland als Begründer der modernen Geschichtswissenschaft.

4 *Hase*, Karl August von <1800 - 1890>, ev. Theologe, Professor in Jena, der auf den Gebieten der Kirchengeschichte und Glaubenslehre einflußreich war.

5 *Fontenelle*, Bernard Le Bovier de <1657 - 1757>, franz. philosophischer Schriftsteller, der durch sein Eintreten für die Naturwissenschaften und seine Kritik der Überlieferung die Aufklärung vorbereitete.

6 Klammerausruck nachträglich zwischen zwei Zeilen eingefügt.

soziologisches Werk über die öffentliche Meinung[7] fertig zu stellen, mit dem ich seit 12 Jahren beschäftigt bin. "Gemeinschaft und Gesellschaft" kōm̄t in bescheidener Ausstattung - um nicht allzu teuer zu werden - in 3 ter Auflage heraus, ebenso ist von dem Büchlein "Entwicklung der sozialen Frage" eine 3. Aufl. erschienen, die ich Ihnen senden werde. Ich weiss nicht einmal, ob Sie es früher erhalten haben. Es ist jetzt bis 1914 fortgeführt. Seitdem ist ja die Entwicklung sprunghaft und chaotisch - "uns hebt die Welle, verschlingt die Welle und wir versinken". Immerhin glaube ich dass einstweilen die Sturmflut beschworen ist. Die Ebbe hat begonnen. Aber die Zukunft der europäischen Menschheit? der Panslavismus, den die Westmächte, um Deutschland zu erniedrigen, gross gezogen haben. Dahinter die Schwarzen und die Gelben, deren Hülfe sie brauchten um uns unterzukriegen. - "Zertreten unter dem Hufschlag ihrer Pferde" ...

Ich wollte Ihnen wahrlich kein politisch Lied vorsingen. Aber hier beginnt die Philosophie der Geschichte und mein alter "Social Pessimism", wenn ich auch den Ausdruck nicht liebe.

Nochmals, mit herzlichen Glückwünschen, der Ihre
Ferdinand Tönnies.

*Brief, Format 26,2 x 20,6 cm, 1 Blatt, mittig gefaltet und fortlaufend Vorder- und Rückseite beschrieben, insgesamt 4 Textseiten im halben Blattformat. Schwarze Tinte. Flüssiges, immer gedrängter werdendes Schriftbild mit geringer Gliederung und wenigen Korrekturen. Gelbliches, dichtes Papier.*

Carlsberg
Kopenhagen (Valby)
d. 4. April 1920

Lieber Tönnies, es war schön von Ihnen, meinen Geburtstag zu erinnern. Ich brachte ihn in Heidelberg zu, auf der Rückreise von Genève, wo ich an einer Konferenz des Rothen Kreuzes teilgenommen hatte. Ich habe eine Nichte, die mir sehr nahe gestanden hat, die in Heidelberg, mit einem dänischen Fabrikanten vermählt, unter sehr glücklichen Verhältnissen lebt. Ich hatte schöne Tage da. Es war aber peinlich und niederschlagend durch Deutschland zu reisen, wenn man das Land als ein Muster der Ordnung gekannt hat. In Heidelberg hatte ich interessante Gespräche mit Heinrich Rickert und mit Heinrich Maier[8] (Verfasser eines schönen Buches über Sokrates[9], auch tüchtiger Psycho-

---

[7] F. *Tönnies*, Kritik der öffentlichen Meinung, Berlin 1922, 583 S.; erneut: Aalen 1981.

[8] *Maier*, Heinrich <1867 - 1933>, Philosophieprofessor in Zürich, Tübingen, Göttingen, Heidelberg und Berlin; seine Untersuchungen der kognitiven Funktionen und des Willens sind sehr von Christoph *Sigwart* beeinflußt, mit dem auch *Tönnies* sich in seiner 'Tatsache des Wollens'

loge). Sie sprachen davon, wie eifrig die heimgekehrte Jugend jetzt in ihren Studien ist.

Die Konferenz in Genève war nicht sehr erfolgreich. Trop de mots et trop de diners - so resumirte ich am letzten Abend meine Eindrücke. - Aber ich hatte Gelegenheit wieder auf einem philosophischem Katheder aufzutreten, indem meine Kollegen auf der Genferuniversität mich aufforderten, eine Vorlesung in der Aula zu halten. Ich wählte ein Thema, das ich neulich in einem dänischen Buche[10] (einer Sammlung von skandinavischen Werken über das 19. Jahrhundert gehörend) behandelt hatte: "Charactère intellectuel du 19ième siècle". Ich hatte grosses Vergnügen an der Vorlesung. Man bat mich, eventuelle Fragen aus dem Auditorium zu beantworten, und es folgte dann eine sehr interessante Sprechstunde. Ich fühlte mich wie ein Fisch im Wasser.

Ich habe jetzt die Vorarbeiten zu einer neuen (dritten) dänischen Ausgabe meiner "Geschichte der neuen Philosophie"[11] angefangen. Vielleicht wird dies das letzte sein, das ich machen kann. Ihre Beispiele von achtzigjährigen erwecken bei mir keine Versuchung, ein hohes Alter zu wünschen. Ich bin kein Pessimist, und ich fühle mich rüstig, habe auch grosse Arbeitslust, aber eigentliche Lebenslust fühle ich nicht, wenn ich nicht eben eine gute Arbeitszeit habe. -

Ich freue mich, dass Ihr Familienkreis jetzt wieder vereint ist, und ich hoffe, dass er in diesen schwierigen Zeiten Gesundheit und Lebensmuth bewahren wird. Ich bitte, Ihrer Frau Gemahlin, deren häusliche und milde Gesinnung ich kennengelernt hab, zu grüssen. -

Wir haben hier eine Woche mit sehr starker politischer und sozialer Spannung gehabt. Ein unkluger Schritt des Königs hat die unterirdischen Kräfte in Bewegung gesetzt, in einer Weise, die die Urheber gewiss jetzt bedenklich gemacht hat. - Das Volk ist sehr geteilt in der nordschleswigschen Frage.[12] Ich selbst gehöre zu den Verteidigern der "Claussenschen Linie" und habe auch öffentlich für sie geredet. - Leben Sie recht wohl und bewahren Sie mir Ihre treue Freundschaft

Ihr ergebener Harald Höffding

---

(aus dem Nachlaß herausgegeben und eingeleitet von Jürgen ZANDER, Berlin 1982) intensiv auseinandersetzte.

9 H. MAIER, Sokrates, Tübingen 1913

10 Ledende Tanker i det nittende Aarhundrede, Kbn. 1920

11 korrekt: Geschichte der neueren Philosophie

12 Der Regierung ZAHLE in Dänemark wurde von der Opposition abgesprochen, die nationalen Interessen zu vertreten; die Ansprüche auf Flensburg und die Danewerkslinie (der alte Grenzwall bei Schleswig) wurden mit anderen politischen Interessen verbunden (so gegen die Wirtschaftspolitik und den wachsenden Einfluß der Sozialdemokraten). Es kam zu einer Gefährdung des Parlamentarismus in Dänemark. Der Historiker H. V. CLAUSSEN hatte eine 'Gesinnungsgrenze' propagiert, die sich mit der tatsächlichen Verteilung der dänischen Stimmen in den von Preußen annektierten Gebieten deckte.

*Brief, Format 26 x 20,5 cm, 1 Blatt, mittig gefaltet und fortlaufend Vorder- und Rückseite beschrieben, insgesamt 4 Textseiten im halben Blattformat. Schwarze Tinte, zeitweilig schlechter Tintenfluß. Flüssiges, dichtes Schriftbild mit geringer Gliederung; wenige Korrekturen, einige Tintenverwischungen. Gelbliches, dichtes, schwach liniertes Papier.*

Carlsberg
Kopenhagen (Valby)
D. 15. Juni 1921

Lieber Tönnies!

Es war mir sehr lieb ein so schönes Lebenszeichen von Ihnen zu haben, wie Ihr 'Marx'[1]. Ich habe das Buch mit grossen Interesse gelesen; ganz natürlich bin ich besonders auf Ihre Kritik des Marxismus gespannt gewesen. Diese ist mir sehr lehrreich, besonders was Sie über das Verhältnis von Handel und Industrie sagen, und überhaupt über die geschichtliche Entwicklung des modernen Industriesystems. Es ist mir auch sympathisch, was Sie über den fehlenden ethischen Idealismus bemerken. Doch habe ich den Eindruck, dass Marx hier im stolzen Gefühl wegen des in seiner rein objektiven Theorie vermeintlich Geleisteten geflissentlich seine ethischen Gesichtspunkte verborgen hat. Nach seiner Theorie sollte ja ethische Motive neben der naturnotwendigen Evolution der Verhältnisse gar keine Rolle spielen. Aber an einer Stelle, die ich mir schon bei meinem ersten Lesen des 'Kapitals' notierte (S. 646 der zweiten Ausgabe)[2], proklamirte er, dass der Zweck des objektiven Reichtums die persönliche Entwicklung des Arbeiters sei, nicht umgekehrt. Das ist ja eigentlich der Kant'sche Satz, dass jeder Mensch immer als Zweck, niemals als blosses Mittel zu betrachten ist. Und dieser Satz macht ja auch die soziale Frage zu einer ethischen Frage. Was mich betrifft, beschäftige ich mich in den letzten Jahren - ausser mit konkret psychologischen Studien - besonders mit Fragen der Kategorienlehre und arbeite jetzt an einer Abhandlung über den Relationsbegriff (einem Seitenstücke zu der früher erschienenen Abhandlung über den Totalitätsbegriff). Ich stehe in sehr interessanter Korrespondenz mit dem französischen Erkenntnisteoretiker Meyerson[3], dessen Arbeiten ich sehr schätze.

---

[1] F. *TÖNNIES*, Marx. Leben und Lehre, Jena 1921, 148 S.

[2] K. *MARX*, Das Kapital, 1. Bd., 2. verbesserte Aufl., Hamburg 1872, S. 646: "Das so in ein Naturgesetz mystificirte Gesetz der kapitalistischen Akkumulation drückt in der That nur aus, dass ihre Natur jede solche Abnahme im Exploitationsgrad der Arbeit oder jede solche Steigerung des Arbeitspreises ausschliesst, welche die stetige Reproduktion des Kapitalverhältnisses auf stets erweiterter Stufenleiter ernsthaft gefährden könnte. Es kann nicht anders sein in einer Produktionsweise, worin der Arbeiter für die Verwertungsbedürfnisse vorhandner Werthe, statt umgekehrt der gegenständliche Reichthum für die Entwicklungsbedürfnisse des Arbeiters da ist."

[3] *MEYERSON*, Emile <1859 - 1933>, nach dem Studium der Chemie wurde *MEYERSON* als Wissenschaftskritiker bekannt; beachte den Briefwechsel zwischen *MEYERSON* und *HÖFFDING*, den Hans *HÖFFDING* anfangs zusammen mit dem Briefwechsel zwischen *TÖNNIES* und *HÖFFDING* publizieren wollte: Correspondance entre Harald Høffding et Emile Meyerson, publiée par Frithiof *BRANDT*, Hans *HØFFDING* et Jean *ADIGARD DES GAUTRIES*, Copenhague 1939, 202 S.; siehe auch Harald *HÖFFDING*, Emile Meyersons erkenntnistheoretische Arbeiten, in: Kant-Studien, 1925, Bd. 30, S. 484 - 494; beachte auch E. *MEYERSON*: Identité et Réalité, 1908.

Neulich habe ich meine Würde als Präsident des Dänischen Rothen Kreuzes niederlegt[4]; und so geniesse ich jetzt (in meinem 79sten Jahre) zum erstenmal ein volles Otium. Ein kleiner Beginn internationaler intellektueller Arbeit ist durch die Bildung einer Societas Spinozana geschehen, die von Holland aus angeregt worden ist, und ausser holländischen auch deutsche, französische und englische Mitarbeiter zählt. Es war mir eine Freude auch eingeladen zu werden. Man will vorläufig ein Spinozajahrbuch ausgeben. -

Es würde mich freuen, Nachrichten von Ihnen und Ihrer Familie zu haben. Ich erinnere mich oft mit Freude meines Aufenthalts in Eutin.

Leben Sie wohl, lieber Freund, und empfangen Sie einen herzlichen Gruss von

Ihrem ergebenen
Harald Höffding

*Brief, Format 27,7 x 21,8 cm, 1 Blatt, mittig gefaltet und fortlaufend Vorder- und Rückseite beschrieben, insgesamt 4 Textseiten im halben Blattformat und großen Rändern oben und unten. Schwarze Tinte. Flüssiges, flüchtiges, ungleichmäßiges Schriftbild. Alle linken und unteren Ränder mit Randbeschriftungen, ebenfalls Seite 2 oben (verdreht). Gelbliches, dünnes Papier mit Perforationskante.*

Eutin d. 21. Juni 1921.

Lieber Höffding. Ihren Brief zu empfangen gereichte mir zu inniger Freude. Ich erkenne daraus dass Sie noch unverdrossen im Erkennen fortschreiten! Mir selber liegt die Erkenntnisslehre recht ferne und ich glaube kaum dass meine Erkenntniss davon noch viel gewinnen könnte. Beweisen Sie mit M. Meyerson das Gegenteil - um so besser! - Das kleine Marx-Buch hätte ich nicht verfasst - da es mich in der Vollendung dringender Aufgaben zurückbringen musste - wenn nicht vor 2 Jahren, und nachher, meine wirtschaftliche Lage so beschaffen gewesen wäre, dass ich glaubte, auf jede vorteilhafte Anerbietung eingehen zu müssen. Diese meine Lage hat sich seitdem etwas geklärt, sie ist aber auch heute keineswegs rosig für den Vater von 5 noch unversorgten Kindern! Seit dem Herbst 1915 hat er für sich kein Stück Fusszeug, seit dem Frühjahr 1917 kein Kleidungsstück erworben! - Indessen bin ich nicht verzagt, sondern freue mich, tüchtige und gutgeartete Kinder zu haben, die ihren Eltern sehr zugetan sind. Meine Frau hat nach einer schweren Operation im April 1920 sich allmälich vollkom̄en erholt und ist wieder so tätig in Haus und Garten dass ich sie immer wieder warnen muss. Auch haben wir nun mit schwerem Herzen beschlossen, unser Gewese hier aufzugeben und nach Kiel überzusiedeln, um uns auf eine 'Etage' einzuschränken. Wir haben schon ein Zinshaus käuflich er-

---

[4] HÖFFDING war von 1917 bis 1921 Vorsitzender des Dänischen Roten Kreuzes.

worben, worin das 2te Stockwerk (in Norwegen und wol auch in Dänemark würde man sagen: das dritte) frei wird, und gedenken spätestens am 1. April dahin überzusiedeln. Ich habe schon in diesem Semester eine kleine Lehrtätigkeit wieder aufgenommen; obwol ich ein Amt nicht mehr bekleide, hat das Ministerium mir einen zu remunerirenden "Lehrauftrag" angeboten, so dass ich meine Ausgaben - die Wohnungskosten - vermindern, meine Einnahmen erheblich verbessern werde. Das muss gegen alle Neigung den Ausschlag geben. Uebrigens wird die grössere Stadt - man wundert sich freilich wie Kiel seine hohe Volkszahl wird behaupten können - dem Alternden ja auch vermehrte Anregungen <geben>. Ich habe dort innerhalb und ausserhalb der Fakultät einen mir zusagenden Kreis, der mich schätzt und in dem ich wirken kann, freilich muss ich hier in E. auch manches worin ich gearbeitet habe, zurücklassen, so eine kleine Literarische Gesellschaft deren Vorsitzender ich bin.

Ich fürchte dass ich Ihnen bisher noch nicht geschrieben hatte, dass ich im vorigen Sommer einige Wochen als Gast der deutschen Gesandtschaft (ein Schüler von mir war dort Legationssekretär[5]) in Kristiania war. Zuletzt, im September, hielt ich noch, auf Einladung Jacobssons[6], einen Vortrag in Göteborg, dadurch war meine Zeit allzu knapp geworden, sonst hätte ich wenigstens für einige Stunden in Kopenhagen Halt gemacht, um Sie zu sehen. Mein Besuch hat nun zur Folge gehabt, dass unsere älteste Tochter - Sie erinnern sich ihrer vom Uklei[7] her - dort einen Platz in einer Familie annahm - bei einem Reeder, in dessen Schiff sie dahin fuhr, Ende Novembers. Es ist sehr zu gegenseitiger Zufriedenheit ausgefallen, aber veränderte Umstände im Hause des Herrn Bugge beendeten das Verhältnis im Mai; seitdem ist sie im Hause des Dr Herman Harris Aall[8], mit dem ich dort befreundet wurde und arbeitet auch in einem kleinen Büro, das dieser mit Hilfe anderer internationaler Verteidiger des deutschen guten Namens eingerichtet hat. Ob sie im Herbst heimkehren wird steht noch dahin. Ich entbehre sie um so mehr, da sie mir als Sekretärin wertvolle Dienste leistete. Vermutlich wird sie über Kopenhagen zurückkehren und sehr wünschen dort etwas zu sehen. Darf sie ihnen vorher schreiben? vielleicht können Sie ihr dann ein junges Mädchen oder einen jungen Mann an die Bahn schicken, um sie in ein Hospiz oder anderes einfaches Quartier zu führen, sie wird der norwegischen also auch dänischen Sprache inzwischen völlig mächtig sein, wenn das auch in K. kaum notwendig ist.

---

[5] Wahrscheinlich *Wolgast, Ernst* <???? - ????>, Dr. jur u. a., Privatdozent in Königsberg, Rostock und Würzburg; siehe den Briefwechsel im T-N, Cb. 51 + 54; beachte aber auch *Wolgasts*' Arbeit: Die Grundrechte und Grundpflichten der Deutschen im Lichte des Theorems 'Gemeinschaft und Gesellschaft', in: Kölner Vierteljahrshefte für Soziologie, 1925/26, 5, S. 145 - 156.

[6] *Jacobsson*, Malte <???? - ????>, Philosoph; beachte: Psykisk kausalitet, Göteborg 1913

[7] See bei Eutin in Schleswig-Holstein.

[8] *Aall*, Herman Harris <???? -????>, beachte die Briefe im T-N, Cb. 54.56; siehe auch *Tönnies*' Rezension von *Aalls* 'Interessen som normativ idé in filosofisk or sociologisk undersökelske', zwei Teile, Christiana 1913 - 1920, 3 Bände, in: Deutsche Literaturzeitung, 1917, 38. Jg., S. 1252 - 1255 und die Rezension des 3. Teiles, ebd., 1924, 45. Jg., S. 1460 - 1463.

Wir haben jetzt in Kiel eine kleine nordische Studentenkolonie. Dänemark ist darin bisher nur durch einen prächtigen Isländer vertreten. Ich nehme (im Vertrauen gesagt) an den Bemühungen lebhaften Anteil, die leider neuerdings wieder erweiterte Kluft die uns von unseren nächsten Nachbarn trennt, überbrücken zu helfen. Unter unseren Studenten überwiegen begreiflicher Weise nach den furchtbaren Erlebnissen die heftigen nationalistischen Gefühle.

Von der societas Spinozana[9] höre ich das erste Wort. Wir Deutsche werden kaum die Mittel haben, darin mitzuwirken. Es sollte mich auch nicht wundern, wenn die Sache von einer wirkliche Deutsche ausschliessenden Seite ausginge. Einige scheinbare Muster-Deutsche werden jetzt wohl zu internationalen Dingen herangezogen. Ein kleiner Artikel von mir "Spinoza und Marx"[10] ist holländisch im Tijdspiegel gedruckt worden. Von dem deutschen Text (in der "Neuen Zeit"[11]) hatte ich leider keinen Sonderabzug, ich will aber versuchen, die Nummer noch für Sie zu erhalten.

./.[12] Zu 'Marx' möchte ich noch bemerken, dass ich ihm nur vorwerfen will, er habe den Wert und die Bedeutung der sittlichen Gesinnung und des ethischen Idealismus, insbesondere in der Geschichte, nicht erkannt und gewürdigt, und dass er desswegen seinen Anhängern die Gestaltung dieses "Ueberbaus" so zu sagen verbietet. Sonst halte ich es für etwas Grosses, dass er die Sozialisten aus schwärmerischen Weltverbesseren zu bewussten Trägern einer grossen Notwendigkeit und eines weltgeschichtlichen Berufes machen will (ob es gelingen kann ist eine andere Frage).

./. Ich habe Ihnen die dritte Auflage von "Gemeinsch. u. Gesellsch." nicht zugehen lassen, weil sie, um nicht zu teuer zu werden, in einer traurig verschlechterten Ausstattung erscheinen musste. Geändert ist daran fast nur, dass das Wort Willkür durch das freigebildete Wort Kürwille ersetzt worden ist.[13] "Nur dadurch wusste ich festzulegen, dass der Begriff selber ein freigebildeter Begriff ist". An diesem Begriff ist mir nach wie vor fast am meisten gelegen.

./. Es sind nun 14 Jahre vergangen seit wir die Freude hatten Sie hier zu sehen. Damals waren Sie noch jünger als ich jetzt bin. Ebenso lange arbeite ich an meiner "öffentlichen Meinung". Sie wird aber denke ich, in diesem Jahre fertig werden: bis auf einen literaturhistorischen Teil.

./. Meine Frau erwidert herzlich Ihren Gruss. Unsere beiden ältesten Söhne sind jetzt in Kiel: der älteste studiert mit Eifer Chemie, der 2te arbeitet in der Germania-Werft, zur Vorbereitung auf den Besuch der technischen Hochschule (Elektrotechnik)

---

[9] Zur Societas Spinozana beachte das umfangreiche Aktenmaterial im T-N.

[10] F. *Tönnies*, Spinoza en Marx, in: Tijdspiegel, 1921, S. 289 - 294, deutsch in: Die Neue Zeit, 1921, 39. Jg., S. 573 - 576.

[11] Die Neue Zeit. Revue des geistigen und öffentlichen Lebens, hrsg. von Karl *Kautsky*, Stuttgart.

[12] Die mit ./. markierten Passagen sind Randbeschriftungen.

[13] GuG, Vorrede zur 3. Auflage, S. XXXVIII

./. Nun habe ich das Papier allzu voll gekritzelt, und hätte doch noch manches auf dem Herzen. Haben Sie Dank für freundliches Gedenken, lieber und verehrter Freund!

Aufrichtig der
Ihre
Ferdinand Tönnies.

*Brief, Format 26 x 20,5 cm, 1 Blatt, mittig gefaltet und fortlaufend Vorder- und Rückseite beschrieben, insgesamt 2 1/3 Textseiten im halben Blattformat. Schwarze Tinte. Flüssiges, aufgelockertes Schriftbild, wenige Korrekturen und Einfügungen. Gelbliches, dichtes, schwach-liniertes Papier.*

Carlsberg
Kopenhagen (Valby)
13. Juli 1921

Lieber Tönnies, es war mir lieb zu hören, dass Sie doch verhältnismässig gut durch die bösen Zeiten kommen. Es tut mir aber leid, dass Sie das schöne Eutin verlassen müssen, aber vielleicht wird das Leben in der Stadt seine Vorteile bringen.

Ich bitte Sie, mir zu schreiben, wann Ihre Tochter nach Kopenhagen kommen wird. Wenn es irgend möglich sein wird, wird es mir eine Freude sein, sie hier in meinem Hause, z.B. für eine Woche, als meine<n> Gast zu haben, und ich will dann, so gut ich es vermag, dafür sorgen, dass sie etwas von Kopenhagen zu sehen bekomme. Schreiben Sie mir nur einige Zeit vorher darüber. -

Ich treibe nicht Erkenntnistheorie, um meine Erkenntnis zu verbessern, sondern weil die Möglichkeit der Erkenntnis selber ein interessantes Problem ist, und weil es mich interessirt, die Formen, innerhalb welcher der Erkenntnisdrang sich befriedigt zu untersuchen.

Die Idee der Societas Spinozana ist von Holland ausgegangen. Der deutsche Vertreter, der auch als Generalsekretär wirkt, ist ein Dr. Gebhardt[14] in Frankfurt am Main. Ich erwarte bald die Korrekturen des Jahrbuches, wo ich über "die drei Gedankenmotive Spinozas"[15] geschrieben habe. Den Artikel, den Sie erwähnen, wollte ich sehr gern sehen.

Mit den besten Grüssen
Ihr ergebener
Harald Höffding

[14] Beachte die Briefe von TÖNNIES an Carl GEBHARDT im T-N.

[15] H. HÖFFDING, Die drei Gedankenmotive Spinozas, in: Chronicon Spinozanum, 1921, I, S. 3 - 19.

*Brief, Format 28,8 x 19 cm, 1 Blatt, mittig gefaltet und fortlaufend Vorder- und Rückseite beschrieben, insgesamt 4 Textseiten im halben Blattformat und großem Rand oben und auf der 1. Seite auch unten. Schwarze Tinte. Flüssiges Schriftbild mit einer Randbeschriftung unten (S. 3) und links (S. 4); je 1 Korrektur und Einfügung. Graues, dichtes Papier mit 4 Rißkanten.*

Eutin d. 23. Sept. 1921.

Lieber Höffding.

Ihr freundschaftlicher Brief vom 13ten Juli hat mich lange begleitet und mir zu wahrer Freude gereicht. Meiner Dankbarkeit hätte ich gern schon Ausdruck gegeben, ich hoffe aber dass Sie diese aus dem was unsere Tochter Ihnen geschrieben hat, vernom̄en haben. Sie war überrascht und glücklich über diese frohe Aussicht, morgen will sie Kristiania verlassen und, wenn dieser Brief eintrifft, wird Sie vermutlich bei Ihnen sein. Ich wünsche und hoffe natürlich dass sie keine Last und keine Störung Ihres täglichen Lebens davon haben werden. Sie werden leicht bemerken, dass Franziska eine selbständige Natur und sich zu helfen und einzurichten gewohnt ist. Eine grosse Erleichterung wird es auch für sie sein, dass sie die Sprache wohl leidlich beherrscht, in Norwegen hatte man ihr freilich bange gemacht, das Dänische sei so "schwer", die Norweger wachen natürlich eifersüchtig darüber ihre eigene Sprache - auch ausser dem Landsmaal[16] - zu haben. - Unsere Tochter wünschte dass ich ihr nach Kopenhagen deutsches "Geld" (man muss das Wort bei uns jetzt in Anführungszeichen setzen) senden solle, da sie fürchtete mit ihren Kronen nicht auszukom̄en. Ich halte dies aus mehreren Gründen für unpraktisch, unsere Zettel sind ja im Auslande fast wertlos, dagegen möchte ich Sie bitten, ihr, was sie benötigt - etwa 50 Kronen - gütigst vorzustrecken und Ihr Bank-Konto in Kopenhagen anzugeben, auf das ich dann von Berlin aus sogleich nach Franziskas Heimkehr den Betrag einzahlen werde. Wir sind sehr im Herzen bewegt durch die bevorstehende Uebersiedlung und den Uebergang unseres seitherigen Besitztums in gänzlich fremde Hände, ich selber bin ganz besonders gefühlvoll, um nicht zu sagen, sentimental in solchen Verhältnissen. Aber wenn es überwunden ist, so werden wir die Vorteile geniessen, die uns das Leben in Kiel darbieten wird.+ Ich war jetzt während einiger Tage zur Kieler Herbstwoche für Kunst und Wissenschaft und habe an einigen Begrüssungen der nordischen Studenten teilgenom̄en, unter denen ich die Dänen vermisste. Ein Ausgleich der nationalen Gefühle liegt leider jetzt in weiterer Ferne als je, aber auf dem Gebiete der geistigen und sittlichen Kultur hoffe ich doch noch zu erleben, dass wir uns die Hände als Nachbarn und Stam̄esverwandte reichen, und werde nicht aufhören dafür zu wirken. - Das Problem, von dem Sie schrieben, der Formen, innerhalb deren der Erken̄tnisdrang sich befriedigt, ist sicherlich ein höchst bedeutsames, es ist mir bisher nicht sehr zum Bewusstsein gekom̄en, und ich bin dankbar dass Sie darauf aufmerksam machen. - Von der Societas Spinozana habe ich ausser durch Sie noch nichts vernom̄en, ich werde mich doch bei

*16* handschriftlich am Rand der Abschrift (wahrscheinlich von Hans HÖFFDING): Landsmaal?. <Landsmål: bis 1929 die Bezeichnung für die neunorwegische Schriftsprache.>

meinen holländischen Freunden einmal danach erkundigen. Bei einem Teile der holländischen Gelehrten herrscht ein fanatischer Deutschenhass, aber dieser scheint doch der Societas nicht anzuhaften, wenn der deutsche Vertreter auch als Generalsekretär fungirt. Ihren Artikel über die 3 Gedankenmotive werde ich mit Spannung zur Hand nehmen. Eben sah ich, dass F. Mauthner[17] ein Buch über Spin.[18] verfasst hat, M. ist ein geistreicher böhmischer Jude, den ich auch persönlich etwas kenne, seine Ansicht Spinozas wird der Originalität nicht ermangeln.

Nochmals herzlich dankbar und mit freundlichstem Grusse bin ich der Ihre

Ferdinand Tönnies.

+) wo wir vom 10ten Oktober an (etwa) Niemannsweg 61 wohnen werden, im 2ten Stock.

*Brief, Format 27 x 20,4 cm, 1 Blatt, mittig gefaltet und fortlaufend Vorder- und Rückseite beschrieben, insgesamt 4 Textseiten im halben Blattformat und großem Rand unten. Graue Tinte. Flüssiges, sehr aufgelockertes Schriftbild. Gelbliches Papier mit Perforationskante.*

Eutin, 9. Okt. 21.

Verehrter, lieber Herr Professor,

nun bin ich schon eine Woche zu Hause und habe noch nicht von mir hören lassen. Aber ich hoffe, Sie entschuldigen es in Anbetracht der Umstände. Die ganze Zeit habe ich sehr sehr viel zu tun gehabt: erst allerlei für den Vater, und nun sind wir "mit Volldampf" beim Packen. Dabei geht es sehr fröhlich zu -, meine Mutter sagt, wenn wir 5 Geschwister Bücher packten, hörte es sich an, als ob Zirkusprobe wäre. Unser Vater ist abgereist nach Husum, wo er durch die Luftveränderung eine 6 Wochen alte Erkältung loszuwerden hofft. Er darf denn erst zurückkehren, wenn wir ihn in die neue Wohnung in Kiel einladen. Ich soll Ihnen seinen Dank sagen für die freundliche Gabe. Wenn er hier wäre, würde er selbst Ihnen einen Gruss schicken und Ihnen danken, dass seine Tochter es so schön gehabt hat auf dem Carlsberg. So tue ich es alleine nochmals von Herzen. Ja, es war wirklich eine wunderschöne Zeit, die ich bei Ihnen verleben durfte. Und besonders dankbar bin ich Ihnen, dass Sie selbst sich die Mühe machten, mir so liebenswürdig auf meinen "Fahrten" das Geleit zu geben. Ohne Sie und Ihren Herrn Bruder hätte ich nicht einen so umfassenden, vielseitigen Eindruck von Kopenhagen bekommen können. Auch war es so

---

17 MAUTHNER, Fritz <1849 - 1923>, Schriftsteller und Philosoph.

18 F. MAUTHNER, Spinoza, Dresden 1922

schön, dass ich mich die Zeit bei Ihnen richtig ausruhen konnte, bevor ich in den Umzugsbetrieb hier hineinkam.

Ich hatte eine angenehme ruhige Überfahrt und konnte bis kurz vor der Ankunft in Kiel schlafen. Dort erwartete mich mein zweiter Bruder, was mir eine freudige Überraschung war. So war ich doch die Zeit von 5 bis zur Ankunft in Eutin 1/2 9 nicht alleine. Nun ist es herrlich, wieder zu Hause zu sein in den vertrauten Verhältnissen und bei lieben Menschen.

Meine Mutter lässt Ihnen einen herzlichen Gruss sagen und ich grüsse Sie und Ihren Herrn Bruder, sowie die Herrn Söhne und Frau Höffding[19] in Dankbarkeit.

Ihre sehr ergebene
Franziska Tönnies

Jens Peter Jacobsen[20] wird mir in Kiel schöne Stunden bereiten. -

---

[19] Zu dieser Zeit war *HÖFFDING* bereits Witwer; eine neuerliche Ehe schloß er erst einige Jahre später. Seine Familienverhältnisse blieben den Herausgebern zu unbekannt, um »Frau Höffding« zu identifizieren. Beachte dazu jedoch den Brief von Franziska *TÖNNIES* vom 11. 3. 1922.

[20] *JACOBSEN*, Jens Peter <1847 - 1885>, Schriftsteller; siehe: z. B. Bernhard *GLIENKE*, Jens Peter Jacobsens lyrische Dichtung, Neumünster 1975; oder: Horst *NÄGELE*, Jens Peter Jacobsen, Stuttgart 1973; oder: Stefan *ZWEIG*, Europäisches Erbe, Frankfurt a. M. 1960, S. 137 - 147.

*Brief, Format 20,5 x 13,3 cm, 2 Blätter, Vorder- und Rückseite beschrieben, insgesamt 3 1/3 Textseiten im halben Blattformat mit kleinem Rand. Schwarze Tinte. Flüssiges, Schriftbild mit wenigen Korrekturen und 2 Einfügungen. Gelbliches, schwach liniertes Papier.*

Carlsberg d. 18 Januar 1922

Lieber Tönnies! Ich hoffe, dass Sie mit den Ihrigen das neue Jahr glücklich angefangen haben, und dass Sie sich in Ihrer neuen Wohnung, von der Fräulein Franziska mir erzählte, gut befinden. Für meinem Bruder und mich kam mit Ihrer Tochter ein Sonnenstrahl in unser Haus, und wir sprechen oft von ihr. Sie war sehr stolz, dass sie die Privatsekretärin Ihres Vaters sein sollte.

Ich habe in diesem Winter eine Abhandlung über den Relationsbegriff in den Mitteilungen unserer Gesellschaft der Wissenschaften herausgegeben.[1] Eine deutsche Uebersetzung erscheint bald bei Reisland und wird Ihnen dann zugehen. Wie die Abhandlung über den Totalitätsbegriff[2] ist sie eine nähere Ausführung einiger Punkte in "Der menschliche Gedanke."[3] - Reisland ist immer sehr tätig mit meinen Schriften. So ist die zweibändige Geschichte der neueren Philosophie[4] und auch das "Lehrbuch"[5] über denselben Gegenstand neu erschienen; jetzt ist die "Ethik" im Druck[6], und nachher kommt die Reihe an die "Psychologie"[7]. Ich bin also nicht ganz vergessen. - Jetzt arbeite ich an der Fortsetzung meiner "Erinnerungen"[8]. -

Ein früherer Schüler von mir, Harald Skalberg[9], Adjunkt am Gymnasium in Aalborg, hat sich für eine Dozentenstellung in Kiel, über welche Anfrage an den Kopenhagener Universitätsprofessor der dänischen Sprache gerichtet ist, und die dänische Sprache und Literatur zum Gegenstand hat, gemeldet. Er ist ein ernster und begabter Mann, wohl zu Hause in dänischer und deutscher Literatur. Er ist von der Hoffnung beseelt, Kenntnis und Verständnis für dänisches Geistesleben bringen zu können; gleichzeitig hofft er neue Befriedigung für

---

[1] H. *HÖFFDING*, Relation som kategori, Kbn. 1921, 109 S.; deutsch: Der Relationsbegriff. Eine erkenntnistheoretische Untersuchung, Leipzig 1922, auch: Paris 1924.

[2] H. *HÖFFDING*, Totalitet som Kategori, Kbn. 1917, deutsch: Der Totalitätsbegriff. Eine erkenntnistheoretische Untersuchung, Leipzig 1917, 126 S.

[3] H. *HÖFFDING*, Der menschliche Gedanke, Leipzig 1911; dän.: Den menneskelige Tanke, dens Former og dens Opgaver, Kbn. 1910, 392 S. (ein resümierendes Hauptwerk von *HÖFFDING*).

[4] H. *HÖFFDING*, Geschichte der neueren Philosophie. Eine Darstellung der Geschichte der Philosophie von dem Ende der Renaissance bis zu unseren Tagen, 1. Bd. unter Mitwirkung des Verfassers aus dem Dän. ins Deutsche übersetzt von F. *BENDIXEN*, 2 Bde., Leipzig 1921 (2. Aufl.; deutsch: zuerst Leipzig 1895/96).

[5] H. *HÖFFDING*, Lehrbuch der Geschichte der neueren Philosophie, Leipzig 1920, 2. Aufl., 290 S., deutsch: zuerst Leipzig 1907.

[6] H. *HÖFFDING*, Ethik, 3. Aufl., Leizpig 1922 (nach der 4. dänischen von 1913).

[7] H. *HÖFFDING*, Psychologie in Umrissen auf der Grundlage der Erfahrung, Leipzig 1922, 6. verkürzte Auflage.

[8] H. *HÖFFDING*, Erindringer, Kbn. 1928, 324 S.

[9] *SKALBERG*, Harald <1887 - ????>, nachdem er als Lehrer und Schuldirektor gearbeitet hatte, erwarb er 1920 in Kopenhagen seinen Magister und begann am 1.4.1922 in Kiel eine Tätigkeit als Lektor für Dänische Sprache; 1936 beendete er seine Tätigkeit an der Kieler Universität.

sein grosses Interesse für deutsche Literatur und Sprache zu gewinnen. In seinem Auftreten ist er taktvoll und bescheiden.

Ich weiss nicht, welche Stellung diese Dozentur einnehmen wird, und welcher Absicht sie dienen soll. Aber nach allem, was ich von ihm weiss und von der Stellung vermute, wird er gute Bedingungen dafür haben, unser Geistesleben eben in Kiel zu vertreten. Ich bitte Sie, gelegentlich von diesen meinen Aeusserungen Gebrauch zu machen. -

Ich wäre sehr froh, wieder einmal von Ihnen zu hören. Wie geht es Ihnen in Ihrer neuen Stellung in Kiel? - Durch den Besuch Ihrer Tochter wurde mein Erinnerungsbild von Ihrem häuslichen Leben im idyllischen Eutin belebt. Hoffentlich finden Sie sich auch in Kiel zu Hause; den Kreis Ihrer Lieben haben Sie ja mitgebracht. Ich bitte, Fräulein Franziska von Ihrem alten Freunde herzlich zu grüssen, und sende auch die besten Grüsse an Ihre Frau. Leben sie recht wohl.

Ihr ergebener
Harald Höffding

*Brief, Format 28,3 x 21,6 cm, 1 Blatt, mittig gefaltet und fortlaufend Vorder- und Rückseite beschrieben, insgesamt 4 Textseiten im halben Blattformat und großem Rand oben. Schwärzliche Tinte. Flüssiges und gegen Ende gedrängtes Schriftbild mit je 2 Zeilen Randbeschriftung auf den Seiten 1 und 4; 1 Einfügung. Gelbliches, kariertes Papier.*

Kiel d. 22. Jan. 1922.
Niemannsweg 61.

Lieber Höffding! Haben Sie Dank für Ihren freundlichen Brief, aus dem ich wiederum ersehe dass Sie noch der "Alte" sind, d. h. der im Verhältnis zum Lebensalter Junge, eine Eigenschaft die auch mir von so vielen Seiten nachgerühmt wird, dass ich die Meinung für begründet halten muss. Ich geniesse jetzt auch ein wenig die Früchte meines Lebens, wenn gleich es durch die bitterbösen Zeitläufe stark getrübt ist; aber in der unruhigeren Stadt wird man weniger versucht, den Reflexionen darüber sich hinzugeben. Wir sind hier in unseren häuslichen Angelegenheiten recht zufrieden, die Hausfrau hat es leichter als mit dem grossen Haus und Garten, zumal unter heutigen Verhältnissen, und dies zu erreichen war für mich eine Hauptsache. Unsere Wohnung ist freundlich, hat freie Aussicht vorne und hinten, auch ein Gärtchen ist dabei. Auch haben wir einigen angenehmen Verkehr.

Ich freue mich auf Ihr neues Buch. Die Bedeutung der Relativitäten ist mir von jeher wichtig gewesen, wenn ich mir auch die Anwendung Einsteins[10] nicht habe träumen lassen. Vielleicht haben Sie damit sich mehr als ich beschäftigt.

Ich höre aber öfter unter Kollegen davon reden, auch meine älteren Söhne, die beide in München sind - der älteste als Chemiker, der zweite als Schüler der technischen Hochschule - interessieren sich mächtig dafür.

Franziska war sehr erfüllt von den Kopenhagener Eindrücken und von der Güte die Sie ihr erwiesen haben. Sie leistet mir treffliche Dienste, besonders jetzt für die Drucklegung meiner "Kritik der öffentlichen Meinung", der Satz ist schon über 200 Seiten hinaus gekom̄en. Dann beginnen wir eine Sam̄lung "Sociologische Studien und Kritiken"[11] zu korrigiren, und bald soll die 4te (und wahrscheinlich zugleich 5te) Auflage von "Gemeinschaft und Gesellschaft" folgen[12]. Angenehm berührt war ich davon als ich neulich in der hies. Univ. Bibliothek ein neues dänisches Buch über die Gedankenbewegung des 19. Jahrh. fand, worin Sie meiner freundlich gedenken[13]. Ich werde es demnächst (neulich war es noch nicht verleihbar) für Franziska mitbringen. Der Direktor unserer Bibliothek ist sehr darauf bedacht, die dänische - gelehrte und belletristische - Literatur aufzunehmen.

Was Sie über Herrn Skalberg schreiben, begrüsse ich mit Freude. Ich werde mich bemühen, seine Stellung zu fördern wenn er herköm̄t, und ich glaube etwas dafür tun zu können. Da ich aber der philosophischen Fakultät nicht mehr angehöre, die es zunächst angeht, so lasse ich was Sie schrieben, durch meine Secretärin abschreiben, um es dem Dekan jener Fakultät zu übergeben, dem ich gestern schon davon Mitteilung gemacht habe: er wollte es in der Fakultät vortragen und versprach guten Erfolg davon. Die Stelle ist ein "Lektorat", aber ich vermute dass der junge Mann, wenn er die Qualitäten dafür hat, sich auch als Privatdocent wird habilitiren können. Indessen, das ist eine spätere Sorge. Das Nächste wird sein, dass er sich hier mit gutem Erfolge einführe, und ich werde nach besten Kräften ihm dafür zur Seite stehen.

Ihre Lebenserinnerungen werden auch mich lebhaft interessiren. Ich selber habe eine kleine autobiographische Skizze auf Verlangen geschrieben für "Die Philosophie der Gegenwart in Selbstdarstellungen" (Felix Meiner Verlag[14]) Band 3[15]. Die Redaktion dieser Sam̄lung scheint mir wenig geschickt vorzugehen. In den bisherigen 2 Bänden sind nur Deutsche und Oesterreicher vertreten, auch scheinen mir Titel und Anweisung in Widerspruch zu stehen. Der Titel will dass jeder seine eigene "Philosophie" darstelle - das wird in knappem Rahmen nicht jeder vermögen -, die Anweisung scheint aber wesentlich Bio-

---

10 EINSTEIN, Albert <1879 - 1955>, Physiker, Nobelpreis für Physik 1921; beachte einen Brief EINSTEINS an TÖNNIES, T-N, Cb. 54.56.

11 TÖNNIES' 'Soziologische Studien und Kritiken', die in drei Bänden, Jena 1925, 1926 und 1929 erschienen, stellen eine Neuveröffentlichung verschiedener Arbeiten dar.

12 die vierte und fünfte Auflage erschienen zusammen 1922 in Berlin.

13 H. HÖFFDING, Ledende Tanker i det nittende Aarhundrede, Kbn. 1920, 156 S., S. 56 f.

14 Felix Meiner Verlag, von 1911 - 1950 in Leipzig, danach in Hamburg.

15 Ferdinand Tönnies. Eutin, in: Deutsche Philosophie der Gegenwart in Selbstdarstellungen, Bd. 3, S. 199 - 234, hrsg. von Raymund SCHMIDT, Leipzig 1922; 2. ergänzte Auflage 1923 unter der Titel: Ferdinand Tönnies. Kiel, ebd., S. 203 - 242.

graphisches zu verlangen. Ich habe mich darauf beschränkt, zweifle übrigens auch, ob ich mich zu den Philosophen in dem Sinne, wie die Sam̄lung es meint, rechnen darf. Indessen - quod scripsi scripsi, und so möge es laufen (ist noch nicht herausgekom̄en)[16]. - Das Blatt über Paulsen, das ich Ihnen zugehen liess[17], hat seine Geschichte. Es sollte 1915 zum Saekulargedächtnis der Deutschen Burschenschaft ein Buch mit 100 Biographien berühmter Burschenschafter erscheinen. Ich wurde gebeten, dafür P. zu behandeln. Was ich gemacht hatte, musste schon damals wegen Raummangels gekürzt werden. Dann zwangen der Zarismus und seine Bundesgenossen[18] uns in den Weltkrieg. Das Buch konnte nicht erscheinen. Die Biographien kom̄en nun in anderer Gestalt heraus, mussten jedoch abermals verkürzt werden. Dies ist nun der Rest. - Im November wurde mir zu Teil dass die rechts- und staatsw. Fakultät der Hamburgischen Universität mich zum Doktor der Rechte promovirte[19]: im Diplom: "der durch seine tiefgründigen .. Forschungen nicht nur als Ethiker, Sociologe u. Nationalökonom sich ein hohes Ansehen erworben, sondern auch die Rechts- und Staatsphilosophie um fruchtbare Erken̄tnisse bereichert, und sich hiedurch die dauernde Dankbarkeit aller Rechtsgelehrten erworben hat, denen die philosophische Vertiefung ihrer Wissenschaft am Herzen liegt". Damit kann ich wohl zufrieden sein.

Meine Frau erwidert Ihre Grüsse herzlich. Ebenso meine Tochter. Sie wollte Ihnen auch einen Neujahrsgruss senden, war aber sehr in Anspruch genom̄en um die Zeit, weil ihre Mutter zu lange das Bett hüten musste, die aber jetzt wieder ziemlich wohlauf ist.[20]

---

16 Klammerausdruck zwischen den Zeilen eingefügt.

17 F. TÖNNIES, Friedrich Paulsen (1846 - 1908), in: Herman HAUPT und Paul WENTZCKE (Hg.), Hundert Jahre Deutsche Burschenschaft. Burschenschaftliche Lebensläufe, Band 7 der 'Quellen und Darstellungen zur Geschichte der Burschenschaft und der deutschen Einheitsbewegung, S. 238 - 246, 1922.

18 siehe dazu F. TÖNNIES, Der Zarismus und seine Bundesgenossen, Berlin 1922, 191 S.

19 TÖNNIES erhielt die dritte Ehrendoktorwürde der neugegründeten Hamburger Universität von der Juristischen Fakultät. Jedoch erst 1927 richtete die Hamburger Universität einen Lehrstuhl für Soziologie ein. Beachte auch die Widmung der SSK, II, Jena 1926: *Der hohen Rechts- und Staatswissenschaftlichen Fakultät der Hamburgischen Universität in dankbarer Verehrung gewidmet von Ihrem Dr. jur. h. c.*

20 Brief ohne Grußfloskel und Unterschrift.

*Brief, Format 21,7 x 14,2 cm, 1 Blatt, Vorder- und Rückseite beschrieben, insgesamt 2 Textseiten. Schwarze Tinte. Sauberes und sehr gleichmäßiges Schriftbild. Gelbliches, kariertes Papier.*

Kiel, 11. März 1922
Niemannsweg 61

Kjaere og ærede Herr Professor[21],

Jeg sender Dem saa mange lykonskninger til Deres ottiaarige födselsdag. Jeg haaber at De skal være liksaa rask og munter i det nye aar som De var if jor sommer. Jeg tænker saa gjerne tilbake til tiden, jeg har tilbragt paa Carlsberg. Denne tiden hörer med til de beste minner jeg har av mit utenlandsophold.

Vi har nu nok saa godt indlevet os her i Kiel. Heldigvis har min mor det bedre i det sidste. Min far er nu fortiden i Berlin for at holde fordrag i Deutsche Gesellschaft 1914. Begge to hilser saa meget og tilslutter sig til mine lykönskninger.

Vi fem söskende har det godt. De to ældste brödrer kommer hjem til paaske ferien. Den mindste gaar paa skolen, sösteren hjelper moren og jeg farer. Vi er glade at vi skal være sammen igjen.

Jeg har skrevet paa norsk for ikke at komme aldeles ut av övelsen. En gang imellem har jeg anledning til at snakke norsk med konen til nationaloekonomen dr. Bosse[22] her i universitet. - Og saa maa jeg fortælle Professoren et jeg har haft saa megen glæde ved at læse Jacobsen ivinter.

---

[21] Übersetzung: Lieber und geehrter Herr Professor,
ich schicke Ihnen ganz viele Glückwünsche zu Ihrem achtzigsten Geburtstag. Ich hoffe, daß Sie genau so gesund und munter in dem neuen Jahr sein werden, wie Sie es letzten Sommer waren. Ich denke so gerne an die Zeit zurück, die ich auf Carlsberg verbracht habe. Diese Zeit gehört zu den besten Erinnerungen, die ich von meinem Auslandsaufenthalt habe.
Wir haben uns jetzt in Kiel ganz gut eingelebt. Glücklicherweise geht es meiner Mutter besser in letzter Zeit. Mein Vater ist jetzt zur Zeit in Berlin, um einen Vortrag in der Deutschen Gesellschaft <von> 1914 zu halten. Beide grüßen sehr und schließen sich meinen Glückwünschen an.
Uns fünf Geschwistern geht es gut. Die beiden ältesten Brüder kommen in den Osterferien nach Hause. Der kleinste geht zur Schule, die Schwester hilft der Mutter und ich dem Vater. Wir freuen uns, daß wir wieder zusammen sein werden.
Ich habe auf norwegisch geschrieben, um nicht ganz aus der Übung zu kommen. Ab und zu habe ich Gelegenheit, mit der Frau des Nationalökonomen Dr. *BOSSE* hier an der Universität norwegisch zu sprechen. - Und dann muß ich dem Professor erzählen, daß ich hier sehr viel Freude im Winter gehabt habe, *JACOBSEN* zu lesen.
Herzliche Grüße auch an Ihre Familie besonders an den Ingenieur und an Frau *HÖFFDING*.
Ihre ehrerbietige Franziska *TÖNNIES*

[22] *BOSSE*, Ewald <1880 - ????>, Nationalökonom; promovierte 1914 in Kiel. *BOSSE* übersetzte *TÖNNIES*' 'Einführung in die Soziologie' in das Norwegische (Oslo 1932); beachte von ihm: Arbeitslären de ökonomiske arbeide, 2 Bde., Oslo 1927; dazu Tönnies: "Es ist durch den Gang der persönlichen Entwicklung des Verfassers noch mehr als durch die Nachbarschaft der Nationen bedingt, daß die deutsche Literatur in seinem Werke am meisten zur Geltung gelangt. Denn *BOSSE* ist mehrere Jahre hindurch in Kiel Honorarprofessor gewesen und wäre auch heute fähig, an einer deutschen Hochschule seine Arbeitslehre mit Erfolg vorzutragen, nachdem er nunmehr vor etlichen Jahren in sein Vaterland zurückgekehrt ist." (aus der unveröffentlichten Rezension, T-N, Cb. 54.36:09-10). *BOSSE* war von 1920 bis 1923 Gastprofessor am Kieler Institut für Weltwirtschaft. Laut Rudolf *HEBERLE* hatte *BOSSE* jedoch unter den Studenten kein gutes Ansehen hinsichtlich seiner wissenschaftlichen Reputation.

Hjærtelige hilsener, ogsaa til Deres familie, især til ingeniören og fru Höffding

Deres ærbödige
Franziska Tönnies

*Brief, Format 28,1 x 21,7 cm, 1 Blatt, nur die Vorderseite beschrieben, insgesamt 1 Textseite mit geringem Rand. Schwarze Tinte. Flüssiges, Schriftbild mit einigen Korrekturen, Einfügungen und Streichungen. Gelbliches, schwach liniertes Papier.*

Carlsberg
Kopenhagen.
3. Okt. 1922

Lieber Tönnies, ich habe mich jetzt so in Ihr Buch hineingelesen, dass ich Ihnen mit gutem Grunde meinen herzlichen Dank für die freundliche Zusendung aussprechen kann. Besonders wenn man sich die Grundgedanken Ihrer 'Gemeinschaft und Gesellschaft' angeeignet hat, liest man auch das neue Buch mit Interesse und Belehrung. Ausser der systematischen Grundlegung bringen die mannigfaltigen historischen Beispiele reiche Ausbeute. Man fühlt, dass Sie die Begebenheiten des letzten Menschenalters mit Aufmerksamkeit und Sachverständnis beobachtet haben. - Es freute mich, Fräulein Franziska als Ihre Mitarbeiterin genannt zu sehen. Als sie hier war, sprach sie mit Stolz davon, dass sie als Sekretär ihres Vaters arbeiten sollte. Ich bitte, ihr meine freundlichen Grüsse zu geben.

Auch für die kleine Selbstbiographie danke ich bestens. Freilich wäre es mir sehr interessant gewesen, etwas näheres über Ihre persönliche Entwicklung zu lesen. Für jeden Philosophen (und auch die Soziologen rechnen Sie doch wol noch zu den Philosophen?) gilt es, dass das Gedankenleben nicht recht verständlich ist, wenn man nicht in seinen Zusammenhang mit der ganzen Persönlichkeit einen Einblick haben kann.+

Mit den besten Wünschen für Sie und die Ihrigen in alter Freundschaft Ihr ergebenster

Harald Höffding.

+ Ich habe im vergangenen Winter die letzte Hand an meine Lebenserinnerungen gelegt, die nach meinem Tode erscheinen werden.

*Brief, Format 28,1 x 21,9 cm, 1 Blatt, insgesamt 1 Textseite mit großen Briefkopf. Schwarze Tinte. Flüssiges Schriftbild mit wenigen Korrekturen und 1 Streichung. Gelbliches, schwach liniertes Papier.*

Carlsberg
Copenhagen (Valby)
13. Februar 1923

Lieber Tönnies!

Sie haben hier in Copenhagen einige Freunde, die sehr gern etwas thun wollten, um Ihnen - dessen Persönlichkeit und dessen Forschung sie hochzuschätzen gelernt haben - eine kleine Erleichterung in den schwierigen Verhältnissen, unter welchen Sie, wie so viele deutsche Gelehrte, leiden, zu verschaffen. In deren Namen bitte ich Sie, eine kleine Summe, die heute an Ihre Adresse abgeht, zu empfangen. -

Auch ich habe jetzt eine Aufforderung bekommen, eine 'Selbstdarstellung'[1] zu schreiben, und sie wird, glaube ich, bald erscheinen und wird Ihnen dann gesandt werden. Ich habe sie auf Grundlage meiner 'Erinnerungen' geschrieben, die sonst erst nach meinem Tode erscheinen werden. Obgleich ich bald zehn Jahre über dem Alter des Staates[2] gelebt habe, bin ich doch im ganzen recht rüstig. Im letzten Jahre habe ich an einer Abhandlung über den "Begriff der Analogie"[3] arbeitet, die ich in der nächsten Woche unsere Gesellschaft der Wissenschaften vorlegen will.

Ich hoffe, dass es auch Ihnen einigermassen gut geht, und schicke freundliche Grüße an Ihre ganze Familie, Fräulein Franziska nicht zu vergessen. Leben Sie recht wohl, alter Freund (wie ich Sie jetzt nennen darf). Ihr ergebener

Harald Höffding.

---

[1] H. HÖFFDING, in: Die Philosophie der Gegenwart in Selbstdarstellungen, hrsg. von Raymund SCHMIDT, Leipzig 1923, Bd. 4, S. 75 - 97

[2] Wahrscheinlich Anspielung auf *PLATOs Politeia*. Siehe zu dieser Wendung noch einmal TÖNNIES' folgenden Brief. HÖFFDING war damals mit Studien zu PLATON beschäftigt. 1920 erschienen seine *Bemærkninger om den platoniske Dialog Parmenides*, in: Det Kongelige Danske Videnskabernes Selskab Filosofiske Meddelser, I, 2, Kbn., 65 S. (deutsch: Bemerkungen über den platonischen Dialog Parmenides, Berlin 1921) und 1924 *Platons Bøger om Staten. Analyse og Karakteristik*, ebd. I, 5, Kbn., 148 S.

[3] Harald HÖFFDING, Begrebet Analogi, Kbn., 1923, 137 S.; deutsch: Der Begriff der Analogie, Leipzig 1924, unveränd. reprogr. Nachdruck, Darmstadt 1967

Bild 6: Die Ehrenwohnung, die H. Höffding von der Carlsberg-Stiftung zur Verfügung gestellt wurde; Rückansicht vom Garten

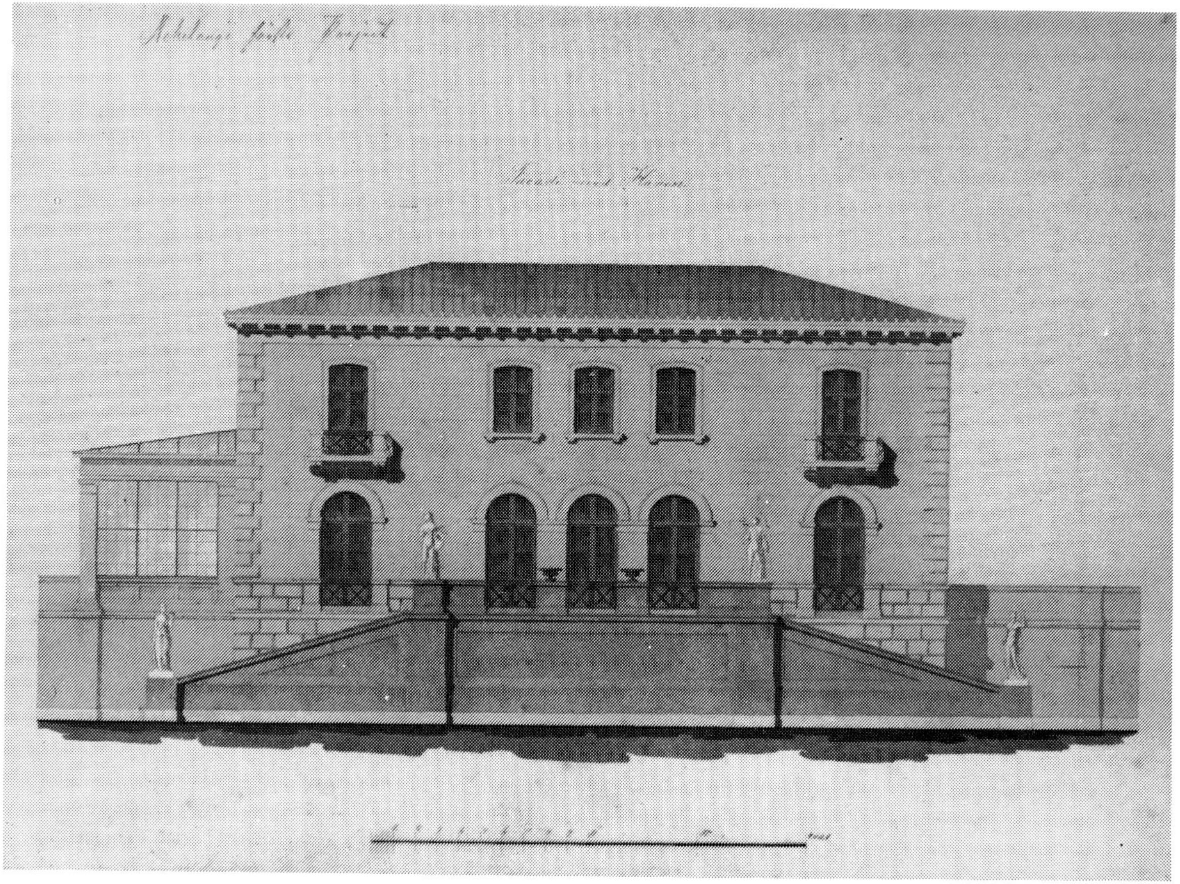

Bild 7: Die Villa des Bierbrauers J. C. Jacobsen als Projektplan (des Architekten Nebelung), die später H. Höffding als Ehrenwohnung diente

*Brief, Format 28,5 x 21,9 cm, 1 Blatt, insgesamt 2 Textseiten. Schwarze Tinte. Sehr flüssiges, gegen Ende gedrängtes Schriftbild. Gelbliches, schwach liniertes Papier.*

Kiel d. 19. Feb. 1923.
Niemannsweg 61.

Lieber Höffding. Mit inniger Rührung habe ich Ihren lieben Brief empfangen und am folgenden Tage einen Wertbrief von Prof. Brandt[4]. Ich nehme dankbar die Ehrengabe als einen Beitrag zur Versorgung unserer Kinder, denn unter den gegenwärtigen Umständen und in meinem Lebensalter muss man allerdings darauf bedacht sein ihre Zukunft - ich sage nicht zu sichern, das ist auch in normalen Zeiten nicht nur illusorisch, sondern garnicht erstrebenswert - (wol aber) für den Kampf des Lebens auszurüsten: und dazu gehören "Mittel", auch für die ideelle und moralische Seite. In diesem Sinne danke ich Ihnen und den gütigen Mitgönnern. Der Tag an dem Ihr Brief eintraf (14) war auch sonst ein bedeutsamer Tag. Es war Franziskas Geburtstag (23) die sich immer gern Ihrer Gastfreundschaft erinnert und für Ihr Gedenken stets erkenntlich ist. Um Mittag teilte sie ihren Eltern mit, dass sie schon seit einigen Tagen eine verlobte Braut sei. Der junge Mann, Rudolf Heberle[5], steht im Begriff, seinen Doktor als "Sozialökonom" zu machen, er ist auch seit 2 Jahren mein eifriger Schüler in Soziologie; auch sonst philosophisch interessirt. Da er entschieden brav und intelligent ist - auch dass er aus Lübeck stam̄t (sein Vater Oberlehrer dort) macht ihn uns sympathisch - so hegen wir alles Vertrauen zu dem Wert des künftigen Schwiegersohns, nur für seine Gesundheit bin ich ein wenig besorgt, er war im Kriege nur zum Landsturm gezogen, meine Sorge ist mitverursacht durch das Erlebnis, dass 2 meiner Schwestern junge Witwen

[4] BRANDT, Frithiof <1892 - 1968>, Philosoph, beachte zu HÖFFDING folgende Schriften BRANDTs: H. Høffding (75 Aar)., in: Politikens Kronik 1918, 11. Marts.; Høffdings sidste Bog: Spinoza's Ethica (1918), in: Nordisk Tidsskrift, 1919, S. 24 - 34; Et Tiaar (Harald Høffding. 80 Aar), in: Tilskueren, 1923, I, S. 198 - 201; Høffding: Den nyere Filosofis Historie. III. Udg. 1921, in: Politikens Kronik, 1922, 10. Oktober; To Bøger om Platons Stat (Hartvig FRISCH, Harald Høffding), in: Tilskueren. 1925, I, S. 322 - 329; Harald Høffdings Minde, in: Politiken, 1931, 5. Aug.; Harald Høffding (Nekrolog), in: Archiv für Geschichte der Philosophie, 1931, XL, 3. Heft, S. 361 ff.; Harald Høffding in memoriam, hrsg. von Frithiof BRANDT, Jørgen JØRGENSEN, Victor KUHR, Kbn. 1932. Siehe auch acht Briefe an TÖNNIES und einen an Marie Tönnies (besonders den Brief vom 22. 11. 1925, der einen ausführlichen Kommentar zu Tönnies' 'Hobbes-Buch' darstellt.) im T-N.

[5] Rudolf HEBERLE, der spätere Schwiegersohn Tönnies', Dr. rer. pol. Dr. phil. h. c. Dr. jur. h. c., war zuletzt Professor für Soziologie an der Louisiana State University; er lebt z.Zt. in Baton Rouge, USA. HEBERLE trat mit mehreren Veröffentlichungen als sachkundiger Kenner des TÖNNIESschen Oeuvres hervor; siehe z. B.: The Sociology of Ferdinand Tönnies, in: American Sociological Review, 2, 1937, p. 19 - 25; The Sociological System of Ferdinand Tönnies, in: H. E. BARNES (ed.), An Introduction to the History of Sociology, Chicago 1948; Ferdinand Tönnies und die sozialen Bewegungen, in: Soziale Welt, 10, 1955, S. 1 - 7; Das Theorem Gemeinschaft und Gesellschaft in der Soziologie der politischen Parteien, in: Kölner Zeitschrift für Soziologie und Sozialpsychologie, 7, 1955, S. 426 - 442; weitere Titel in: Rolf FECHNER, Sekundärbibliographie in alphabetischer und chronologischer Folge zum Werk Ferdinand Tönnies, Band 1 der Materialien der Ferdinand-Tönnies-Arbeitsstelle, Hamburg 1986[2]. Auch viele seiner soziologischen Untersuchungen erfolgten im Sinne von TÖNNIES' Idee der Soziographie; beachte besonders: Landbevölkerung und Nationalsozialismus. Eine soziologische Untersuchung der politischen Willensbildung in Schleswig-Holstein 1918 - 1932, Stuttgart 1963.

wurden und dadurch ein schweres Schicksal hatten, die eine starb vor 1 Jahre, die andere vor 3 Jahren. Erscheinungen, die unsere Seele erschütterten, sehen wir leicht als Gespenster wieder. Die jungen Leute kennen sich schon seit bald 3 Jahren und sind seit einem Jahre immer mehr Freunde geworden. - Unser ältester Sohn, der in der Gefangenschaft war, hat im December sein 2tes "Verbandsexamen" als Chemiker bestanden und ist jetzt unter Diels[6] (dem Sohne des Philologen) fleissig bei seiner Doctor-Arbeit. Der jüngste wird am Sonntage Palmarum konfirmirt. Er hat voraussichtlich noch 3 Jahre bis er Student wird; interessirt sich stark für Politik und neuere Geschichte. Wirkungen der Erlebnisse seiner Kindheit. Franziska ist Schülerin einer sozialen Wohlfahrtsschule hier geworden, sie will ein Examen für den Beruf der Sozialbeamtin machen, den sie vielleicht ja auch als Ehefrau ausüben kann - wenn anders sie im Lande bleiben können, was aber recht zweifelhaft ist. Sie sprechen sogar von - China. Es sind einige Chinesen hier, wir hatten davon 2 als Gäste am Jul-Abend bei uns. Die Schule nimmt Franziska so in Anspruch, dass für mich leider nicht viel Zeit übrig bleibt, ich vermisse ihre Hülfe sehr. - In diesem Winter habe ich mich viel mit Ihren neueren Schriften beschäftigt, von den erken̄tnistheoretischen habe ich nur die "Relativität" mir noch nicht gehörig zu eigen gemacht. Sehr wert sind mir schon früher (durch d. hies. Univ. Bibliothek) die "Ledende Tanker" geworden, die ich von neuem las. Sie stehen da auf einer hohen Warte, wofür, ausser dem Umstande, dass Sie selber zu den Leitgedanken beigetragen haben, Ihr Alter und Ihre Nationalität günstig wirken. Sie sind mehr in der Lage, als ein Staatsangehöriger der grossen Nationen, diese gerecht zu würdigen, und doch der kleinen nicht zu vergessen, wozu jene im̄er geneigt sind. Auch das Humor-Buch habe ich mir erst jetzt recht zu eigen gemacht und viele Anregung daraus geschöpft. Ich werde noch darauf zurückkom̄en. "Parmenides"[7] brachte mir ja meine Tochter von Ihnen mit; ich habe ihn aber noch nicht studirt. Plato[8] liegt mir jetzt zu ferne. Dagegen hat mich Herr Fr. Brandt durch sein vorzügliches Buch[9] auf Hobbes zurückgebracht, wenn auch nur indem ich im Lesen seines Buches allmälich fortschreite. Ich werde ihm noch in dieser Woche darüber schreiben. Vor etwa 5 Monaten wollte ich Ihnen mein neues Buch "Kritik der öffentlichen Meinung" zugehen

---

6 *Diels*, Otto <1876 - 1954>, seit 1916 ord. Professor und Direktor des Chemischen Instituts der Kieler Universität, Nobelpreis 1950.

7 H. *Höffding*, Bemaerkninger om den platoniske dialog Parmenides, Kbn. 1920, 61 S.

8 *Plato* <427 - 347 v. Chr.>, griech. Philosoph, berühmt durch seine Ideenlehre, gilt als Begründer der Metaphysik. *Tönnies* verhielt sich nicht immer so reserviert gegenüber der Beschäftigung mit der Philosophie *Platos*; so galt seine Antrittsvorlesung Platos Staat, die stark auf der Auseinandersetzung mit C. *Nohles* Buch 'Die Staatslehre Platons in ihrer geschichtlichen Entwicklung', Jena 1880, aufbaute (siehe seine Rezension, in: Philosophische Monatshefte, 1882, Bd. 18, S. 76 - 85).

9 F. *Brandt*, Den mechaniske Naturopsfattelse hos Thomas Hobbes, Kbn. 1921; die in englisch erschienene Auflage von 1928 (Thomas Hobbes' Mechanical Conception of Nature), rezensierte *Tönnies* 1932, in: Kant-Studien, 37. Jg., S. 165; bereits in der 3. Aufl. seiner eigenen Hobbes-Monographie hatte er *Brandts* Werk schon verwertet (siehe dort S. 26 und Anmerkungen). Beachte auch die 10 Briefe *Brandts* an *Tönnies* im T-N Cb 54.56.

lassen. Das Ausw. Amt in Berlin hatte es übernom̄en dies und einige andere Exx. durch die Missionen zu vermitteln (da es sonst sehr umständlich und kostspielig ist, Bücher ins Ausland zu schicken), ich fühle mich aber garnicht sicher, ob das richtig vollzogen wurde. Wenn Sie das Exemplar nicht erhalten haben, wollen Sie dann so gut sein einmal bei der Deutschen Gesandtschaft anzuläuten; wenn man dort von nichts weiss, so teilen Sie es mir bitte durch eine Zeile mit. - Ich freue mich recht darauf, Ihre Selbst-Skizze mit Bildniss zu empfangen. Ob ich auch Ihre Gesamt-Selbstbiographie erleben werde, ist mir recht zweifelhaft. Ich bin ja dem "Alter des Staates"[10] wie Sie es nennen, auch recht nahe gekom̄en! - Ihre "Analogie" ist nun wohl schon "gestiegen", wie unsere Studenten sagen. Macte virtute! In treuer Anhänglichkeit und von Herzen dankbar, bin ich, verehrter Freund, der Ihre

Ferdinand Tönnies.

*Brief, Format 28,4 x 22 cm, 1 Blatt, mittig gefaltet und fortlaufend Vorder- und Rückseite beschrieben, insgesamt 3 Textseiten im halben Blattformat, dabei Randbeschriftung auf Seite 2 unten. Schwarze Tinte. Flüssiges Schriftbild mit 1 Einfügung und 1 Korrektur. Gelbliches, kariertes Papier.*

Kiel, d. 9. März 1923.
Niemannsweg 61

Lieber Freund Höffding.

Gern gedenke ich des Festes das ich vor 10 Jahren mit Ihnen verleben durfte: der anmutenden Stunden im gastlichen Hause Ihres Neffen, des grossen Aufzuges Ihrer Studenten, des Abends, den wir - Prof. v Brockdorff[11] und ich - dann noch mit Ihnen zubrachten. Furchtbare erschütternde Begebenheiten, die 16 Monate später begannen und bis zum gegenwärtigen Tage fortdauern, haben wie ein moralisches Erdbeben und eine ungeheure Feuersbrunst den Erdball durchwogt. Für unser Land sind es Jahre schwerster Prüfung und unermesslicher Trübsal gewesen und ein Ende davon werde ich nicht erleben. Meine engere Familie ist nicht unmittelbar davon betroffen worden. Doch habe ich - nicht nur durch den Verlust lieber Schüler und Verwandten - tief darunter gelitten und leide tief, auch zur gegenwärtigen Stunde, ohne dass "die edle Treiberin, Trösterin, Hoffnung", sich naht+). Um so lieber kehre ich nun meine Ge-

---

*10* beachte zu dieser rätselhaften Formulierung auch den Brief vom 13. 2. 1923.

*11* ***Brockdorff***, Cay Baron von <1874 - 1946>, Philosoph, seit 1921 Professor in Kiel, förderte besonders die Hobbes-Forschung; beachte seine Schriften: Hobbes im Lichte seiner didaktischen und pädagogischen Bedeutung, Kiel 1919; Hobbes als Philosoph, Pädagog und Soziologe, Kiel 1920$^{2}$.

danken wieder zu Ihnen, und freue mich, dass es noch Stätten gibt, die von dem unermesslichen Elend, das in unseren Gassen kauert, verhältnismäßig wenig berührt werden. Wie würde es mich erfreuen, Ihnen meine Glückwünsche persönlich zu überbringen! Fata non sinunt. Aber ich werde in Gedanken am Sonntag bei Ihnen verweilen, möge er als ein sonniger Frühlingstag in Ihr Leben scheinen, und dazu mitwirken, dass es noch lange daure und noch ferner Früchte trage; mögen Sie, von Kindern, Enkeln, Schülern, Freunden und Collegen umgeben, des bisherigen Ertrages eines arbeitsreichen Lebens sich erfreuen und wie bisher, mit ruhigem Auge in die Zukunft schauen. Ich habe in diesem Winter - sonst mit ganz anderer Arbeit beschäftigt - oft und eifrig in Ihren neueren Büchern gelesen und darüber einen kleinen, aber zugleich auch einen grösseren Bericht erstattet.[12] Der kleine wird, wie ich annehmen darf, in Politiken und auf deutsch in der Kieler Zeitung, vielleicht auch anderswo erscheinen. Ob und wo der grössere gedruckt wird, weiss ich bisher noch nicht. Ich habe mit Liebe daran gearbeitet, und mit einiger Wehmut, dass mir meine allzuvielen anderen Gegenstände des Denkens nicht gestatten, der philosophischen Betrachtung (engeren Sinnes)[13] so viele Zeit zu widmen, wie ich möchte. Jenen meinen Gegenständen stehen die Ledende Tanker am nächsten und sind mir auch dadurch besonders wert geworden.

Meine liebe Frau und meine Kinder schliessen mit herzlichsten Gratulationen sich mir an. Franziska wird noch ein paar Zeilen selber schreiben. Ihr jüngster Bruder - er hatte als Sie bei uns in Eutin waren, noch nicht das Licht geschaut - wird am Sontage Palmarum konfimirt, dann haben wir also 5 erwachsene Kinder.

In treuem Gedenken und innig ergebener Freundschaft
der Ihre Ferdinand Tönnies.

+) Ich bitte dies <u>nicht</u> auf die augenblickliche politische Lage zu beziehen. Aber eine wirkliche moralische und politische Genesung Deutschlands und Europas wage ich nicht mehr zu erhoffen.

---

[12] F. TÖNNIES, Harald Höffding. Zum 80. Geburtstag am 11. 3. 1923, in: Deutsche Allgemeine Zeitung vom 11. 3. 1923. Der andere Artikel ist fraglich.

[13] Klammerausdruck später eingefügt

*Dieser Brief bildet die 4. Seite des obigen Briefes von Ferdinand Tönnies. Flüssiges, akkurates Schriftbild, das gegen Ende etwas gedrängt erscheint. Schwarze Tinte.*

9. März 23.

Verehrter lieber Herr Professor,

Auch ich sende Ihnen meine herzlichen Glückwünsche für den seltenen Geburtstag. Meine Erinnerung an Ihr gastliches Haus ist zwar nicht so alt wie die meines Vaters, aber ebenso schön. Als mein Vater mir seinen Bericht über den "grossen Humor" diktierte, habe ich immer daran gedacht mit Wünschen, dass Ihnen Ihre Kraft und Gesundheit erhalten bleiben möge. -- Ich besuche seit dem Herbst die Wohlfahrtsschule hier in Kiel, um nach zweijährigem Besuch mein Sozialbeamtinnen-Examen zu machen. Dadurch musste die Tätigkeit bei meinem Vater leider sehr eingeschränkt werden - das war nicht leicht für uns beide. Aber meine neue Arbeit, die teils praktisch ist, macht mir Freude und ich lerne viel. Mit herzlichen Grüssen auch für Ihre Familie

Ihre ergebene
Franziska T.

*Brief, Format 28,1 x 21,8 cm, 1 Blatt, insgesamt 1 Textseite mit geringem Rand. Schwarze Tinte. Flüssiges, flüchtiges Schriftbild mit geringen Korrekturen. Gelbliches, kariertes Papier.*

Carlsberg d. 23. März 1923

Lieber Tönnies! Herzlichen Dank für Ihre Glückwünsche und für die Art und Weise, in welcher Sie in in einer schwedischen Zeitung über meine Arbeiten gesprochen haben[14]. Besonders froh war ich über Ihre eingehende Analyse des Humorbuches. - Es war ein schöner Tag für mich, und ich konnte ihn in voller Gesundheit feiern. Die Universität hatte mich eingeladen, eine öffentliche Vorlesung zu halten, und am 14. März war dann die Aula von einer grossen Versammlung gefüllt. Der Rektor hielt eine schöne und warme Rede, die mich tief ergriff, und dann wurde ich, als ich den Katheder bestieg, mit langwierigem Beifall empfangen. Ich war gut aufgelegt und gab eine Übersicht über die leitenden Gedanken meiner Unterricht- und meiner Verfasserwirksamkeit. - Es ward eine festliche Abschliessung meiner Universitätswirksamkeit. - Mehrere Festlichkeiten folgten, und erst jetzt habe ich mich völlig ausgeruht.

[14] siehe Brief vom 9. 3. 1923.

Eine Abhandlung über Analogie ist im Druck, und ich denke, sie selbst ins Deutsche zu übersetzen.[15] - Ich habe jetzt die zweite Korrektur der 'Selbstdarstellung' gelesen, und sie wird gewiss bald erscheinen.

Ich bitte Sie, Ihre werte Frau und Fräulein Franziska zu grüssen, und ganz besonders die letztgenannte für Ihre freundlichen Zeilen zu danken. Und so bleibe ich in alter Hingebung und Freundschaft Ihr ergebener

Harald Höffding

*Brevkort an "Herrn Professor Dr. Harald Höffding", Format 14 x 9 cm, Vorder- und Rückseite beschrieben. Schwarze Tinte. Flüssiges Schriftbild.*

Kiel 9 Okt 1923
Niemannsweg 61

Lieber Höffding! Der Rat der Deutschen Gesellschaft für Sociologie[16] hat in seiner Sitzung vom 29. September d J. beschlossen, Sie zu bitten, ihr die Ehre zu erweisen, ihr "korrespondirendes Mitglied"[17] zu werden. Mit dieser Würde ist das Recht verbunden, an den "Soziologentagen" redend teilzunehmen (der nächste soll im Oktober 1924 in Heidelberg stattfinden[18]), auch Untersuchungen anzuregen und zu fördern. Förmliche Pflichten sind nicht damit verbunden. Geschäftsstelle Köln Claudiusstr 1.

Als Präsident der Gesellschaft freue ich mich, Ihnen diese Mitteilung zu machen.

Uns geht es, trotz der Zeiten Armut, Schmach und Gram gut. Unser ältester Sohn ist von einer Reise nach N York die er als Kochmaat auf der "Thuringia"

---

[15] Harald HÖFFDING, Begrebet Analogi, a.a.O.

[16] Die Deutsche Gesellschaft für Soziologie wurde 1909 gegründet als Abspaltung vom Verein für Sozialpolitik, der seit seiner Gründung 1872 ein pragmatisches Konzept von Sozialwissenschaft verfolgte; die neue Gesellschaft verfolgte dagegen ein Konzept von 'reiner Wissenschaft'. TÖNNIES war gleich in das Präsidium gewählt worden und gehörte diesem Gremium auch weiterhin seit der Wiederbelebung der Gesellschaft nach dem Kriege und bis zur dubiosen 'Auflösung' der Gesellschaft im Dritten Reich an.

[17] Erstmalig wurde im Satzungsentwurf vom 29. 9. 1923 beschlossen, daß auf dem Gebiete der Sozialwissenschaften bewährte Gelehrte des Auslandes zu korrespondierenden Mitgliedern gewählt werden können. Diese neue Regelung, die die Anzahl der korresp. Mitglieder auf 30 festlegte, wurde dann im endgültigen Statut der DGS ohne Mengenbegrenzung aufgenommen.

[18] Der vierte Deutsche Soziologentag fand 1924 in Heidelberg statt, Schwerpunkte waren die Themen 'Soziologie und Sozialpolitik' und 'Wissenschaft und soziale Struktur'.

gemacht hat, gesund u heiter heimgekehrt.

Mit herzlichen Grüssen, auch von m. Frau u. Kindern
der Ihre
Ferdinand Tönnies.

*Brief, Format 28,4 x 21,9 cm, 1 Blatt, insgesamt 1 Textseite mit geringem Rand. Schwarze Tinte. Flüssiges, etwas krakeliges Schriftbild mit geringer Gliederung; wenig Korrekturen und 1 Streichung. Gelbliches, kariertes Papier.*

Carlsberg
Kopenhagen (Valby)
11. Okt. 1923

Lieber Tönnies!

Es ist mir eine Ehre und Freude, korrespondirendes Mitglied der deutschen Gesellschaft für Soziologie[19] zu werden, und ich bitte Sie und Ihre Kollegen meinen aufrichtigen Dank für die Auszeichnung zu empfangen. Der Sociologie gegenüber bin ich mehr empfangend als gebend gewesen; in so weit ist die Auszeichnung unverdient, aber aus demselben Grunde ist es mir besonders wertvoll in Verbindung mit der Gesellschaft für Soziologie[20] zu kommen.

Ich hoffe, dass eine Abhandlung über den Begriff der Analogie in nächstem Frühling in deutscher Übersetzung erscheinen wird. Zwei frühere erkenntnistheoretische Aufsätze (über Totalität und Relation) werden bald in französischer Übersetzung erscheinen. Ich habe mich jetzt zu Platon zurückgezogen und arbeite an einer "Analyse und Charakteristik" der Bücher vom 'Staate'[21]. Ich kann noch nicht manum de tabula ziehen. Aber lange kann es nicht mehr dauern.

Mit herzlichen Grüssen an Sie und die Ihrigen
Ihr aufrichtig ergebener
Harald Höffding

19 Im Wort *Soziologie* ist das *c* nachträglich in *z* korrigiert worden.

20 ebenso korrigiert (siehe FN 19).

21 H. HÖFFDING, Platons Bøger om Staten. Analyse og Karakteristik, a.a.O., siehe auch oben, S. 156.

*Brief, Format 28,2 x 21,8 cm, 1 Blatt, insgesamt 1 Textseite mit gedrucktem Briefkopf. Schreibmaschine, Adresse in blauer Tinte. Handschriftlicher Zusatz am Ende in schwarzer Tinte. "Präsident" und "Adresse" im Text handschriftlich eingefügt mit blauer Tinte (wahrscheinlich von L. v. Wiese). Hellbräunliches, dichtes Papier.*

Forschungsinstitut
für Sozialwissenschaften
(Soziologische Abteilung)

Köln, den ... Mitte Dezember 1923
Claudiusstraße 1.
Telefon Nr. A 5927.

Deutsche Gesellschaft für Soziologie

Herrn o. Professor Harald Höffding, Kopenhagen, Carl Bernhard-Vej 15 V.[22]

Sehr verehrter Herr Kollege,

die Unterzeichneten beehren sich Sie davon in Kenntnis zu setzen, daß Rat und Ausschuß der Deutschen Gesellschaft für Soziologie einstimmig beschlossen haben, Ihnen die korrespondierende Mitgliedschaft bei unserer Gesellschaft anzubieten.

Die korrespondierenden Mitglieder haben das Recht, an den wissenschaftlichen Verhandlungen der deutschen Soziologentage aktiv teilzunehmen, sowie Untersuchungen anzuregen und zu fördern. Förmliche Pflichten bestehen für sie nicht.

Ihr an den Präsidenten[23] gerichtetes Schreiben brachte uns bereits Ihre Zusage, sodaß wir die Ehre haben, Sie von jetzt ab in den Listen unserer Gesellschaft als korrespondierendes Mitglied zu führen. Wir bestätigen dies hierdurch.

Mit vorzüglicher Hochachtung
ergebenst

Ferdinand Tönnies als Präsident — Eckert[24] als Schatzmeister — Wiese[25] als Schriftführer
der Deutschen Gesellschaft für Soziologie.

---

[22] Diese Zeile ist handschriftlich eingefügt.

[23] 'Präsident' ist handschriftlich eingefügt.

[24] *Eckert*, Christian <1874 - 1952>, Staatswissenschaftler, Verwaltungsdirektor des Forschungsinstituts für Sozialwissenschaften in Köln, Studiendirektor der Kölner Handels-Hochschule und deren erster Rektor 1919/1920 nach der Erweiterung zur Universität, Vizepräsident der Akademie der Wissenschaften und Literatur, Mitherausgeber der Kölner Vierteljahreshefte für Soziologie und anderer Fachzeitschriften, Oberbürgermeister von Worms 1946 - 1949.

[25] *Wiese* und Kaiserswaldau, Leopold von <1876 - 1969>, Professor an der TH Hannover und der Kölner Universität; als Direktor der soziologischen Abteilung des ersten sozialwissenschaftlichen Forschungsinstituts in Deutschland (Köln), als Herausgeber der Kölner Vierteljahreshefte für Sozialwissenschaften bzw. für Soziologie (u.a. zusammen mit C. *Eckert*) und Schriftführer der DGS hatte *v. Wiese* eine Schlüsselstellung für die Entwicklung der Soziologie in Deutschland inne.

<handschriftlicher Zusatz zu diesem Brief von Tönnies:>

Lieber Höffding. Eben empfange ich dies zur Unterschrift u Versendung. Ich freue mich, einen herzlichen Weihnachtsgruss und ein Glückauf! zum neuen Jahre damit zu verbinden. Heiter sieht es wahrlich nicht aus. Für uns scheint es das allerdüsterste[26] werden zu sollen. Indessen, es kōm̄t ja zuweilen "ganz anders".

Die Meinen lassen freundlich grüssen.
Ihr
F. T.

Mit Dank für die letzten Sachen, die ich erhalten habe!

Kiel d. 20 Dec. 1923.

---

26 *TÖNNIES* bezieht sich wahrscheinlich auf die Bedrohung der Reichseinheit und den 'Ruhrkampf'; der sich damals als Reaktion auf die französische Ruhrbesetzung entwickelt hatte. Die Reichseinheit schien im Zuge dieser Ereignisse durch Pläne zur Gründung eines separaten Rheinstaates vorübergehend gefährdet.

*Brief, Format 28,2 x 21,6 cm, 1 Blatt, mittig gefaltet und fortlaufend Vorder- und Rückseite beschrieben, insgesamt 4 Textseiten im halben Blattformat und großen Rändern oben und unten. Schwarze Tinte. Flüssiges Schriftbild. Gelbliches Papier.*

Kiel d. 30. Mai 1924.
Niemannsweg 61

Lieber Höffding!

Ihre Abhandlung über den Begriff der Analogie habe ich zu meiner Freude vorgefunden, als ich von einer längeren Reise die ich mit meiner Frau gemacht hatte, heimkehrte. Ich hatte mit Staatsunterstützung und mit einem Honorar, ds mir als Rapporteur in Aussicht gestellt war, unternommen, den internationalen Soziologen-Congress in Rom zu besuchen[1], wir haben dann auch noch der Eröffnung des Philosophen-Congresses in Neapel[2] beigewohnt und einen Ausflug nach Pompeji mitgemacht; leider fehlte uns Zeit und Geld um länger zu verweilen. Neapel und Pompeji waren auch mir neu; Rom, Florenz, Siena u. andere Orte hatte ich im Jahre 1887 kennen gelernt. Für meine Frau war es die erste Auslandreise überhaupt. Sie hat nun doch auch einen Blick ins Tyrol - wo die deutschen Städte Bozen, Meran, Brixen jetzt unter die fasces geraten sind, wie Tondern und Hoyer unter den Danebrog[3] -, und auf der Rückreise einen ebensolchen in die Schweiz tun dürfen.

Ich habe nun noch etwas verspätet meine Semesterarbeit wieder begonnen. Meine Frau drängte, weil sie die Aussteuer unserer Tochter Franciska <sic> betreiben sollte. Am 6ten Juni soll nun die Hochzeit sein.

Ich freue mich von Herzen dass Ihre Schaffenskraft und Lust noch ungebrochen dauert. Zu der Studie über die Analogie werde ich noch öfter zurückkehren, da mir schon oft ihre Anwendung am Herzen gelegen hat, besonders auch die soziologische. Ich habe gerade meinen Studenten - in "Uebungen" - vorgetragen, dass Schäffle[4] in seinen letzten Schriften dagegen protestirt hat, zu

---

[1] 3. Kongreß des italienischen Instituts für Soziologie und soziale und politische Reformen vom 22. - 29. April 1924 in Rom. TÖNNIES' Referat unter dem Titel 'Begriff und Gesetz menschlichen Fortschritts' wurde veröffentlicht im Archiv für Sozialwissenschaften und Sozialpolitik, 1925, 53, S. 1 - 10; siehe auch "Ein Soziologenkongreß", in Frankfurter Zeitung vom 11. 6. 1924.

[2] V. Congresso internationale di filosofia, Neapel, 5. - 9. Mai 1924; TÖNNIES veröffentlichte in den Atti de V. Congresso internationale di filosofia dann die Arbeit 'Einteilung der Soziologie', 1926, S. 1 - 16, die bereits 1925 in der Zeitschrift für die gesamten Staatswissenschaften, Bd. 79, S. 1 - 15 erschienen war.

[3] TÖNNIES verweist hier auf die Grenzverschiebung nach dem Weltkrieg. Aufgrund des Versailler Vertrages fiel seinerzeit Südtirol an Italien und Nordschleswig durch Volksabstimmung an Dänemark.

[4] SCHÄFFLE, Albert <1831 - 1903>, dessen 'Bau und Leben des sozialen Körpers', 1875 - 1878, TÖNNIES sehr beeinflußte ("... ein unermeßlicher Reichtum, so kam mir vor", schrieb ihm PAULSEN am 25. 7. 1881 über SCHÄFFLEs Werk. Später, in seiner Selbstdarstellung, S. 213, formuliert Tönnies über das Werk kritisch: "... weil ich es entschieden ablehnte, ohne doch den Wert mancher Partien zu verkennen"), gehörte zu den für Tönnies wichtigen Autoren. Das Metaphorische des Organismus-Begriffes in seiner soziologischen Verwendung wurde ihm in der Auseinandersetzung mit SCHÄFFLE besonders deutlich. So konnte er durch die Abgenzung gegenüber

den "Organikern" gezählt zu werden; er habe im̄er nur auf Analogicca des "socialen Korpers" mit dem individuellen Organismus hinweisen wollen, niemals "Homologicca" behauptet.

In Anknüpfung daran werde ich den Jungen etwas aus Ihrer Schrift mitteilen. Auch ich bin mit Arbeiten und literarischen Plänen noch ganz ausgefüllt. Mit der Stellung die ich in der Gelehrtenrepublik, wenigstens der deutschen, jetzt einnehme, kann ich wohl zufrieden sein, wenn auch die einzige öffentliche Auszeichnung die ich empfing die gewesen ist, dass die Hamburger Fakultät mich zum Dr jur. h.c. ernannt hat. Wertvoller ist mir dass "Gemeinschaft und Gesellschaft", wenn nicht alle Zeichen trügen, eine gewisse Dauerhaftigkeit besitzen, wenigstens seinen Urheber eine Weile überleben wird. Von meinem Hobbes ist die dritte Auflage in Vorbereitung.

Wissen möchte ich ob Sie wol gelegentlich den gegenwärtigen deutschen Gesandten kennen gelernt haben? Ich kenne Herrn von Mutius[5] gut und schätze ihn als einen feingebildeten, philosophischen Mann.

Möge es Ihnen ferner wohl ergehen! Das schöne Wetter des Vorsom̄ers: Sonnenwärme durch Regen gemildert, wird auch Ihnen wohltun!

Mit herzlichen Grüssen, auch meiner Frau und Tochter,
stets Ihr treu ergebener
Ferdinand Tönnies.

---

*Schäffle* den methodologischen Individualismus seiner eigenen, auf den Willensbegriff sich gründenden soziologischen Theorie noch einmal befestigen.

5 *Mutius*, Gerhard von <1872 - ????>, deutscher Gesandter in Oslo 1918, Kopenhagen 1923, Bukarest 1926; beachte seine Briefe im T-N und seine Schriften, so: Die drei Reiche, ein Versuch philosophischer Betrachtung, 1916; Gedanke und Erkenntnis, Umriß einer Philosophie des Wertes, 1922; Wort, Wert, Gemeinschaft. Sprachkritische und -soziologische Überlegungen, 1929.

*Brief, Format 28,1 x 21,7 cm, 1 Blatt, Vorder- und Rückseite beschrieben, insgesamt 1 1/2 Textseiten, kaum Seitenrand. Schwarze Tinte. Flüssiges, etwas krakeliges Schriftbild mit einigen Korrekturen, Einfügungen und Streichungen. Gelbliches, dichtes Papier.*

Carlsberg
Kopenhagen (Valby)
D. 6. Januar 1925

Lieber Tönnies!

Eine freundliche Karte von Ihrer Tochter und Ihrem Schwiegersohn und die ebenso freundliche Zusendung Ihrer 'Soziologischen Studien'[1] haben mein Gewissen erweckt, weil ich so lange nicht geschrieben und Ihnen besonders nicht von meiner Heirat Kunde gegeben habe. Vor zwei Jahren traf ich meine jetzige Frau, und es war zuerst unser gemeinsames religionsgeschichtliches Interesse, das die nähere Bekanntschaft vermittelte. Während einer religiösen Krisis bin ich ihr vielleicht nicht ohne indirekte Hilfe gewesen. Nachdem sie ihr Kandidatenexamen in Stockholm (mit Literatur- und Religionsgeschichte als Hauptfächer) gemacht hatte, kam sie wieder nach Kopenhagen um eine Reise ins Ausland zu machen. Es ging aber so, dass wir im Oktober 1924 eine bürgerliche Ehe stifteten. Greta Ellstam[2] (wie ihr Name war) hat mir jetzt eine wahre Heimat, die ich so lange nicht gekannt habe, verschaffen, und nicht nur gemeinsame geistige Interessen, sondern ihr heiterer Sinn und ihr warmes Herz hat eine Lebenserneuerung für mich bewirkt. Sie ist darauf eingegangen, die wenigen Jahre, die mir noch vergönnt sein können mit mir zu teilen. - Sie werden Ihrem alten Freunde gegenüber auch in dieser Sache Verständnis und Sympathie fühlen. -

Ich setzte immer meine Arbeiten fort, besonders in erkenntnistheoretischer Richtung. Einen Abschluss werden diese Arbeiten vielleicht in einer Abhandlung über "Erkenntnistheorie und Lebensauffassung"[3], an der ich arbeite, finden. Gleichzeitig bereite ich die fünfte dänische Auflage meiner "Ethik" vor. Überhaupt habe ich die Freude, dass beinahe in jedem Jahre eine neue Auflage eines meiner Bücher notwendig ist.

Ich hoffe, dass für Sie und Ihre Familie alles gut ist, und spreche meine besten Wünsche für Ihr Haus für das neue Jahr aus.

Ihr ergebener Freund
Harald Höffding

---

[1] SSK, I. Sammlung, Jena 1925.

[2] Greta Sofia Maria *ELLSTAM*, geb. am 9. 6. 1900 in Iron Mountain, Mich., USA, gest. am 17. 8. 1930 in Roskilde, heiratete Harald *HÖFFDING* am 3. 10. 1924 in Kopenhagen.

[3] H. *HÖFFDING*, Erkendelsesteori og Livsopfattelse, Kbn. 1924, 123 S.; deutsch: Erkenntnistheorie und Lebensauffassung, Leipzig 1926.

*Brief, Format 29,7 x 18,9 cm, 1 Blatt, Vorder- und Rückseite beschrieben, insgesamt 2 Textseiten mit großen Rändern oben und unten. Schwarze Tinte. Flüssiges, etwas schiefes Schriftbild. Gelbliches, festes Papier.*

Kiel d. 12. Januar 1924 <1925>[4]
Niemannsweg 61.

Lieber Höffding.

Es war mir eine Freude, von Ihnen unmittelbar die Kunde von der grossen Veränderung Ihres Lebens zu vernehmen. Möge sie Ihnen noch eine schöne Reihe von Jahren beglückend und helfend dienen. Zuerst begrüsse ich nun Ihre Frau Gemalin, die meiner Seele so plötzlich aus völliger Fremdheit nahe gerückt ist. Ich stelle mir lebhaft vor, wie Ihr schöner Wohnsitz durch Frauenhand geziert an Anmut und Heiterkeit gewonnen hat.

Es freut mich auch dass unsere Tochter und Dr Heberle Ihrer gedacht haben. Franziska ist sehr glücklich in ihrer jungen Ehe, und auch wir schätzen ihren Mann sehr. Leider kann aber von einer gesicherten Basis ihres Familienlebens noch keine Rede sein. Da dies bei keinem unserer 5 Kinder der Fall ist, so habe ich das Haupt oft schwer von Sorgen. Immerhin hat unserer ältester Sohn vor 6 Wochen sein Dr Examen als Chemiker gemacht und wird wol im Sommer noch nach Amerika auswandern, um sein Levebró zu suchen. Einstweilen bemüht er sich in Berlin eine Anstellung für die Zwischenzeit zu finden, was aber in dieser Zeit sehr schwer hält. Ich werde ihn sehr vermissen, und möchte ihn viel lieber mehr in der Nähe behalten, zumal da auch unsere Tochter dort lebt wo für uns schon der "ferne Osten" anfängt.[5] Eine lange lange Reise daher und dahin.

Prof. Brandt, mit dem ich zuweilen einen Brief wechsle wegen der Hobbes-Studien[6] - meine Monographie wird demnächst in 3. Auflage herauskom̄en[7] - schrieb mir neulich auch von Ihren Arbeiten, dass diese einen munteren Fortgang nehmen: "stadig klart og kraftigt".[8] Auch schrieb er: Prof. H. .... gaar omkring med lette elastike skridt".[9] - "Und so fortan"[10] pflegte Goethe im Alter zu schreiben.

[4] Obwohl der Brief im Original und in der maschinenschriftlichen Abschrift vom '12. Januar 1924' datiert ist, kann dieses Datum nicht stimmen. Wie Rudolf HEBERLE in einem Brief vom 26. 5. 1989 mitteilte, war er 1924 noch nicht mit TÖNNIES' Tochter Franziska verheiratet gewesen; sein Schwager Gerrit TÖNNIES wanderte auch erst im Sommer 1925 aus. Der Bezug dieses Briefes zum Brief von HÖFFDING vom 6. 1. 1925 läßt eine Datierung von 1924 vollends unwahrscheinlich erscheinen.

[5] Rudolf HEBERLE lebte zwischen 1923 und 1926 in Königsberg, wo er an der dortigen Universität Assistent und Repetent am Institut für Ostdeutsche Wirtschaft war.

[6] siehe 10 Briefe von BRANDT im T-N.

[7] Die 3. Aufl. erschien 1925 in Stuttgart, 316 S.

[8] Übersetzung: immer noch klar und kräftig.

[9] Übersetzung: geht umher mit leichten, elastischen Schritten.

[10] Bevorzugter Briefschluß GOETHEs in seinen späten Jahren.

Ich selber stehe nun auch schon im 70sten Lebensjahr, aber dass ich mich alt fühle kann ich nicht sagen. Auch sagen mir viele, dass ich keineswegs alt wirke. Jedenfalls bleibe ich fähig und willig zu arbeiten und ich glaube auch dass mir noch einiges gelingen wird.

Meine Frau verbindet mit mir ihre herzlichen und sympathischen Glückwünsche für Sie und Frau Höffding!

Mit den verbindlichsten Grüssen
bin ich Ihr aufrichtiger Freund
Ferdinand Tönnies.

*Dieser Brief ist nur als Negativkopie in der Schleswig-Holsteinischen Landesbibliothek vorhanden.*

Carlsberg
Kopenhagen (Valby)
24. Juli 1925

Empfangen Sie, lieber Tönnies, zu Ihrem 70jährigen Geburtstage meinen herzlichen Glückwunsch und meinen innerlichen Dank für alles, was ich Ihren Schriften und Ihrer Persönlichkeit verdanke. "Gemeinschaft und Gesellschaft" steht immer in meinen Augen als eines der am meisten zentralen Werke der neueren Soziologie. Und dann Ihre trotz allen schwierigen Verhältnissen treue Wirksamkeit für das soziale Ideal, das Sie in der Ferne sehen, aber dem Sie in Ihrer Arbeit für die nächsten Probleme als Leitstern folgen! Ihre feine, stille und tiefe Persönlichkeit hat in mir immer, wo wir uns auch begegneten (in Schweiz, in Amerika, in Kopenhagen oder in Eutin), herzliche Sympathie erweckt.

Trotz der 70 Jahren betrachte ich Sie doch als einen Jüngling, und ich hoffe auf lange Zeit für Ihre treue Arbeit mit für Ihr Leben mit den Ihrigen. Ich vergesse niemals die Tage, die ich in Eutin Ihr tägliches Leben teilen konnte, und benutze diese Gelegenheit Ihrer Frau Gemahlin und Ihren Kindern meinen besten Gruss zu schicken.

In treuer Freundschaft
Ihr ergebenster
Harald Höffding

*Brief, Format 28,4 x 22 cm, 1 Blatt, Vorder- und Rückseite beschrieben, insgesamt 2 Textseiten. Schwarze Tinte. Flüssiges Schriftbild mit 1 Korrektur. Gelbliches, liniertes Papier.*

z. Zt. Schloss Assenheim (Oberhessen)
d. 2. September 1925.

Lieber Höffding,

Zuvörderst will ich meinem verehrten alten Freunde auch individuellen und innigen Dank dafür sagen, dass Sie meines Geburtstages freundlich gedacht haben. Ihr Gruss rief mir lebhaft die Kopenhagener Tage des Jahres 1913 ins Gedächtniss zurück. Eine gewisse Aehnlichkeit lag auch darin, dass auch mir zu Ehren ein Diner gegeben und ein Fackelzug gebracht wurde - jenes versam̄elte aber nur Herren (im "Wissenschaftlichen Klub" der zum Institut für Weltwirtschaft[11] gehört), und der Fackelzug wurde nicht von Studenten, sondern vom Volke, nämlich vom "Reichsbanner Schwarz-rot -gold"[12] gebracht. Beides am Vorabend; der Abend selbst wurde durch einen Commers gefeiert, zu dem Collegen und Freunde auch von auswärts gekom̄en waren und der auch eine grosse Zahl von "Kommilitonen" vereinte. Wenn ich dazu die vielen Briefe, Telegramme, Artikel in Zeitungen und Zeitschriften[13] rechne, so habe ich alle Ursache mit diesem Erfolge meines Lebens zufrieden zu sein. Etwas befremdet, wenn auch nicht gewundert, hat mich aber, dass meiner Verdienste um Hobbes und dadurch um die Geschichte der Philosophie nirgends Erwähnung geschehen ist. Aus England und Amerika, ausser dem Briefe einer Freundin, eines Freundes und eines Schülers, kein Hauch. In Deutschland hat die Kant-Gesellschaft, obgleich ich ihr nicht angehöre, eine Ehrung beabsichtigt[14], scheint aber damit nicht fertig geworden zu sein. - Ich schreibe dies Ihnen, weil ja durch Ihre Geschichte der neueren Philosophie weiten Kreisen bekannt geworden ist was ich für Hobbes geleistet habe.

Indessen die unmittelbare Veranlassung meines heutigen Schreibens ist eine andere. Friedrich Paulsen's Tochter Grete[15], war jetzt 4 - 5 Wochen bei uns in Kiel als Hausbesuch. Sie ist eine sehr tüchtige Porträtmalerin, und weilt als solche jetzt beim "Consul Brockmann" in Reinbeck bei Hamburg. Von da schreibt sie mir (was ich schon wusste), dass sie grosse Sehnsucht nach dem Norden, und besonders nach Kopenhagen hat, wo sie Aufträge zu erhalten hofft. "Ich

---

11 Bernhard HARMS, der Direktor des Instituts hatte sich seinerzeit maßgeblich dafür eingesetzt, daß TÖNNIES Ordinarius in Kiel werden konnte. Beachte B. HARMS' Typoskript: Ferdinand Tönnies. Tischrede, gehalten zum siebzigsten, überreicht zum achtzigsten Geburtstage - 20. Juli 1925 und 1935, T-N, Cb 54.16:04.

12 Der Bundesvorstand des Reichsbanners Schwarz-Rot-Gold, Bund der republikanischen Kriegsteilnehmer e. V., ernannte TÖNNIES zum Ehrenmitglied (T-N, Cb 54.17.26).

13 Besonders die Kölner Vierteljahreshefte für Soziologie würdigten TÖNNIES mit einem 'Tönnies-Band' (Band 5, 1925/26).

14 In den Kant-Studien, 30, 1925 ist eine Arbeit von Alfred VIERKANDT veröffentlicht, die als eine Würdigung verstanden werden kann: Ferdinand Tönnies' Werk und seine Weiterbildung in der Gegenwart. Gedenkworte zu seinem siebenzigsten Geburtstag, S. 299 - 309.

15 Beachte zu Grete PAULSEN die Briefe im T-N.

könnte es (nämlich in Kopenhagen einen Aufenthalt nehmen) natürlich nur in der Form, dass ich Freiwohnung hätte, und dass ich eine sicher hätte im voraus". Sie bittet mich "bei Prof. Höffdings anzufragen ob ich - etwa gegen Ausführung eines Porträts - bei ihnen eine Zeitlang wohnen und existiren könnte". "Das wäre ja einfach herrlich". - Für meine Tochter würde ich nicht wagen, einen so kühnen Wunsch zu vermitteln. Für meine Pflegetochter - als solche betrachte ich sie als ihr Taufpate - tue ich es. D. h. ich gebe ihren Wunsch einfach weiter. Ob er erfüllbar ist, zweifele ich. Ihre Kunst wird glaub' ich mit Recht hoch geschätzt. Sie ist herzensgut, heiteren Temperaments, und stets beflissen sich nützlich zu machen. Mich ermutigt natürlich auch der Umstand dass Sie von Paulsen viel gehalten haben. Seine Tochter ist 44 Jahre alt, durch eine unlängst geschiedene Heirat (der Mann trug allein die Schuld und hatte sie auch allein) Schweizerin - Mutter von 3 Kindern die in der Schweiz leben; sie strebt nach einer Lebensstellung die ihr gestatten würde, die Kinder zu sich zu nehmen. Ihre gegenwärtige Adresse ist "Reinbeck bei Hamburg (Consul Brockmann)", wo sie aber, weil die Leute selber verreisen, nur bis zum 10. d. M. bleiben kann.

Immerhin fürchte ich, da Sie ohnehin vielen Hausbesuch haben, dass sie Ihnen zu viel zumutet. Für nicht ganz ausgeschlossen halte ich aber dass Sie selber oder Ihre Frau Gemalin (der ich mich bestens zu empfehlen bitte) ein anderes Haus wissen, das bereit wäre für die Gegenleistung einer Porträtirung - etwa von Frau und Kindern - die Malerin für eine Weile aufzunehmen. Ihre Leistungen wurden in Kiel u.a. von unserem Kunstprofessor Haseloff[16], sehr günstig beurteilt. Sie hat auch mich gemalt, und meinen 80jährigen Freund Georg Hoffmann[17]; beide Bilder wurden auch von unseren Angehörigen sehr bewundert.

Ich hoffe dass Sie beide sich guter Gesundheit erfreuen. Ich bin hier mit einigen anderen Gelehrten - wie schon im vorigen Jahre - in diesem Grafenschlosse, dessen frei denkender und geistvoller junger Besitzer[18] ein sog. "Forscherheim"[19] begründet hat, wobei ich mitzuwirken die Ehre hatte; es ist

---

16 HASELOFF, Arthur <1872 - 1955>, seit 1920 ordentl. Professor der Kunstgeschichte der Universität Kiel, deren Ehrensenator er 1952 wurde.

17 HOFFMANN, Georg <1845 - 1933>, seit 1872 ordentl. Professor der orientalischen Sprachen in Kiel, mit dem TÖNNIES nahe befreundet war und dem er seine 'Philosophische Terminologie' widmete.

18 SOLMS, Max Graf <1893 - 1968>, Professor für Soziologie, promovierte 1927 bei TÖNNIES in Kiel. Beachte den Briefwechsel mit TÖNNIES, in: Max Graf zu Solms. Ein Lebensgang. Briefe, Selbstzeugnisse, Berichte, hrsg. von Freda Gräfin ZU SOLMS, Marburg 1982.

19 Zur Geschichte des 'Vereins Forschungsheim Assenheim', den Max SOLMS in Zusammenarbeit mit der Deutschen Gesellschaft für Soziologie und namentlich deren Präsidenten F. TÖNNIES als Begegnungstätte für Soziologen und Angehörige des Lehrkörpers der Universitäten Berlin und Giessen, der technischen Hochschule Darmstadt, sowie Angehörige der preussischen Archiv- und Universitätsbibliothek zwischen 1923 und 1932 eingerichtet hatte, siehe Max Graf SOLMS, a.a.O., S. 140 - 170; zur Idee des Forschungsheims beachte ders., Brücken, Privatdruck 1922.

Bild 8: Kuno, Carola, Jan Friedrich, Franziska und Gerrit Tönnies, ca. 1916

Bild 9: Tönnies' Eutiner Wohnhaus

hauptsächlich für Soziologen, Historiker u. dgl. bestim̄t.

Mit herzlichem Lebewohl und freundlichsten Grüßen
der Ihre
Ferdinand Tönnies.

*Brief, Format 28 x 21,4 cm, 1 Blatt, insgesamt 1 Textseite mit geringem Rand. Schwarze Tinte. Etwas krakeliges Schriftbild. Gelbliches, dichtes Papier.*

Carlsberg
Kopenhagen (Valby)
D. 9. Sept. 1925.

Lieber Tönnies!

Es war mir eine Freude zu hören, dass Sie Ihren 70. Geburtstag in so schöner Weise haben feiern können, und ich wünsche manche guten Jahre für Sie und die Ihrigen.

Wir haben die Möglichkeit, die Tochter Friedrich Paulsen's eine Zeitlang hier zu haben, ernstlich überlegt. Es wäre mir eine Freude gewesen, die Tochter meines verstorbenen Freundes als Gast zu haben. Wir haben aber den ganzen Sommer Gäste (schwedische und dänische) gehabt, und unsere Gasträume müssen wir auch in der Zukunft wesentlich für meine Kinder und Enkel ledig haben. Dazu kommt, dass wir unser tägliches Leben für den Winter so eingerichtet haben (mit Arbeits= und Lesestunden), dass ein Gast sich gewiss bei uns etwas isoliert fühlen würde. - Ich bedauere sehr, dass wir zu diesem Resultate unserer Überlegung haben kommen müssen.

Mit freundlichem Grusse
Ihr ergebenster
Harald Höffding

*Karte, Format 15 x 9,3 cm, insgesamt 2 Textseiten. Schwarze Tinte. Flüchtiges Schriftbild, 1 Korrektur. Gelblicher Karton.*

Kiel, 8. März 1926.

Lieber Höffding,

Es macht mir Freude, Ihnen wieder einmal zum Antritt eines neuen Lebensjahres zu gratuliren. Zugleicher Zeit erfülle ich eine angenehme Pflicht indem ich für das neue Buch[1] herzlich danke das ich durch Ihre Güte empfangen habe. Ich habe es noch nicht in gehöriger Weise lesen können, aber doch genug daraus empfangen, um zu gewahren dass Sie noch mit ungeschwächter Gedankenkraft in den Dingen und Problemen stehen. Sehr hübsch fand ich den Schlußsatz von 23 S.61, und erkannte mit Vergnügen zu S. 31 n. 5,[2] dass Ihre Gemalin lebhaft mit Ihnen zusammenarbeitet. Das wird Ihnen manche angenehme Stunde bereiten.

Da ich bemerke oder zu bemerken glaube[3] dass Sie selber auf deutsch geschrieben haben, so muss ich wiederum Ihre Beherrschung der Sprache bewundern, aber ein kleiner Fehler fällt mir auf: dass Sie mehrmals den Indikativ des Imperfectums (z.B. "war") in einem abhängigem Satz gebrauchen, wo der Konjunktiv des Präsens .. "sei") richtig ist. Dass aber solche kleine Danismen erheblich stören, will ich keineswegs sagen. Leben Sie recht "wohl" d.h. bei guter Gesundheit! Ich erlaube mir Ihre Frau Gemalin freundlich zu grüssen. Meine Frau schliesst sich Glückwünschen und Grüssen an. Unser ältester Sohn[4] ist in Bayonne N 9 (Teil von New York); er hat als Chemiker eine leidliche Anstellung und hat sich mit einer Husumerin, die eine Zeitlang hier bei uns im Hause war, verheiratet.

Ihr treulich ergebener
Ferdinand Tönnies.

---

[1] H. *HÖFFDING*, Erkendelsestorie og Livsopfattelse, Kbn. 1925, 123 S., deutsch: Erkenntnistheorie und Lebensaufassung, Leipzig 1926

[2] Dieser Satz im Abschnitt 23 ("Oder man konstruiert sich im Handumdrehen eine ganz kleine Metaphysik, die in aller Gemächlichkeit die Lösung geben soll, die aber oft nur ein Gewebe mehr oder minder poetischer Analogien und falscher Schlüsse ist.") ist kennzeichnend für die positivistische Kritik an der Metaphysik und fand natürlich sofort *TÖNNIES*' Zustimmung. In Fußnote 5 weist *HÖFFDING* darauf hin, daß er die Kritik seiner Frau an *PLATON*s psychologischer Evolutionslehre im 'Symposion' übernimmt.

[3] eingefügt: oder zu bemerken glaube.

[4] Gerrit Friedrich Otto *TÖNNIES* siehe Brief vom 9. 2. 1898.

*Brief, Format 28,1 x 21,6 cm, 1 Blatt, Vorder- und Rückseite beschrieben, insgesamt 1 2/3 Textseiten mit geringem Rand aber großzügigem Briefkopf. Schwarze Tinte, Tintenverwischungen. Etwas krakeliges und flüchtig werdendes Schriftbild mit mehreren Korrekturen und Einfügungen am Ende. Gelbliches, dichtes, schwach-liniertes Papier mit Beschädigungen.*

Carlsberg
Kopenhagen (Valby)
D. 28. August 1926

Lieber Tönnies!

Für die Zusendung einer "Ehrenkarte" zu den Sitzungen des 5. deutschen Soziologentages in Wien erstatte ich Ihnen als dem Präsidenten des deutschen Soziologenvereins meinen besten Dank. Wenn ich eine so lange Reise machen könnte, wäre es mir von höchstem Interesse Ihren Vortrag über "Demokratie" zu hören. Die 'Vorbemerkungen und Leitsätze'[5] habe ich mit Aufmerksamkeit gelesen, und die Diskussion wird hoffentlich bedeutungsvolle Ideen bringen. Es hat mich besonders interessiert, dass Sie die Idee eines Ephorats[6] erneuern, die bei Calvis[7] und bei Althusius[8] eine grosse Rolle spielt. Wird das Hauptproblem nicht dies <u>sein</u>: wie können die Parlamente dazu bewegt (resp. gezwungen) werden, nur eine <u>beratende</u> Stellung einzunehmen? -

Wenn ich die Möglichkeit einer längeren Reise abweise, ist es nicht, weil meine Gesundheit nicht gut ist. Ich werde leicht müde, sowol von geistiger Arbeit als von körperlichen Bewegungen. Aber ich arbeite täglich, spaziere in dem Garten und mache herrliche Ausflüchte <sic> hier auf Seeland. Längere Eisenbahnreisen liebe ich nicht, eher Automobilfahrten.

Ich bin eben mit einem Beitrage zu dem Spinozaheft, das die 'Kantstudien' im 250. Jahre nach Spinozas Tod bringen werden, fertig. Mein Thema ist "die Verflechtung der Probleme bei Spinoza"[9]. - Meine Frau ist, wie ich selbst, ein grosser Bewunderer des Spinoza. Sie hat vor einigen Jahren die Ethica in Latein mit mir gelesen (nicht ohne Kritik der schlechten Latinität des Philosophen). Überhaupt nimmt sie lebhaften Anteil an dem, was ich vorhabe. - In September gehe ich nach Lund (Schweden) um nach Aufforderung einen Vortrag in der "humanistischen Gesellschaft" zu halten. Ich will, auf der Grundlage

---

[5] Bei den Verhandlungen des Fünften Deutschen Soziologentages vom 26.- 29. 9. 1926 in Wien hielten *Tönnies* und *Kelsen* Vorträge über Demokratie. An der Diskussion beteiligten sich R. *Michels*, Fr. *Oppenheimer*, D. *Koigen*, K. *Renner*, M. *Adler*, G. *Jahn*, K. *Pribram*, G. *Salomon* und L. *Heyde*. *Tönnies* faßte seinen Vortrag dabei in 20 Leitsätze zusammen.

[6] Ephorat: Gewählte 'Aufsichtsbehörde' in Sparta, die Ephoren waren Wächter der Gesetze, der Knabenerziehung und der Lebensführung.

[7] Sicherlich ist gemeint: *Calvin*, Johann <1509 - 1564>, Rechtsgelehrter, wirkte später als Prediger; gründete mit Ulrich *Zwingli* die Reformierte Kirche.

[8] *Althusius* (Altham), Johannes <1577 - 1638>, Rechtsgelehrter, der für die Volkssouveränität und gegen tyrannische Obrigkeit eintrat.

[9] H. *Höffding*, Die Verflechtung der Probleme in Spinozas Philosophie, in: Kant-Studien, 1927, XXXII, 1, S. 29 - 43. Ferner aus gegebenem Anlaß: Spinoza. 1677 - 1927, in: Chronicon Spinozanum, 1927, V, S. 40 - 47, und: Spinoza 1677 - 1927, in: Tilskueren, 1927, I, S. 147 - 154.

meines Buches über "Leitende Gedanken des 19. Jahrhunderts" versuchen, eine "intellektuelle Charateristik" dieses Jahrhunderts zu geben. -

Aus der führenden Stellung, die Sie auf dem Soziologentag einnehmen werden, schliesse ich, dass Sie gesund sind und immer auf Ihren alten Gebiete arbeiten. Mit freundlichen Grüssen an Sie und Ihre Frau Gemahlin bin ich in alter Freundschaft

Ihr ergebenster
Harald Höffding

*Brief, Format 28,5 x 22,5 cm, 1 Blatt, Vorder- und Rückseite beschrieben, insgesamt 2 Textseiten mit großen Rändern oben und auf der 1. Seite auch unten. Schwarze Tinte. Flüssiges Schriftbild. Gelbliches Papier.*

z. Zt. Schloss Assenheim (Oberhessen)
d. 2. Sept. 1926

Lieber Höffding!

Ihr Brief, mit dem Datum von Goethe's Geburtstag, wurde hierher nachgesandt. Ich bin hier Gast eines jungen Grafen Solms, ehemaligen "Standesherrn"[10], der ein lebhaftes Interesse für Soziologie hat und dadurch mir seit 3 Jahren bekannt ist.

Auf Ihre Anwesenheit in Wien - wohin der Graf mich begleiten will - hatte ich nicht zu hoffen gewagt. Uebrigens hätten Sie dort natürlich von selbst Zutritt. Ich hatte doch wohl keinen Namen in die Ehrenkarte hineingesetzt (der aber auch leicht verändert werden könnte),? Sie kann also beliebig ausgefüllt werden, wenn Sie etwa einen Freund wissen der um die Zeit in Wien sein will, oder (was wahrscheinlicher ist) ohnehin in Wien lebt, wie z. E. der Gesandte. Alle politischen Menschen interessiren sich ja für das Thema[11], wenn auch weniger für eine streng theoretische, akademische Erörterung wie wir sie wollen. Das praktische Hauptproblem ist ohne Zweifel das von Ihnen hervorgehobene, ich aber überlasse es dem Napoleonischen "Schicksal", nämlich der Politik.

Ich freue mich von ganzem Herzen zu hören dass Ihre Gesundheit gut ist und dass Sie durch Ihre neue Ehe in einer edlen geistigen Gemeinschaft leben, die

---

10 Standesherren waren die Angehörigen der Fürsten- und Grafengeschlechter; durch die Mediatisierung 1803 und 1806 wurden sie Untertanen größerer Landesherren, ohne ihre Zugehörigkeit zum hohen Adel und die Ebenbürtigkeit mit den regierenden Fürstenhäusern zu verlieren. Diese Vorrechte blieben großenteils bis 1918 in Geltung.

11 siehe dazu HÖFFDINGs Brief vom 28. 8. 1926.

Ihnen das Alter so verschönt, wie es schwerlich durch eine andere Art des Zusam̅enlebens denkbar wäre.

Auch was Sie über Spinoza-Studien schreiben, und über den bevorstehenden Vortrag in Lund, höre ich mit Genugtuung.

Mir geht es ja auch so gut wie es nicht vielen, auch wenn sie das 72ste Lebensjahr erreichen, zu Teil wird. Aber ich bin nicht ohne Sorgen wegen meiner Kinder, obschon ich über keinen eigentlichen Kummer zu klagen habe. Meine Frau ist im̅er rüstig tätig u. sehnt sich viel weniger als ich nach unserem Eutiner Idyll zurück.

In getreuer Freundschaft und dankbar der Ihre
Ferdinand Tönnies.

*Dieser Brief ist nur als Negativkopie in der Schleswig-Holsteinischen Landesbibliothek vorhanden. Sehr unordnetliche flatternde Schriftzüge.*

z. Zt. Mommark (Als). d. 19. Juni 1927

Lieber Tönnies!

Im Gedenken an Ihren nahen Geburtstag, wo auch sie 'die Schwelle des Alters' überschreiten, steigen bei mir viele Gedanken und Erinnerungen auf. von allem, was Sie mir gewesen sind. Ihre Persönlichkeit und Ihre grosse wissenschaftliche Wirksamkeit, und in erster Linie Ihre treue Freundschaft, alles dieses macht, dass ich Ihnen einen herzlichen Gruss und einen warmen Dank senden muss. Mögen Sie fortwährend Ihre Rüstigkeit und Arbeitslust behalten!

Was mich betrifft, merke ich zwar das Alter, aber ich arbeite täglich einige Stunden und Abends lebe ich in der Poesie. Einige Aufsätze und Anzeigen aus den letzten Jahre sammle ich im Herbst zu einem kleinen Buche[1]. - Wie Sie sehen befinden meine Frau und ich uns auf einer Sommerreise, und wir haben an der Ostsee ein schönes und angenehmes Badenort gefunden.

Ich hoffe, dass Alles in Ihrer Familie in bestem Zustand ist, so dass der Festtag in glücklicher Stimmung verlaufen können wird.

Noch einmal die herzlichsten Wünsche
Ihr ergebenster
Harald Höffding.

*Brief, Format 28,6 x 22,3 cm, 1 Blatt, mittig gefaltet und fortlaufend Vorder- und Rückseite beschrieben, insgesamt 4 Textseiten im halben Blattformat und großen Rändern oben und unten. Schwarze Tinte, etwas ungleichmäßiger Tintenfluß. Flüssiges, gegen Ende sehr gedrängt wirkendes Schriftbild. Gelbliches Papier.*

Kiel, d. 21. Juni 1927

Lieber Höffding!

Ihr freundlicher Brief den ich gestern empfing, hat mich innig gerührt. Wenn Sie meine treue Freundschaft anerkennen, so treffen Sie etwas worauf ich selber mir etwas zu gute tue, und um so mehr, je mehrere Freunde, auch Altersgenossen, ich schon habe scheiden sehen; so noch vor kurzem den Breslauer Theologen Carl Franklin Arnold[2], dessen ich in meiner "Selbstschilderung" die

---

[1] Wahrscheinlich: H. HÖFFDING, Religøse Tanketyper, Kbn. 1927, 165 S.

[2] ARNOLD, Carl Franklin <1853 - 1927>, Kirchenhistoriker und Theologieprofessor in Breslau, mit dem TÖNNIES seit März 1873 "eine wertvolle Freundschaft" entwickelte. ARNOLD "war mir", erinnert sich TÖNNIES in seiner Selbstdarstellung, a.a.O., S. 203 f., "im Lebensalter um einige

mir unter den Händen eine kleine Selbstbiographie wurde, liebend gedacht habe. Noch dünner sind natürlich, wenn man bald das 72ste Lebensjahr vollendet hat, die älteren Gönner und Freunde geworden, denen man in der Regel ja mehr verdankt als den gleichaltrigen. Zu jenen gehören Sie als einer der mir nicht nur durch seine Werke viele schöne Förderung gegeben, sondern auch früh durch Verständniss und Anerkennung sich um mich verdient gemacht hat.

Darum freue ich mich ganz besonders, dass Sie noch leben und nicht erschöpft sind, dass Sie in dem Alter das allzu oft den Menschen einsam macht, einer Lebensgefährtin und Gehülfin sich erfreuen dürfen, die sicherlich um Ihre Verjüngung und Pflege liebevoll besorgt ist.

Auf Alsen bin ich vor bald 40 Jahren mit meinem Jugendfreunde Ernst Storm[3], dem Sohne des Dichters, gewandert, seit mehr als 14 Jahren ist er auch schon den dunklen Weg gegangen in die endlose Ewigkeit, an das Gestade, von dem ein Dichter sagt dass kein Wanderer wiederkehrt - woher weiss er das? Ich glaube zwar nicht an die "Unsterblichkeit der Seele", aber an die ewige Wiederholung dieses Lebensspieles, und hoffe ein wenig, dass die "Aufführung" der Menschen durch diese Wiederholungen immer ein wenig besser wird. μέγας ὁ ἀγών sagt Plato, und vielleicht werden die Menschen noch Meister - für die Natur spielen ja auch Quadrillionen sogenannter Jahre keine Rolle.

Die Societas Spinozana hat mich - bei Gelegenheit des 50jährigen Dr-Jubilaeums das ich in diesen Tagen unter vielseitiger Teilnahme begehen darf - zu ihrem "sodalis extraordinarius" ernannt, was mir rechte Freude gemacht hat. Die Grüsse Ihrer bewundernden Spinoza-Verehrer aus dem Haag werden Sie empfangen haben. Ausser Ihnen hat ja auch Ihr Altersgenosse Sir Frederick Pollock[4] solche erhalten, mit dem ich auch im vorigen Winter, nach langer Unterbrechung, eine alte Beziehung wieder angeknüpft habe.

Meine Frau dankt herzlich für Ihren Gruss. Unsere Kinder sind alle abwesend. Unser zweiter Sohn ist jetzt Diplom Ingenieur als Elektro-Techniker geworden, und hat gleich eine Anstellung erhalten. Das bedeutet eine ökonomische Erleichterung für mich.

Leben Sie wohl, alter Freund, und teilen Sie Ihrer Frau Gemalin unsere lebhaften Grüsse mit.

Aufrichtig der Ihre
Ferdinand Tönnies

---

Jahre, an philosophischer Bildung bedeutend überlegen. Wir haben lange in lebhaftem Briefwechsel gestanden, der mir neue Horizonte eröffnete."

[3] *Storm*, Ernst <1851 - 1913>, Justizoberrat; beachte die Briefe im T-N, Cb. 54.56.

[4] *Pollock*, Sir Frederick <1845 - 1937>, einer der bedeutendsten englischen Juristen seiner Zeit, der neben rechtshistorischen Arbeiten auch über *Spinoza* publizierte.

*Brief, Format 27,8 x 22,1 cm, 1 Blatt, Vorder- und Rückseite beschrieben, insgesamt 2 Textseiten im halben Blattformat und sehr großem Rand oben (S. 2) bzw. unten (S. 1). Schwarze Tinte. Flüssiges, gegen Ende flüchtig werdendes Schriftbild mit 1 Einfügung. Gelbliches Papier.*

Kiel d. 10. März 1928.
Niemannsweg 61.

Lieber Höffding -

Es sind schon 15 Jahre vergangen, seit ich mit meinem jüngeren Collegen Baron v. Brockdorff zur Feier Ihres 70. Geburtstages mich aufmachte, die einen so herrlichen Verlauf nahm. Traurige, furchtbare Jahre liegen zwischen damals und heute. Ihnen ist ein blühsames Alter beschieden, dessen freuen sich alle Ihre Schüler, Freunde und Verehrer, deren Zahl gross ist. Ich gehöre zu dieser Schaar, und bringe Ihnen, auch im Namen vieler, die stumm bleiben, meine Glückwünsche dar. Ich setze das Vertrauen in Ihre Konstitution und Ihre Seele, dass Sie auch das 90ste Lebensjahr überleben werden, wie Hobbes, Fontanelle, Ed. Zeller[1], L. Ranke und Karl Hase, die Reihe berühmter Namen[2] liesse sich ohne Zweifel noch vermehren.

Ich habe jetzt Hobbes Elements of Law natural and politic, wovon ich vor 2 Jahren die deutsche Uebersetzung herausgegeben, im Original durch die Cambridge University Press neudrucken lassen[3]. Ich bin nicht sicher (überhaupt niemals "bilanzsicher") ob ich Ihnen früher das Original (1889) oder neuerdings die Uebersetzung habe zugehen lassen. Somit möchte ich gern das eine oder das andere Buch Ihnen überreichen. Vielleicht haben Sie, oder hat Ihre Frau Gemalin, der ich mich bestens empfehlen lasse, die Güte, mich es wissen zu lassen.

Für meine Person stecke ich jetzt wieder tief in "soziographischen" Studien (Verbrecher, Selbstmorde u. dgl) und halte am Mittwoch im Statistischen Reichsamt zu Berlin einen Vortrag über die Bevölkerungsfrage[4].

In der Hoffnung dass Sie und Ihre Frau sich wohl befinden, und, wenn Sie diese Zeilen empfangen, den Geburtstag glücklich verlebt haben, bin ich

treulich der Ihre
Ferdinand Tönnies.

---

[1] ZELLER, Eduard <1814 - 1908>, Philosoph und Theologe, Professor in Marburg, Heidelberg und (seit 1872) in Berlin.

[2] eingefügt: berühmter Namen

[3] Thomas *HOBBES*, The Elements of Law and Politics, London 1889, 226 S. (ed. with a Preface and Critical Notes by F. *TÖNNIES*); siehe Briefe vom 25. 1. 1890 und vom 25. 12. 1895.

[4] Wahrscheinlich über Statistik und Soziographie. Veröffentlichungen unter diesem Titel in: Allgemeines Statistisches Archiv, 1929, 18. Bd., S. 546 - 558; verkürzte Darstellungen in: Deutsches Statistisches Zentralblatt, 1928, 20. Jg., S. 135 - 138, in: Forschungen und Fortschritte, 1928, 4. Jg., S. 161, in: Soziale Praxis, 1928, 37. Jg., S. 751 - 752; ebenfalls in: Varosi Szemle (ung.), 1929, S. 114 - 126 erschienen.

*Brief, Format 28 x 19 cm, 1 Blatt, Vorder- und Rückseite beschrieben, insgesamt 2 Textseiten mit großem Rand oben (S. 2) bzw. unten (S. 1). Schwarze Tinte. Flüssiges, flüchtiges Schriftbild. Gelbliches, feines Papier.*

z. Z. Berlin W. d. 7. III. 1929
Steglitzerstr. 58 I.

Lieber Freund Höffding -

Alljährlich ist mir eine besondere Freude, wenn des Winters Stürme weichen, (was in diesem Jahre noch recht fraglich ist) Ihres Geburtstages zu gedenken und wenigstens vermuten zu dürfen, wenn auch nicht zu wissen, dass Sie ihn gesund und heiter verleben werden, in ihrem schönen Heim, mit Ihrer neuerrungenen Lebensgefährtin, die ich als solche im̄er herzlich begrüsse. Eine Ueberraschung wartete vor kurzem meiner, als ich unter den Neuheiten die unsere Kieler Universitäts-Bibliothek erworben hat und seit einigen Jahren allwöchentlich ausstellt, fand "Höffding Erindringer"[1]. Ich las mich bald darin fest, so dass ich etwas verspätet zum Mittagessen nach Hause kam und darum sanft gescholten wurde. Zuerst kam mir in den Sinn "Gegangener" denn ich meinte zu wissen dass das Buch erst posthum erscheinen würde. Nun erkan̄te ich dass Sie Gründe hatten, es lebend bekannt zu machen, und dafür wird der Lebende noch vielen Dank empfangen. Ich las was Sie über unsere erste Begegnung in Zürich schrieben. Ich litt damals, und auch manches Jahr nachher, allzu oft, und gerade auf Reisen, an ungenügendem Schlafe und in Folge dessen getrübter Stim̄ung. Ich meine aber doch dass ich damals, ausser vielleicht in den ersten Tagen, recht heiter gewesen und manchmal zu Scherz und Ernst an der gemeinsamen Tafel wacker beigetragen habe, z. B. mit dem Dantesken Oberst Pochham̄er. Ich entsinne mich dass ich einmal die Lacher auf meiner Seite hatte als ich parodirte "Was kein Verstand der Verständigen sieht, das ahnet in Unschuld eines Oberstleutnants Gemüt"[2]. Ihren Bemerkungen zum traurigem Weltkriege hätte ich wohl einige Gegenbemerkungen und Entschuldigungen entgegenzusetzen, aber ich schweige lieber davon, da ich durchaus überzeugt bin dass Ihre Gesinnung auch in diesem Stücke sich ernstlich der Gerechtigkeit beflissen hat was ebenso selten wie dankenswert ist.

Ich wohnte hier heute einer wichtigen Sitzung des Ausschusses des Vereins für Sozialpolitik bei, und morgen soll ich einer Sitzung des Rats unserer Gesellschaft für Soziologie präsidiren. Zugleich habe ich die Aufgabe, als Glied einer Dreier-Deputation unserer Fakultät dem Reichsminister Wissel[3], einem alten

---

1 H. HÖFFDING, Erindringer, Kbn. 1928, 324 S.

2 TÖNNIES, der ein guter SCHILLER-Kenner war, bezieht sich mit seiner Parodie auf Fr. SCHILLERs Gedicht *Die Worte des Glaubens* (Schluß der 3. Strophe), die lautet: »Was kein Verstand der Verständigen sieht, das übet in Einfalt ein kindlich Gemüt.«

3 korrekt: WISSELL, Rudolf <1869 - 1962>, Gewerkschaftssekretär, war vom Februar bis Juli 1919 Reichswirtschaftsminister, anschließend von 1928 - 1930 Reichsarbeitsminister; Verfechter der Gemeinwirtschaft. R. WISSELL, Des alten Handwerks Recht und Gewohnheit, 2 Bände, Berlin 1929.

Bekan̄ten von mir, das Diplom des Dr. rer pol. h.c zu überreichen. Er ist Sozialdemokrat und als Gelehrter durchaus Autodidakt, hat aber vor kurzem den I Band eines sehr schätzbaren Werkes über das Handwerk herausgegeben, wird aber auch sonst persönlich als ein ernster und tüchtiger Mann verehrt.

Wir erwarten in Kiel mit Spannung die nahe Heimkehr unserer Tochter Franziska nebst Dr Heberle und Kind aus U.S A. Sie schwim̄en noch auf dem Ozean, das Schiff wird am 10. in Bremerhaven erwartet, ich fürchte es wird sehr mit dem Eisgang zu kämpfen haben.

Herzlichst gratulirend bin ich
treulich der Ihre
Ferdinand Tönnies.

<u>Adr</u>
Kiel,
Niemannsweg 61

*Brief, Format 26,8 x 19 cm, 1 Blatt, Vorder- und Rückseite beschrieben, insgesamt 2 Textseiten im halben Blattformat und großen Rändern. Schwarze Tinte. Flüssiges, sehr aufgelockertes Schriftbild mit 1 Randbeschriftung auf Seite 2 unten links. Gelbliches Papier.*

Kiel d. 22. März 1930
Niemannsweg 61.

Lieber Höffding! Mein Geburtstag-Brief, den ich rechtzeitig bedacht hatte, kōmt diesmal sehr verspätet zu Ihnen, aber meine Wünsche für Ihr ferneres Wohlergehen nicht minder von ganzem Herzen! Ich sende Ihnen anliegend 2 lateinische Papiere die sich selbst erklären. Es sollte noch ein gedrucktes Diplom, das Sie zum E. M. ernent, dabei sein, aber unsere Gesellschaft ist einstweilen zu unbedeutend als dass es Wert hätte, und unsere Mittel sind sehr schwach. Ich bitte darum, ohne Diplom die Ehrenmitgliedschaft zu empfangen und gratulire Ihnen dazu. Mein College v. Brockdorff ist z. Zt in London, und hat die gleiche Ehrung an Sir Fredrick persönlich überbracht[1].

Mein Befinden ist zwar nicht immer gut, aber eine gewisse Jungheit habe ich mir, ebenso wie Sie und Pollock, im Greisenalter noch bewahrt.

Die Verbindung der Societas mit der Spinozana ist bestens in die Wege geleitet.

Mit herzlichem Gruss,
in alter Treue ergeben
der Ihre
Ferdinand Tönnies.

Ich bemerke eben dass Sie die 2 Zettel schon empfangen haben. Ich lege sie gleichwohl nochmals bei, weil ich vermute, dass Sie Gelegenheit haben, sie an einen Interessenten weiterzugeben!

*Brief, Format 28,1 x 21,6 cm, 1 Blatt, insgesamt 1 Textseite mit geringem Rand. Schwarze Tinte. Sehr krakeliges Schriftbild mit einigen Korrekturen, Einfügungen (davon 2 mit Bleistift) und Streichungen. Gelbliches, dichtes, schwach-liniertes Papier.*

Carlsberg d. 25. März 1930

Lieber Tönnies - Ich schäme mich, dass ich nicht schon länger für die Ehre gedankt habe, die die neue Societas Hobbesiana mir erwiesen hat, indem sie mich zum Ehrenmitglied ernannt hat. Und diese Ehre hat einen besonderen Wert, indem ich ihrer zusammen mit Sir Fredrick Pollock würdig befunden bin.

---

[1] Es handelt sich um die Ehrenmitgliedschaft in der Hobbes-Gesellschaft.. Zu dieser in Kiel gegründeten Gesellschaft beachte die Unterlagen, Verbandsmitteilungen etc. im T-N.

Seit meiner Jugend studirte ich Hobbes mit besonderem Interesse, und ich habe versucht, seine Stellung in der Geschichte der Philosophie genauer zu bestimmen. Mein Lehrer, Professor Hans Bröchner[2], sagte oft, dass Hobbes die von Hegel statuierte dialektische Kette der neueren Philosophie zerstörte. - Ich erquicke mich oft durch das Lesen seiner energisch und klar durchdachten Bücher. Es ist sehr interessant dass er Spinoza's Tract. theol politicum gekannt und geschätzt haben soll.

Ich merke jetzt, dass mein Alter sich ernstlich meldet. Ich bin sehr müde und kann nur wenige Stunden arbeiten. Ich muss oft ruhen, und meine Spaziergänge werden immer kürzer. Musik und Poesie (Shakespeare und Goethe vor allem) füllen die übrige Tageszeit aus. Eine Hauptursache meiner Leiden ist die Krankheit meiner herrlichen Frau, die sich lange Zeit auf einem Hospital aufhalten muss. Eine nervöse Erschlaffung hat die viel versprechende Entwickelung ihres literären Vermögens gehindert.

Sie werden doch bald eine kleine (dänische) Abhandlung (über die Stellung der Erkenntnis gegenüber der neuesten Physik der Elektrone)[3] empfangen. Ich kapituliere noch nicht.

Mit herzlichem Gruss
Ihr ergebener
Harald Höffding

*Brief, Format 26,8 x 18 cm, 1 Blatt, Vorder- und Rückseite beschrieben, insgesamt 1 1/2 Textseiten mit großen Rändern. Schwarze Tinte, ungleichmäßiger Tintenfluß. Etwas krakeliges, aufgelockertes Schriftbild. Gelbliches Papier.*

Kiel d 29. April 1930
Niemannsweg 61.

Lieber Höffding - Für Ihren hochgeschätzten Brief und für das jüngste Ergebnis Ihrer Gedankenarbeit danke ich Ihnen herzlich. Die Abhandlung über das Verhältnis der Erken̄tnisslehre zur Elektronen-Forschung ist ungemein anregend, ich bemühe mich sie gründlich zu verstehen. Offenbar haben Sie recht, wenn Sie sagen dass ein Fortschritt jener Lehre jedesmal durch neue Erken̄tnisse der Physik bedingt ist, wie denn überhaupt Philosophie sich mir als eine Begleitmusik und zugleich als Kritik und Korrektur der Wissenschaften dar-

2 *BRØCHNER*, Hans <1820 - 1875>; beachte *HÖFFDING*s Nekrolog, in: Magazin für die Literatur des Auslandes, 1876, Nr. 12, Bd. 89, S. 168 - 170.

3 H. *HÖFFDING*, Bemærkninger om Erkendelsesteoriens nuværende Stilling, in: Det Kongelige Danske Videnskabernes Selskabs Filos. Meddelelser, 1930, II, 28. Seiten (deutsch: Zur Stellung der Erkenntnistheorie in unserer Zeit, in: Kant-Studien, 1930, XXXV, 4, S. 480 - 495).

stellt. Die Neo-Romantik von heute geht freilich wieder andere Wege, denen ich nicht zu folgen vermag.

Von dem Kummer den Sie wegen Ihrer lieben Frau tragen müssen, vernahm ich zuerst im Juni vorigen Jahres, als wir hier die Freude hatten, eine grosse Zahl nordischer Gelehrter zu begrüssen. Der damalige Kopenhagener Rektor[4] erzählte mir davon, und auch Ihr Schüler, der Isländer Bjarnasson[5]. Ich stelle mir lebhaft und mit inniger Sympathie vor, wie sehr Sie unter diesem Unglück leiden, nachdem Sie das Glück eines häuslichen Lebens erst durch eine treffliche Gattin wieder kennen gelernt hatten. Dass Sie dies Leid zu tragen vermögen, zeugt ebenso wie Ihre fortgestzte literarische Arbeit von einer sehr ungewöhnlichen Fähigkeit und Energie, und ich glaube dass beide Ihnen noch lange erhalten bleiben werden. Ich selber werde ja im̄er noch recht frisch gefunden, obschon ich immer unter "Nerven" zu leiden habe, bin jedenfalls noch unermüdlich tätig, erlaube mir auch ein paar kleine Proben meiner jüngsten Arbeiten mitzusenden; bin aber auch mehr als 12 Jahre jünger als Sie.

- Halten wir denn noch eine gute Weile zusam̄en!

Stets von Herzen der Ihre
Ferdinand Tönnies.

*Karte, Format 16,5 x 10,3 cm, 2 Textseiten mit großen Rändern. Schwarze Tinte. Sehr aufgelockertes, flüssiges, gegen Ende gedrängtes Schriftbild. Gelbliches, kartonstarkes Papier.*

Kiel d 7. Nov 1930

Lieber Freund Höffding -

Es ist mir mitgeteilt worden dass Sie Ihre Frau Gemalin durch den Tod verloren haben. Längst wollte ich Sie meiner Teilnahme versichern. Es ist ein bitteres Leid für Sie, nachdem Sie einer herrlichen Frau - so nannten Sie die Verstorbene - als Ihrer Lebensgefährtin sich erfreut hatten.

Das Leben ist für Sie einsamer geworden als es zuvor war. Sie haben den Trost einer lieben Erinnerung. So hoffe ich dass Sie von dem Kummer sich erholen und noch eine gute Weile das Sonnenlicht mit uns geniessen werden. Auch ich empfinde stark und mit Betrübnis dass meine Alterstage in eine so qualmige und wahrscheinlich verhängnisvolle Zeit gefallen sind. Aber ich ar-

---

[4] *Hjelmslev*, Johannes Trolle <1873 - 1950>, Mathematiker, Rektor der Kopenhagener Universität von 1928 - 1929.

[5] Wahrscheinlich *Bjarnason*, Ágúst <???? - ????>; beachte seine Schrift zu *Höffding*: En Tak fra Island, in: Berlingske Tidende, 4. Juli 1931.

beite nach meinen Kräften mit an der Wiederherstellung des deutschen Staates in seiner republikanischen Form. Sie ist nicht leicht!

In alter Treue der Ihre
Ferdinand Tönnies.

*Brief, Format 21,7 x 13,6 cm, 1 Textseite. Schwarze Tinte, unregelmäßiger Tintenfluß. Sehr krakeliges, gegen Ende gedrängtes Schriftbild. Liniertes Schulheftpapier.*

Carlsberg d. 13. Nov. 1930.

Lieber Tönnies! Die schöne Zeit, die meine junge geliebte Frau bereitete, ward durch eine Sinneskrankheit abgebrochen. Lange standen Hoffnung und Furcht einander gegenüber, aber am 17. Juni starb sie von einer Lungenentzündung[6].

Sie war eine 'Schöne Seele' und durch ihre Studien ins höhere Geistesleben eingeführt. In Stockholm hatte sie Literatur und Religionsgeschichte studiert. Sie war eine selbständige Natur, und wie mir war ihr das grosse Suchen das höchste im Leben. Wie fühle ich mich jetzt einsam! Sie hatte versprochen mich, wenn ich alt wurde, im Rollstuhl herumzuführen. Seit ihrem Begräbnis bin krank gewesen (Bronchitis und Magenkatarrh), darum habe ich nicht eher Ihren herzlichen Brief beantwortet, - und auch jetzt kann ich kaum schreiben.

Lieber Tönnies, meinen herzlichen Dank für Ihre Teilnahme wie für alles Gute was Sie mir erwiesen haben. Ich kann nicht mehr arbeiten, und bedarf stetiger Pflege. Leben Sie recht wohl. - Harald Höffding

[6] Laut Mogens BLEGVAD, wohl irrtümlich, in: Dansk Biografisk Leksikon, vol. 7, Kbn. 1981, S. 25 - 30, ist das Todesdatum von Greta HÖFFDING der 17. August 1930.

*Brief, Format 29,2 x 20,9 cm, 1 Textseite mit gedrucktem Briefkopf. Schwarze Tinte. Flüssiges Schriftbild. Gelbliches Papier.*

Ferdinand Tönnies

Kiel, den 8. März 1931
Niemannsweg 61

Lieber Höffding -

Auch in diesem Jahre gedenke ich gern Ihres Geburtstages, und zwar mit dem Wunsche und der Hoffnung dass das komende Lebensjahr den Kummer den das vergangene über Sie verhängt hat, lindern möge. Sie haben wie ich annehmen darf, die Erkrankung, die eine natürliche Folge des schweren Verlustes und Leides war, überwunden, Ihre ausgezeichnete Constitution hat sich darin so glänzend bewährt, dass wir nun erwarten dürfen, Sie noch eine gute Weile unter den Lebenden zu behalten, damit sie wenigstens das Alter von Hobbes und Ed. Zellers, vielleicht sogar das des Fontenelle erreichen.

Ich wollte mich, zugleich mit meinen Gratulationen, nach Ihrem Befinden erkundigen. Vielleicht ist jemand um Sie der mir eine kleine Auskunft gibt, ob in dänischer oder anderer Sprache, gilt mir gleich.

In alter Treue
Ihr Ferdinand Tönnies.

*Brief, Format 28,1 x 20,9 cm, 1 Blatt, 2/3 Textseite, großzügiger Briefkopf. Schwarze Tinte, viele Tintenflecke. Sehr krakeliges, nach rechts absinkendes Schriftbild. Liniertes Schulheftpapier.*

Carlsberg
Kopenhagen
16. März 1931

Lieber Tönnies!

Herzlichen Dank für den freundlichen Gruss zu meinem Geburtstag. Es ist der erste Geburtstag, den ich als Greis feiere. Noch am Grabe meiner lieben Frau konnte ich mit Kraft und Nachdrucke das Bild geben, das meine Verwandten und Freunde bewahren sollten. Später bin ich sehr krank gewesen, und jetzt kann ich nur einige wenige Stunden des Tages Literatur (besonders Biographien) lesen. Jeden Tag gehe ich, unter Begleitung, in den Garten. Ich leide vom[1] Arterienkränklichkeit, die mich[2] andere Übel mitführt.

---

[1] korrekt: an

[2] korrekt: für mich

Meine Freude sind drei Enkel, - der älteste verheiratet, der andere in meinem Haus, der dritte in diesen Sommer Student. Ihr frischer und energischer Griff auf das Leben ermuntert mich sehr.

Mein herzlichen Dank für alles, was Sie in Ihren Werken und mit Ihrer Persönlichkeit gewesen sind, und mit bestem Gruss an Ihre Frau Gemahlin bin ich immer

Ihr treuer Freund
Harald Höffding

*Karte, Format 14,6 x 9 cm, 2 Textseiten. Schwarze Tinte, etwas ungleichmäßiger Tintenfluß. Flüssiges, gegen Ende gedrängtes Schriftbild. Gelblicher Karton.*

Kiel 3. April (Karfreitag)
1931

Lieber Höffding - Ich wünsche Ihnen meine Freude über Ihren letzten Brief, und dass Sie wiederhergestellt sind, auszusprechen. Die Frühlingsluft ist hier recht scharf und vermutlich ist sie es auch in Kopenhagen, so dass Sie sich in Acht nehmen müssen! Dass Sie sich jetzt als Greis fühlen, nachdem Sie so Schweres erlebt haben, ist nicht zu verwundern, zu bewundern ist dass Sie vor kurzem noch nicht so fühlten. Erfreuen Sie sich noch lange des Sonnenlichtes! ich hoffe Sie werden es. Tröstlich für Ihre Freunde zu wissen, dass Sie einen Enkel um sich haben[3] mir können meine 3 Enkel wol Freude machen, aber nichts nützen, einer, der "Stam̄halter" ist in Amerika (Philadelphia), 2, die Söhne der Ihnen bekan̄ten Franziska, wohnen hier im Hause bei uns, einer 6 Jahre, einer 3 Monate alt, der Vater, Dr Heberle, ist seit bald 2 Jahren, Privatdocent für Soziologie in unserer philosophischen Fakultät.[4]

---

[3] Fehlendes Interpunktionszeichen wohl durch Seitenumbruch bedingt.

[4] R. HEBERLEs Vorlesungen wurden innerhalb der Philosophischen Fakultät im Fach Philosophie, Rubrik »c) Soziologie« angekündigt; die beiden anderen Rubriken waren »a) reine Philosophie« und »b) Psychologie und Pädagogik«. Folgende Ankündigungen finden sich im Kieler Vorlesungsverzeichnis: SS <für Sommersemester> 1931: *Die politischen Parteien im modernen Staat*; *Übungen zur empirischen Soziologie*. WS <für Wintersemester> 1931/32: *Theoretische Soziologie*; *Über neuere soziologische Theorien*. SS 1932: *Soziographie (zugleich als Einführung in die Soziologie für Hörer aller Fakultäten*; *Soziologische Übungen über Wanderungen im Zeitalter des Kapitalismus*; *Übungen zur Theorie der Soziologie*. WS 1932/33: *System der Soziologie. 1. Teil*; *Die politischen Parteien im modernen Staate für Hörer aller Fakultäten*; *Soziologische Übungen*. - Auch TÖNNIES hielt während dieser Zeit, wie auch zuvor in den gesamten Jahren der Weimarer Republik, im Rahmen der rechts- und staatswissenschaftlichen Fakultät noch soziologische Lehrveranstaltungen ab: WS 1931/32: *Soziologische und sozialstatistische Übungen*. SS 1932: *Naturrecht als soziologische Rechts- und Staatslehre*; *Soziologische Übungen*. WS 1932/33: *Übungen über angewandte Soziologie betr. das Verständnis neuzeitlicher Entwicklungen*.

Ich bin tief gerührt durch die Güte mit der Sie mir Dankbarkeit bezeugen. Ich bin Ihnen, lieber und verehrter Freund, so viel mehr Dank schuldig! Ich war noch ein fast unbekannter Mann, als Sie sich für meine Arbeit interessirten - das war für mich ein wichtiges Ereignis.

Da ich Sie nicht persönlich besuchen kann, so erlaube ich mir, ein Bildchen beizulegen das im August vorigen Jahrres meine Grossnichte, Helga Schulze[5], am Ostseestrande mit ihrer Camera improvisirt hat. So heiter bin ich aber nicht alle Tage.

In alter treuer Freundschaft
Ihr Ferdinand Tönnies.

*Brief, Format 28,1 x 21,5 cm, 1 Blatt, 1 Textseite mit großen Rändern. Schreibmaschine und Unterschrift mit schwarzer Tinte; 2 handschriftliche Korrekturen und 1 maschinenschriftliche Einfügung. Gelbliches Papier.*

Kopenhagen, Valby, 22. Mai, 1931.

Lieber Tönnies.

Schon lange habe ich Ihnen meinen Dank für Ihr liebevollen Brief von Karfreitag erstatten wollen, aber meine Handschrift ist jetzt so schlecht, dass ich sie selbst nicht lesen kann. Ich musste also warten, biss ich eine Maschine bekommen konnte, und dann gibt es auch viele Tage wo ich gar nichts vernünftiges tun kann.

Jetzt spreche ich Ihnen meinen herzlichen Dank für Ihre Sympathie und die Treue <aus>, die Sie mir in so vielen Jahren erwiesen haben.

Mein Befinden ist so gut, wie es[6] unter diesen Umständen sein kann. Ich geniesse den Frühling in meinem schönen Garten, und lese im Laufe des Tages viel Schönes und Gutes.

Mit herzlichem Gruss
Ihr ergebenster
Harald Höffding

41 Tage später, am 2. Juli 1931 verstarb Harald Höffding

[5] SCHULZE, Helga <geb. 1910>, lebt in Venedig, Italien; ihr Bruder, Harro SCHULZE-BOYSEN, war im 'Hitler-Deutschland' einer der Leiter der Widerstandsbewegung 'Rote Kapelle'.

[6] 'es' - maschinenschriftlich zwischen zwei Zeilen eingefügt.

# ZU HARALD HÖFFDINGS GEDÄCHTNIS[1]

*von*

FERDINAND TÖNNIES

Die äußeren Konturen von HÖFFDINGs Leben sind die eines Mannes der Wissenschaft, dessen Tage rastloser Arbeit gewidmet waren. Schon im Jahre 1871 wurde der 27 jährige Privatdozent an der Universität Kopenhagen; 1883 zum Professor der Philosophie ernannt, hat er als solcher eine Wirksamkeit von ausserordentlichem Umfange und grosser Tragweite entfaltet; erst als 72 jähriger trat er 1915 in den Ruhestand. Um diese Zeit ist ihm die von der Carlsberg-Stiftung begründete Ehrenwohnung durch die dänische Nation verliehen worden, um ihn »in den Stand zu setzen, ohne wirtschaftliche Sorgen in schöner Umgebung seine Forschertätigkeit und, soweit er mochte, seine Lehrtätigkeit fortzusetzen«. HÖFFDINGs literarische und philosophische Schriftstellerei ist vorher und nachher umfassend gewesen, man kann in Frage stellen, ob seine Wirksamkeit grösser gewesen ist durch das geschriebene oder durch das gesprochene Wort: jenes hat sich über die ganze Erde hin, durch die deutschen Übersetzungen vermittelt, ausgebreitet.

Schon im Jahre 1913 folgte ich einer Einladung der dänischen Monatsschrift *Tilskueren*, indem ich dem 70 jährigen HÖFFDING zu seinem Ehrentage meine Freude und meine Dankbarkeit für das was er der Welt und mir gegeben hat, kundgab. Ich verband damit einen kurzen Überblick über sein Lebenswerk, indem ich in den Vordergrund das stellte, was mir als das am meisten charakteristische in der Persönlichkeit des Denkers erschien: seine auch in Deutschland zu hohem Ansehen gelangte Tätigkeit als Psychologe, als Ethiker, als Religionsphilosoph und als Verfasser einer Geschichte der neueren Philosophie - habe ich nach Verdienst hervorgehoben. Ich schloß damit auszusprechen, dass die so skizzierte Entwicklung ihrem Abschlusse noch nicht nahe zu sein scheine. »Wenn auch ein 70jähriger schwerlich noch Gedankenwege betreten wird, die durchaus neu erscheinen, so liegen doch in einem rastlos wirkenden Geiste so viele Samenkörner, dass es nicht wundernehmen kann, wenn auch

[1] Werkmanuskript aus dem Nachlaß, maschinengeschriebenes fünfseitiges Typoskript mit sehr vielen handschriftlichen Korrekturen und Ergänzungen; dieser überarbeitete Text wurde hier zugrunde gelegt und verglichen mit der gedruckten Fassung (in: Kölner Vierteljahreshefte, 1932, 10. Jg., S. 275 - 277), die im Zweifelsfalle maßgeblich war.

noch in späten Erntetagen schöne Früchte zur Reife gelangen«. Diese Hoffnung hat in den seitdem verflossenen 18 Jahren in einer kühne Erwartungen übertreffenden Weise sich verwirklicht und doch sind diese Jahre eine Zeit gewesen, in der es kaum noch ein Jahr der politischen Ruhe für Europa gegeben hat. HÖFFDING hat die Erde in einem Zeitpunkt verlassen, dessen Ungeist allem Hohn spricht was seinen, des John Stuart MILL[2] Dänemarks, Idealen gemäss war. Auch die neutralen Länder blieben nicht verschont von der unerhörten Sturmflut, deren Wogen so verhängnisvoll den grössten Teil Europas überflutet haben. Wenn auch der alte Philosoph, soviel ich weiss, nicht öffentlich an dem Streit über Wesen, Ursachen, Verlauf und Ziele des Weltkrieges teilgenommen und für seine Person der strengsten Unparteilichkeit sich beflissen hat, so sind doch Wirkungen seiner mitfühlenden Persönlichkeit bis in die abgelegensten Winkel gedrungen, in denen Kriegsgefangene geschmachtet haben. Als Vorsitzender des dänischen *Roten Kreuzes* hat HÖFFDING mit grosser Aufopferung der Aufgabe sich gewidmet, die Gefangenenlager, insbesondere die russischen, mit Büchern und Schriften zu versehen und hat zu diesem Zwecke auch aus seinen eigenen Beständen viele Beiträge gespendet, die, wohl meistens in deutscher Sprache, auch deutschen und österreichischen Gefangenen vorzugsweise zugute gekommen sein dürften. Ohne seinen Namen zu kennen, ist sicherlich mancher, der so ins Elend verbannt war, ihm dankbar geworden. - Inzwischen blieb ihm hinlängliche Musse, an seinem Lebenswerke weiterzuarbeiten. Kurz vor seinem 70. Geburtstage hat der Philosoph sein Werk »Der menschliche Gedanke, dessen Formen und Aufgaben« vollendet, das er selbst als ein abschliessendes bezeichnet hat, wenn er auch keineswegs damit Schluss gemacht hat. Energisch und arbeitsfroh verfasste er bald danach zwei Beiträge zur Kategorienlehre, unter dem Titel *Totalität als Kategorie* (1917) und *Relation als Kategorie* (1921), die alsbald auch in die deutsche Literatur übergegangen sind. Gleich so vielen Vorgängern hatte HÖFFDING eine Vorliebe für erkenntnistheoretische Untersuchungen. Er selber sagt, dass er nicht meine, dadurch seine eigene Erkenntnis zu verbessern, sondern, weil es immer aufs neue seine Interesse wecke, die Formen zu untersuchen, in denen der Trieb zum Erkennen seine Befriedigung finde, komme er so gern darauf zurück. Es handelt sich hier um die grosse Frage der *Methode*, welcher kein wissenschaftlicher Mann sich entziehen kann, eine Frage die daher jeden geistig interessierten Menschen in stetig neuen Kontakt mit der Philosophie bringen muss.

Obschon nun diese Probleme immer wieder zurückführen auf die Gedankenwelt KANTs, der auch HÖFFDING so viel verdankt, so sind es doch zwei andere Philosophen von höchstem Werte, an die er mit besonderer Liebe sich anschliesst: 1. *Plato*, dessen merkwürdigen Dialog Parmenides HÖFFDING noch in einer kleinen Schrift von 1920 eindringend behandelt hat, 2. *Spinoza*, dessen

[2] *MILL*, John Stuart <1806 - 1873> Philosoph und Volkswirt. Zu *HÖFFDING*s Verhältnis zu *MILL* beachte seine frühe Schrift: Den engelske Philosophi i vor Tid, Kbn. 1874, 193 S. (deutsch: Die Einleitung in die englische Philosophie unserer Zeit, Leipzig 1889); ferner: John Stuart Mill, in: Tilskueren 1906, S. 353 - 365.

berühmter *Ethica* er zwei Jahre früher eine tiefgehende Analyse widmete. Außer diesem Dreigestirn ist es sein Landsmann Sören KIERKEGAARD[3], dessen tiefsinniger Gedankenarbeit wir bei HÖFFDING fortwährend als einer innerlich bewegenden und anfeuerenden Paradoxie begegnen: ja in seiner Jugend hat KIERKEGAARD Epoche gemacht - unter dessen Einfluß hat HÖFFDING das theologische Studium aufgegeben.

Wir finden diesen Einfluß auch wieder in HÖFFDINGs Beitrag zu dem grossen dänischen Sammelwerk über das 19. Jahrhundert, das Aage FRIIS dirigierte; dieser Beitrag heisst *Leitende Gedanken im 19. Jahrhundert* und erschien 1920. Nach den drei grossen Gesichtspunkten unter denen das geistige Leben des Jahrhunderts hier betrachtet wird: 1. Wissenschaft, 2. Soziales Leben, 3. Religion wird an letzter Stelle das 'Persönlichkeitsprinzip' hervorgehoben, für das HÖFFDING eine besonders ausgesprochene Sympathie kundgibt. Für den Norden zeichnet dieses Buch auch dadurch sich aus, dass seine Denker und wissenschaftlichen Grössen mehr als sonst der ihnen gebührenden Anerkennung gewürdigt werden. HÖFFDING schreibt: »Es ist von hervorragenden Wortführern der Literatur in energischer und genialer Weise auf die individuelle menschliche Persönlichkeit, auf die Bedeutung des 'Einzelnen' hingewiesen worden, dessen Bedürfnis und Drang die *Religion* - was immer dieses Wort in weiterem oder engerem Sinne bedeuten möge - genug tun solle.« Als der bekannteste Vertreter dieses Persönlichkeitsprinzips wird CARLYLE hervorgehoben. In seinen Spuren habe der Amerikaner EMERSON[4] sich bewegt und unabhängig von diesem in nordischen Landen Erik Gustav GEIJER[5], Fredrik Christian SIBBERN[6] und Sören KIERKEGAARD. Von diesen sei KIERKEGAARD der bedeutendste. Was die Religion angeht, so erklärt er, ebenso wie CARLYLE Aufrichtigkeit und *Redlichkeit* für das was zuerst und zuletzt nottue. Als KIERKEGAARD in seiner letzten grossen Polemik gegen die offizielle Kirche zu sagen gedrängt wurde, was er eigentlich wolle, antwortete er: »Ganz schlicht, ich will Ehrlichkeit«

So ist auch HÖFFDINGs Schrift *Leitende Gedanken* ein ganz persönliches Buch. Es stellt den wissenschaftlichen, den philosophischen, den sozialen Geist des 19. Jahrhunderts so vor, wie er sich in unseres Philosophen Persönlichkeit reflektiert; diese Persönlichkeit aber ist nicht die eines jungen Schriftstellers, der schon das vergangene Jahrhundert nur von aussen zu kennen vermag, sondern eines Mannes, der selbst einen grossen Teil des Jahrhunderts denkend mit-

---

[3] *KIERKEGAARD*, Sören Aabye <1813 - 1855>, Philosoph und Theologe. Siehe besonders *HÖFFDINGs* Schrift: Søren Kierkegaard som Filosof, Kbn. 1892, 2. Aufl. 1919 (deutsch: 1896, 2. Auf. 1902, 3. Aufl. 1922).

[4] *EMERSON*, Ralph Waldo <1803 - 1882>, amerikanischer Dichter und Philosoph, dem eine enge Freundschaft mit *CARLYLE* verband.

[5] *GEIJER*, Erik Gustav <1783 - 1847>, schwed. Philosoph und Historiker

[6] *SIBBERN*, Fredrick Christian <1785 - 1872>, siehe zu ihm *HÖFFDINGs* Artikel in: Nordisk Conversations Lexicon, 2. Udg., 1870 - 78; ferner H. *HÖFFDING*, Fredrick Christian Sibbern, in: Tilskueren, 1885, S. 747 - 773.

erlebt hat und der alle Strömungen die sich darin bewegten, auf sich wirken liess. Es ist ein Kenner seiner Zeit, der hier sich mitteilt und selbst mitgewirkt hat, das Gepräge der Zeit zu bestimmen. Wenn er in der Einleitung sagt: »Es können verschiedene Gedankenrichtungen bei ein und derselben Persönlichkeit sich geltend machen, ohne dass ihre volle Harmonie möglich wird«, so ist es gerade die *Harmonie*, die seiner eigenen Persönlichkeit das reiche und erfreuliche Gepräge gibt. Dies tritt auch in dem letzten Buch, auf das noch hingewiesen werden möge, hervor, dem Buch über den *grossen Humor* oder wie der Titel der deutschen Ausgabe lautet: *Humor als Lebensgefühl*. Es ist in noch höherem Grade als die leitenden Gedanken ein persönliches Buch. Man darf es vielleicht als das Vermächtnis des Philosophen an Mitwelt und Nachwelt bezeichnen. In dieser Untersuchung, die den Humor als einen seelischen 'Gesamtzustand' schildert, ist gleichzeitig eine Ermahnung enthalten: sie lehrt die menschlichen Dinge ungeachtet aller Gebrechen, alles Kummers und aller Sorgen in einem versöhnenden Lichte mit einem Lächeln der Weisheit betrachten, alle Torheiten mit Nachsicht und alle bösen Geschehnisse der kritischen Stimme des Gewissens gemäss beurteilen. Wenn es auch für HÖFFDING - und wir gehen hierin einig mit ihm - noch höhere Normen der Lebensansicht gibt, so ist doch für ihn der grosse Humor einer der idealen menschlichen Typen, und er bekennt, dass er selbst eine gewisse Zärtlichkeit hege für Dichter und Schriftsteller, die nach seiner Schätzung ihm eine grössere Fähigkeit verleihen, solchen Humor zu verstehen. Unter den Philosophen ist SOKRATES ihm der ganz grosse Humorist. HÖFFDING selber hatte Züge in seinem Wesen, die an SOKRATES erinnern: die milde und heitere Art auf dem Grunde tiefen Ernstes, die volkstümliche Sinnesart, und das Bestreben, alle Erkenntnis dem sittlichen Leben des Volkes zugute kommen zu lassen.

[7]Seine Gedankenrichtung war in mehr als einer Hinsicht soziologisch, die Eigenschaft als korrespondierendes Mitglied unserer Gesellschaft für Soziologie war ihm sehr willkommen. Er ist der Soziologie schon in der ersten deutschen Ausgabe seiner Ethik (Leipzig 1888) entgegengekommen, indem er den Abschnitt *Soziale Ethik* mit einem Kapitel *Die Ethik und die Soziologie* eröffnete. Sein dauerndes Interesse hat er auch dadurch kundgegeben, daß er schon 1889 vor den 'Studentersamfund' in Kopenhagen einen Vortrag über *mein Werk* gehalten hat (ehe wir uns persönlich kannten), der dann in den ersten Band seiner Mindre Arbejder - Kopenhagen 1899 - aufgenommen wurde. Auch in seinen späteren Werken hat er, wie ich dankbar anerkenne, öfter darauf Bezug genommen. Der Tag der Soziologie ist freilich in Skandinavien noch nicht aufgegangen. Eine Bewegung dahin ist aber vorhanden: ich verweise auf die Bemühungen des Norwegers Prof. Ewald BOSSE's, der mein neues Buch *Einführung in die Soziologie* in seine Sprache übersetzt und auf den gegenwärtigen Inhaber des HÖFFDINGschen Lehrstuhles Frithjof BRANDT, der ein gewichtiges Werk über HOBBES verfasst hat, und schon dadurch der Soziologie

[7] ab hier handschriftlicher Zusatz

näher tritt, endlich auf den leider früh verstorbenen Schweden Gustav F. STEFFEN[8], der eine Soziologie in 4 Bänden verfasst hat, und den Göteborger Professor Malte JACOBSSON von dem wir manche Leistung erwarten dürfen.

[8] *STEFFEN*, Gustav F. <1864 - 1929>, Soziologe, Politiker

## »Sie fragen vielleicht, mit welchem Recht ich mich als sympathischen Leser anmelde ...?«*

**Ein Kommentar**



Inwieweit die philosophische, soziologische und geisteswissenschaftliche Substanz im Briefwechsel dieser beiden originären Denker an der Peripherie Europas im späten 19. und frühen 20. Jahrhundert in einem allgemeinen Sinn Aufschluß über Tendenzen der modernen Geistes- und Wissenschaftsgeschichte geben kann, erschließt sich nicht unmittelbar. Darauf wird in einzelnen Abhandlungen und Exkursen eingegangen. Sie zeichnen, ausgehend von verschiedenen Schwerpunkten, das Gespräch nach und beleuchten schlaglichtartig aus verschiedenen Blickwinkeln die Vielfalt der oft nur angedeuteten Briefthemen, um die Positionen, Probleme, Voraussetzungen und Interessen in jeweils speziellen Zusammenhängen aufzuzeigen und eine Integration im Kontext der geschichtlichen und wissenschaftshistorischen Abläufe und Entwicklungen herzustellen. TÖNNIES' intellektuelle Konturen sind durch die Symposien der letzten Jahre und die daraus geförderte Forschung in Publikationen vielfältig porträtiert.[1] Sein Briefpartner HÖFFDING jedoch hat mittlerweile seine einstmals auch in Deutschland prominente Stellung verloren und darf heute durchaus als unbekannter Autor bezeichnet werden. Die Anforderungen, seine intellektuelle Statur wieder sichtbar werden zu lassen, sind daher größer als bei Ferdinand TÖNNIES.

Das zentrale Thema dieser Korrespondenz ist aber die Frage des *Sozialpessimismus.*[2] HÖFFDING lieferte damit gleichsam das Stichwort für die gesamte

---

* Vgl. Harald *HÖFFDINGs* Brief vom 2. 7. 1888 an F. *TÖNNIES*; hier S. 33.

1 Siehe dazu Rolf *FECHNER*, Sekundärbibliographie in alphabetischer und chronologischer Folge zum Werk Ferdinand Tönnies. Eine Dokumentation, Hamburg 1986.

2 Die Soziologie in Deutschland verdankt in einem gewissen Sinne dem Aufkommen dieser Pessimismus-Debatte, an der sie selbst teilnimmt, ihre Entstehung. Zum Bedingungsverhältnis zwischen der Entstehung der modernen Soziologie im letzten Drittel des 19. Jahrhunderts und dem gleichzeitigen Abschied vom Fortschrittsdenken vgl. die Einleitung von Hans-Jürgen *DAHME*

Bild 10: Ferdinand Tönnies und Rudolf Goldscheid beim 5. Deutschen Soziologentag 1926 in Wien

TÖNNIES-Rezeption. Unter diesem Aspekt stellen sich daher in diesem Kommentar die einzelnen Themen fast zwangsläufig. Das Pessimismus-Problem markiert der Punkt, von dem aus sich dieser Briefwechsel sinnvoll erschließen läßt. Es ist auch der Aspekt, unter dem die philosophische Brisanz und soziologische Substanz dieser Korrespondenz sichtbar wird. Von daher gesehen stellt das Pessimismus-Thema besondere Erklärungsansprüche und dient gleichzeitig als Klammer für die innere Logik der nachfolgenden Themen und Exkurse.

## Die beiden Briefpartner

Um beurteilen zu können, welchen Wert der TÖNNIES'sche Briefwechsel für die Interpretation von TÖNNIES' intellektuellen Positionen hat, konnte bisher nur der TÖNNIES-PAULSEN-Briefwechsel herangezogen werden: ein ebenfalls relativ langwährender, reichhaltiger Briefkontakt, zwischen 1876 und 1908, also über 30 Jahre dauernd. Er ist von ganz anderer Art als der Austausch mit HÖFFDING: dort zwei Landsleute, 21jährig bzw. 30jährig, die den Stoff ihrer Wissenschaft und »alle möglichen Probleme in leidenschaftlichen Erörterungen«[3] durchsprachen und sich auf dem Weg einer tiefen geistigen Verwandtschaft hin zur Freundschaft begaben; hier der nunmehr 33jährige 'frische' Privatdozent, der gerade sein Hauptwerk *Gemeinschaft und Gesellschaft* veröffentlicht hatte, und dort der 45jährige respektierte Professor, dem der junge Mann 'auffiel', und der kritisch und informierend an den jungen Mann herantrat und ihn mit einer Rezension einem (doch sehnlichst gewünschten) Publikum etwas näher brachte. Es dauerte lange, bis diese Ungleichheit im Status wenigstens annähernd überwunden sein sollte - und die Dankbarkeit für HÖFFDINGs Aufmerksamkeit bewahrte TÖNNIES wohl lebenslang. In seinem letzten Brief an HÖFFDING vom 3. April 1931 schreibt er: »Ich bin tief gerührt durch die Güte mit der Sie mir Dankbarkeit bezeugen, Ich bin Ihnen, lieber und verehrter Freund, so viel mehr Dank schuldig! Ich war noch ein fast unbekannter Mann, als Sie sich für meine Arbeit interessirten - das war für mich ein wichtiges Ereignis.« Aber letztlich lief es in seinem Fall auf eine Freundschaft hinaus, die sich durch Treue auszeichnete und nicht so sehr durch ihren intellektuellen Gehalt: »Wenn Sie meine treue Freundschaft anerkennen, so treffen Sie etwas worauf ich selber mir etwas zu gute tue«[4]. Doch dazu später mehr.

und Otthein *RAMMSTEDT* zu dem von ihnen herausgegebenen Band: Georg Simmel. Schriften zur Soziologie. Eine Auswahl, Frankfurt/M. 1983, S. 7 - 34; und H.-J. *DAHME*, Der Verlust des Fortschrittsglaubens und die Verwissenschaftlichung der Soziologie. Ein Vergleich von Georg Simmel, Ferdinand Tönnies und Max Weber, in: O. *RAMMSTEDT* (Hrsg.), Simmel und die frühe Soziologie. Nähe und Distanz zu Durkheim, Tönnies und Max Weber, Frankfurt/M. 1988, S. 222 - 275; beachte aber auch Werner J. *CAHNMAN*, Hobbes, Tönnies, Vico - Starting Points of Sociology, in: Buford *RHEA* (Hrsg.), The Future of the Sociological Classics, London/Boston/Sydney 1981, S. 16 - 38.

3 *TÖNNIES-PAULSEN*-Briefwechsel, a.a.O., S. *XIII*

4 Brief an *HÖFFDING* vom 21. Juli 1927

Vielleicht waren sich diese beiden Männer, der Nordfriese, der junge begabte Mann vom Lande[5], und der Däne aus der Metropole des Nordens, der es als eine seiner wichtigsten Aufgaben ansah, sein Volk auch mit den geistigen Tendenzen der Neuzeit vertraut zu machen, zu der Zeit ihrer Kontaktaufnahme, also 1888, schon geistig zu ähnlich in ihren intellektuellen Positionen, um ihre Fundamente einer radikalen Kritik aussetzen zu können; vielleicht zu verschieden im Charakter und im Status, um der Polarität und Kongruenz ihrer Positionen mehr Fruchtbares abzugewinnen, als es ihr Briefwechsel zu dokumentieren scheint. TÖNNIES war 1888, bei Eröffnung des Briefwechsels ein junger, unbekannter Privatdozent für Philosophie an der Kieler Universität. Er hatte sich mit Forschungen zur Entwicklungsgeschichte des Denkens von Thomas HOBBES habilitiert. Seine gleichzeitig betriebenen psychologisch-soziologischen Forschungen verliefen im Rahmen von Privatstudien, für die es keine Resonanz in der Öffentlichkeit gab. Das Schicksal seiner kleinen Schrift *Theorem der Kulturphilosophie*[6], in der er zum ersten Mal seine psychologische Willenstheorie mit ihrer Tendenz zur kulturanthropologischen Anwendung darstellte, setzte dafür bereits ein Zeichen. Auch die philosophische Fakultät der Kieler Universität konnte an diesen Gedanken offenbar kein Interesse finden und nahm statt dessen lieber die früh erschienen Aufsätze über HOBBES[7] für die Zwecke der Habilitation an. In den folgenden Jahren - mit einigen Unterbrechungen bis zum Frühjahr 1887 hatte TÖNNIES dann dennoch seine Arbeit auf diese psychologisch-kulturtheoretische Seite seines Denkens konzentriert und seine Überlegungen zum Buch *Gemeinschaft und Gesellschaft* geformt.

Harald HÖFFDING dagegen war seit 1872 ordentlicher Professor für Philosophie in Kopenhagen. Er begann seine akademischen Studien als Theologe und geriet durch die Lektüre und Auseinandersetzung mit Sören KIERKEGAARD in ein Christentum, das von großer Unruhe, Gärung und Unbefriedigtheit geprägt war. Erst nach jahrelangen geistigen Kämpfen wurde er durch die Philosophie zu einer sokratisch-humanen Lebensanschauung geführt, die bis in den Tod sein fester, optimistischer Halt blieb. Seine entscheidende Lebensreise ging, wie bei so vielen Philosophen vor ihm, »von Nazareth nach Athen«.[8] Anfangs hatte er noch die letzte hegelianische Periode miterlebt, aber während seines Studienaufenthaltes in Paris 1869 wurde er auf den französisch-englischen Positivismus aufmerksam, der für ihn entscheidend wurde. Er hatte bereits mit

[5] Vgl. Theodor *STORM* in einem Brief vom 8. 5. 1881 an Gottfried *KELLER*, in: Peter *GOLDAMMER* (Hrsg.), Der Briefwechsel zwischen Theodor Storm und Gottfried Keller, Berlin/Weimar 1967. *STORM* bezeichnete *TÖNNIES* dort als den bedeutendsten jungen Mann den er nächst Theodor *MOMMSEN* in seinem Leben gefunden habe.

[6] F. *TÖNNIES*, Gemeinschaft und Gesellschaft. Theorem der Kultur-Philosophie, in: Kant-Studien, 1925, 30. Jg., S. 149 - 179; dieser Aufsatz basiert auf dem Manuskript des unveröffentlichten Entwurfes zur ersten Auflage von *GuG*.

[7] Anmerkungen über die Philosophie des Hobbes, in: Vierteljahrsschrift für wissenschaftliche Philosophie, 1879 - 1881, 3. - 5. Jg., insgesamt vier Artikel

[8] Siehe den Nachruf von Frithiof Brandt, Harald *HÖFFDING* - 1843 - 1931, in: Archiv für Geschichte der Philosophie, 1931, xl, S. 621 - 623.

seiner 1882 erschienen *Psychologie*[9] und seinen Studien zur *Ethik*[10] die Grundlagen seines Denkens gefestigt und die Grundgedanken seines 'kritischen Monismus' auf zwei wesentlichen Gebieten praktiziert. Im dänischen Geistesleben nahm er bereits einen hervorragenden Platz ein. »Seine Bücher haben trotz ihrer Schwerfälligkeit[11] hierzulande eine sehr große Ausbreitung gewonnen. Der volkstümliche Instinkt selbst verstand ihn gewissermaßen als Persönlichkeit und erkannte in ihm eine ausgesprochen dänische Natur«, beschrieb sein Schüler BRANDT treffend die Anerkennung und Wirkung, die HÖFFDING in seinem Heimatlande genoß. Seine Begeisterung, als akademischer Lehrer zu wirken, konnte durch das dänische Schulsystem nur gefördert werden: ein einjähriger philosophischer Kursus, das Filosofikum, war für alle Studenten obligatorisch, dazu kamen die gewöhnlichen Seminarübungen für die philosophischen Fachstudenten.

Wenn die beiden Briefpartner zum Zeitpunkt ihres ersten Kontaktes sich auch in einer ähnlichen intellektuellen Situation befanden, insoweit, als ihre Grundgedanken festgelegt und publiziert waren, so unterschiedlich waren sie sich doch in ihrer sozialen Stellung. TÖNNIES war und blieb ein Außenseiter im Wissenschaftsbetrieb des kaiserlichen Deutschland und zwar in mehrfacher Hinsicht: zunächst einmal befand er sich nicht - wie sein dänischer Briefpartner - in einer Metropole, sondern in einer Provinz-Universitätsstadt an der nördlichen Grenze des deutschen Reiches. Ferner bewegte er sich nicht auf einem allseits geschätzten und anerkannten Wissenschaftsgebiet wie HÖFFDING, der in den traditionellen Bahnen der akademischen Philosophie sich wohl fühlte. TÖNNIES konzentrierte seine Aufmerksamkeit vielmehr auf die Pionierrolle eines Gründers der modernen theoretischen und empirischen Soziologie, in der er anfangs weder Anerkennung noch gar Zustimmung finden konnte. Dabei hätte er mit seinen philosophischen, ethischen und psychologischen Interessen viele Voraussetzungen gehabt, um innerhalb der akademischen Philosophie einen vielleicht ähnlichen Weg wie HÖFFDING einzuschlagen - oder wie sein Freund und Mentor, Friedrich PAULSEN, Professor für Philosophie und Pädagogik in Berlin, der seit Studententagen freundschaftlich mit ihm verbunden blieb.

---

[9] Harald *HÖFFDING*, Psykologi i Omrids paa Grundlag af Erfaring, Kbn. 1882, 422 S., erneut 1885, 1892, 1898, 1905, 1911, 1917, 1918, 1920, 1925, 1930; deutsch: Psychologie in Umrissen auf Grundlage der Erfahrung, Leipzig 1887 u.ö., franz.: Paris 1900 und 1909; engl.: London 1891.

[10] Harald *HÖFFDING*, Om Grundlaget for den humane Ethik, Kbn. 1876, 146 S.; ferner: Montaignes Betydning for Etikens Historie, in: Det nitttende Aarhundrede, 1876, S. 21 0 - 230; ferner: Om Sympathien som Grundlag for det ethiske, in: Vor Ungdom, 1880, S. 1 - 16, ferner: Den filosofiske Ethiks Principer, in: Det Kongelige Danske Videnskabernes Selskabs, 1886, S. 15 - 44 (deutsch: Die Prinzipien der Ethik, in: Vierteljahrsschrift für wissenschaftliche Philosophie, 1886, x, 3, S. 249 - 282), und schließlich: Etik. En Fremstilling af de etiske Principer og deres Anvendelse paa de vigtigste Livsforhold, Kbn., 1887, 417 S., erneut 1897, 1905, 1913, 1926 (deutsch: Ethik. Eine Darstellung der ethischen Prinzipien und deren Anwendung auf besondere Lebensverhältnisse, Leipzig 1888 u.ö.).

[11] Die deutschen Übersetzungen wirken jedoch flüssig.

Dieser Vergleich von HÖFFDING und TÖNNIES findet weitere Gemeinsamkeiten und Differenzen nicht nur hinsichtlich der Stellung, die beide Autoren jeweils in der Wissenschaftskultur ihres Landes einnahmen, sondern auch in ihren intellektuellen Positionen. Beide dachten von den Voraussetzungen eines kritischen Positivismus und Monismus her. Sie interessierten sich für die begrifflichen Bedingungen der Erfahrung, ohne deshalb Empiristen zu sein. Die Analysen zielten auf ein jeweils 'relatives Apriori' der erfahrungswissenschaftlichen Erkenntnis. Sie befanden sich damit in der Nähe des zeitgenössischen Neukantianismus, dessen Affinitäten ihnen akzeptabel erscheinen mußten.[12] TÖNNIES ging von der instrumentalen Rolle von Begriffskonstruktionen auf konventionalistischer Basis (oder, im Sinne seiner von HOBBES beeinflußten Terminologie: auf voluntaristischer Basis) aus und verband diese mit der zeitgenössischen Evolutionstheorie. Begriffe und Erkenntnisformen sind ihm so im Laufe der psychischen Evolution aus elementaren Anfangsformen des Bewußtseins und der mit ihm verbundenen Verhaltensformen entstanden. Diese begrifflichen Komponenten und psychischen Dispositionen bilden im Forschungsprozeß dann die Grundlage für theoretische Festsetzungen, die ihrerseits auf Willensakten, also Konventionen der Forscher, beruhen. Nicht die transzendental zu deduzierende Ausstattung eines Erkenntnissubjektes im Sinne KANTs, sondern der instrumentelle Aspekt von HOBBES' Kategorienlehre in Verbindung mit SPINOZAs Monismus bildete den spezifischen Blickwinkel, in dem seine Originalität begründet liegt.

Auch HÖFFDINGs Kategorienlehre bewegt sich in ähnlichen Bahnen. Die These einer evolutionären Kontinuität, die Denken und Wahrnehmen von Anfang an zu einer unlöslichen Einheit zusammengefügt hat, wird bei ihm von einem stark entwickelten Bewußtsein für die historische Wandelbarkeit des begrifflichen und weltanschaulichen Hintergrundes der einzelnen geistesgeschichtlichen Epochen ersetzt. Auch sein Interesse war auf die Pionier- und Durchbruchsphase der modernen Erfahrungswissenschaften und ihrer philosophischen Begründung, nämlich auf das 17. Jahrhundert, gerichtet. Für HÖFFDING aber war KANT von anderer, größerer Bedeutung als dies für TÖNNIES der Fall war. Die kritische Methode im Sinne einer 'regressiven und analytischen' Extraktion der begrifflichen Voraussetzungen der Erfahrungserkenntnis, angereichert mit einem evolutionstheoretischen und historischen Impetus, war für ihn stets maßgeblich.

[12] Die Wendung des Neukantianismus zu einer Transzendentalphilosophie der Kulturwerte, besonders nach der politischen Zäsur von 1879 (vgl. dazu Klaus-Christian *KÖHNKE*, Entstehung und Aufstieg des Neukantianismus. Die deutsche Universitätsphilosophie zwischen Idealismus und Positivismus, Frankfurt/M. 1986) lehnte *TÖNNIES* jedoch ebenso ab, wie dessen Erkenntnistheorie der - theoretisch wertbeziehenden - Kulturwissenschaften. Siehe zur Erläuterung Cornelius *BICKEL*, Tönnies' Kontroverse mit Rickert über wissenschaftstheoretische Probleme der Geschichtswissenschaft und der Soziologie. Verschwiegene Gemeinsamkeiten und programmatische Differenzen, in: L. *CLAUSEN* und F. U. *PAPPI* (Hrsg.), Ankunft bei Tönnies , Kiel 1981, S. 95 - 131.

Die Kombination aus einer evolutionstheoretisch umgewandelten Kategorienlehre mit einem deutlichen Sinn für die welterschließende Rolle der jeweiligen Kulturkörper von der Antike bis zur Gegenwart, lassen noch einen Vergleichsaspekt bei beiden Denkern entstehen. Es ist der Sinn für das 'historische Apriori', das bei ihnen zu der Ausgestaltung des evolutionstheoretischen Apriori hinzukommt. Es handelt sich dabei um eine Wissenschaftsgeschichte in erkenntniskritischer Absicht. Dieser Gesichtspunkt, der bei TÖNNIES in seiner Kulturtheorie und in seiner philosophischen Anthropologie praktiziert wird, jedoch weniger explicite zum Gegenstand einer theoretischen Reflexion avanciert, wird von HÖFFDING ausdrücklich ausgesprochen, wenn er sagt, daß der Historiker die Aufgabe habe, die Subjektivität der objektiven Gebilde sichtbar werden zu lassen[13].

Diese Subjektivität der objektiven Gebilde versuchte HÖFFDING nicht nur als Erkenntnistheoretiker darzustellen. Seine besondere Position als Philosophiehistoriker in einem kleinen Lande war ihm allzu deutlich bewußt. Folglich war es ihm sehr wichtig, seine Leserschaft um das Publikum der großen europäischen Sprachen zu erweitern. Deutschland und Frankreich waren ihm dabei besonders wichtig. Das hatte zunächst philosophische Gründe. Der deutsche Neukantianismus, aber auch die Positivisten verbanden HÖFFDINGs Denken mit den philosophischen Strömungen in Deutschland. In Frankreich bildete die dortige Variante des Kritizismus, des Positivismus und im gewissen Sinne auch BERGSONs Lebensphilosophie die Brücke. Dazu kam, daß er sich in Deutsch und Französisch schriftlich wie mündlich leicht artikulieren konnte (ungeachtet des Tributs an die Tücken der Grammatik beider Sprachen, der auch ihm nicht erspart blieb). Bei seinem Ausgreifen auf den deutschen Büchermarkt war ihm aber Hilfe verständlicherweise sehr willkommen. Zuerst und vor allem fand er Unterstützung bei Friedrich PAULSEN in Berlin. Auf beiden Seiten stellte sich offenbar schnell das Gefühl grundlegender und tragender Gemeinsamkeiten ein - von der persönlichen Wesensart bis hin zu den theoretisch-wissenschaftlichen Überzeugungen.

1887 wurde dann Ferdinand TÖNNIES in diese Konstellation einbezogen. Dabei spielten äußere Gründe mit. Sie brachten eine ironische Note in die Anfangsphase der Bekanntschaft zwischen HÖFFDING und TÖNNIES. Der Däne wollte damals im Leipziger REISLAND Verlag, demselben Verlag, in dem TÖNNIES gerade *Gemeinschaft und Gesellschaft* veröffentlicht hatte, seine *Ethik* herausbringen. Da auch PAULSENs *Ethik*[14] im Erscheinen begriffen war, holte der Verleger REISLAND Meinungsäußerungen darüber ein, was von einer solchen Doppelpublikation zu halten sei. Dabei wurde auch TÖNNIES um seine Ansicht gebeten. Und TÖNNIES äußerte sich in einem bedenklichen Sinne, was wohl dazu führte, daß REISLAND nun HÖFFDING antrug, er möge doch mit

---

[13] Siehe: H. *HÖFFDING*, Der menschliche Gedanke, Leipzig 1911, S. 335.

[14] Friedrich *PAULSEN*, System der Ethik mit einem Umriß der Staats- und Gesellschaftslehre, 2 Bände, Berlin 1889

seiner *Ethik* noch etwas warten bis die von PAULSEN rezipiert sei und diese Auseinandersetzung dann in sein eigenes Buch einarbeiten. Das jedoch verdroß HÖFFDING in starkem Maße. Bei seinem Versuch, PAULSEN von eventuellen Ansprüchen auf eine vorzeitige Veröffentlichung abzubringen, erwähnt er auch sein Befremden über TÖNNIES' Intervention, als die ihm dessen Meinungsäußerung erschienen war.[15] PAULSEN konnte die Wogen zwar wieder glätten durch den Hinweis, daß TÖNNIES sich nur auf eine direkte Anfrage hin geäußert habe, und HÖFFDINGs Buch konnte dann auch vor dem PAULSENs auf dem deutschen Büchermarkt erscheinen. TÖNNIES hatte damit den pessimistischen Eindruck, den er als Autor von *GuG* bereits bei HÖFFDING erweckt hatte, um einen weiteren negativen verstärkt. Sein Pessimismus, oder das, was auf HÖFFDING und auch auf PAULSEN so wirkte, kam also bereits *vor* dem Beginn des Briefwechsels zu Sprache: Ein schwieriger junger Mann, zur Melancholie und Eigenbrötelei neigend, klug und ernsthaft, gedankentief, aber etwas schwierig im Umgang, leider nicht so recht zugänglich für lebensoptimistischen Zuspruch. Von diesem Präludium hat TÖNNIES wahrscheinlich nie erfahren. Wenigstens ist im Briefwechsel mit PAULSEN nie die Rede darauf gekommen. HÖFFDING hatte zu Beginn des Briefwechsels im Oktober 1888 von TÖNNIES also nicht nur einen wissenschaftlichen, sondern auch einen *persönlichen* Eindruck gehabt, der seinem Gespräch von Anfang an einen vertrauteren Klang gab.

Aber bevor dieser Briefwechsel näher in den Blick geraten kann, muß einiges zum Briefschreiber TÖNNIES gesagt werden, um die Rahmenbedingungen dieses speziellen Briefkontaktes berücksichtigen zu können. Leider kann zum Briefeschreiber HÖFFDING nichts Entsprechendes mitgeteilt werden. Allein der Briefwechsel mit MEYERSON[16] ist bisher veröffentlicht. Bezeichnenderweise galt dem Sohn Hans HÖFFDING jedoch der Briefwechsel mit TÖNNIES als besonders editionswürdig. Der Tod Hans HÖFFDINGs beendete aber seine Bemühungen, den Nachlaß seines Vaters aufzuarbeiten.

TÖNNIES' Briefkorpus ist umfangreich. Im Nachlaß der Schleswig-Holsteinischen Landesbibliothek sind Briefe von ca. 1543 Personen archiviert, die an TÖNNIES geschrieben haben - schätzungsweise 8591 Briefe, Karten, Mitteilungen etc. und man kann sicherlich mit Fug und Recht annehmen, daß TÖNNIES die meisten Briefe beantwortet hat. Zwar liegen von seiner Hand nur 670 Briefe im Nachlaß, aber gewiß hat auch er mehr als 8000 Briefe in alle Welt gesandt. M.a.W.: TÖNNIES schrieb ca. jeden 2. oder 3. Tag einen Brief! Jedoch nur mit wenigen Briefpartnern bestanden intensive Kontakte. So liegen nur an Friedrich PAULSEN, E. G. JACOBY und eben an Harald HÖFFDING im Nachlaß Briefausgänge vor, die mehr als 50 Briefe umfassen. Das will nicht unbedingt viel besagen, da Briefausgänge ja üblicherweise im Besitz des Empfängers und

[15] Beachte den Briefwechsel zwischen *PAULSEN* und *HÖFFDING* in der Königlichen Bibliothek in Kopenhagen, Nye Samling 3815-4°.

[16] Frithiof *BRANDT*, Hans *HØFFDING*, et Jean *ADIGARD DES GAUTRIES* (Hrsg.), Correspondance entre Harald Høffding et Emile Meyerson, Copenhague 1939

nicht im Besitz des Absenders sich befinden. Aber auch die Zahl der Briefeingänge ist in dieser Hinsicht überschaubar. Nur 27 Personen sind benennbar, die mit TÖNNIES öfters bzw. langwährend korrespondierten; und es ist nicht zu vermuten, daß eine Recherche nach weiteren Briefen diese Zahl wesentlich erhöhen könnte. So nimmt es nicht wunder, daß der TÖNNIES-HÖFFDING-Briefwechsel von TÖNNIES-Kennern immer als besonders editionswürdig betrachtet wurde[17]: nicht nur der Ruf der Briefpartner oder ihre exklusive landsmannschaftliche und regionale Position, sondern die herausragende quantitative Bedeutung als geschlossener, umfangreicher Briefwechsel in einem endlos wirkenden grauen Ozean der Namen und kleinen, kurzfristigen Briefkontakte ließ dieses Konvolut bedeutungsschwer erscheinen. Aber TÖNNIES war ein gemäßigter Epistolograph und der Umfang seines Briefwechsels läßt vermuten, daß hier mit epistolographischen Energien sparsam gehaushaltet werden mußte. Die Kraft für intensive briefliche Debatten und Kontroversen war gewiß über einen langen Zeitraum nur zu bewahren gewesen durch Selbstbeschränkung auf einen kleinen Kreis wahrer Freunde. Das gilt besonders für einen ausgesprochen publizitätsfreudigen und -regen und also ausgelasteten Schreiber wie TÖNNIES. Zu diesem kleinen Kreis entfernt wohnender Freunde zählte anfangs neben Friedrich PAULSEN vielleicht nur noch Carl Franklin ARNOLD[18].

Der Brief war für TÖNNIES jedenfalls nicht das Medium, um eigene Gedankenprofile schärfer als in seinen Publikationen zu akzentuieren. Briefe schienen ihm eher Materialisationen einer Art nachbarschaftlichen Kontaktes zu sein: ein Mittleres zwischen Verwandtschafts- und Freundschaftsverhalten. Zwar kann sich diese Nachbarschaft (im Reich des Geistes?) auch in Abwesenheit erhalten »obschon schwerer als die erste Art«[19], nämlich die Verwandtschaft, »und muß alsdann um so mehr in bestimmten Gewohnheiten der Zusammenkunft und heiliggehaltenen Bräuchen ihre Stütze suchen« - der Prozeß gegenseitiger Gewöhnung würde aber nur in einigen Fällen durch die »Bedingung und Wirkung einmütiger Arbeit und Denkungsart« und durch »leichte und häufige Vereinigung« zur Freundschaft fortgeführt werden können. Die Bedingungen entstanden mit den Jahren, so daß der Kontakt zu HÖFFDING, vertieft durch persönliche Begegnungen, zuerst 1896 in Zürich, immer mehr »eine Art von unsichtbarer Ortschaft«[20] und der Brief immer mehr das Medium des freundschaftlichen Austausches werden konnte. TÖNNIES bezeichnet sein Verhältnis zu HÖFFDING später als treue Freundschaft. Diese besondere Form des menschlichen Willens ist für ihn die »Gutheit und Rechtschaffenheit des Gewissens«[21]. Es soll und

---

17 so z. B. E. G. *JACOBY*, a.a.O.; aber auch schon Norbert *BLÜM* veröffentlichte in seiner Dissertation Passagen aus diesem Briefwechsel: Willenslehre und Soziallehre bei Ferdinand Tönnies. Ein Beitrag zum Verständnis von 'Gemeinschaft und Gesellschaft', Bonn 1967.

18 Siehe zu *ARNOLD* die Selbstbiographie *TÖNNIES*', in: Philosophie in Lebensdarstellungen, a.a.O.

19 *GuG*, S. 13

20 alle Zitate ebd., S. 13 f.

21 ebd., S. 89

kann hier jedoch nicht von moralischen und sittlichen Werten und den Formen des Wesenwillens gesprochen werden; es soll nur darauf aufmerksam gemacht werden, daß TÖNNIES durchaus sein Verhalten vor dem Hintergrund seiner Theorie zu reflektieren vermochte. Dies ist ein Punkt, wo der Briefwechsel mit HÖFFDING Fingerzeige geben kann, denn allgemein wird immer ein Bruch zwischen TÖNNIES' reiner Soziologie und seiner angewandten bzw. empirischen Soziologie vermutet.

In der Tat hat TÖNNIES nämlich sein Verhältnis zu HÖFFDING innerhalb seiner eigenen Terminologie richtig charakterisiert: »... die unmittelbar freundlich-günstige Tendenz des Willens, die Rücksicht (...), bereitwillige Mitfreude und Mitleid, die Anhänglichkeit und dankbare Erinnerung an freundliche Gefährten des Lebens«[22] - das ist die Treue. Dies fällt nach der Lektüre des Briefwechsels überraschend auf. Überraschend deshalb, weil man als unbefangener, voreingenommener Leser nicht erwartet, diese tugendhafte Komponente zu ungunsten einer informativen in den Vordergrund gestellt zu sehen. Insofern ist TÖNNIES' Briefwechsel mit HÖFFDING keine philosophische Hintertreppe, die leicht und unbemerkt den Zugang zum Werk erleichtert oder gar ermöglicht. Im Gegenteil, geradezu sperrig verschließt sich dieser Briefwechsel naiven Verwertungsansprüchen und einer Reduktion zum bloßen Erfüllungsgehilfen des wissenschaftlichen Werkes. Wird der Briefwechsel dagegen in seiner prozessualen Entwicklung verfolgt und liest man ihn als Soziologe, so wird offenbar, daß die Briefe Ausdruck einer Kultur, einer Pflege sind, deren Gegenstand im brieflichen Gespräch eigentlich nicht direkt zur Rede kommt. Ist der Briefwechsel aber als *tugendhaftes Verhalten* im Sinne von *GuG* zu interpretieren, kann die Substanz nicht aus diesem Briefwechsel allein gezogen werden. In diesem Maße ist er besonders erklärungsbedürftig und besonders angewiesen auf die zusätzliche Lektüre des Werkes. Erst in dieser wechselseitigen Lektüre von veröffentlichtem Werk und privaten Aussagen erschließt sich das Gesamtwerk - und eben dieser Briefwechsel.

Sicherlich kann der Briefwechsel nicht ohne weiteres als ein durchgehender Kommentar zur wechselseitigen schriftstellerischen Produktion der beiden Briefpartner gelesen werden, obwohl zu den Gewohnheiten und Bräuchen der Beiden gerade das Übersenden der eigenen, als wichtig angesehenen Publikationen gehörte. Aber gerade diese Auslassungen, die oft erstaunlicherweise geradezu fehlende Diskussion, die fast wie Ignoranz wirkende Verschwiegenheit zu wichtigen und aufschlußreichen Aussagen in diesem über 40 Jahre währenden Kontakt verblüfft immer wieder. Diese epistolographische Karenz verbirgt prima facie die Relevanz vieler angesprochener und angerissener Probleme, verhüllt das Selbstverständliche und das Fragwürdige in der Beziehung zweier Männer, deren Polarität sich bei näherem Hinsehen in gemeinsamen Überzeugungen aufzulösen scheint - oder aber durch taktvollen Umgang mit individuellen und intellektuellen Eigenarten des anderen neutralisiert wird. In-

[22] ebd.

Bild 11: Harald Höffding, 1887

Bild 12: Ferdinand und Marie Tönnies, ca. 1894

sofern stellen auch diese Lücken, die Banalitäten dieses Briefwechsels, besondere Erläuterungsansprüche.

Direkt werkerhellend und -kommentierend sind im hohen Ausmaße die ersten Briefe dieses Briefwechsels. Bereits am 30. 1. 1888 hatte HÖFFDING in einem Brief an Friedrich PAULSEN den wunden Punkt von TÖNNIES' *Gemeinschaft und Gesellschaft* zu treffen gemeint, als er TÖNNIES' Naturell zu erkennen schien : »A propos TÖNNIES - ich habe mit großen Interesse Ihre Anzeige seines Buches gelesen.[23] Das muss ja eine recht pessimistische Erscheinung sein«[24]. Am 2. Juli 1888 schrieb er dann an TÖNNIES selbst: »Es hat mich sehr interessirt den Gegensatz, den auch ich für den größten in der menschlichen Entwicklung halte, in solcher scharfen und energischen Ausprägung, psychologisch und geschichtlich entwickelt zu sehen. So bis ins Einzelne hinein, in seiner ganzen inneren Artikulation war dieser Gegensatz noch nicht verfolgt worden«, um dann zum kritischen Punkt zu kommen: »Ich kann aber nicht verhehlen, daß Sie mir den beiden Gliedern des gewaltigen Gegensatzes nicht ganz unparteiisch gegenüberzustehen scheinen ... Ich habe die Stellen Ihres Buches, wo Sie "das Künstliche, ja Gewaltsame in diesen Abstraktionen"[25] hervorheben, nicht übersehen, wenn aber diese Unterschiede nur abstrakt sind, wo bleibt die pessimistische Aussicht?« TÖNNIES, der sich mit der Antwort schwer tat, antwortete erst ausführlich über drei Monate später, und sein zwölfseitiger Brief konnte HÖFFDING nicht abhalten, seine lange Rezension, die 1890 in der dänischen Zeitschrift Tilskueren[26] erschien, als *Social Pessimisme* zu betiteln. Damit ritualisierte sich dann vorerst auch der Kontakt, der in der Gefälligkeit gegenseitiger Buchanzeigen ein frühes Ende zu finden schien. Zwar wehrte sich TÖNNIES fast zwei Jahre später immer noch gegen die falsche Etikettierung: »Dem socialen Pessimismus huldige ich nicht sofern dies eine praktische Richtung bedeuten kann - vielmehr bin ich geneigt, alle Gattungen der Reform mit Hoffnung zu betrachten!« und empfahl HÖFFDING sozusagen Nachhilfeunterricht betreffend seiner in *GuG* entwickelten Konzeption, indem er ihm »eine Art erläuterndem Auszug aus "Gm. u. Gs."«, die August BALTZER verfaßte, zur Lektüre übersenden lassen wollte[27]. Der 'Soziale Pessimismus' bildete dennoch weiterhin den Horizont, vor dem sich die Beziehung und der Briefkontakt zwischen TÖNNIES und HÖFFDING abspielte.

[23] Gemeint ist hier *GuG*, auf das *PAULSEN* ihn in einem Brief vom 2. 2. 1888 aus Berlin schon aufmerksam gemacht hatte: »Tönnies' Buch ist ein überaus eigenes, schwer geschriebenes und schwer gedachtes; von der Hypochondrie des Verfassers ist auch einiges hineingekommen; trotzdem ein Buch von großem Ernst und Werth voll tiefer Blicke in geschichtliches und menschliches Leben. Sie müssen sich nicht abschrecken lassen durch manche Wunderlichkeiten und Eigenheiten. Ich wollte, Sie lernten Tönnies einmal kennen. Vielleicht trifft es sich einmal günstig, daß sie hier zusammenkommen.«

[24] Brief in Det Kongelige Bibliotek, Ny Samling 3815-4o

[25] Nämlich in den Distinktionen zwischen Wesenwille und Willkür, zwischen Gemeinschaft und Gesellschaft.

[26] S. 464 - 477

[27] vgl. Brief vom 26. 7. 1890

Danach ruhte der Kontakt jedoch bis Ende 1895 und ohne das Zusammentreffen in Zürich 1896 wäre diese erneute Kontaktaufnahme wohl nicht dauerhaft gewesen. Anscheinend wurde das Thema Sozialer Pessimismus aber im persönlichen Gespräch als Tabu behandelt, denn 1899 insistierte TÖNNIES wieder: »Sehr gerne hätte ich mit Ihnen, wie über manches andere, auch über das Thema "Socialer Pessimismus" gesprochen, um so mehr, da Sie sagten, dass Ihr damaliger, für mich wertvoller Vortrag in einer Sammlung aufs neue gedruckt wurde.[28] Ich kann eigentlich diesen Charakterzug nicht als ein wesentliches Merkmal der Schrift gelten lassen.«[29] Aber die persönlichen Begegnungen ließen, wo die Kraft der Argumente nicht ausreichte, HÖFFDING differenzieren, so antwortete er: »Ich glaube, wenn ich mich in die Zeit der Veröffentlichung Ihres Buches versetze, - also vor unserer schriftlichen, und besonders vor unserer persönlichen Bekanntschaft, - dass das Buch auf den Leser einen pessimistischen Eindruck machen musste, indem es die lange Entwickelung, die zur jetzigen socialen Verfassung geführt hat, verurtheilt. In meinen Augen machte es auch einen romantischen Eindruck, indem die älteren socialen Verhältnisse in einem sehr freundlichen (und eigentlich nur freundlichen) Lichte geschildert werden. Nachdem ich aber mit Ihnen und Ihren Ideen mehr direkt und eingehend bekannt geworden bin, sehe ich ein, dass der Titel "Socialer Pessimismus" vielleicht auf das Buch, aber nicht auf Ihre Anschauung im Ganzen passt.«[30] Die Aussage in seiner Rezension wollte er jedoch nicht zurücknehmen, jedoch die Perspektive etwas 'gerade rücken': »Nun bitte ich Sie mir zu erlauben, in der Vorrede des Buches (...) einige Ihrer Aeusserungen in dem Briefe, den ich heute empfangen habe[31], abzudrucken ... In dieser Weise werden, meine ich, die Leser gewarnt werden, aus meinem Essay nicht verkehrte Schlüsse über Ihren Standpunkt zu ziehen.«[32] Zwar waren die Standpunkte immer noch nicht 'ausdiskutiert', und TÖNNIES drängte mehrmals, seinen Brief vom Oktober 1888 noch einmal einsehen und kommentieren zu dürfen, doch HÖFFDING behandelte ihn als Verschlußsache. Endgültig entspannte sich aber ihr Verhältnis erst, als HÖFFDING die Gratulation zur Geburt von TÖNNIES' Tochter Franziska am 14. 2. 1900 nachgiebig humorvoll formulierte: »Obwohl Sie ein so scharfer Kritiker des gegenwärtigen sozialen Zustandes sind, haben Sie doch jetzt der heutigen "Gesellschaft" mehrere pignora gegeben. Ich sehe darin einen praktischen Gegenbeweis gegen meine Auffassung Ihres Standpunktes als einen pessimistischen.«[33] In dieser Bemerkung steckt mehr Tiefsinn, als es zunächst den Anschein hat, richtet sie sich doch an einen Denker, der in starkem Maße von SCHOPENHAUER beeinflußt war und daher den *Willen zum Leben* ohne Selbstwiderspruch nicht in derart direkter

---

[28] H. *HÖFFDING*, Mindre Arbejder, Kbn. 1899

[29] Brief vom 7. 5. 1899

[30] Brief vom 10. 5. 1899

[31] *TÖNNIES*' Brief von 7. 5. 1899.

[32] ebd.

[33] Brief vom 20. 2. 1900

Weise bejahen dürfte. Diese Affinität HÖFFDINGs zum Humor, gewann später Ausdruck in einer selbständigen philosophischen Darstellung, hier diente er jedoch zur Entspannung des Verhältnisses.

Insgesamt erstreckt sich dieses Pessimismus-Gespräch von 1888 bis 1899. Es begann mit der Auseinandersetzung über TÖNNIES' Gemeinschaft und Gesellschaft als sozialer Typus einer historischen Epoche.

Das Gespräch über den Pessimismus in *GuG* lebt 1899 noch einmal auf anläßlich des Austausches über HÖFFDINGs *Ethik*. In diesem Kontext werden die Themen des *Schätzungs- und Handlungsmotivs* und damit die These einer allgemeinen Humanisisierung des Lebensverhältnisse als Resultat der Moderne besprochen. HÖFFDINGs Theorem von der *Erhaltung des Wertes*, womit er in seiner Religionsphilosophie den Gegenstand einer jeden religiösen Überzeugung definiert, geben in dieser Zeit noch einmal zur Berührung der strittigen Fragen Anlaß. Aber im Rückblick auf den ersten Besuch TÖNNIES' in Kopenhagen im Frühsommer 1899 wird von TÖNNIES ausdrücklich bedauert, dieses Thema nicht in die Gespräche einbezogen zu haben. Eine gewisse Ermüdung angesichts dieses Problems scheint bei diesem Besuch zu einem taktvollen, und das hieß also verschwiegenen, Umgang mit dem Pessimismus geführt zu haben. Andererseits kann man an diesem Verschweigen die zentrale Rolle erkennen, die dieses Thema im intellektuellen Austausch der beiden einnahm, denn die Brisanz des Themas hätte leicht zu einer Verstimmung des direkten Gespräches, bei dem die Emotionen eben nicht durch den brieflichen Kontakt gefiltert werden, führen können. Die Erörterungen im Zeichen des Sozialpessimismus-Themas umgrenzen in einem grundsätzlichen Sinn die gesamte intellektuelle Konstellation zwischen TÖNNIES und HÖFFDING, nämlich die Gleichzeitigkeit von Distanz und Nähe. Diese Konstellation, daß aus einer gemeinsam geteilten und jeweils fraglos vorausgesetzten intellektuellen Orientierung am kritischen Monismus unterschiedliche Konsequenzen im Einzelfall gezogen werden, ist ja eigentlich auch eine der interessantesten Bedingungen eines aufschlußreichen geistigen Austausches. Damit ist schon zu Beginn der Korrespondenz gleichsam das intellektuelle Fazit vorweggenommen, das sich genau unter diesen beiden Hinsichten zusammenfassen läßt. Es ist die Gemeinsamkeit der philosophischen Basis und die Gemeinsamkeit der Problemstellung, es ist aber andererseits die Verschiedenheit der jeweiligen 'Antwort' auf das Problem des Sozialpessimismus in seinen verschiedenen Aspekten, sei es nun geschichtsphilosophischer, methodologischer, sozialethischer oder schließlich praktisch-politischer Art.

Hier ist auch der Zeitpunkt, da in der Korrespondenz ein Themenwechsel stattfindet. Zwar hat die Pessimismus-Debatte noch einen gewissen Nachklang in späteren Briefen, klingt aber als problematisches Thema aus. Der Pessimismus-Begriff taucht nur noch gelegentlich als Stichwort auf, ohne noch Reizthema zu sein. Nun stand nicht länger TÖNNIES und seine schriftstellerische Position unter Rechtfertigungsdruck, vielmehr begann eine Phase der Zusammenarbeit. HÖFFDINGs Religionsphilosophie, 1901 in Kopenhagen veröffentlicht, sollte auch in deutsch erscheinen und TÖNNIES erklärte seine Bereitschaft, an der Übersetzung mitzuarbeiten: »Auch ich glaube, dass wir in vielen Stücken über dies höchst bedeutende Problem übereinstimmen, obgleich für mich es in erster Linie ein soziologisches ist, und die Frage, ob es ein Aequivalent für die gewaltige soziale Function des Glaubens und des geistigen Standes im allgemein. geben könne - aber diese soziologische Schwierigkeit ist von der psychologischen untrennbar. Denn meine Aufgabe wäre leicht gelöst, wenn es für die Furcht vor übersinnlichen Mächten und für das Vertrauen zu solchen einen Ersatz gäbe.«[34]

Sicherlich ist auch TÖNNIES' Mitarbeit an HÖFFDINGs Religionsphilosophie nicht adäquat im Briefwechsel zu erfassen. Sein Angebot, »die deutsche Uebersetzung« seiner »"Religionsphilosophie" zu revidieren« nimmt HÖFFDING dankbar an[35]. Selbstverständlich finden sich in den anschließenden Briefen Hinweise auf TÖNNIES' lange Rezension zu HÖFFDINGs Religionsphilosophie[36]: »Jetzt da Ihre für mich so bedeutungsvolle Anzeige meiner "Religionsphilosophie" abgeschlossen vorliegt, spreche ich Ihnen meinen herzlichen Dank für sie - und für das was Sie für mein Buch gethan haben - aus. Ich wage nicht zu glauben, dass Alles, was Sie von dem Buche sagen, und was Sie von seiner Wirkung erwarten, sich bestätigen wird. Aber schon dass Sie öffentlich ausgesprochen haben, dass mein Buch für Sie einen "Lebenswert" darstellt, ist mir eine grosse Sache; wenn ich dazu Ihre Anerkennung, dass ich eine wesentliche Seite des grossen Problems erfasst habe, füge, dann sind die beiden Elemente der Materie, die mich zu dieser Arbeit geführt haben, zu ihrem Recht gekommen. Denn ich wollte beides auf einmal: ein philosophisches Problem behandeln und eine persönliche Konfession geben.«[37]. Während also das erste Thema der Auseinandersetzung TÖNNIES in die Position des Verteidigers seines eigenen Werkes brachte, erleben wir ihn hier als Kritiker, der fremde Entwürfe vor dem Horizont seiner eigenen Vorstellungen abbildet. TÖNNIES' religionsphilosophische und -soziologische Überlegungen, die auch später noch fortgesetzt werden, erleben hier - nach den Ausarbeitungen in Gemeinschaft und Gesellschaft - eine neue Etappe. Verständlich wird dies natürlich nicht durch die eher spärlichen, pauschalen Belege im Briefwechsel; eine Interpretation der TÖNNIESschen religionssoziologischen Konzeption kann aber weder auf diese Briefe noch auf die Manuskripte HÖFFDINGs, die TÖNNIES revidierte, verzichten.

Im Briefwechsel markiert der Abschluß dieser gemeinsamen Arbeit nach einer gewissen Zeit des Widerhalls aber eine erklärungsbedürftige Ruptur. Sieht man von dem Jahre 1903 ab, das epistolographisch sich durch zwei Post-

[34] Brief vom 7. 11. 1900

[35] Brief vom 23. 11. 1900

[36] 1902 in das Freie Wort (1. und 2. Jg., insgesamt drei Teile) erschienen.

[37] Brief vom 27. 5. 1902

karten auszeichnet (wobei für Forscher, die an TÖNNIES' Zeichentheorie Interesse haben, hier das Stichwort Lady Welby nicht unerwähnt bleiben kann), ist der Briefkontakt bis Mitte 1907 unterbrochen. Mittlerweile hatten sich die Beiden nach dem Züricher Treffen öfters gesehen und gesprochen: Berlin, USA, Kopenhagen. Besonders erstaunlich ist die gemeinsame Reise in die USA 1904 anläßlich der Weltausstellung in St. Louis, die weder brieflich noch in den Autobiographien von TÖNNIES und HÖFFDING Widerhall fand.[38] Leider deutet nichts darauf hin, daß hier Briefe fehlen.

1907 wird der Briefkontakt von HÖFFDING wieder aufgenommen, als habe es keine außergewöhnliche Unterbrechung gegeben. Andererseits ist dieser gemächliche, zwanglose epistolographische Umgang nicht untypisch. Vielleicht liegt diese Enthaltsamkeit begründet in der schon erwähnten Ähnlichkeit der geistigen Überzeugungen. HÖFFDING schien das auch zu wissen. Als er 1907 nach vier Jahren brieflicher Pause den Briefwechsel fortzuführen begann, um TÖNNIES seinen Besuch in Eutin anzukündigen, schrieb er: »Es würde mir sehr lieb sein, Sie abermals wieder zu sehen, und zwar in ihrem Hause. Das Schicksal hat uns ja recht wunderbar zusammengeführt - ... Den eigentlichen Wert hatte dieses wiederholte Zusammentreffen doch in einer gewissen Gemeinschaft der Anschauungen, die sich vielleicht am besten in unserer gemeinsamen Bewunderung für SPINOZA ausdrückt«[39]. Natürlich wäre man bei diesem Treffen, dem auch Anton THOMSEN beiwohnte, der lange als designierter Nachfolger auf dem HÖFFDING-Lehrstuhl galt, gern Zeuge gewesen. Wie TÖNNIES' Einstellung zu SPINOZA war, verraten nicht nur seine frühesten Schriften, sondern auch Briefe. PAULSEN kommentierte TÖNNIES' Ansatz so: »SCHOPENHAUER als Interpret SPINOZAS«[40]. Hier wird aber deutlich, daß Briefwechsel nicht ohne weiteres fragmentarisiert werden können. Die Frage jedoch, was TÖNNIES' gesamter Briefwechsel für die Interpretation seines Werkes beitragen kann, ist sicherlich nur im Kontext konkreter Fragestellungen zu beantworten.

Diese Treffen mit HÖFFDING waren für TÖNNIES durchaus wichtig - besonders in jener Zeit, da TÖNNIES, wie er selbst schreibt, einen Kampf ums tägliche Brot führte. Sie waren sicherlich auch wichtig, um ihrer Beziehung Substanz und Wert zu verliehen und eine günstige Gelegenheit, Themen in einer Art und Weise zu behandeln, die sich im Briefwechsel nur als schwacher Nachhall niederschlagen konnte. »Ihr Besuch«, schrieb TÖNNIES am 16. Juli 1907 in Erinnerung an HÖFFDINGS Besuch, »war für mich eine rechte Erfrischung, ich entbehre doch sehr die Gelegenheit zu philosophischen und wissenschaftlichen Gesprächen.« Immerhin, die zwar nicht »leichte und häufige Vereinigung« hinterließ Spuren. Der Briefwechsel hatte eine Phase, nach fast

---

[38] Von *HÖFFDING* existiert ein Zeitschriftenbericht, der jedoch noch nicht eingesehen werden konnte: Minder fra en Rejse (til Amerika og England 1904), in: Gads danske Magasin, 1921, S. 65 - 82.

[39] Brief vom 14. 6. 1907

[40] Brief vom 3. 8. 1888 an *TÖNNIES*.

20 Jahren, erreicht, wo er begann, sich zu konsolidieren. Bis 1912 plätschert er zwar noch etwas zögerlich und artig und mit einer nochmaligen längeren Unterbrechung (2 1/2 Jahre) dahin, um dann jedoch in den ruhigen, gesicherten Gewässern einer verläßlichen Freundschaft Ausdruck einer speziellen Briefkultur zu werden, die bis 1931 währen konnte.

## Gespräche zur Lebenssituation

Auch die Lebenslage der beiden Korrespondenzpartner wird in den verschiedenen Phasen der Korrespondenz in unterschiedlichem Maße und in unterschiedlicher Konzentration fortwährend thematisiert. Anfangs, bis 1908 (also immerhin 20 Jahre lang) - wird fast ausschließlich über TÖNNIES' Situation gesprochen, entweder von ihm selbst oder in Form von Fragen und Anteil nehmenden Bemerkungen seitens HÖFFDING. TÖNNIES' konnte seine ungesicherte berufliche Stellung, sein lockeres Verhältnis als Privatdozent zur Kieler Universität und seine freiberufliche publizistische Tätigkeit in Hamburg noch akzeptieren, weil es auf das ihm bevorstehende Privatiersleben, das er damals für unvermeidlich hielt, hinwies. 1897, eineinhalb Jahre später, schließt er der Diagnose seiner isolierten Lebensstellung eine Art Therapie an, indem er erwägt, nach England oder Amerika auszuwandern. Im spätherbstlichen November 1900 gibt er aber seiner 'Vereinsamung' schon deutlicher Ausdruck. Zwei Jahre später jedoch kann er wieder die positiven Seiten seiner Lebenslage hervorheben: ohne Amt und Würde lasse es sich am besten wissenschaftlich arbeiten. Doch fünf Jahre später wird dem Belastenden seiner Lebenslage wieder Ausdruck verliehen: Sorgen um die Zukunft melden sich, besonders auch im Hinblick auf die ihm anvertrauten Menschen seiner jungen Familie. Einen Tag nach seinem 52. Geburtstag 1907 teilt er in scheinbar stoischer Haltung HÖFFDING erneut sein Gefühl der Einsamkeit und der Resignation mit.

Nachdem der Jüngere und im Hinblick auf seine berufliche Situation Unglücklichere fast 20 Jahre Signale zu seiner Lebenslage mitteilte - wenn auch in der knappen, kühl distanzierenden Manier des Intellektuellen, der auch sein eigenes Leben nicht dem analytischen Blick entzieht - meldet sich auch HÖFFDING endlich am 29. 10. 1908 mit einer Anmerkung zu seiner Lebenssituation zu Wort. Dies geschieht in der auf Rückschau und Bilanz gestimmten Atmosphäre des Jahreswechsels: HÖFFDING formuliert dabei einen Eindruck, der sich dem Leser des Briefwechsels im Rückblick ebenfalls schnell aufdrängt: nämlich das spiegelbildlich Entgegengesetzte der beiden Biographien. HÖFFDING lebt privat als Einsiedler, steht aber im Zentrum des öffentlichen Lebens; TÖNNIES dagegen lebt privat im Zentrum einer vitalen, blühenden Familie, öffentlich dagegen befindet er sich im Niemandsland der Isolation.

Erst sechs Jahre später - im Frühling vor dem Ausbruch des Weltkrieges -, in der Zeit der großen Ehrungen für HÖFFDING anläßlich seiner Emeritierung und seines Einzuges in die Carlsberg-Villa, gibt es wieder Anlaß zum wechselseitigen Vergleich der Lebenssituation. TÖNNIES formuliert den Gegensatz - die glanzvolle Stellung HÖFFDINGs in Kopenhagen und seine eigene zurückgezogene Existenzweise in Eutin - mit einer gewissen Wehmut. HÖFFDING relativiert das Übermaß seines äußeren Lebenserfolges, indem er TÖNNIES daran erinnert, daß Selbstbewußtsein und Selbstbescheidung trotz allen öffentlichen Glanzes bei ihm weiterhin in einem gesunden Verhältnis zueinander stünden.

Dieser einmal angeschlagene Ton bei der allgemeinen Selbsteinschätzung hält sich über die großen historischen Zäsuren hinweg durch. Im Frühsommer 1915 gibt TÖNNIES wieder eine Zwischensumme der beiderseitigen Lebensläufe: glänzende öffentliche Stellung da, Resignation und folglich auch Ungerührtheit angesichts der nahenden Emeritierung hier. Diese Emeritierung sollte aber die Möglichkeit der Muße bieten; Muße für konzentriertes wissenschaftliches Arbeiten.

Einen deutlichen und nachhaltigen Akzentwechsel erhält das Thema 'Lebenslage' aber Silvester 1917. Nun heißt es nicht mehr Erfolg contra Resignation, öffentliche Anteilnahme versus Familienleben, nun dominiert erst einmal das Thema Alter, das für beide in einem unerbittlicheren Maße als Problem sich aufdrängt. Aber schließlich steht HÖFFDING vor seinem 75. Geburtstag, und auch TÖNNIES ist schon 62 Jahre alt. Damit rückt dann auch die jeweilige körperliche und geistige Befindlichkeit in den Vordergrund. Die allgemeine Lebenslage dagegen hat sich auf beiden Seiten als Thema erschöpft. HÖFFDING resümiert seine jüngere Vergangenheit und stellt fest, daß seine rezeptive Energie sich vermindert, dennoch kann er sich über das Fortbestehen der ihm so vertrauten produktiven Schaffenskraft freuen. Der Tod jedoch ist für den Spinozisten HÖFFDING kein Thema, das des metaphysischen Grübelns lohnt. Lebensdauer und Alter sind aber praktische Themen, die immer wichtiger werden. TÖNNIES greift sie im März 1920 auf, als er die Reihen der Altersgenossen nur noch lückenhaft vorfindet. Dann lenkt er den Blick auf besondere 'Vorbilder' der Langlebigkeit: RANKE, HASE oder FONTENELLE. Aber eine größere Appellwirkung, das Leben auch im Alter aktiv zu bestehen, geht für TÖNNIES vom Vorbild der tatkräftigen Jugend aus, die, vom Krieg heimgekehrt, angesichts der ökonomischen und moralischen Not der Inflationszeit auch nicht den Mut verloren habe. TÖNNIES richtet den Appell zur tätigen Auseinandersetzung mit der Forderung des Tages auch an sich selbst. Denn gerade in der Inflationszeit wird ihm ein sehr schmerzlicher Verlust abverlangt: die Aufgabe des Hauses in Eutin, das der Ruhepol und das Zentrum während zwanzig Jahre seiner besten Lebenszeit war. 1921 erfolgte der Umzug der Familie nach Kiel. Wie nahe ihm dieser Wechsel in die ungeliebte Provinzhauptstadt ging, geht aus seinen Äußerungen an HÖFFDING hervor. Er wird aber auch an anderen eindrucksvollen Passagen offensichtlich.[41]

---

[41] vgl. *TÖNNIES-SCHMALENBACH*-Briefwechsel, herausgegeben von Carsten *SCHLÜTER*, in Vorbereitung.

In mancherlei Hinsicht war dieser Umzug die Grenze, jenseits derer auch für TÖNNIES unwiderrruflich das Alter begann.[42] Trotz dieser melancholisch stimmenden Eröffnung des Lebens in Kiel richtete TÖNNIES sich in seiner neuen Lebenssituation zur Zufriedenheit ein. Die Verleihung der Ehrendoktorwürde seitens der neugegründeten Hamburger Universität trägt zu der nun stärker werdenden Neigung bei, seine wissenschaftlichen Leistungen positiver zu bilanzieren. Dabei wirkt sicherlich auch seine gute Gesundheit mit. Im Mai 1924 - bezeichnenderweise im Jahr der vorübergehenden Stabilisierung der Weimarer Republik - äußert sich TÖNNIES über den Ertrag seines wissenschaftlichen Lebens in einem ungewöhnlich positiven Sinne. Die Dauerhaftigkeit des Erfolges seines Erstlingswerkes *GuG*, die er jetzt in der Weimarer Republik beobachten kann - im scharfen Kontrast zur Resonanzlosigkeit des Buches im Kaiserreich -, bildet das Fundament für diese optimistische Sicht, wie auch der stabile Erfolg, den er für sein *Hobbes*-Buch feststellen kann. Diese Zufriedenheit kann er auch noch 1925, unmittelbar nach seinem 70. Geburtstag aussprechen.

Die letzten vier Jahre des Jahrzehnts, von 1926 bis 1930, bilden eine Beschwörung der gemeinsamen Rüstigkeit, die ein immer wiederkehrendes Thema in TÖNNIES' Äußerungen zur beiderseitigen Lebenslage bildet. Nicht ohne Vergnügen berichtet er, daß ihm aus seiner Kieler Umgebung immer häufiger das Prädikat geistiger Jugendlichkeit zugesprochen werde. In seinem aufmunternden Appell an den über 80-jährigen HÖFFDING zum Lebensoptimismus, der zugleich immer einen Selbstappell darzustellen scheint, mischt sich aber im März 1930 eine neue Tonart ein. HÖFFDING läßt nun keinen Zweifel mehr daran, daß er sein Lebensende herannahen sieht. Erschöpft und krank sei er nun, läßt er seinen Kieler Briefpartner wissen. Er äußert dies in dem ruhigen Tonfall, mit dem das Selbstverständliche des natürlichen Ablaufes referierbar ist. Die schnell fortschreitende Erschöpfung wurde durch ein tragisches Ereignis eingeleitet. Im Sommer 1930 verlor HÖFFDING seine zweite, wesentlich jüngere Frau durch Krankheit. Das intensive geistige Leben, das in den kurzen Jahren dieser zweiten Ehe im Carlsberg-Palais sich entfaltet hatte, war vielleicht auch der Hintergrund für HÖFFDINGs erstaunliche schriftstellerische Produktivität in den späten zwanziger Jahren gewesen. Nun aber kurz nach dem Tode seiner Frau läßt HÖFFDING keinen Zweifel daran, daß er sein Lebensende nicht mehr fern weiß. Drei Monate später fanden dann tatsächlich die Trauer- und Gedenkfeierlichkeiten zu seinem Tode in Kopenhagen statt. Anrührend im Briefwechsel wirkt dabei der optimistische Zuspruch des jüngeren TÖNNIES, der auch einen Appell an den Älteren darstellt, seine ursprüngliche - optimistische - Einstellung zu bewahren. Daß dies gerade der 'Pessimist' TÖNNIES ausspricht, dem HÖFFDING zeitwährend eben diesen Optimismus anempfohlen hatte, entbehrt nicht einer gewissen Ironie.

---

[42] Siehe dazu besonders die Briefe vom 21. 6. 1921 und 23. 9. 1921.

Zusammenfassend läßt sich also sagen, daß die Lebenslage der beiden Briefpartner in gewisser Weise in der Korrespondenz einen unsymmetrischen Ausdruck findet. Zuerst ist nur von TÖNNIES selbst die Rede (sei es in Form von Fragen, die HÖFFDING stellt, sei es in Form von TÖNNIES' eigenen Mitteilungen). Der dominierende Grundzug dieser Äußerungen ist eine stoische Resignation seitens TÖNNIES' angesichts seiner isolierten und blockierten Lage im Wissenschaftsleben des Kaiserreichs. TÖNNIES repräsentiert damit in seinem persönlichen Lebensschicksal die Situation der Soziologie als einer neu entstehenden Wissenschaft, die im Kaiserreich nur auf eine widerwillige Rezeptionsbereitschaft stieß. Vor diesem Hintergrund mußte HÖFFDINGs ungewöhnlich erfolgreiche wissenschaftliche Leistung und seine Anerkennung als Universitätslehrer und Verfasser viel gelesener wissenschaftlicher Werke sowie sein Einfluß im öffentlichen Leben Dänemarks besonders kraß kontrastieren. Dieser Kontrast bildet dann auch in Form von Résumées, Lebens-Rückblicken und Gratulationen zu HÖFFDINGs 'großen' Geburtstagen vor dem Weltkrieg für einige Zeit ein immer wiederkehrendes Thema des Briefwechsels. Die Paradoxie der gegensätzlichen Verteilung der Lebensgaben wird dabei von beiden einige Male zum Ausdruck gebracht. TÖNNIES fühlte sich damals im öffentlichen Leben isoliert, HÖFFDING dagegen im privaten angesichts seines 'Einsiedlerlebens'. TÖNNIES wiederum steht im privaten Bereich in dem dicht gewobenen Zusammenhang seiner Familie, HÖFFDING dagegen nimmt in der öffentlichen Sphäre eine prominente Position ein.

Das wechselseitige Gespräch über das Alter nimmt dann nach 1917 in den einschlägigen Passagen zur beiderseitigen Lebenslage einen wichtigen Raum ein. TÖNNIES, dessen angeblicher Pessimismus für HÖFFDING den ursprünglichen Impuls zur Eröffnung des Briefdebatte von 1888 bildete, gibt nunmehr das Beispiel einer von Zuversicht getragenen Altersheiterkeit.

Zwei Zäsuren spielen aber in der späten Phase des Briefwechsels eine Rolle: TÖNNIES' Umzug von Eutin nach Kiel eröffnete die letzte, 15 Jahre währende Epoche seines Lebens als Emeritus mit Lehrauftrag für Soziologie an der Kieler Universität und als intellektueller Mittelpunkt eines Kreises junger Gelehrter. Der tragische Schicksalsschlag des Todes seiner zweiten Frau beendete mit einer Art von bilanztechnischer Unerbittlichkeit, wie es rückblickend unter diesem Aspekt erscheint, das aktive geistige Leben und den Lebensmut HÖFFDINGs, was für einen derart rastlos tätig gewesen Denker wie ihn nur den baldigen physischen Tod bedeuten konnte.

## Die Freundschaft

Der Briefwechsel erschöpft sich aber nicht in der Kommentierung biographischer Veränderungen. Er ist, wie eingangs erwähnt, auch das Denkmal einer Gelehrtenfreundschaft. Diese beginnt mit dem Gespräch zweier Kollegen, die durch gemeinsame intellektuelle Interessen sich verbunden fühlen - ebenso auch - trotz aller Unterschiede - durch eine verwandten Art, die Dinge zu betrachten. Nicht nur die intellektuellen Probleme stehen hier zur Debatte, sondern auch die Bücher der beiden Autoren, in die beide jeweils viel an persönlicher Substanz hineingelegt haben. Von daher bekommt das Briefgespräch über *GuG* - und im späteren analogen Fall über HÖFFDINGs *Religionsphilosophie* - für den jeweiligen Adressaten eine viel tiefer gehende Bedeutung als nur die eines geistigen Austausches. Es ist jeweils von Anfang an eine geistige Verwandtschaft vorhanden, die sich zur geistigen Freundschaft entwickelt. Dieses Vorzeichen, mit dem der Briefwechsel beginnt, wird im Laufe der Jahre verstärkt und bekräftigt.

Einer der Gipfelpunkte des freundschaftlichen Gesprächs war im Frühsommer 1907 mit dem Besuch HÖFFDINGs in Eutin erreicht.[43] Diese wenigen Tage, die HÖFFDING in Eutin verbrachte, gehen ein in das Reservoir der immer wieder beschworenen, kultivierten Freundschaftszeichen und -symbole, zu denen auch die Geburtstagsgratulationen gehören. Ein Gefühl der intellektuellen Übereinstimmung und der persönlichen Nähe, das in diesen sommerlichen Tagen am Eutiner See Ausdruck gefunden hat, klingt auch im Rückblick noch stark nach.[44] HÖFFDING bringt ihr Freundschaftsverhältnis bei diesem Besuch auf eine Formel: Übereinstimmung trotz verschiedener Denk- und Lebensmotive. Er formuliert damit eine Art Motto, das man über die Beziehung von TÖNNIES und HÖFFDING insgesamt stellen könnte.

Diese Übereinstimmung artikuliert sich immer mehr in der Pflege des Ausdrucks gegenseitiger Achtung. Die Kopenhagener Universitätsfeierlichkeiten für HÖFFDING im September 1908 geben TÖNNIES Gelegenheit für freundschaftliche Huldigungen. HÖFFDINGs 70. Geburtstag 1913 wird von ihm auch mit einer öffentlichen Laudatio gewürdigt.[45] HÖFFDINGs Bezug der prachtvollen Carlsberg-Villa 1914 findet bei TÖNNIES respektvolle Anerkennung und Gratulation - auch hinsichtlich der Ehre, die Dänemark sich selbst durch diesen Respekt gegenüber einem seiner bedeutenden lebenden Denker erweise.

Der Krieg und das prekäre Verhältnis zwischen Deutschland und den neutralen nördlichen Nachbarn belastete die freundschaftliche Beziehung nicht. Das ist umso bedeutungsvoller, als der Weltkrieg viele Fäden der intellektuellen Beziehungen zwischen Deutschland und den übrigen europäischen

---

[43] Beachte die Briefe vom 15. 6. 1907, 14. 6. 1907 und 7. 7. 1907.

[44] Siehe den Brief vom 7. Juli 1907.

[45] Siehe F. *TÖNNIES*, Harald Höffding. 11. Marts 1913, in: Tilskueren, 1913, S. 233 - 239 (Die deutsche Fassung in: Das Freie Wort, 1913, 12. Jg., S. 901 - 907).

Nationen zerstörte. Unter dem Einfluß der beiderseitigen Rechtfertigungskampagnen bezüglich der Kriegsziele und der Debatten um den Versailler Vertrag mit den Reparations- und Kriegsschuldparagraphen wurde ja das Verhältnis vieler deutscher Intellektuellen zu ihren westeuropäischen Kollegen sehr gefährdet. Für die Freundschaft zwischen TÖNNIES und HÖFFDING blieben aber sogar die Kontroversen um die Volksabstimmung in Nordschleswig im Jahre 1920 folgenlos. Im Februar 1922 bewährte sich diese Stabilität besonders eindrucksvoll; es wird geradezu ein Gipfel der praktischen Freundschaft erreicht. HÖFFDING schickt, auch im Namen einiger Kopenhagener Kollegen eine Geldunterstützung, um TÖNNIES und seiner Familie die ökonomische Notlage nach dem verlorenen Krieg und der Inflationszeit ein wenig zu erleichtern. TÖNNIES' Dank spiegelt, was die Beziehung von Anfang an bestimmt hat, ein spontanes und starkes Gefühl wechselseitiger Übereinstimmung und Wertschätzung.

Nach dem Krieg und seinen unmittelbaren Nachwirkungen verändern sich die Ausdrucksformen der beiderseitigen Wertschätzung. Es bildet sich nun so etwas wie ein innerer Festtags- und Jubiläumskalender. Das Gedenken an den beiderseitigen 'großen', also runden, Geburtstagen übernimmt die Funktion von Denkmälern. Die Herstellung von Analogien bezüglich der biographischen Situation dient zur besonders bedeutungsvollen Einschätzung und Charakterisierung der jeweiligen Lebenssituation. Wenn HÖFFDING in einem Brief vom 24. 7. 1925 TÖNNIES zum 70. Geburtstag mit den Worten gratuliert, daß dessen »feine und tiefe Persönlichkeit« ihm immer nahestand, reflektiert er Kern und Fundament dieser Beziehung, in der sich persönliche Sympathie, intellektuelle Wertschätzung und objektives wissenschaftliches Interesse verbunden hatten. Auch 1927 bekräftigt HÖFFDING noch einmal die Art der Beziehung als »treue Freundschaft«. In diesem Brief von seinem Sommerferienort Mommark auf Alsen schildert er seinen Tagesablauf, der sich zwischen Wissenschaft und Poesie aufteilt. Mommark erinnert TÖNNIES an seine Sommerwanderung mit dem Jugendfreund Ernst STORM auf eben dieser Insel Alsen und läßt eine Lebensszenerie wieder entstehen, die den Charakter des Vertrauten und gemüthaft Verbundenen hat. Diese Konstellation verweist auf einen der Gründe für die sich immer wieder unwillkürlich herstellende Berührung der beiderseitigen Lebenssphären. Zwar ist dieses Bild nur Spekulation, markiert aber gut das Unterschwellige der Beziehung.

## Werkgespräche

Obwohl sich der Briefwechsel prima vista in den Ritualen gegenseitigen Respekts Form zu geben scheint, bilden wissenschaftliche Themen kontinuierlich Schwerpunkte im Gesprächsstrom. Das wichtigste stellt zugleich das Präludium des Briefwechsels dar. Im Briefgespräch über TÖNNIES' Buch *Gemeinschaft und Gesellschaft* werden dabei mehrere Fragen berührt, die nicht ohne weiteres offensichtlich sind.

Beim Gedanken an das äußere Schicksal des Buches kann sich TÖNNIES anfangs bitterer Gefühle nicht erwehren, die erst 1924 einer gewissen Zufriedenheit über die offenkundige Dauerhaftigkeit der Präsenz des Buches im wissenschaftlichen Leben Platz machen. Das Hauptproblem des Gedankenaustausches über die Problematik von *Gemeinschaft und Gesellschaft* ist die Sozialpessimismus-Frage. Dieses Thema taucht in späteren Reprisen immer wieder auf, besonders im Zusammenhang mit TÖNNIES' skeptischen politischen Lagebeurteilungen der Situation nach dem Weltkrieg. Seitenaspekte der Äußerungen zum Inhalt des Buches sind TÖNNIES' Kommentare zum Gegensatz von *natürlich* und *kunsthaft* im Zusammenhang mit der Dichotomie von Wesen- und Kürwillen. Im Rahmen seiner Selbsterläuterungen nimmt TÖNNIES die Umformulierung seines Begriffs *Willkür* in *Kürwillen* zum Anlaß für eine kurze, aber sehr wichtige Äußerung zur Standortbestimmung der verschiedenen Komponenten seiner Theorie. Demnach steht ihm die (Willens-)Psychologie im Zentrum seines Denkens.

Ein weiteres wichtiges Thema im Briefwechsel ist in Bezug auf *GuG* TÖNNIES' Dank und Würdigung für HÖFFDINGs frühe und positive Anteilnahme an diesem Werk. Dieser Dank findet besonders deutlich Ausdruck in der Widmung der zweiten Auflage von 1912 (gemeinsam für Friedrich PAULSEN und Harald HÖFFDING), worüber die freundschaftliche briefliche Wechselrede hin- und hergeht. HÖFFDING selbst äußert sich nach dem Auftakt seines Eröffnungsbriefes von 1888 nicht mehr häufig in einem speziellen Sinne zu *GuG*. Im Juli 1912, nach der Widmung der zweiten Auflage, beschränkt er sich auf Worte des Dankes für die Widmung, tabuisiert aber anscheinend die kontroversen Implikationen des Buches. Erst im Juli 1925 anläßlich TÖNNIES' 70. Geburtstages äußert er sich wieder rühmend über dieses zentrale Werk der neueren Soziologie, was er nun, nachdem er 37 Jahre seit Eröffnung des Briefwechsels Gelegenheit gehabt hatte, TÖNNIES und seine Denkungsart näher kennenzulernen, um so lieber tue, als ihm jetzt klar sei, daß TÖNNIES' praktischer sozialethischer Aktivismus unangefochten bleibt vom konstatierten theoretischen Pessimismus.

Der Meinungsaustausch über die beiderseitigen Werke, die sich die Briefpartner regelmäßig zukommen lassen, findet einen weiteren Höhepunkt in der Phase der Verdichtung und Steigerung des Gedankenaustausches um die Jahrhundertwende, als HÖFFDING seine *Religionsphilosophie* fertiggestellt hatte und bestrebt war, ein rasches Erscheinen der deutschen Ausgabe in die Wege zu leiten. Der doch karge Gedankenaustausch zu wissenschaftlich relevanten Themata fand erst in den zwanziger Jahren eine gebührende Fortsetzung. Kleinere erkenntnistheoretische Spezialstudien seitens HÖFFDING führten TÖNNIES nun eindringlich vor Augen, daß die Philosophie nicht mehr im Mittelpunkt seines eigenen Denkens stand. TÖNNIES *Marx*-Buch, dessen Veröffentlichung auch in diese Zeit fiel, gab dem Werkgespräch zwar einige Momente lang einen Impuls in eine sozialethische und -theoretische Richtung, der jedoch nicht andauerte.

Auch hier sind es wieder die Lücken und die Phasen des Schweigens, die das Werkgespräch so bemerkenswert werden lassen. Manchem Werk des Briefpartners wird nur eine kommentarlose Kenntnisnahme zuteil, wenn es nicht gar ignoriert wird. So ergeht es TÖNNIES' *Kritik der öffentlichen Meinung* wie auch den Vorstudien zu diesem Buch, das TÖNNIES so lange beschäftigt hat. Auch HÖFFDINGS *Der menschliche Gedanke*, das eine Summe seines philosophischen Lebenswerkes darstellt und in gewisser Weise TÖNNIES *Einführung in die Soziologie* entspricht (die aber erst nach HÖFFDINGS Tode erschien), findet befremdlicherweise keine Resonanz.

*Gemeinschaft und Gesellschaft* - im weiteren Sinne unter Berücksichtigung der allgemeinen Sozialpessimismus-Debatte - und HÖFFDINGS *Religionsphilosophie* bilden also die beiden Gipfel des Werkgesprächs. Zwar bringt HÖFFDING seine philosophischen Darstellungen und seine erkenntnistheoretischen Studien im Briefwechsel relativ ausführlich zur Sprache, zwar redet TÖNNIES über seinen *Hobbes, seinen Marx*, über seine *Terminologie*-Schrift, über seine *Öffentliche Meinung* und über andere kleinere Schriften, es findet jedoch keine Diskussion statt. TÖNNIES' Aufsätze zur Theorie der Soziologie, die in den zwanziger Jahren den Aufbau der reinen Soziologie als theoretisch orientierte Erfahrungswissenschaft vorantreiben sollten, bleiben im Briefwechsel sogar völlig unerwähnt.

Auffällig also, daß in den spezifisch philosophischen und in den spezifisch soziologischen Fragen sich der jeweils als weniger kompetent geltende Briefpartner beim Gedankenaustausch zurückhielt. Ein tertium comparationis schien offenbar Voraussetzung für einen längeren Gedankenaustausch zu sein, so wie es die Sozialpessimismus-Frage in *GuG* war, oder auch die Frage, ob das Individuum oder nicht vielmehr kollektive Zusammenhänge für die historisch-sozialwissenschaftliche Erkenntnis maßgeblich seien, oder Fragen bezüglich der Rolle der Religion und ihrer Wesensmerkmale, um die es in HÖFFDINGS Religionsphilosophie ging.

Schauen wir uns das Werkgespräch näher an. Den Auftakt bilden, wie gesagt, Bemerkungen zu den beiderseitig bisher vorhandenen Publikationen - also HÖFFDINGS *Ethik* und TÖNNIES' *Hobbes*-Edition. In den neunziger Jahren wird das Gespräch dann von den Strömungen getragen, die sich nach dem Beginn der näheren Bekanntschaft entwickelt haben. Im Februar 1897 kann HÖFFDING im Zusammenhang mit seinem Dank für TÖNNIES' *Nietzsche*-Buch von seiner früheren Kontroverse mit Georg BRANDES über NIETZSCHE berichten. Er kann sich dazu ganz unbefangen äußern, da er sich mit TÖNNIES im Hinblick auf die grundsätzliche Stellung zu NIETZSCHE einig weiß. Sozialethische Kritik bei gleichzeitigem Respekt vor dem intellektuellen Rang NIETZSCHES bildet den Tenor der Bemerkungen. Kurz zuvor hatten sich in das Werkgespräch TÖNNIES' Interessen an empirischen Forschungen gemischt. Er bittet HÖFFDING, ihm dabei zu helfen. Für seine *Verbrecherstudien* benötigt TÖNNIES auch Zugang zur Verwaltung dänischer Gefängnisse. HÖFFDING versuchte, wohl ohne großen Erfolg, mit seinen Beziehungen behilflich zu sein. Dieser Themenkomplex nimmt sich jedoch erratisch aus im Kontinuum des eher philosophisch-theoretischen Gedankenaustausches, der dann auch von HÖFFDING mit einer knappen brieflichen Selbstanzeige seiner *Einleitung in die englische Philosophie neuerer Zeit* neuen Aufschwung bekommt.

Im Februar 1898 gibt HÖFFDING dann erste Hinweise auf den sich verdichtenden Gedankenprozeß, der zur *Religionsphilosophie* führen wird. Der erkenntnistheoretische und der philosophisch-ethische Aspekt werden hier bereits voneinander abgegrenzt und aufeinander bezogen. Jeder dieser Aspekte bezeichnet jeweils eine Hauptkomponente des Werkes.

Im März 1899 flackert die Sozialpessimismus-Debatte wieder auf anläßlich der erneuten Veröffentlichung von HÖFFDINGs Aufsatz *Social Pessimisme*. HÖFFDING will nun die Selbstcharakterisierung TÖNNIES', die das Sozialpessimismus-Prädikat für die eigene Person zwar bedingt gelten läßt, auf keinen Fall aber im Hinblick auf die eigene praktisch-ethische Einstellung akzeptieren kann und will, seinem Aufsatz beifügen.

Im Juni 1899 verbindet sich der Dank für die übersandte Aufsatzsammlung von HÖFFDINGs *Mindre Arbejder*[46] mit einem Angebot, bei der Übersetzung der *Religionsphilosophie* ins Deutsche behilflich zu sein. Die gemeinsame Gedankenbasis wird in diesem Brief durch TÖNNIES' Hinweis auf den Gleichklang der Gedanken, den er in HÖFFDINGs *Psychologie* entdeckt habe, befestigt. Er rühmt, was auch der heutige deutsche Leser nachempfinden kann, die »Eleganz« des Werkes und erwähnt den Einfluß der darin enthaltenen Gedanken auf Adolph WAGNER, mit dem TÖNNIES sich seit seinen Berliner Studentenjahren näher verbunden weiß.

HÖFFDINGs Genugtuung über den Erfolg seiner Bücher geht mit einer gewissen Überraschung darüber einher, daß besonders die *Psychologie* der Konkurrenz der vielen Neuerscheinungen auf dem Buchmarkt zu diesem Thema bisher ohne Mühe hat widerstehen können. Das neue Jahrhundert kann HÖFFDING so im Bewußtsein einer erfolgreichen und weithin sichtbaren Präsenz auf dem deutschen Büchermarkt frohgemut beginnen. Der Erfolg, der sich für HÖFFDING hinter einer halb scherzhaften und im kaufmännischen Tonfall resümierenden Mitteilung verbirgt, wird deutlicher, wenn man sich die eingangs geschilderten mühevollen Verhandlungen über seine *Ethik* vergegenwärtigt, ebenso, wenn man an HÖFFDINGs spätere Äußerungen über die besondere Lage eines philosophischen Autors in einem kleinen Lande mit zahlenmäßig geringem Fachpublikum denkt. Von daher erhält auch HÖFFDINGs Bestreben, seinen Gedanken eine allgemein verständliche Darstellung zu geben, ihren speziellen und praktischen Sinn.

---

[46] In dieser Aufsatzsammlung ist der für *TÖNNIES* so wichtige Aufsatz über den Sozialpessimismus enthalten, der im Anhang zum erstem Mal in deutscher Übersetzung erscheint.

Im Januar 1900 gibt TÖNNIES mit seinem Angebot, bei der Übersetzung von HÖFFDINGs *Religionsphilosophie* mitzuwirken, ein Signal zur Befestigung und Intensivierung des Gedankenaustausches, das von HÖFFDING dankbar angenommen wird. Zugleich wartet TÖNNIES mit eigenen Publikationen auf; die zweite Folge seiner *Terminologie*-Schrift erscheint in England. HÖFFDING ist angenehm überrascht vom Realitätsgehalt dieser Schrift, hinter deren Titel er offenbar relativ unergiebige Sprachzergliederungen vermutet hatte. Nun konnte er feststellen, daß in diesem Traktat historische Passagen zur Philosophiegeschichte, systematische Passagen zur Erkenntnisanthropologie und zur Ontologie der Wissenschaften[47] enthalten sind - ebenso auch zum Verhältnis der Kulturwissenschaften untereinander, besonders von Philosophie, Soziologie und Psychologie. Inmitten ganz anderer und in vielfältigen Richtungen sich bewegender Gedanken taucht hier wieder (und weiterhin bis Ende 1901) die *Religionsphilosophie* auf. Relativ unvermittelt wird eines der zentralen Probleme thematisiert: ob es ein Äquivalent für die traditionelle dogmatisch gebundene Form der Religion gebe? Diese Frage stellt sich für HÖFFDING zwingend in *philosophischer* Hinsicht im Zusammenhang mit seinem Postulat zur Erhaltung des Wertes - *kulturtheoretisch* gesehen, wird es wichtig im Hinblick auf die Funktion der Religion als weltanschauliche und ethische Orientierung im weiteren Sinne. Der kulturelle Wandel im Zuge der Entwicklung der Moderne dürfe nicht in Bezug auf die Lösung dieser Aufgabe zu einem Vakuum führen.

TÖNNIES' Bereitschaft zur tätigen Mithilfe bei der Übersetzung der *Religionsphilosophie* und das Buch selbst dominieren das Werkgespräch um die Jahrhundertwende. TÖNNIES arbeitet das Manuskript durch und hält im kleinen Kreise meist jüngerer Leute Lesungen zur *Religionsphilosophie* ab. Das Werk findet einhellige Bewunderung. Man ist sich einig, es mit einem »Meisterwerk« zu tun zu haben. Nur HÖFFDINGs Theorem der »Erhaltung des Wertes« macht TÖNNIES - charakteristischerweise - weiterhin zu schaffen.[48] HÖFFDING freut sich selbstverständlich über die ihm zuteil werdende Anerkennung, besonders da dieses Buch einen stark bekenntnishaften Charakter hat, wie er TÖNNIES am 4. Januar 1901 mitteilt. Während der Zusammenarbeit an der *Religionsphilosophie* gehen die Briefe nun relativ prompt und häufig hin und her. Die Konzentration des gemeinsamen Interesses auf eine Aufgabe intensiviert den Briefwechsel sofort auf deutlich erkennbare Weise. Dennoch erweckt HÖFFDING den Eindruck, daß es ihm nicht zügig genug vorangehe. Bis zum Juni 1901 veranstaltet TÖNNIES seine Lesungen, ebenso lange dauern die Übersetzungsrevisionen an. Das Motiv des persönlichen Hintergrundes theoretischer Konzeptionen, das HÖFFDING auch in seinem Dank äußert, taucht in verschiedenen Zusammenhängen auf, bis es später Thema eines eigenständigen Buches von HÖFFDING wird.[49]

---

[47] Im Sinne der jeweils präformierenden Wirkung der verwendeten Grundbegriffe.

[48] Beachte hierzu den Exkurs zu dieser Thematik weiter unten.

[49] H. HÖFFDING, Lebensauffassung und Erkenntnistheorie, Leipzig 1926 (zuerst Kbn. 1924)

Von nun an nimmt das Werkgespräch wieder einen gemesseneren Gang und überläßt sich auch wieder, nachdem das Gravitationsfeld einer echten Zusammenarbeit verlassen worden ist, den Zufälligkeiten der jeweiligen schriftstellerischen Produktionsmitteilungen, dem Austausch von Autorenexemplaren und den Formen der Anerkennung und des Dankes. Zwar wirkt die *Religionsphilosophie* noch etwas nach, da HÖFFDING auf Rezensionen wartet - eine ähnliche Situation wie seinerzeit für TÖNNIES beim Erscheinen von *GuG* -; im Mai 1902 verliert sich aber das Thema aus den Briefen, einzig TÖNNIES' große Rezension bildet noch ein deutliches Echo. Das Werkgespräch dagegen hat einen langwelligen Rhythmus gefunden und setzt erst fünf Jahre später, 1907, mit einer brieflichen Bemerkung von TÖNNIES über HÖFFDINGs *Philosophische Probleme*[50] und *Moderne Philosophen*[51] fort. Es handelt sich allerdings um eine Notiz von eher dilatorischer Art, im günstigen Falle eine Lektüre nur in Aussicht stellend. Er habe, erklärt TÖNNIES, sich nicht die Zeit zum Lesen nehmen können, da er »ziemlich leidend gewesen« sei.[52]

Auch in den nächsten Jahren sind die beiderseitigen Werke nur Gegenstand kurzer Empfangsbestätigungen und hinweisender Bemerkungen. Die Buchtitel stellen nur noch Signale der beiderseitigen Produktion dar. Auch die Kriegsjahre bringen keine Unterbrechung für den Verlauf des Werkgespräches. Im März 1916 erwähnt TÖNNIES dann seine Vorstudien zur *Kritik der öffentlichen Meinung*, die erst sechs Jahre später erscheinen wird. Er äußert Interesse für ein skandinavisches Buch über diesen Gegenstand seiner Forschungen und verbindet dieses sachliche Interesse mit einer Geste der Höflichkeit, indem er HÖFFDING gegenüber seine Reverenz den nordischen Fachpublikationen erweist. Daß TÖNNIES im Weltkrieg mit Studien zur öffentlichen Meinung beschäftigt ist, eröffnet nun Einblicke in das Zusammenwirken von Faktoren, die bei diesem, für TÖNNIES wichtigen Forschungsprojekt, wirksam gewesen sein mußten. Der Plan, die öffentliche Meinung zum Forschungsthema zu machen, ist zwar schon vor dem Weltkrieg entstanden, aber die Forschungen sind wahrscheinlich stark durch die Erlebnisse der heftig geführten Kontroversen in Deutschland über die Kriegsziele (bis zum Verbot der öffentlichen Debatte) beeinflußt worden.

Im Juni 1916 dankt TÖNNIES für die kleine, von HÖFFDING und THOMSEN gemeinsam herausgegebene Gedenkschrift für Cai VIALE, einen begabten, früh verstorbenen Schüler HÖFFDINGs, der über ein Thema aus der Naturphilosophie der Renaissance geforscht hatte. In diesen Monaten des Jahres 1916 läßt sich der Kontrast zwischen den gleichzeitigen Produktionen der beiden Briefpartner gut belegen. Während TÖNNIES sich mit seiner *Kritik der öffentlichen Meinung* in ein Thema aus dem Bereich der 'angewandten Soziologie' vertieft - unter theoretischen, ideen- und wissenschaftsgeschichtlichen Aspekten mit Anknüp-

---

50 Kbn. 1902, deutsch: Leipzig 1903

51 Kbn. 1904, deutsch: Leipzig 1905

52 Brief vom 16. 7. 1907

Bild 13: Ferdinand Tönnies, ca. 1910

Bild 14: H. Höffding am Katheder, ca. 1914

fungsmöglichkeiten für empirische Studien - , ist HÖFFDING mit erkenntnistheoretischen Studien beschäftigt, dazu mit einem kulturpsychologischen und weltanschaulichen Buch über den *Großen Humor* und schließlich mit der Niederschrift seiner *Erinnerungen.*

Ende 1917 dankt TÖNNIES dann für die Übersendung der *Totalitäts*-Schrift und besonders dafür, daß HÖFFDING ihn zitiert[53]. HÖFFDING resümiert darauf zu Silvester seine schriftstellerische Arbeit: das Vorwalten der erkenntnistheoretischen Problematik, die besonders im Buch über den *Humor* zum Ausdruck komme, und die philosophiehistorische Dimension seiner Arbeit, die im Plan eines *Spinoza*-Buches erneut zutage tritt, wird dabei deutlich. Er will lange zurückreichende Vorarbeiten verwenden. Hier kommt die Kontinuität seines Interesses für die Philosophie des 17. Jahrhunderts deutlich zum Ausdruck. Im Januar 1918 revanchiert sich TÖNNIES für die Aufnahme seiner Gedanken in HÖFFDINGs *Totalitäts*-Schrift durch eine entsprechende Bezugnahme auf HÖFFDING in einer für das österreichische Publikum verfaßten Schrift[54].

Erst im März 1919 kommt es zu ersten Reaktionen seitens TÖNNIES auf das schon seit längerem ins Gespräch gebrachte Buch über den *Großen Humor*. Der Dank für die Übersendung wird aber relativiert durch die Erklärung, daß er im Hinblick auf die äußeren und inneren Belastungen der Nachkriegszeit nicht zur Lektüre fähig sei: » Ich habe das Gefühl, als müsse, um es zu würdigen und zu verstehen, in mir selber der Humor sich etwas erholt haben«. Mit diskreten Hinweisen zum richtigen Verständnis des Buches, das nicht humorig sei, sondern ganz im Gegenteil auch tragische Weltaspekte thematisiere, läßt es HÖFFDING jedoch bewenden.[55]

Im April 1919 antwortet TÖNNIES in einem ausführlichen Brief mit einer gewissen inneren Bewegung auf HÖFFDINGs verständnisvolle Haltung gegenüber der politischen Lage Deutschlands nach dem Kriege und auf seine Äußerungen zur fortbestehenden wichtigen kulturellen Rolle, die Deutschland für Europa

---

[53] »Wie Sir *Henry Maine* in einer Reihe bedeutender Darstellungen (zuerst in 'Ancient Law', 1861) gezeigt hat, kann der Unterschied zwischen mehr primitiven und mehr entwickelten Gemeinschaftsformen als ein Unterschied zwischen Zustand (status) und Kontrakt (contractus) bezeichnet werden. Später ist dieser Gegensatz spezieller entwickelt von *Spencer*, *Durkheim* und *Tönnies*. Besonders hat *Tönnies* ('Gemeinschaft und Gesellschaft', 1887) gezeigt, daß dieser Gegensatz mit dem Gegensatz zwischen dem unwillkürlichen Charakter des Willenslebens und seinen früheren Stufen, wo es unmittelbar aus der Natur entspringt (als 'Wesenwille'), und dem bewußten, durch Wahl zwischen bestimmten Möglichkeiten bedingten Willen ('Willkür') zusammenhängt. Im Gegensatz zum Instinkte und zur unwillkürlichen Hingebung tritt nun Vergleichung und Nachdenken über Zweck und Mittel wie in der Gemeinschaft Familienverbände von Übereinkunft, Sitte von Gesetzesregeln und Interessenausgleich, und wie Glaube von Wissenschaft abgelöst wird. Es sind zwei soziale Totalitätstypen, die sich auf sonst sehr verschiedenen Kulturstufen wiederholen und einander in rhythmischer Weise ablösen können.« - H. *HÖFFDING*, Der Totalitätsbegriff. Eine erkenntnistheoretische Untersuchung, Leipzig 1917, S. 98 f.

[54] F. *TÖNNIES*, Menschheit und Volk, Graz/Leipzig 1918; beachte dazu auch die erweiterte Umarbeitung: Wege zu dauerndem Frieden?, Graz/Leipzig 1926

[55] Beachte zum Thema *Humor* bei *HÖFFDING* den Exkurs weiter unten.

spiele. Das Werkgespräch, das jedoch nur eines von mehreren Themen des Briefes ausmacht, berührt nun die bevorstehende dritte Auflage von *GuG*[56]. Der politische Charakter, den die Vorrede dazu annehmen werde, mache die Beibehaltung der Widmung an HÖFFDING von dessen ausdrücklicher Zustimmung abhängig. Aber auch eine weitere Neuauflage stehe bevor, nämlich die *Entwicklung der sozialen Frage*. Nimmt man noch das bald darauf erscheinende *Marx*-Buch hinzu, so ist TÖNNIES in der Zeit der politischen und sozialen Umwälzungen nach dem Weltkriege auf dem deutschen Büchermarkt mit einschlägigen Titeln präsent. Zu HÖFFDINGs *Humor*-Buch versucht TÖNNIES nun einen positiven Bezug herzustellen. Er erwähnt - dabei auch auf die anderenorts erwähnte 'Stammesverwandtschaft' mit Dänemark anspielend - die niederdeutsche Affinität zum Humor. Dabei geht er auch mit einem Satz auf Jean PAUL ein, der vielen als Typus des Humoristen gelte, zu dem er aber keinen Zugang habe. Diese Bemerkung stellt einen der wenigen ausdrücklichen Hinweise auf TÖNNIES' literarischen Geschmack und seine Lesegewohnheiten dar. Der Charakter des *Humor*-Buches bleibt ihm aber weiterhin verschlossen. Sein Interesse gilt vielmehr HÖFFDINGs Projekt einer Darstellung der *Leitenden Ideen des 19. Jahrhunderts*. Die Nähe dieser Thematik zu seinen eigenen Gedankenkreisen hatte bekanntlich in seinen eigenen Aufsätzen Ausdruck gefunden.[57]

Am 8. März 1920 gibt TÖNNIES dann ein für seine Werkgeschichte bedeutungsvolles Signal. Nach zwölfjähriger Arbeit sei ein Ende seiner *Kritik der öffentlichen Meinung* absehbar. Ein wichtiger und entscheidender Teil der Arbeit an diesem umfangreichen Werk fällt also in die Kriegs- und Umbruchszeit nach dem Kriege zwischen Novemberrevolution und Kapp-Putsch. Dieses Werk, das ein brisantes Thema ruhevoll und mit akademischer Grandezza behandelt, ist unter dem Eindruck einer der gespanntesten und explosivsten Phasen deutscher Geschichte geschrieben worden.

Von Neuauflagen seiner Werke kann auch HÖFFDING immer wieder berichten. Neuauflagen bewährter Werke gehören nun zur rhythmisch wiederkehrenden Normalität. Beide - HÖFFDING schon seit vielen Jahren - können ihre Werke mit der Gewißheit betrachten, daß ihre geistige Leistung gebraucht, d. h. daß ihre Bücher tatsächlich gelesen werden und das - was TÖNNIES angeht - zu einer Zeit, da politische und soziale Ideen auf eine gespannte und radikalisierte Aufmerksamkeit stießen.

Das *Marx*-Buch, das 1921 erschienen ist, rückt MARX in den Mittelpunkt der Meinungsäußerung. TÖNNIES stimmt HÖFFDING zu, der bei MARX die Berück-

[56] Die 3. Auflage erinnert nur an die beiden vorhergehenden Widmungen, trägt aber selbst keine Widmung.

[57] F. TÖNNIES, Historismus und Rationalismus, in: Archiv für systematische Philosophie, 1894, 1. Bd., S. 228 - 252; und ders., Entwicklung der Soziologie in Deutschland im 19. Jahrhundert, in: Entwicklung der deutschen Volkswirtschaftslehre im 19. Jahrhundert. Festgabe für Gustav Schmoller, 1908.

sichtigung des ethischen Moments als empirisch wirksamen Bestimmungsgrund des Handelns vermißt - betont aber andererseits, daß es eine große Leistung sei, eine sozialethisch geforderte Tendenz zur Reform als geschichtliche Notwendigkeit und realhistorischen Faktor nachgewiesen zu haben. Während TÖNNIES - im Rahmen einer Auftragsarbeit[58] - sein Buch über MARX geschrieben hatte, über einen Denker, dessen Einfluß auf seine eigene Produktion seit *GuG* bedeutend war und von ihm auch immer anerkannt wurde, bewegte sich HÖFFDINGs Denken in ganz anderen Bahnen. Erkenntnistheoretische Studien charakterisieren in diesen und den folgenden Jahren seine wissenschaftliche Produktion: Untersuchungen zur Kategorienlehre und besonders zum Relations-Begriff. Im Zuge dieser Bemerkungen geht HÖFFDING auch auf seine gleichzeitige Korrespondenz mit dem französischen Wissenschaftstheoretiker Emile MEYERSON ein. Dieser Hinweis wirft ein kurzes Schlaglicht auf die Tatsache, daß HÖFFDING für die philosophischen Spezialfragen, die ihn im letzten Lebensjahrzehnt intensiv beschäftigten, ganz unabhängig vom Briefwechsel mit TÖNNIES, eine lebhafte Korrespondenz führte. Leider ist, abgesehen vom Briefwechsel mit MEYERSON, seine Korrespondenz nicht erschlossen.

Das Jahr 1922 beginnt für HÖFFDING mit einer erfreulichen Aussicht auf eine erfolgreiche Placierung seiner Bücher auf dem deutschen Büchermarkt. Diverse Neuauflagen seien bei seinem Verleger REISLAND in Leipzig in Vorbereitung. Vier Tage später, am 22. 1. 1922, antwortet TÖNNIES mit einer umfassenden freundlichen Geste der Hinwendung zu HÖFFDINGs Produktion: er freue sich auf die angekündigte Relationsschrift, sei auch erfreut über die Zitation der eigenen Person in HÖFFDINGs *Ledende Tanker*[59] und er warte auf HÖFFDINGs Lebenserinnerungen. Was die eigene Produktion angeht, so bringt TÖNNIES die Rede auf die Frage, wie die *Selbstdarstellung* in dem damals von Raymund SCHMIDT herausgegebenen Sammelwerk von Lebensbeschreibungen lebender Philosophen, die seinerzeit im deutschen Sprachraum präsent waren[60], angelegt sein sollte. Ein dreiviertel Jahr später kommt gerade zu dieser Frage eine für HÖFFDING charakteristische Bemerkung. Er kritisiert nämlich, daß in TÖNNIES' Selbstdarstellung die Verflechtung der Gedankenbewegung mit der Biographie nicht deutlich genug hergestellt sei, daß also seinem Postulat und seiner Maxime bezüglich der Rolle der Persönlichkeit in der Geschichte der Philosophie nicht genug Beachtung geschenkt worden sei. Seine eigenen Lebenserinnerungen seien übrigens abgeschlossen, teilt er nun mit.

Im Februar 1923 erfährt HÖFFDING eine besondere Würdigung seiner Bedeutung für die aktuelle Philosophie in Deutschland. Er wird ebenfalls eingeladen, an dem mit repräsentativem Anspruch verbundenen Sammelwerk von Raymund SCHMIDT mit einem eigenen Beitrag mitzuwirken. Nun ist auch eine weitere Untersuchung seiner erkenntnistheoretischen Forschungen beendet:

---

[58] Für die Sozialistische Bücherei.

[59] H. *HÖFFDING*, Ledende Tanker i det nittende Aarhundrede, Kbn. 1920, S. 56 f.

[60] Raymund *SCHMIDT*, Deutsche Philosophie der Gegenwart in Selbstdarstellungen, a.a.O.

seine Schrift über die Analogie.[61] Eine Woche später erklärt TÖNNIES, daß er jetzt, im Winter, viel in HÖFFDINGs Werken gelesen habe; besonders haben ihm die *Ledende Tanker* gefallen. Es zeigt sich, daß die gemeinsame Gesprächsbasis in der Philosophie vor allem eine in kritischer Absicht unternommene Darstellung der Ideen- und Geistesgeschichte des 19. Jahrhunderts ist. Für TÖNNIES hat sich dieses Moment seiner eigenen philosophischen Überlegungen als das lebensfähigste erwiesen. Dies zeigt erneut die Kontinuität der bestimmenden intellektuellen Impulse seit *GuG*. Denn bereits mit diesem Buch hatte TÖNNIES die Absicht verfolgt, eine Summe aus der Wissenschafts- und Geistesgeschichte des 19. Jahrhunderts zu ziehen.

Damals waren seine Grundbegriffe als Verdichtung der sozialphilosophischen Traditionen der Neuzeit unter den besonderen Bedingungen des späten 19. Jahrhunderts konzipiert. Die anderen Komponenten seiner philosophischen Arbeit in seinen frühen Jahren, besonders dem produktiven Jahrzehnt von 1881 bis 1891, sind dagegen deutlich in den Hintergrund getreten. So auch sein Interesse an PLATO, das er einst so weit kultiviert hatte, daß er seine Kieler Antrittsvorlesung über PLATOs politische Philosophie halten konnte.[62] Die Offenlegung seiner philosophischen Präferenzen wird durch den epistolographischen Gesprächsimpuls im Austausch mit HÖFFDING veranlaßt. HÖFFDINGS *Parmenides* habe er nicht gelesen, da er jetzt insgesamt eine Distanz zu PLATO verspüre. Die intensive HÖFFDING-Lektüre im Winter 1922/23 hat aber ein erstaunliches Resultat gebracht, nämlich die wohlwollende Rezension von HÖFFDINGS *Großem Humor*, die in einer schwedischen Zeitschrift erschienen sein sollte.[63]

Mehr als ein halbes Jahr später läßt HÖFFDING auch ein Licht auf die Resonanz in Frankreich fallen, die ihm dort für seine erkenntnistheoretischen Studien zuteil wird: Die Schriften über *Totalität* und *Analogie*[64] würden bald in französischer Übersetzung erscheinen. Sein philosophischer Reflexionsprozeß geht indessen ungebrochen weiter. Nach Abschluß seiner systematischen Spezialuntersuchungen wendet er seine Aufmerksamseit PLATOs *Staat* zu.

Wenn TÖNNIES in philosophischer Hinsicht auch eine gewisse Ratlosigkeit gegenüber HÖFFDINGS Kategorienuntersuchungen in den zwanziger Jahren

---

[61] H. *HÖFFDING*, Der Begriff der Analogie, Leipzig 1924 (dän.: Kbn. 1923)

[62] Siehe im T-N, beachte aber auch *TÖNNIES*' Rezension von C. *NOHLE*, Die Staatslehre Platons in ihrer geschichtlichen Entwicklung, Jena 1880, in: Philosophische Monatshefte, 1882, Bd. 18, S. 76 - 85.

[63] Siehe dazu den Brief vom 9. 3. 1923 von Franziska, der Tochter *TÖNNIES*', in dem sie von der Aufnahme eines entsprechenden Diktats berichtet. Anscheinend ist diese Rezension aber nicht zur Veröffentlichung gelangt; weder in *TÖNNIES*' Bibliographie noch in der Sekundärbibliographie *HÖFFDINGs* wird dieser Titel genannt. Vgl. Rolf *FECHNER*, Ferdinand Tönnies: Bibliographie. Eine Dokumentation seiner Schriften, Hamburg 1985, ferner Kalle *SANDELIN*, Kronologisk Bibliografi over Harald Høffdings Arbejder med Tillæg indeholdende Bibliografi over Skrifter om Høffding, in: F: *BRANDT*, J. *JØRGENSEN*, V. *KUHR*, E. *RUBIN*, Harald Høffding in memoriam, Kbn. 1932, S. 40 - 113.

[64] Beide Titel in einem Bande, Paris 1924.

zeigt, so bemüht er sich anscheinend doch, diese Publikationen seines Briefpartners in seine eigene soziologische Denk- und Arbeitsweise einzubeziehen. Im Sommersemester 1924[65] integriert er HÖFFDINGs *Analogie*-Schrift in ein Seminar, das SCHÄFFLEs 'Organismus'-Ideen thematisiert. Der Analogiegedanke spielt bei TÖNNIES im Zusammenhang einer Abwehr der naturalistischen Identifizierung von Organismus und gewachsenen Sozialverhältnissen seit *GuG* eine wichtige Rolle. Um so bedeutsamer ist es, daß er nun in der späten Phase seines Denkens als Emeritus diesen für ihn so wichtigen Gedanken mit HÖFFDINGs Kategorien noch zu fassen und seinen Studenten nahezubringen versucht.

Anfang 1925 gibt HÖFFDING erneut Einblick in die schier unerschöpfliche Produktivität seiner philosophischen Arbeit: seine erkenntnistheoretischen Studien sollen jetzt für das übergreifende Thema *Erkenntnistheorie und Lebensauffassung* zusammengefügt und entsprechend akzentuiert werden. Dieser fortschreitenden Produktion entspricht der andauernde Erfolg seiner früheren Bücher. Die 5. Auflage der *Ethik*, die bereits 1887 erstmals erschienen ist, stehe ebenfalls bevor; überhaupt erscheine jedes Jahr eine Neuauflage eines seiner Werke.

Im September 1925 bedankt sich TÖNNIES dann dafür, daß HÖFFDING in seiner *Geschichte der neueren Philosophie* seine, TÖNNIES', *Hobbes*-Studien gewürdigt habe. Die Gedankenwelt beider Autoren verschränkt sich offensichtlich nicht nur im leichten Parlando des Briefgesprächs. Die Berührungspunkte finden auch Ausdruck in der Druckgestalt der beiderseitigen Werke.

In den folgenden Jahren bis 1929 thematisiert nur noch TÖNNIES das Werkgespräch. So dankt er 1926 für HÖFFDINGs *Erkenntnistheorie und Lebensauffassung*. Seine allerdings nicht sehr intensive Lektüre hat immerhin zu zwei Seiten mit Exzerpten geführt.[66] Er spart auch jetzt nicht mit einem Übersetzungshinweis für HÖFFDING. In den nächsten zwei Jahren kommt das Werkgespräch dann zum Erliegen; erst im März 1928 gibt TÖNNIES einen kurzen Überblick über seine laufenden Publikationen und Forschungen. Ein Neudruck der *Elements of Law and Politics* stehe bevor. Diese bedeutende Pionierleistung von TÖNNIES auf dem von ihm mitbegründeten Terrain der modernen Hobbes-Forschung erschien zuerst 1889. Sie zeigt erneut einen gemeinsamen Grundzug von TÖNNIES' und HÖFFDINGs Lebenswerk, nämlich die ungewöhnliche Kontinuität und den unbeirrbar aufrechterhaltenen Zusammenhang der Problementwicklung. Ebenso wie HÖFFDING über die Jahrzehnte hinweg den Gang seiner Werktrias aus *Ethik*, *Religionsphilosophie* und *Psychologie* durch die dänischen und deutschen Neuauflagen hindurch verfolgen kann, so darf nun auch TÖNNIES spätestens seit den zwanziger Jahren die solide Präsenz seiner Werke auf dem Buchmarkt registrieren.

---

65 siehe den Brief vom 30. 5. 1924

66 Siehe den Brief *TÖNNIES*' vom 8. 3. 1926.

Im übrigen beschäftigt er sich nun wieder mit empirischen Forschungen zur Soziologie. Das immer wieder bei wechselnden Anlässen deutlich gewordene Auseinanderdriften der beiden Hauptströmungen seines wissenschaftlichen Arbeitens wird auch hier wieder augenfällig. Während HÖFFDING sich ausschließlich spezifisch philosophischen Themen widmet, wobei nur seine seit jeher wachen biographischen und autobiographischen Interessen (bezogen auf den Zusammenhang von Lebensauffassung und intellektueller Disposition) hinzutreten, wendet sich TÖNNIES immer rigider spezifisch soziologischen Fragestellungen und Problemen zu. Die bei ihm schon früh zu beobachtende Neigung zum Verlassen der Gedankenbahn der soziologischen Theoriebildung (die er stets auch im Hinblick auf die philosophische Begründung und ideengeschichtlichen Herleitung verfolgt hat) zugunsten einer Hinwendung zu empirischen, sozialstatistischen Untersuchungen hat in seinem Lebenswerk immer eine gewisse Spannung zwischen theoretischen und empirischen Interessen wachgehalten. Diese Tendenz bringt sich im Alter noch einmal mit Nachdruck zur Geltung. Die soziographischen Verbrecher- und Selbstmord-Studien,[67] vor langen Jahren begonnen, werden nun einem wenigstens vorläufigen Abschluß entgegengeführt.

Fast genau ein Jahr später, am 7. 3. 1929 wendet sich das Werkgespräch der Autobiographie HÖFFDINGs zu. Darin findet TÖNNIES sich nicht ganz richtig porträtiert. In seinen eigenen Erinnerungen stellt sich seine Gemütsverfassung anläßlich des ersten Treffens in Zürich ganz anders, als von HÖFFDING geschildert, dar. Er sei doch, bemerkt TÖNNIES, »recht heiter gewesen«. Der Grundton der Beziehung, die Optimismus-Pessimismus-Einstellung auf sozialtheoretischem, ethischem und letztlich auch auf persönlichem Gebiet findet hier noch einmal einen kleinen, scherzhaften Nachhall.

TÖNNIES hat sich sicherlich mit gutem Grund sowohl von HÖFFDING als auch von PAULSEN in dieser charakterlichen Disposition nicht richtig verstanden gefühlt. Die Verbindung eines gefaßten und, sozusagen, in der kalten, dünnen Luft der Illusionslosigkeit sich wohlfühlenden Pessimismus mit dem Impuls, im überschaubaren Bereich aktiv und positiv zu wirken, ohne dabei eine Bestandsgarantie für die Resultate zu reklamieren, schien schon schwer genug verständlich. Daß diese Mixtur auch geeignet sei, Lebensheiterheit hervorzurufen, mußte für einen TÖNNIES-Leser zunächst einmal unerwartet sein. Zwar haben PAULSEN und HÖFFDING sein Naturell nicht grundsätzlich mißverstanden, jedoch waren sie nicht in der Lage, die Kombination aus Pessimismus und sozialethischem Pragmatismus zu begreifen.

---

[67] Siehe seine Schriften: Die schwere Kriminalität von Männern in Schleswig-Holstein in den Jahren 1899 - 1914, in: Zeitschrift für Völkerpsychologie und Soziologie, 1929, Jg. 5, S. 26 - 39 (zusammen mit E. *JURKAT*); Ortsherkunft von Verbrechern in Schleswig-Holstein, in: Deutsches Statistisches Zentralblatt, 1929, 21. Jg., S. 146 - 150; Der Selbstmord in Schleswig-Holstein (alten Umfanges) 1885 - 1914, in: Nordelbingen, 1930/31, S. 447 - 472; Uneheliche und verwaiste Verbrecher. Studie über Verbrechertum in Schleswig-Holstein, Leipzig 1930.

Ein Jahr vor dem Tode HÖFFDINGs kommt es noch einmal zu einem Höhepunkt des Werkgesprächs. HÖFFDING schickt TÖNNIES seine letzte philosophische Schrift zur Erkenntnistheorie und Elektronenphysik[68]. Und TÖNNIES antwortet darauf prompt. In seinem Brief finden sich einige Formulierungen, die gerade angesichts der damaligen Krisenzeit der Weimarer Republik und des damit verbundenen Siegeszuges der politischen Gegenaufklärung von besonderer Bedeutung sind. TÖNNIES bestimmt nämlich in diesem Brief vom 29. 4. 1930 das Verhältnis zwischen Philosophie und Wissenschaft auf eine Weise, die auch von den zeitgenössischen Neopositivisten des Wiener Kreises, aber auch von der analytischen Wissenschaftstheorie der Nachkriegszeit ohne Einschränkung hätte übernommen werden können.[69] TÖNNIES formuliert das Verhältnis zwischen Philosophie und Wissenschaft immer noch unter unmittelbarem Rückgriff auf die Pionierphase der modernen Wissenschaftsphilosophie im 17. Jahrhundert bei HOBBES. Er zeigt damit in seiner Person, wie die Orientierung an dieser Ursprungsstelle des modernen Positivismus unter den Bedingungen der zwanziger Jahre zu einer grundsätzlichen Modernität der geistigen Haltung führen konnte und wie die Immunität gegenüber den zeitgenössischen neuromantischen Strömungen dadurch verstärkt wurde.

## Die theoretische Debatte

Wenn man den Verlauf der theoretischen Debatte im Briefwechsel verfolgt, ergeben sich selbstverständlich Überschneidungen mit dem Werkgespräch. Trotzdem läßt sich aus der Korrespondenz ein charakteristischer thematischer Gang der Debatte über theoretische Fragen und Probleme herauspräparieren. Zwar sind die zeitlichen Sprünge recht groß, doch der Leser möge sich in Erinnerung rufen, daß in den Zwischenphasen kein briefliches Schweigen herrschte, sondern daß der Gedankenaustausch über bestimmte Themen immer wieder durch nicht damit zusammenhängende Erörterungen unterbrochen wurde. Die Debatte über theoretisch bedeutsame Fragen zieht sich gleichsam unterirdisch durch die Jahre hin, um plötzlich wieder hervorzubrechen. Anlaß dazu bilden meist zugesandte Bücher des Briefpartners. Die partikularisierte Debatte, die hier nachgezeichnet werden soll, hat sich vom direkten Werkbezug gelöst und eine selbständige theoretische Ebene erreicht, die in ihren Strukturen nicht unmittelbar erkenntlich wird.

Das Eröffnungsgespräch über *Gemeinschaft und Gesellschaft* von 1888 konzentriert sich vom thematischen Gehalt her um Probleme der Geschichtsphilosophie. Dieses Thema wird fünf Jahre später fortgesetzt, nun aber mit einer Be-

---

68 H. *HÖFFDING*, Zur Stellung der Erkenntnistheorie in unserer Zeit, in: Kant-Studien, 1930, xxxv, S. 480 - 495

69 »... wie denn überhaupt Philosophie sich mir als Begleitmusik und zugleich Kritik und Korrektur der Wissenschaften darstellt. ... Die Neuromantik von heute geht freilich wieder andere Wege, denen ich nicht zu folgen vermag«; siehe in diesem Buch S. 184 f.

deutungsveränderung. Der speziellere Gesichtspunkt von theoretischen und methodischen Fragen, die sich bei der Darstellung der Geschichte der Philosophie ergeben[70], rückt nun als Thema einer Verbindung von Geistes- und Realgeschichte in den Mittelpunkt der Aufmerksamkeit. Anlaß dazu bildete HÖFFDINGs Buch über die Geschichte der neueren Philosophie. TÖNNIES stimmt HÖFFDINGs Berücksichtigung der Verflochtenheit von Ideenentwicklung und Sozialgeschichte zu, gibt aber zu verstehen, daß er diese Verbindung noch intensiver hervorheben würde. Als Beispiel für eine Darstellung, die er sich in diesem Kontext vorstellt, gibt er eine Art Skizze der Geschichte des modernen Naturrechts von der Scholastik über die Frühaufklärung bis in das 19. Jahrhundert, auch unter Berücksichtigung der politischen Geschichte, der Universitätsgeschichte und der dabei mitwirkenden wissenschaftspolitischen Interessen. Bei diesem nachdrücklichen Hinweis auf das methodische Postulat zur Berücksichtigung der sozialen, politischen und institutionellen Faktoren in geisteswissenschaftlichen Untersuchungen mag TÖNNIES einen leicht kritischen Gesichtspunkt gegen HÖFFDINGs Sicht der Dinge bedacht haben. Er könnte sich durch diese betonte Verstärkung des sozialgeschichtlichen Aspekts der Ideengeschichte gegen HÖFFDINGs sich immer wieder regende Neigung gewandt haben, ideengeschichtliche Entwicklungen auf persönliche Dispositionen und Lebensanschauungen der Denker zurückzuführen.

Abgesehen von diesem leicht kritischen Beiklang, den TÖNNIES nur in Form einer pointierten Zustimmung zum Ausdruck bringt, stimmt er unter spezifisch philosophiegeschichtlichen Aspekten der von HÖFFDING gewählten problemorientierten Darstellung zu. Die Nachzeichnung des systematischen Zusammenhanges der philosophischen Probleme ermögliche nämlich dem Leser erst das Verständnis des Zusammenhanges und der immanenten Dynamik der neuzeitlichen Gedankenentwicklung. Bei beiden verbinden sich also Ansätze der geistesgeschichtlichen Betrachtung, die in anderen Zusammenhängen oft als einander ausschließend angesehen wurden: bei TÖNNIES der sozialgeschichtliche Aspekt mit dem werkimmanenten der Selbstbewegung der Ideen; letzterer auch bei HÖFFDING mit dem Gesichtspunkt der individuellen psychischen und biographischen Voraussetzungen philosophischer Ideen in der Lebensgeschichte einzelner Denker.

Vier Jahre später, am 14. Mai 1899, nach Abschluß seines Engagements im Hamburger Hafenstreik von 1896/97, der auch zu allgemeinen, äußerst kritischen politischen Einschätzungen hinsichtlich des Kaiserreichs geführt hatte[71], äußert sich TÖNNIES zum 'negativen Charakter' der Moderne. Er bezieht sich dabei auf die seit der Aufklärungsphilosophie besonders seit ST. SIMON bekannte Periodisierung in kritische, d. h. zu Analyse und Auflösung traditioneller Bindungen neigende Epochen - in diesem Sinne also negative -

---

[70] Vgl. dazu den Brief Tönnies' vom 15. 12. 1895.

[71] C. *BICKEL*, Tönnies in Hamburg (1894 - 1901). Skeptische Aufklärung in Theorie und Praxis, in: R. *WAßNER* (Hrsg.), Wege zum Sozialen. 90 Jahre Soziologie in Hamburg 1988, S. 25 - 49

und positive, d. h. von Pietät gegenüber vorgegebenen und gewachsenen historischen Bedingungen erfüllte Kulturformen. Bei dieser Charakterisierung läßt er es aber nicht bewenden. TÖNNIES verweist vielmehr eindrucksvoll auf die Aufgabe der Gegenwart zur Vorbereitung der kommenden Kultur. In beiderlei Hinsicht, sowohl bezüglich des Untergangsaspekts wie auch hinsichtlich des Aspekts der fördernden Rolle einer alten Kultur für die nachfolgende, dient ihm die Antike als historisches Beispiel: »Ich möchte noch bemerken, daß mir immer das Hinscheiden der antiken Kultur im römischen Reiche vorschwebt und das große Vermächtnis das sie dem Germanismus hinterliess. Ich meine: wir müssen unser Haus bestellen und der Kultur, die nach uns kommen wird, ein so sehr als möglich gut erhaltenes Erbe hinterlassen.«[72]

Dieses Thema wird im folgenden Brief 6 Wochen später, am 29. 7. 1899, noch einmal aufgegriffen und in ausführlicher Überlegung fortgeführt. Es ist die Sozialpessimismus-Frage, die TÖNNIES zu diesen Erörterungen veranlaßt. HÖFFDING zitiert in jener Zeit gerade TÖNNIES' Selbsterläuterung, die seinen sozialethischen Aktivismus gegen den ihm unterstellten geschichtsphilosophischen Pessimismus zur Geltung bringt, im Vorwort seines Aufsatzbandes *Mindre Arbejder*, der bekanntlich auch seinen Vortrag über *Gemeinschaft und Gesellschaft* enthält. Bei Berücksichtigung dieser Umstände wird erkennbar, warum TÖNNIES gerade jetzt mit solchem Nachdruck den Gesichtspunkt des Kulturunterganges wie auch dessen Kontrast, den Aspekt eines neuen Kulturaufganges, betont. Die Niedergangsperiode des nordeuropäischen Kulturkreises, die bereits im Spätmittelalter eingesetzt habe, werde nun noch ca. 400 bis 500 Jahre dauern. Für düstere Resignation aber gibt es in TÖNNIES' Perspektive, trotz oft kolportierter gängiger Meinungen, weder Anlaß noch auch nur Gelegenheit. Vielmehr werde es eine Epoche faszinierender und konzentrierter Aktivität sein. Nicht nur das Fortschreiten des modernen Rationalisierungsprozesses mit seinen enormen Erkenntnispotentialien gelte es zu bestehen, sondern man müsse zugleich auch der Aufgabe gerecht werden, 'das Haus für die Erben zu bestellen', also die Grundlage für die kommende Kultur zu legen, die von der nordeuropäischen Kultur nicht weniger abhängig sein werde als diese es ihrerseits von der Antike war.

Im November 1900 führt der sich verdichtende Austausch über HÖFFDINGS *Religionsphilosophie* zu einem grundsätzlichen Themenwechsel. Es geht jetzt auch um den Gegensatz der soziologischen und der individualpsychologischen Betrachtungsweise. Die Bedeutung beider Sichtweisen wird von beiden im Hinblick auf Phänomene wie die Religion deutlich verschieden beurteilt. Am 9. April 1901 erläutert TÖNNIES seine Auffassung der Religion als soziales Phänomen. Er orientiert sich dabei am Kultus als Wesensmerkmal und erklärt in diesem Zusammenhang seine Übereinstimmung mit SPENCER. Bezeichnenderweise hebt TÖNNIES die *philosophische* Bedeutung des soziologischen Momentes hervor. Damit spricht er ein grundlegendes Motiv seines soziologischen

---

[72] Siehe Brief vom 29. 6. 1899.

Denkens und Forschens aus. Auch die Soziographie, also die beschreibende Sozialstatistik, war ihm zuletzt (neben einer urspünglichen Freude am Reichtum der empirischen Faktenwelt) aus einem philosophischen Grunde interessant: die großen Fragen der Philosophie, wie Willensfreiheit und moralische Verantwortung erhielten im Lichte der überindividuellen, quantitativ erfaßbaren Massenbewegungen und Massenzusammenhänge, innerhalb deren sich die individuellen Entscheidungen vollziehen, eine ganz neue Dimension. Dadurch wird eine kritisch-realistische Betrachtungsweise ermöglicht, die den ethischen Idealismus in seinen Ansprüchen relativieren und kritisieren konnte. Dieser Gesichtspunkt taucht nun auch in der religionsphilosophischen Diskussion mit HÖFFDING auf. Die Beachtung einer soziologischen Dimension verändert in einer radikalen Weise die rein philosophische Perspektive. Insofern muß sich auch die spezifisch philosophische Kulturbetrachtung prinzipiell ändern, wenn die soziale Determination dieser Phänomene rezipiert wird.

Der individuelle Standpunkt, den HÖFFDING seinem KIERKEGAARDschen Erbe zufolge als wesentlichen Bestimmungsgrund für religiöse Entwicklungen hervorhebt, wird von TÖNNIES als gar nicht mehr spezifisch religiös anerkannt. Er gehöre zu einer späteren Kulturphase und sei untrennbar mit der philosophischen und wissenschaftlichen Denkungsart verbunden, befinde sich also längst außerhalb des Bereiches einer spezifisch religiösen Weltauffassung. Dieses Bestreben von TÖNNIES, die Religion historisch und kulturtheoretisch abzugrenzen gegen verwandte, aber doch wesentlich andere Kulturphänomene, artikuliert sich auch in seiner Stellungsnahme zum 'Grundaxiom' von HÖFFDING, zu dessen Satz von der *Erhaltung des Wertes*[73] also. TÖNNIES meint hier nun, daß auch dieses 'Gefühl' und die damit verbundene Weltauffassung viel zu philosophisch reflektiert sei - seiner eigenen Terminologie zufolge dem *Kürwille* und der *Gesellschaft* zugehöre - als daß es sich noch um eine genuin religiöse Auffassungsweise handeln könne. HÖFFDING antwortet darauf sofort. Er läßt keinen Zweifel an seiner Gewichtung der Gesichtspunkte. Der soziologische Aspekt sei in Hinblick auf die Religion von geringerer Bedeutung. Religion, sofern sie ein bestimmtes kulturelles Niveau erreicht habe, beruhe immer auf der persönlichen Entscheidung der Individuen. Aber auch bei Berücksichtigung der kollektiven Momente ist zu sagen, daß die primäre Bedeutung des Individualismus für die Kulturentwicklung symptomatisch für den Wirkungs- und Sinnzusammenhang eben dieser modernen Kultur sei. Die Betonung des individuellen Standpunktes sei also nicht nur eine persönliche Wertentscheidung, sondern auch eine Konsequenz, die sich aus der kulturtheoretischen Diagnose der Gegenwart ergebe. Daran schließt HÖFFDING dann ein nunmehr kulturtheoretisch abgestütztes religionskritisches Postulat an: im Interesse der Subjektivität müsse die Entwicklung zu einem neuen, freieren Kul-

[73] *HÖFFDING* behauptet, daß auf dieser Annahme der Erhaltung des Wertes jede Religion beruhen müsse, da jede Religion von einer letzten Garantie hinsichtlich eines Gesamtsinnes des Daseins ausgehe. Beachte auch den nachfolgenden Exkurs über Religion.

tus gefordert werden. Für TÖNNIES' Betrachtungsweise bringt er mit dieser Replik einiges grundsätzlich durcheinander, so betont TÖNNIES dann in seiner Antwort vom 15. 6. 1901 noch einmal die Kriterien, die es seiner Ansicht nach zu beachten gelte: Die Religion sei primär eine Angelegenheit der *Gemeinschaft*. Das Interesse an dem und die Sensibilität für das Individuelle sei Indikator für eine kulturelle Spätphase und in Wahrheit Ausdruck einer philosophischen, nicht mehr religiösen Haltung. HÖFFDINGs Antwort kommt drei Wochen später: Er kann unter dem Aspekt seines eigenen, auch autobiographisch verwurzelten Interesses an der Religion TÖNNIES' Periodisierung von *Gemeinschaft* als sozialem Rahmen genuiner Religion und *Gesellschaft*, die notwendigerweise der Religion die Existenzmöglichkeit abspreche, nicht akzeptieren. Für ihn steht die Eigenständigkeit des individuellen Standpunktes sowohl in der *Praxis* der Religion wie auch als methodisches Kriterium für die *theoretische* Betrachtung der Religion außer Frage. Konziliantenweise läßt er seine gegenüber TÖNNIES kontroverse Betrachtung in einer Art Konkordienformel ausklingen: der soziologische und der individualpsychologische Standpunkt würden sich wechselseitig voraussetzen.

Weihnachten 1902 beklagt sich TÖNNIES über die historische Naivität der Naturforscher. Diese Attacke richtet sich vor allem gegen WUNDT, den HÖFFDING seinerseits sehr schätzt und dessen neues Buch zur Völkerpsychologie[74] er mit Spannung erwartet. Diese Mahnung von TÖNNIES' Seite, daß über der naturwissenschaftlichen Schärfe der Begriffsbildung nicht die historische Dimension vergessen werden dürfe, hat TÖNNIES kurz zuvor schon sehr deutlich gegen SPENCER gerichtet. Dieses Argument taucht bezeichnenderweise auch in seiner Kritik am Sozialdarwinismus auf[75], dessen Prämissen auf relativen, historisch bedingten Annahmen über das Ziel des Evolutionsprozesses beruhten, ebenso wie auch seine Maßstäbe, z. B. zur Beurteilung der generativen Gesundheit, auf historisch variablen und zudem noch politisch bedingten Annahmen sich gründeten. Desgleichen würde diese liberale Eingleisigkeit einer gradlinigen Fortschrittserwartung die immanenten, vom Fortschrittsprozeß selbst wachgerufenen Gegentendenzen übersehen. Für diese immanenten Gegentendenzen der kulturellen Entwicklung gibt es, wie TÖNNIES' Kritik des Sozialdarwinismus aufdeckt, auch auf biologischem Gebiet eine Analogie, nämlich die pathologischen Nebenfolgen, die mit der Steigerung gewisser erwünschter Eigenschaften wie z. B. der intellektuellen Leistungsfähigkeit, verbunden seien.

Nach diesem Intermezzo zur Kritik an naiven Fortschrittserwartungen, die sich bei dem Versuch zur unkritischen Anwendung naturwissenschaftlicher

---

[74] Siehe zusammenfassend: Wilhelm *WUNDT*, Ziele und Wege der Völkerpsychologie, in: ders., Probleme der Völkerpsychologie, Leipzig 1911, 2. vermehrte Auflage Stuttgart 1921, S. 1 - 39.

[75] F. Tönnies, Zur naturwissenschaftlichen Gesellschaftslehre, a.a.O., dazu C. *BICKEL*, Tönnies' Kritik des Sozialdarwinismus. Immunität durch Philosophie. Seine Auseinandersetzung mit der Krupp-Preisfrage von 1900, in: Carsten *KLINGEMANN* (Hrsg.), Der Rasse-Mythos in der Deutschen Soziologie, Köln 1987.

Maßstäbe auf die wissenschaftliche Untersuchung der historisch-kulturellen Welt ergeben würden, nimmt die theoretische Debatte - wenn auch nach einer Pause von elf Jahren - das Thema des Verhältnisses von Soziologie und Psychologie wieder auf. Damit ist nicht das Problem einer methodologischen Verhältnisbestimmung zwischen diesen beiden Wissenschaftszweigen innerhalb der theoretischen Soziologie gemeint, das für TÖNNIES' späteres System der Soziologie wichtig ist und das bereits mit seiner Begründung soziologischer Zusammenhänge auf Willensprozesse gestellt ist. Vielmehr handelt es sich in diesem Gespräch weiterhin um die Frage, ob die historisch-kulturelle Welt ihrem Wesen nach zumindest *auch* auf den individuellen Entscheidungen und Handlungen der Persönlichkeit beruht, oder ob die überindividuellen, also sozialen und historischen, Zusammenhänge den Ausschlag geben.

HÖFFDING verweist im Brief vom 9. 6. 1912 darauf, daß seine Psychologie die soziologische Methode ausdrücklich anerkennen würde - was er allerdings in seiner eigenen Forschungspraxis nicht einlöst. Daß er tatsächlich die historisch-soziale Dimension an einer ganz anderen und zentraleren Stelle auf implicite Weise in seine Psychologie einbezieht, wird an diesem Brief deutlich: HÖFFDING verweist nämlich ausdrücklich auf die historische Relativierung der Geltung der modernen Psychologie. Ihre Begriffe sind demnach mit Aussicht auf Erfolg nur auf *die* Entwicklungsphase der historisch-kulturellen Welt anwendbar, aus der heraus sie selbst entstanden sind. Damit bringt er die beiden, vom Neukantianismus immer streng getrennt gehaltenen Zweige des Entstehungs- und Begündungszusammenhanges auf eine Weise zusammen, die für eine historische Erkenntniskritik sehr interessant ist.[76]

Im Oktober 1916 gibt es von TÖNNIES' Seite noch einmal eine Reprise des Gespächs über den soziologischen Religionsbegriff, den er bei HUME und HOBBES, aber auch bei SPENCER in der korrekten Weise vorgeformt sieht. TÖNNIES betont dabei seine Übereinstimmung mit dem ihm seit 1907 persönlich bekannten dänischen Philosophen Anton THOMSEN. TÖNNIES fühlte sich mit ihm offenbar -ungeachtet späterer starker persönlicher Differenzen zwischen HÖFFDING und THOMSEN - in Übereinstimmung hinsichtlich der grundsätzlichen philosophischen und philosophiegeschichtlichen Orientierungen. Diese Gemeinsamkeit mit dem jüngeren Kollegen HÖFFDINGs beruht natürlich auf der von beiden geteilten Orientierung an der Philosophie der Aufklärungszeit, vor allem der englischen Philosophie des 17. und 18. Jahrhunderts. Für HÖFFDING war die Bestimmung des Verhältnisses zwischen Religion und Philosophie besonders wichtig. Er versuchte dieses Verhältnis durch kategoriale Abgrenzung, aber auch durch Einbeziehung beider Weltperspektiven in einen hypostasierten allgemeinen Evolutionsprozeß zu lösen. TÖNNIES dagegen verweist auf das auffällige Filiationsverhältnis zwischen Magie und Wissenschaft hin. Die Magie beanspruche, anders als die Religion, einen ähnlichen technisch-instrumentel-

[76] Die Entstehungsgeschichte von Erkenntniskriterien bedingt demnach auch die Geltung der damit gewonnenen und daran orientierten Erkenntnisse.

len Zugriff auf die Natur zu leisten, wie ihn später die Wissenschaft mit ihren allerdings intersubjektiv kontrollierbaren Mitteln zu erschließen trachtet.

Nach diesen beiden Grundthemen der theoretischen Debatte, nämlich der Theorie des historischen Verlaufs und des Epochenwandels am Anfang und am mutmaßlichen Ende der wissenschaftlich-technischen Zivilisation (im Briefwechsel etwa zwischen 1888 und 1900) und der Abschätzung des Verhältnisses individueller und kollektiver Faktoren in der Entwicklung der historisch-kulturellen Welt (in den Briefen zwischen 1900 und 1917) erhält das Gespräch in den zwanziger Jahren nur noch wenige Statements zu theoretischen Grundfragen, die sich unter Absehung eines anfänglichen unmittelbaren Werkbezuges auf einem generellen Niveau bewegen würden.

Die intellektuelle Debatte wird nun fast ausschließlich in den Bahnen des Werkgespräches fortgeführt, welches weiter oben erläutert wurde. Als Nachklang zur Debatte über das Verhältnis von Philosophie und Soziologie erklärt HÖFFDING im Brief vom 11. 10. 1923 anläßlich der ihm zugesprochenen Mitgliedschaft in der Deutschen Gesellschaft für Soziologie, daß sein Verhältnis zur Soziologie rezeptiv, aber nicht produktiv sei. Im September 1926, im Zuge der Vorbereitungen zum Wiener Soziologentag, äußert sich TÖNNIES zum Problem der Wertfreiheit. Eine wertfreie Debatte über die Demokratie sei nötig, bemerkt er mit Blick auf die Verhandlungen des Soziologentages zu diesem Thema. Politik und Wissenschaft müßten getrennt gehalten werden. An dieser Briefstelle zeigt TÖNNIES einmal mehr, daß er am Prinzip der Wertfreiheit, das in der soziologischen Diskussion in Deutschland ein virulentes Thema war, kategorisch festhalten will. Dieses Prinzip ist schon in seiner dem Positivismus und dem kritischen Monismus verpflichteten philosophischen Grundlegung der Soziologie apriori angelegt und wird von ihm immer wieder als leitender Gesichtpunkt hervorgehoben.[77]

## Die philosophische Debatte

In seinen Kommentaren zu HÖFFDINGs Darstellung der Geschichte der neueren Philosophie nimmt TÖNNIES die Gelegenheit wahr, eigene Einschätzungen der aktuellen Lage der Philosophie in Deutschland zu geben. Von der allgemein zustimmenden Bemerkung über HÖFFDINGs Methode der Verbindung von Real- und Geistesgeschichte kommt er auf sein Lieblingsthema zu sprechen: die Entwicklung der Naturrechtsproblematik im Zusammenhang mit einer Sozialgeschichte der Ideen.[78] 13 Jahre zuvor hatte er diese Themen in

---

[77] Siehe zum Problem allgemein *TÖNNIES*' theoretische Schriften, zu *TÖNNIES*' Demokratie-Verständnis beachte auch: Zur Soziologie des demokratischen Staates, in: Weltwirtschaftsarchiv, 1923, S. 304 - 352; ders., Über die Demokratie, in: Verhandlungen des 5. Deutschen Soziologentages, 1927, Bd. 5, S. 12 - 26; ders., Demokratie und Parlamentarismus, in: Schmollers Jahrbuch 1927, 51. Jg., S. 173 - 216.

[78] Siehe den Brief vom 15. 12. 1895.

seiner großen Einleitung zu *GuG* ähnlich dargestellt. Auch die Zuspitzung auf die aktuelle Lage der akademischen Philosophie, die den kritischen Impuls der Aufklärungszeit verloren habe (nicht zuletzt aus Gründen, die mit dem Schicksal des Liberalismus in Deutschland zusammenhängen), findet sich im Gespräch mit HÖFFDING wiederholt und bekräftigt. Es ist der Alexandrinismus der Universitätsphilosophie und damit dessen Unzulänglichkeit gegenüber den intellektuellen und politischen Fragen der Zeit, den er beklagt.

Zwölf Jahre später, im Juli 1907, taucht dieses Motiv wieder expressis verbis auf. Während zuvor mit ideologiekritischen und wissenssoziologischen Mitteln die soziale und politische Konstellation für den kraftlosen Zustand der akademischen Philosophie aufgezeigt worden war, läßt TÖNNIES nun die geistesgeschichtliche Relativierung des beklagenswerten Zustandes im Hintergrund und spricht schonungslos vom Epigonentum, das die Szene beherrsche. Auch EUCKEN und WUNDT, die beide, vor allem letzterer, einen bekannten Namen in der deutschen Universitätswissenschaft hatten, werden von ihm nur als ephemere Größen eingeschätzt, was seinem Urteilsvermögen kein schlechtes Zeugnis ausstellt.

In TÖNNIES' Sorge um die Bewahrung der kritischen Impulse der Philosophie im Verhältnis zum allgemeinen kulturellen Leben fügt sich auch seine Zustimmung zu einer Komponente in HÖFFDINGs Religionsphilosophie, die sich als Kritik am herrschenden liberalen Kulturprotestantismus auffassen läßt. Nicht die rationale Komponente für sich genommen, sondern ihre harmonistische Umdeutung und Entschärfung rufen TÖNNIES' Kritik hervor. Die Eingleisigkeit eines liberalen Fortschrittsdenkens ist einer der Zielpunkte, gegen die sich grundsätzlich seine Gemeinschafts- und Gesellschaftstheorie richtet mit ihrem Programm eines skeptisch in sich selbst reflektierten Rationalismus. Auf diese Weise trifft seine Kritik am Fortschrittsoptimismus SPENCERs in ähnlicher Weise auch PAULSEN. In ihrer Kritik gegen den im Verhältnis zu den intellektuellen und politischen Krisensymptomen zu nachgiebigen Freund PAULSEN waren sich TÖNNIES und HÖFFDING einig, ohne daß dadurch ihre Sympathie und hohe intellektuelle Wertschätzung ihm gegenüber geschmälert worden wäre. 1908, beim gemeinsamen brieflichen Gedenken an den verstorbenen PAULSEN findet diese Konstellation noch einmal einen Ausdruck.

Das Verhältnis von Religion und Ethik, das für HÖFFDING eine wesentliche Rolle spielt und für ihn im Primat der Ethik kulminiert, sowie die Einsicht in die Notwendigkeit, ein geistiges und soziales Äquivalent für die traditionelle Gestalt der dogmatisch gebundenen Religion zu finden, veranlaßt TÖNNIES zu seinen zustimmenden Äußerungen im Hinblick auf die Aktualität des ethischen Problems.[79] Er wird dabei an die Konstellation seiner eigenen theoretischen Interessen bei der Entstehung seiner theoretischen Grundgedanken in der Entwicklungsphase von *GuG* gedacht haben. Die ethische Komponente seines

[79] Siehe seinen Brief vom 20. 9. 1901.

Grundtheorems war anfangs, wie er sich später in seiner *Selbstdarstellung* erinnert, dominierend, wurde dann aber begrifflich umgewandelt und einverleibt in einen wertfreien, theoretischen, sozialwissenschaftlichen Gedankenzusammenhang. Welche Art von Aktualität der Ethik er dabei im Visier hatte, wurde dann in seiner großen Sammelrezension *Ethik und Sozialismus*[80] deutlich. Es war eine Ethik, die sich der Herausforderung durch die soziale Frage gewachsen zeigen sollte. Und das war nach TÖNNIES nur möglich durch Einbeziehung des Erkenntnisstandes der Soziologie. Damit meinte TÖNNIES auch, daß eine Ethik hilflos in der Luft hängt, wenn sie sich zuvor nicht mit MARXens *Kapital* auseinandergesetzt hat. Erst nach einer solchen sozialwissenschaftlich getragenen 'kopernikanischen Wende der Ethik' gäbe es Grund zu der Annahme, daß man mit sozialethischen Konzepten und Entwürfen ein beachtenswertes Wort zu aktuellen Fragen der Zeit sagen könnte.

Zuvor müsse aber die religiöse Frage gelöst werden, notiert er im nämlichen Brief. Die Dringlichkeit dieses Problems war ihm deutlicher bewußt, als es die knappe Briefstelle kenntlich macht. TÖNNIES' Typoskript *Die neue Botschaft*[81] ist ein deutliches Zeugnis für seine Anteilnahme an der Frage, welche Bedeutung die Religion hat. Es ist der Weltanschauungstypus einer Vernunftreligion, wie er bereits im Aufklärungsdenken und dann im Vorfeld der modernen Sozialwissenschaften z. B. bei Auguste COMTE entwickelt und propagiert worden war, den er dabei im Blick hatte. Dieses unveröffentlichte Manuskript erwähnte er HÖFFDING gegenüber nie, obwohl er darin einige Male ausdrücklich auf HÖFFDING Bezug nimmt.

Dieses Beispiel belegt erneut ein allgemeines Wesensmerkmal dieser Korrespondenz: daß die sporadischen Äußerungen zu den als wesentlich erachteten Fragen vor einem tief gestaffelten Hintergrund im beiderseitigen Werk gesehen werden müssen.

Nach der Debatte um HÖFFDINGs Religionsphilosophie und den dabei zur Sprache gebrachten philosophischen Gesichtspunkten (die weiter unten noch einmal ausführlich beleuchtet werden), bleibt die Philosophie zwar weiterhin Gesprächsthema, was bei HÖFFDINGs Schaffensfreude unvermeidlich ist. Der Austausch über philosophische Themen nimmt nun aber paradoxe Formen an. TÖNNIES versichert seit 1907 in ununterbrochener Folge, aber besonders in den zwanziger Jahren, als HÖFFDINGs philosophischer 'output' einen neuen Höhepunkt erreicht, daß er sich leider von der Philosophie im Zuge seiner Forschungen immer mehr entferne. Die Zwänge der sozialwissenschaftlichen Arbeiten und die Notwendigkeit der wissenschaftlich-literarischen Erwerbsarbeit, die es im »Kampf ums Brot«[82] zu bewältigen gelte, bedingten dies bedauer-

---

80 F. *TÖNNIES*, Ethik und Sozialismus, in: Archiv für Sozialwissenschaft und Sozialpolitik, 3 Teile, 1907 - 1909, Bde. 25, 26 und 29; vgl. für *TÖNNIES*' ursprünglichen ethischen Impuls seine Selbstdarstellung, a.a.O., S. 213.

81 38-seitiges Typoskript im T-N, Cb 54.34:39.

82 Siehe seinen Brief vom 15. 6. 1907.

licherweise. Es scheint sich dabei um einen nicht enden wollenden Abschiedsprozeß besonderer Art zu handeln. Seine Äußerungen weisen der Philosophie, der zu widmen er nicht mehr die Muße habe, eine fast luxuriöse Qualität zu. Diese Haltung mutet für einen in der Aufklärung verwurzelten Denker zunächst befremdlich an. In seiner Distanz zur Philosophie, die als selbstauferlegte Askese schmerzlich gefühlt und insofern problematisch wird, kommt über dem individuellen Schicksal hinaus eine allgemeine wissenschaftliche Situation zum Ausdruck. Es ist der Differenzierungsprozeß der modernen erfahrungswissenschaftlichen Soziologie, den TÖNNIES selbst in den zwanziger Jahren mit seinen großen Aufsätzen zur begrifflichen Systematik der reinen Soziologie vorantreibt.[83] Damit war die Grenze zur Philosophie gezogen.

Vor Beginn seiner Entfremdungserklärungen zur Philosophie äußert sich TÖNNIES noch einmal in konzentrierter Form zum Problem der Wertfreiheit.[84] Wohl auch mit Blick auf HÖFFDINGs große öffentliche Resonanz im dänischen Geistesleben erklärt er in bekenntnishafter Weise, daß er sich angesichts der Frage, ob dem Wissen oder dem Wirken die Hauptaktivität gelten solle, einen Zwang zur Konzentration auferlegen müsse, um Theorie und Praxis getrennt zu halten.

Trotz seiner philosophischen Karenz nimmt er später noch einmal die Gelegenheit wahr, sich zu einer metaphysischen Grundfrage zu Wort zu melden. Es handelt sich hier vom die *ewige Wiederkehr des Gleichen*[85]. Die Bezüge zu SPINOZA, SCHOPENHAUER und NIETZSCHE sind dabei im Hintergrund wirksam. In einem Brief vom 20. 1. 1918 hatte er an diesem Philosophem die Erwägung geknüpft, daß unsere individuelle Existenz bereits von weither, nämlich aus einer längst abgelaufenen Reihe unendlicher Wiederholungen käme. 1927 handelte es sich bei diesen Überlegungen um die Spekulation eines sommerlichen Briefes, in dem TÖNNIES der Erinnerung an eine Wanderung auf der Ostseeinsel Alsen mit seinem Freund Ernst STORM nachsinnt. Sie zeigt über den Anlaß hinaus die stets wachen spekulativen Neigungen von TÖNNIES. Sie bilden das Gegengewicht gegen einen erfahrungswissenschaftlichen Rigorismus, der, wie angedeutet, auch einen Anflug von 'Selbstzwang' hat.

Im April 1930 thematisiert TÖNNIES noch einmal nachdrücklich die Lage der zeitgenössischen Philosophie im Rahmen seiner Bestätigung der Zusendung von HÖFFDINGs 'Erkenntnistheorie und Elektronenphysik'. Seine Wendung gegen den zeitgenössischen Irrationalismus charakterisiert in späten Jahren noch einmal seine wissenschaftliche und philosophische Position. Mit dieser grundsätzlichen Orientierung befand er sich seit jeher in der Nachbarschaft des zeitgenössischen Neukantianismus, sofern dessen Tendenz zu einer Theorie der Erfahrungswissenschaft betroffen ist - ungeachtet seiner ebenso entschiedenen

---

[83] F. *TÖNNIES*, Einteilung der Soziologie, in: Zeitschrift für die Gesamte Staatswissenschaften, 1925, Bd. 79, S. 1 - 15, die früheren Schriften sind erneut abgedruckt in den SSK.

[84] Siehe seinen Brief vom 24. 12. 1902.

[85] Siehe seinen Brief vom 21. 6. 1927.

Opposition gegen die wertphilosophische und kulturtheoretische Wendung des südwestdeutschen Neukantianismus.

Obwohl HÖFFDING im Briefgespräch hinsichtlich philosophischer Themen durch seine Buchsendungen den aktiveren Part übernommen hat, sind seine tatsächlichen Stellungnahmen eher spärlich, wie sich zusammenfassend sagen läßt. Ein Rückblick auf seine Kontroverse mit BRANDES über NIETZSCHE[86] steht am Beginn der einschlägigen Passagen. In diesem Punkt weiß er sich mit TÖNNIES' sozialethischer Kritik an NIETZSCHE einig, obwohl er klugerweise auf die Kritik an NIETZSCHEs sozialwissenschaftlicher Ahnungslosigkeit nicht reagiert, um sich wegen seiner eigenen Reservation gegenüber der Sozialwissenschaft nicht ebenfalls diesem Vorwurf auszusetzen. Die Dominanz des subjektiven Gesichtspunktes und der Kritik als Signatur der Moderne, verbunden mit der Hoffnung auf eine Wandlung der Religion in Richtung eines neuen, freien Kultus, bildet dann das Thema einer kulturtheoretischen Äußerung von HÖFFDING im Kontext seiner Religionsphilosophie im April 1901. SPINOZA und HOBBES, die beiden gemeinsamen Bezugspunkte von TÖNNIES und HÖFFDING, werden in eben dieser Eigenschaft herbeizitiert[87]. Daran zeigt sich, mit welcher Konsequenz sich auch HÖFFDING an der philosophischen Frühaufklärung orientiert. Gemeinsam mit TÖNNIES sieht er in dieser Epoche den Ursprungsort für den modernen Positivismus, dessen ursprünglich kritische Funktion durch diese Rückbesinnung besonders deutlich wird.

Nach dem Weltkrieg muß HÖFFDING dann seinen Briefpartner über Rolle und Aufgabe der Erkenntnistheorie verhältnismäßig mühevoll ins Bild setzen (13. 7. 1921). Diese kleine Verständnisirritation ändert aber nichts an den durch die Jahrzehnte hindurch völlig unangefochtenen bleibenden philosophischen Gemeinsamkeiten. Der kritische Monismus stellt die Basis dar und bildet, so gesehen, den intellektuellen Hintergrund. HÖFFDINGs philosophische und intellektuelle Orientierung, die im Briefwechsel nur ansatzweise zur Sprache kommt, wird später unter den verschiedenen Aspekten seiner Werkentwicklung noch einmal aufgegriffen und mit den Positionen TÖNNIES' kontrastiert.

## *Gemeinschaft und Gesellschaft* im Briefwechsel

Im Briefgespräch über TÖNNIES' Buch *GuG* werden mehrere Fragen berührt. Beim Gedanken an das äußere Schicksal des Buches kann sich TÖNNIES' zunächst bitterer Gefühle nicht erwehren. Erst 1924 kann sich bei ihm eine gewisse Zufriedenheit über die offensichtliche Dauerhaftigkeit der Präsenz des Buches im wissenschaftlichen Leben ausbreiten. Es war also doch nicht beim anfänglichen »Achtungserfolg« geblieben.

---

[86] Siehe *HÖFFDING*s Brief vom 23. 2. 1897.

[87] Beachte die Briefe vom 14. 6. 1907 und 25. 3. 1930.

Das Hauptproblem des Gedankenaustausches über die Problematik von *Gemeinschaft und Gesellschaft* ist die eingangs erwähnte Sozialpessimismus-Frage. Dieses Thema taucht in späteren Reprisen immer wieder auf, besonders im Zusammenhang mit TÖNNIES' skeptischen politischen Beurteilungen der politischen Situation nach dem Weltkrieg.

Seitenaspekte der Äußerungen zum Inhalt des Buches sind TÖNNIES' Kommentare zum Gegensatz von Wesen- und Kürwillen; ferner einige prägnante Charakterisierungen des Grundtheorems aus der freien Überschau des späteren Rückblicks, nachdem die Mühen der Produktion überstanden waren. Im Rahmen dieser Kategorie von Selbsterläuterungen nimmt TÖNNIES die Umformulierung des Begriffes *Willkür* zu *Kürwillen* zum Anlaß für eine kurze, aber sehr wichtige Äußerung zur Gewichtsbestimmung der verschiedenen Komponenten seiner Theorie. Demnach ist ihm die (Willens-)Psychologie am wichtigsten, wie er am 21. 6. 1921 schreibt.

Ein weiteres Thema im brieflichen Austausch über das Buch *GuG* im engeren Sinne ist TÖNNIES' Dank und Würdigung für HÖFFDINGs frühe und positive Anteilnahme an diesem Werk. TÖNNIES' Dank findet dann hervorgehobenen Ausdruck in der Widmung der zweiten Auflage von 1912 (gemeinsam für PAULSEN und HÖFFDING), worüber die freundschaftliche briefliche Wechselrede hin- und hergeht.

HÖFFDING selber äußert sich nach dem Auftakt seines Eröffnungsbriefes von 1888 nicht mehr häufig in einem speziellen Sinne zu *GuG*. Am 24. Juli 1912, zur zweiten Auflage, beschränkt er sich auf herzliche Worte des Dankes für die Widmung. Dann äußert er sich erst 13 Jahre später aus Anlaß von TÖNNIES' 70. Geburtstag rühmend über das Buch als ein zentrales Werk der neueren Soziologie, was er nun, nachdem er in den 37 Jahren seit der Eröffnung des Briefwechsels Gelegenheit gehabt hatte, TÖNNIES und seine Denkungsart näher kennenzulernen, um so lieber tut, als ihm jetzt klar ist, daß TÖNNIES' *praktischer* sozialethischer Aktivismus unangefochten bleibt von seinem *theoretischen* Pessimismus, den er ihm allerdings weiterhin zusprechen will.

Der Briefwechsel über *GuG* enthält, zusammenfassend gesagt, folgende Komponenten:

1. Das äußere Schicksal des Buches, die Rezeption und die Wirkung des Buches, wobei allerdings der Bereich von Andeutungen und knappen Hinweisen nicht überschritten wird. 2. Das spezielle Verhältnis von HÖFFDING zu *GuG* als einer der ersten Fürsprecher und Förderer des Werkes. 24 Jahre nach der Eröffnung des Briefwechsels bietet sich für TÖNNIES dann endlich die Gelegenheit, seinen Dank für die frühe Förderung durch HÖFFDING feierlichen Ausdruck mit einer Widmung zur zweiten Auflage zu geben. 3. Die Sozialpessimismus-Problematik bildet auch das zentrale Thema der Korrespondenz im Zusammenhang mit *GuG*. Neben dieser zentralen Frage rücken noch zwei weitere Momente zum Inhalt des Buches in den Blickwinkel des Briefwechsels,

nämlich einmal die prägnanten Charakterisierungen des Grundtheorems, die TÖNNIES aus der Überschau des späteren Rückblicks von 1899 (7. 5.) gibt. Und zum zweiten eine wichtige Äußerung TÖNNIES' im Zusammenhang mit dem Wechsel des Begriffes *Willkür* zu *Kürwillen*. Diese Äußerung betont eine wichtige Komponente seiner Theorie. Demnach ist ihm die (Willens-)Psychologie am wichtigsten. Diese Selbstcharakterisierung bestätigt den Eindruck von der zentralen Rolle der psychologischen Fundierung, die Tönnies seinen soziologischen Begriffen gibt, und die ihn vor substantialistischen Fehldeutungen bewahren sollte.

## Die politische Orientierung als Gesprächsthema

Neben dem Werkgespräch bilden Fragen zur politischen Einstellung der beiden Autoren ein durchgehendes Thema des Briefwechsels.

Im Februar 1896, dem Jahr also, an dessen Ende sich TÖNNIES im Hamburger Hafenarbeiterstreik engagieren wird[88], teilt er mit, daß seine Beteiligung an der ethischen Bewegung ihn stigmatisiere - und das, obwohl er durchaus Distanz bewahre gegenüber dem Programm dieser Gesellschaft. TÖNNIES war Gründungsmitglied der 'Gesellschaft für ethische Reform', einer linksliberalen Vereinigung, deren Verzicht auf ein wirkliches praktisch-politisches Eingreifen im reformerischen Sinn er bald zu kritisieren begann. In den Augen des preußischen Staatssekretärs ALTHOFF war TÖNNIES' Mitgliedschaft in einer atheistischen Vereinigung, als welche die Gesellschaft für ethische Reform angesehen wurde, nicht mit einer Anwartschaft auf eine Universitätsprofessur vereinbar. Er stellt deshalb TÖNNIES vor die Alternative, aus der Gesellschaft auszutreten und dann mit einem Avancement rechnen zu können - oder aber auf eine Universitätskarriere zu verzichten. In jedem Falle verpflichtete er TÖNNIES zur Einhaltung eines Schweigegebots über diese Alternative. TÖNNIES lehnte es ab, auf ALTHOFFs 'Agreement' einzugehen, hielt sich aber an das Schweigegebot.[89] Dies brachte ihn unter anderem auch gegenüber seinem Freund PAULSEN in eine etwas prekäre Situation. PAULSEN sparte nicht mit Ratschlägen hinsichtlich der Erlangung einer Professur und insistierte fortwährend darauf, daß TÖNNIES seine hoffnungslose Stellung als Privatdozent endlich aufgebe. TÖNNIES seinerseits konnte sich aufgrund der Schweigeverpflichtung nicht erklären.

HÖFFDINGs demokratische Orientierung kommt im Austausch über NIETZSCHE, anläßlich des kleinen Buches von TÖNNIES, zur Sprache. Im Gegensatz zum Dichter und Rhetor NIETZSCHE, der mit diesen Eigenschaften von beiden Autoren charakterisiert wird, tendierte HÖFFDING zu einer reformerischen Praxis. TÖNNIES und HÖFFDING waren sich einig in ihrer Einschätzung, daß NIETZSCHEs philosophische Qualitäten seinen rhetorischen und dichterischen

---

[88] Vgl. Cornelius *BICKEL*, in: R. *WAßNER*, a.a.O.

[89] Beachte zu diesem Thema besonders E. G. *JACOBY*, a.a.O., S. 102 ff.

deutlich unterlegen wären. TÖNNIES hatte allerdings den intellektuellen und moralischen Rang NIETZSCHEs trotz seiner Kritik an dessen mangelndem Realitätssinn stets hochgeschätzt, sicherlich höher als dies bei HÖFFDING der Fall war. In dieser Zeit (6. 7. 1897) beschreibt TÖNNIES auch sein Verhältnis zur SPD, das von Nähe und Distanz gleichzeitig bestimmt ist. Seine Solidarität mit der Arbeiterbewegung und sein Einsatz für soziale Reformen verleihen ihm natürlich von vorneherein eine wohlwollende Haltung der SPD gegenüber. Eine parteipolitische Festlegung kommt für ihn als Wissenschaftler aber nicht in Frage. Die eigentliche Differenz zur SPD wird jedoch durch den Geschichtsdeterminismus des Erfurter Programms hervorgerufen. Diese Form der Geschichtsauffassung kann er von der Basis seiner Gemeinschaft-Gesellschaft-Theorie aus genau so wenig akzeptieren, wie - auf der anderen Seite - den eingleisigen liberalen Fortschrittsoptimismus eines Herbert SPENCER.

Im Mai 1899 stellt sich für TÖNNIES erneut das Problem, HÖFFDING gegenüber sein Verhältnis zur SPD zu erläutern. Jetzt ist es die wiederaufgenommene Sozialpessimismus-Frage, die dazu den Anlaß gibt. Er betont nun, was schon immer in den Prämissen seiner politischen Orientierung angelegt war, seine Nähe zur SPD im Sinne des praktischen Einsatzes für Sozialreformen. Er konzediert, daß seine Skepsis gegenüber der Möglichkeit der Regeneration im Entwicklungsgang der modernen Gesellschaft früher schärfer gewesen sei. Das mußte für HÖFFDING ein Schritt in die richtige Richtung sein. Hatte HÖFFDING doch eben diese positiven Entwicklungsmöglichkeiten der modernen Gesellschaft, besonders im Zusammenhang mit seinem Theorem der Paradoxie der Wirkungen[90] (demzufolge der Altruismus als Produkt ursprünglich egoistischer Impulse erscheint), seinen historischen, politischen und philosophischen Einschätzungen der Gegenwart zugrundegelegt.

Während TÖNNIES die SPD aus der Distanz, aber mit kritischer Solidarität betrachtete, richtete sich seine ungeschmälerte Kritik gegen das Wilhelminische Kaiserreich[91], gegen die »Hast und Unklarheit des *persönlichen* Regiments«, wie er am 15. 1. 1900 schreibt.

Eine besondere Stellung innerhalb der grundsätzlichen Fragen der politischen Orientierung nehmen im Briefgespräch selbstverständlich die Jahre des Weltkrieges von 1914 bis 1918 ein. HÖFFDING weist auf die Entfremdung hin, die der Krieg selbst unter Freunden hervorgerufen habe - eine Äußerung, hinter der man einen versteckten Appell vermuten möchte, daß sie beide, TÖNNIES und HÖFFDING, es in ihrem nunmehr fast 30jährigen Verhältnis zueinander dazu nicht kommen lassen sollten. Diese Gefahr wurde auch *souverän* vermieden, was angesichts der Heftigkeit, mit welcher der Krieg auch unter den europäischen Intellektuellen Gegensätze aufgerissen hat, die Substanz und die Trag-

---

[90] Siehe dazu weiter unter den Exkurs über *HÖFFDINGs Psychologie*.

[91] Beachte dazu den *TÖNNIES-PAULSEN*-Briefwechsel, a.a.O.

fähigkeit der intellektuellen Freundschaft zwischen beiden eindrucksvoll hervortreten läßt.

Während HÖFFDING sich in der Kriegszeit einer karitativen Tätigkeit widmet und an der Betreuung deutscher und alliierter Kriegsgefangener durch die Organisation von Büchergeschenksendungen arbeitet, widmet TÖNNIES mit seiner publizistischen Tätigkeit dem Krieg und der Kriegsschuldfrage viel Aufmerksamkeit. Im August 1916, noch während der Zeit der deutschen Siege, erhebt TÖNNIES in seinem Brief vom 7. 8. 1916 die Forderung nach einem »pouvoir spirituel«, nach der Freigabe des geistigen Lebens. Dies ist ein Topos der Aufklärungsphilosophie und des Positivismus des 19. Jahrhunderts besonders bei COMTE, dem TÖNNIES sich immer verpflichtet gefühlt hat. In dem Brief geht es um die Antwort auf die Frage eines schwedischen Gelehrten, die durch HÖFFDINGs Vermittlung an TÖNNIES gelangte, wie die Kriegsgefahr durch Aufklärung und Etablierung des Selbstbestimmungsrechts der Völker beseitigt werden könnte. TÖNNIES dämpft die Erwartungen des schwedischen Kollegen, daß moralisch-philosophische Appelle allein viel ausrichten könnten. Dazu war er zu vertraut mit dem Einfluß politischer Macht und ökonomischer Interessen auf die Entscheidungsprozesse. Aber die Herstellung einer vernünftig argumentierenden Öffentlichkeit war für den Aufklärer TÖNNIES eine zwar notwendige, jedoch keine hinreichende Voraussetzung für eine künftige Sicherung gegen die Fortsetzung der Expansionspolitik, wie sie das Verhältnis der europäischen Großmächte in der Epoche des Imperialismus bestimmt hatte.

TÖNNIES verspürte immer die Neigung zur symbolischen Institutionalisierung einer öffentlichen Ratgeberfunktion, in der philosophisches Urteilsvermögen und wissenschaftlicher Sachverstand sich zur Geltung bringen sollten. So äußert er sich auch im Oktober 1916, also lange bevor der deutsche Zusammenbruch als tatsächlicher Ausgang des Krieges erkennbar war, darüber, daß ihm jetzt die praktische Mitwirkung am Wiederaufbau wichtiger erschiene als wissenschaftliche Arbeit, und daß er unter diesem Aspekt einem symbolischen »Rat der Alten« sich zugehörig fühle. Diesen Rat der Alten 'propagierte' er übrigens auch wieder 1930 in der krisenhaften Endphase der Weimarer Republik, wobei er sich jedoch einer leicht resignativen Nuance bediente.

Mit diesen Äußerungen sind die Kommentare zum Weltkrieg schon erschöpft. Die Knappheit der Aussagen ist ein Indiz für die große Vorsicht und Zurückhaltung, die sich beide auferlegt zu haben schienen, um dem komplizierten Verhältnis gerecht zu werden, das sich in den Kriegsjahren zwangsläufig aufgebaut haben mußte: TÖNNIES war Angehöriger einer kriegführenden Nation, die in Dänemark immer noch empfindliche Erinnerungen an die Niederlage von 1864 gegen Preußen auslösen konnte; HÖFFDING dagegen war Bürger einer neutralen Nation, die von der Entente mit Sympathien bedacht wurde.

In die im weiteren Sinn politische Korrespondenz der Kriegsjahre gehört auch die Meldung vom 26. 12. 1917, daß TÖNNIES' ältester Sohn Gerrit an der Westfront zuerst vermißt, dann aber in Gefangenschaft geraten sei. Eine Woche später schon erklärt HÖFFDING seine Bereitschaft, seine Tätigkeit im Dänischen Roten Kreuz zugunsten von Gerrit wirken zu lassen. So kann er TÖNNIES bald die Gefangenenadresse mitteilen, womit TÖNNIES Ungewißheit beruhigt wird. Gerrit TÖNNIES übersteht dann die Zeit als Kriegsgefangener relativ wohlbehalten und kehrt bald nach Kriegsende zurück.

Die unmittelbare Nachkriegszeit, nach dem Auf und Ab der revolutionären Bewegungen seit der Novemberrevolution und nach der Einberufung der verfassungsgebenden Weimarer Nationalversammlung, findet in der Korrespondenz einen deutlichen Widerhall besonders in TÖNNIES' Briefen, die er mit großer Anteilnahme schreibt. Anfang März 1919 schildert er seinem dänischen Briefpartner die Verdüsterung der allgemeinen Lebenslage und -stimmung angesichts der deutschen Katastrophe. Er allerdings sei wenigstens von direktem Leid verschont geblieben. Eine Woche später am 14. 3. 1919 - in Anbetracht des insgesamt sehr gemächlichen Rhythmus des Briefwechsels also sehr schnell - antwortet HÖFFDING mit einem Brief, der TÖNNIES in der Seele wohlgetan haben muß. Von diesem Brief kann wohl ohne Übertreibung gesagt werden, daß er die Funktion eines Brückenpfeilers für den unangefochtenen weiteren Bestand der Freundschaft in der Nachkriegszeit ausübte. HÖFFDING bekundet sein Verständnis für die gedrückte Stimmung seines Freundes, von der er annimmt, daß sie primär von der zerrissenen inneren politischen Lage in Deutschland ausgehe. Er lobt im Rückblick TÖNNIES' Zurückhaltung zu der Zeit, da Deutschland noch militärisch erfolgreich war. Dann stellt er die Verbindung zwischen der gegenwärtigen Situation in Deutschland und der Dänemarks nach der Niederlage von 1864 her und verweist auf das damals in Dänemark ausgegebene Motto, daß das, »was auswärts verloren, .. im Innern gewonnen werden« soll. Dieser Bezug zum dänischen Krisenjahr ist natürlich vieldeutig. Der Hinweis auf einen gewissen Akt ausgleichender historischer Gerechtigkeit mag dabei mitschwingen: Preußen-Deutschland war jetzt in einer ähnlichen Lage wie damals das geschlagene Dänemark. Vor allem aber ist es die Konzentration auf die innenpolitische Problematik unter betonter Absehung von den militärischen und außenpolitischen Implikationen der jüngsten Entwicklung, die auf TÖNNIES' Zustimmung rechnen durfte. Der Verweis auf die inneren Reformen, mit denen Dänemark seinerzeit auf die Niederlage reagierte, mußte bei TÖNNIES auf eine verwandte Einschätzung hinsichtlich der aktuellen Situation im Nachkriegsdeutschland treffen.

Was TÖNNIES in den Jahren vor dem Kriege stets gefordert hatte - die Parlamentarisierung des Reiches - war nun Wirklichkeit geworden. Es galt nun, zwischen der Rätebewegung, die sich in verschiedenen Wellen besonders im Frühjahr 1919 ausgewirkt hatte, und der verfassungsgebenden Weimarer Nationalversammlung den richtigen Weg zu finden. TÖNNIES stand dabei der Revolution distanziert gegenüber. Seine politische Orientierung war auf die Herstellung einer parlamentarischen Demokratie gerichtet. In Hinblick auf die sozialen und ökonomischen Reformen allerdings mußte er aufgrund seiner bereits früher entwickelten Kritik wesentlich weiter reichende Ziele ansteuern. Er tendierte im Sinne der damaligen Sozialismusdebatte zu gemeinwirtschaftlichen Organisationsformen.

Einen Monat später, am 15. 4. 1919 antwortet TÖNNIES mit einem größeren Bericht über die politische Lage und über seine innere Verfassung. Er fühlt sich dem Motto »Arbeiten und nicht verzweifeln« verpflichtet und beruft sich dabei auf CARLYLE, dem gegenüber er früher deutlicher auf Distanz geachtet hatte. PAULSENs damalige Empfehlung, sich an einem Werk im Sinne der Geschichtsphilosophie und Kulturkritik CARLYLEs zu versuchen, hatte er seinerzeit, als auf einer irrtümlichen Einschätzung seines Verhältnisses zu CARLYLE beruhend, deutlich abgewiesen.[92]

Die Sorge um Deutschlands Zukunft verbindet sich in diesem Brief vom April 1919 mit einer gestiegenen Wertschätzung des Kaiserreiches. Angesichts der scharfen Vorkriegskritik an der preußisch-deutschen Monarchie klingt hier eine bedeutsame Einstellungsänderung an. Tatsächlich will TÖNNIES aber nicht die frühere Kritik entkräften. Vielmehr wird er offenbar durch die Kriegsschuldpolemik von außen und durch die revolutionären Unruhen im Inneren dazu motiviert, in einem Akt bewußter Gegensteuerung gegen die Tendenz der öffentlichen Meinung ein historisch 'gerechtes' Urteil zu fällen - und dies unter der beibehaltenen Perspektive eines grundsätzlichen Kritikers des Bismarckschen Reiches. Besonders der Vergleich mit den Kriegsgegnern und deren Außenpolitik, die in nicht geringerem Maß auf Expansion hin orientiert war, nötigt ihn zu dieser Relativierung der nun in der Nachkriegszeit besonders massiven Kritik an den Traditionen des Kaiserreichs. Das Bedeutsame an dieser erweiterten Perspektive bei der Beurteilung des Kaiserreiches ist die Tatsache, daß sie von einem parteipolitisch bewußt sich unabhängig haltenden Beobachter und von einem seit jeher überzeugten Republikaner geäußert wurde.

Die Revolution lehnte TÖNNIES jedoch ab. Damit läßt er wiederum seine vorübergehende Nähe zur MSPD sichtbar werden. Im übrigen möchte er am liebsten praktisch in die Politik eingreifen. Wissenschaftliche Tätigkeit genüge ihm jetzt nicht mehr, aber das Alter halte den Impuls zur praktischen politischen Betätigung schließlich doch zurück. In der dramatischen Spannung der

[92] »Du könntest«, schrieb *PAULSEN* am 1. 1. 1888 an *TÖNNIES*, » glaube ich, ein besseres Paradigma zur Darstellung Deiner Kategorien gar nicht finden <als bei *CARLYLE* - Hrsg.>. Und zugleich hättest Du die schönste Gelegenheit, die ganze geistige Welt zunächst Englands im 18. Jahrhundert, eigentlich aber das 19. Jahrhundert überhaupt daran zu zeigen: den Gegensatz von Aufklärung und Romantik, Rationalismus und Voluntarismus nicht als einander äußerlich und fremde, sondern als einander durchdrungen habende Gegensätze.« Am 15. 3. 1888 verwehrt *TÖNNIES* es ihm geradezu, ihn in gedankliche Nähe zu *CARLYLE* zu rücken: »Du meinst, daß bei mir selber die von dieser Theorie <nämlich seiner eigenen - Hrsg.> involvierte 'Kritik' des Zeitalters auf subjektiver Empfindsamkeit und Morosität beruhe, wovon Du mich kurieren möchtest. Aber Deine Salben sitzen nicht an meiner Haut, ich weiß mich von sotanen Gebresten frei und werde es ganz von selbst immer mehr. Deshalb solltest Du mich auch nicht mit *CARLYLE* verwechseln, der meinetwegen ein Weissager war, aber gewiß ein Blinder, und Geschichte wie Gegenwart daraufhin betastete, was ihm gefalle oder mißfalle.« - *TÖNNIES-PAULSEN*-Briefwechsel, a.a.O., S. 242 und S. 248.

Nachkriegszeit kommt wiederum TÖNNIES' Schwanken zwischen praktisch-politischer Aktivität und kontemplativer wissenschaftlicher Arbeit zum Ausdruck, das ihn zeit seines Lebens in wechselnder Intensität begleitet hatte. Seine umfangreiche und stets wach auf die Zeitereignisse reagierende Publizistik war wahrscheinlich eine Art Kompromißform, mit der er diese beiden Tendenzen zu kombinieren versuchte.

Im März 1920, in der Krisenzeit des Kapp-Putsches, dem anschließenden Generalstreik und der Inflation kann TÖNNIES nur noch den ökonomischen Niedergang als dominierenden Wesenszug der Zeit feststellen. Er ermahnt sich aber selber, das Vorbild der tatkräftigen Jugend im Auge zu behalten und versucht so, sich aus der verzweifelten, handlungslähmenden Stimmung, die ihn bedroht, zu befreien. Sein Sohn Gerrit, der nach den schweren Kriegserlebnissen sich sogleich den Forderungen des Tages in Studium und Beruf stellt, zieht gerade unter dieser Perspektive die Bewunderung seines Vaters auf sich.

Beim Blick auf die allgemeine weltpolitische Situation zeigt es sich, daß TÖNNIES die Kategorien beibehalten hat, mit denen in der Vorkriegszeit, besonders etwa seit der Marokko-Krise von 1911 und den Balkan-Krisen, die außenpolitische Lage Deutschlands häufig gedeutet wurde. Die Bedrohung durch den Panslavismus und die farbigen Völker dauere fort, lauere jetzt zwar, nachdem die erste Sturmflut gestoppt sei, zunächst im Hintergrund, werde aber von den Westmächten zur Erniedrigung Deutschlands begünstigt, notiert TÖNNIES nun; und hier komme auch sein alter »Socialpessimism« ins Spiel, wie er mit Selbstironie seinem dänischen Freunde erklärt, der ihn gerade in diesem Punkte immer zu bekehren und positiv zu beeinflussen versucht hatte.

Die unmittelbaren Nachwirkungen des Krieges finden auch in den folgenden Jahren ungeschmälert ihren epistolographischen Ausdruck. Im September 1921 - in TÖNNIES' Äußerung zur neugegründeten Societas Spinozana in Den Haag - wird das Gefühl der Isolation deutlich, das damals im Nachkriegsdeutschland aufkommen konnte. TÖNNIES befürchtete unter dem Eindruck der holländischen Antipathien gegen Deutschland, daß die Societas Spinozana, auf die ihn HÖFFDING aufmerksam gemacht hatte, die Deutschen ausschließen werde. Diese Spannungen zwischen Deutschland, Holland und Belgien beruhten natürlich auf der unmittelbaren Erinnerung an die Verletzung der belgischen Neutralität, die 1914 bei der deutschen Westoffensive nach Maßgabe des SCHLIEFFEN-Planes bewußt in Kauf genommen worden war.

Zwei Jahre später, im März 1923, kann TÖNNIES immer noch keine Aufwärtsbewegung sehen, vielmehr sind die Leiden und Folgen des Krieges immer noch unmittelbar präsent - z. B. auch beim Gedanken an die vielen gefallenen Schüler. Im Oktober des gleichen Jahres klagt er über das Niederdrückende, das auf dieser Zeit in ökonomischer und politischer Hinsicht laste. Es ist das Jahr der Ruhrbesetzung. Die Reichseinheit schien damals gefährdet angesichts der von Frankreich begünstigten Pläne zur Gründung eines separaten Rheinstaates.

Im Januar 1925 nach der vorübergehenden Stabilisierung der Weimarer Republik, bestätigt HÖFFDING seinem deutschen Brieffreund, daß dessen praktischer Aktivismus unangefochten vom theoretisch konstatierbaren Pessimismus sei. Er äußert dieses Urteil beim unmittelbaren Rückblick auf die Bewährungsprobe sozialpolitischer Energien unter akuten Krisenbedingungen, die TÖNNIES in der Zeit von der Novemberrevolution über den Kapp-Putsch und die Ruhrbesetzung bis zu der relativ ruhigen Zeit um die Mitte der zwanziger Jahre hinter sich gebracht hat.

Ein Jahre später, im August 1926, interessiert sich HÖFFDING für TÖNNIES' Ansichten zur Rolle eines Ephorats als Organ der öffentlichen Meinung zur Beratung einer demokratischen Regierung auf wissenschaftlicher Grundlage, mit dem der Parlamentarismus reformiert werden könnte. Dieser Gedanke bewegte sich bei TÖNNIES im Vorfeld des Wiener Soziologenkongresses, zu dessen großen Themen auch eine soziologische Debatte über die Demokratie gehören sollte. TÖNNIES beteiligte sich mit einem Vortrag daran.

Zwei Jahre später, in der Endphase der Weimarer Republik, am 7. November 1930, unter dem Eindruck der Weltwirtschaftskrise und der autoritären Präsidialkabinette faßt TÖNNIES sein politisches Engagement in der Erklärung zusammen, daß seine Arbeit der »Wiederherstellung des deutschen Staates in seiner republikanischen Form« gelte.

Die politische Debatte, so vorsichtig sie auch ist, hat also mehrere Höhepunkte. Es handelt sich dabei 1.) um die späten neunziger Jahre, besonders im Umfeld des Hamburger Hafenstreiks, in dem sich TÖNNIES engagiert hatte. In dieser Phase geht es um eine Kritik des monarchischen Obrigkeitsstaates in Deutschland. Den politischen Höhepunkt des Briefgesprächs bilden 2.) die Jahre des Weltkrieges, die kontinuierlich in die unmittelbaren politischen Äußerungen während der revolutionären Nachkriegszeit hinein einwirken. Dabei fällt auf, daß die Intensität des Austausches in den Jahren 1919/20 wesentlich größer ist als bei den stets im vorsichtigen Ton geäußerten Meinungen während des Weltkrieges. Folgende Komponenten bestimmen dieses Gespräch: Selbstappell zur politischen Mitwirkung am Wiederaufbau trotz geringer Erfolgsaussichten; die Distanz zur Revolution - der Einsatz für den parlamentarischen Verfassungsstaat; bedingte Würdigung der positiven Seiten, die das kaiserliche Deutschland im Vergleich mit den anderen europäischen Großstaaten auch hatte. 3.) sind die frühen zwanziger Jahre betroffen: die Sorge um den Bestand der Demokratie angesichts der ökonomischen und politischen Dauerkrise; die düstere Einschätzung der weltpolitischen Lage unter dem Aspekt des wachsenden Einflusses den der Panslavismus und - in anderer Weise - die außereuropäischen 'farbigen' Völker ausüben würden. Als letzte Phase des politischen Briefgesprächs kann schließlich 4.) das knappe Eingehen auf das Endstadium der Weimarer Republik genannt werden, als angesichts der in den Präsidialkabinetten sich zeigenden Auflösungssymptome der parlamentarischen Demokratie von TÖNNIES die Wiederherstellung der Demokratie propagiert wird.

*Zusammenfassend läßt sich sagen, daß der Briefwechsel nicht durch vordergründige Debatten und Diskussionen, durch Werkerörterungen und -ergänzungen geprägt ist. Seine Bedeutung für die Interpretation von Tönnies' Werk erschließt sich nicht dem ersten Blick (Entsprechendes gilt auch für seinen Briefpartner); der Briefwechsel weist, von wenigen Ausnahmen abgesehen, nicht direkt über die Person Tönnies' zum Werk Tönnies' bzw. Höffdings. Das macht ihn nicht leicht konsumierbar, aber wer kann das auch vom Werk beider sagen? Vielleicht macht es diesen Briefwechsel deshalb in einem gewissen Sinne unentbehrlich?*

## Optimistische Grundeinstellung und pessimistische Handlungsfähigkeit

TÖNNIES und HÖFFDING gehören beide in die Strömung der *Erneuerung der wissenschaftlichen Philosophie*, die sich seit den achtziger Jahren des letzten Jahrhunderts in engerer und weiterer Berührung mit dem *Neukantianismus* entwickelt hat. Beide zeigen in ihrem Werk besonders deutlich einen charakteristischen Zug dieser intellektuellen Richtung: die bewußte Anknüpfung an die Früh- und Pionierphase der modernen Philosophie der Naturwissenschaften, nämlich an die *Philosophie der Frühaufklärung* im 17. Jahrhundert. HOBBES und SPINOZA rücken bei dieser Perspektive in das Zentrum philosophiehistorischer Untersuchungen und Analysen mit systematischem Anspruch, die das Erbe der Frühaufklärung für die theoretischen Fragen der Gegenwart reaktivieren wollen. TÖNNIES hat mit seinen frühen quellenkritischen HOBBES-Studien[93] wesentliche Pionierarbeit für die neuerliche Rezeption der Philosophie des 17. Jahrhunderts unter der intellektuellen Perspektive des philosophischen *Positivismus im ausgehenden 19. Jahrhundert* geleistet.

Gerade in dieser Hinsicht besteht zwischen TÖNNIES und HÖFFDING ein starker Gleichklang der Interessen. Ihre spezielle Perspektive wird dabei von allen philosophischen Gesprächspartnern geteilt, die am Rande der intellektuellen Freundschaft zwischen TÖNNIES und HÖFFDING auftauchen. Anton THOM-

[93] Siehe F. *TÖNNIES*, Anmerkungen über die Philosophie des Hobbes. 4 Artikel, in: Vierteljahrsschrift für wissenschaftliche Philosophie, 1879 -1881; ders. 17 Briefe des Thomas Hobbes an Samuel Sorbières nebst Briefen Sorbières, Mersennes u.a., in: Archiv für Geschichte der Philosophie, 1889, 3. Jg., Heft 1, S. 751 - 771 und Heft 2, S. 192 - 232; ders. Thomas Hobbes. Zum 3. Säculargedächtnis seines Geburtstages 1588, in: Deutsche Rundschau, 1889, 25. Jg., Bd. 59, S. 94 - 125 ; ders., Thomas Hobbes: The Elements of Law and Politics, London 1889; ders., Thomas Hobbes: Behemoth or the long Parliament, London 1889 (deutsch: Thomas Hobbes, Naturrecht und allgemeines Staatsrecht in den Anfangsgründen, Berlin 1926).

SEN, der junge dänische Philosoph und zeitweilige Nachfolger auf HÖFFDINGs Lehrstuhl, der von TÖNNIES sehr geschätzt wurde, machte diese Frühphase einer modernen, an den Wissenschaften orientierten Philosophie zum dominierenden Thema seiner eigenen wissenschaftlichen Arbeit. Er hat sich dabei auf das 18. Jahrhundert und dort namentlich auf eine große HUME-Monographie konzentriert. Frithiof BRANDT, der erst sehr spät in der vorliegenden Korrespondenz auftaucht, ist ebenfalls, wie TÖNNIES, ein HOBBES-Spezialist, der einen relativ kurzen aber gehaltvollen Briefwechsel mit TÖNNIES über Fragen der HOBBES-Interpretation führte.[94] Auch Friedrich PAULSEN, ohne dessen Vermittlung es wohl kaum zu diesem Briefwechsel und zur Freundschaft zwischen TÖNNIES und HÖFFDING gekommen wäre, und dessen intellektuelle Statur sowohl für TÖNNIES wie für HÖFFDING als gemeinsamer Bezugspunkt einer tragfähigen intellektuellen Basis diente, hat dieses philosophische Interesse an der Aufklärungsepoche zur Richtschnur seines eigenen Philosophierens gemacht. PAULSEN hat TÖNNIES in den späten siebziger Jahren überhaupt erst zu seinen HOBBES-Forschungen motiviert. Die von ihm formulierte philosophische Traditionslinie, die es in der Gegenwart fortzusetzen gelte, ist in bewußter Abgrenzung gegen den *deutschen Idealismus* und damit expressis verbis gegen den historischen KANT gezogen: »Wenn man die deutsche Reaktionsphilosophie der Romantik (von FICHTE ab) beiseite läßt, dann ist die ganze philosophische Entwickelung seit dem 16. Jahrhundert in Zielen und Mitteln einstimmig, im großen genommen; es ist nichts davon verloren: DESCARTES - SPINOZA, HOBBES - SPINOZA, und der spätere HUME, das sind unsere Klassiker. Nicht KANT. So sieht meine Geschichte der Philosophie aus.«[95]

Diese philosophiehistorische Orientierung, die zugleich einer dem modernen philosophischen Positivismus nahestehenden philosophische Position die historische Tiefenschärfe geben sollte, bildet für die beiden Protagonisten TÖNNIES und HÖFFDING und den anderen im Briefwechsel genannten Freunden und Weggefährten eine gesicherte Basis für ihren kritischen Monismus.

TÖNNIES und HÖFFDING sind dabei über verschiedene Pfade ihrer Werkentwicklung zur Fundierung ihrer philosophischen Grundlagen gekommen. Die Resultate waren sich aber so ähnlich, daß von daher eine grundsätzliche intellektuelle Übereinstimmung gesichert schien. Diese Gemeinsamkeit war auch bei allen späteren Auseinandersetzungen über spezielle, teilweise auch kontroverse Fragen (so z. B. bezüglich des Verhältnisses von Persönlichkeit und sozialer Sphäre) der gemeinsame Bezugspunkt, der ihre Verständigung sicherte.

TÖNNIES begann mit quellenkritischen Studien zu HOBBES. Er weitete dann dieses Feld durch Nachzeichnung der philosophiehistorischen Bezüge zwischen HOBBES und SPINOZA aus und widmete auch SPINOZAs Entwicklungsge-

[94] Siehe im T-N, 8 Briefe zwischen 1932 und 1935.

[95] *PAULSEN* an *TÖNNIES*, Berlin, den 3O. 12. 1877, Briefwechsel, a.a.O., S.9.

schichte separate Studien.[96] Diese historischen Forschungen sind in Wechselwirkung mit der Orientierung an zeitgenössischen Repräsentanten einer *wissenschaftlichen Philosophie* im Sinne des Positivismus der Zeit entstanden. John St. MILL und Herbert SPENCER, also Vertreter des westeuropäischen Positivismus, standen dabei im Mittelpunkt. Aus diesen ineinander verwobenen Gedankenfäden historischer Studien und der Auseinandersetzung mit dem zeitgenössischen Positivismus hat TÖNNIES die Grundprinzipien seiner philosophischen und besonders seiner wissenschaftstheoretischen Orientierung konstruiert. Dazu gehören auch seine Prinzipien einer konstruktiven Begriffsbildung, die er gegen den naiven Empirismus zur Geltung bringt. Diese operationalistische Auffassung der Begriffsbildung hat er wesentlich durch die Anregung seiner HOBBES-Studien gewonnen. Der wissenschaftstheoretische Aspekt der HOBBES'schen Naturrechtskonzeption mit ihren Modellbildungen hat TÖNNIES zur Analyse analoger Probleme unter modernen Bedingungen, nämlich in Hinblick auf Fragen der Begriffsbildung in der neu entstehenden Soziologie, geführt.

Es ist ferner - und in einem umfassenderen Sinne - das Inventar des modernen Positivismus, das TÖNNIES einerseits übernimmt, andererseits aber auch in seiner wissenschaftlichen und philosophie-historischen Bedingtheit durchleuchtet. Von daher kann er sowohl die Begrenztheit des Anwendungsbereiches dieser Konzeption erfassen, wie auch den Aufklärungsimpuls, der dieser Gedankenrichtung von ihrem Ansatz her innewohnt, wieder sichtbar werden lassen. Denn dieser Impuls dient ihm zur Abwehr der Gefährdung des Dogmatismus, zu dem der Positivismus führen könnte, und bewahrt ihm so das kritische Potential des Positivismus. Letzterer Aspekt ist besonders wichtig für die inhaltliche Absicht, die TÖNNIES mit seiner rigorosen Orientierung am Positivismus verbindet. Es ist das bewußte Programm einer Fortführung der Aufklärungstradition in einer Epoche, die von der zeitgenössischen reduktionistischen und auch historisch relativierenden Vernunftkritik stark beeinflußt war.

Von dieser Basis aus nimmt TÖNNIES zu kontroversen philosophischen Fragen seiner Zeit Stellung. In dieser Auseinandersetzung gewinnt seine eigene Position weiterhin an Konturen.

HÖFFDING dagegen hat mit seiner Werktrias in der Dekade von 1884 - 1900 seine philosophische Konzeption nicht nur begründet, sondern auch in *der* Weise zum System ausgebaut, daß sich die einzelnen Teile durch Querverweise, Analogien, Reprisen, gedankliche Kontinuitäten etc. gegenseitig stützen. Dieses eindrucksvolle Gedankengebäude verbindet eine essayistisch leichte und elegante Darstellung mit intellektueller Ausdauer in der Durchführung.

---

[96] Siehe F. *TÖNNIES*, Studie zur Kritik des Spinoza, in: Vierteljahrsschrift für wissenschaftliche Philosophie, 1883, 7. Jg., S. 158 - 183; ders., Studie zur Entwicklungsgeschichte des Spinoza, in: ebd., S. 334 - 364.

1910 zieht HÖFFDING mit seiner resümierenden Gesamtdarstellung *Der menschliche Gedanke*[97] eine Zwischenbilanz des bis dahin geschaffenen Gedankenreservoirs. In seinen weiteren Lebensjahrzehnten dient seine - im engeren Sinne- systematisch-philosophische Arbeit dem Ausbau einzelner zentraler Kategorien. Der geistesgeschichtliche Aspekt und der Gesichtspunkt der psychischen und biographischen Voraussetzungen intellektueller Entwicklungen[98], die beide für HÖFFDING stets wichtig waren, werden dabei in einer Reihe von begleitenden Publikationen zur Philosophiegeschichte und zum Zusammenhang von Lebensauffassung und intellektuellen Positionen dargestellt. HÖFFDING baut sein philosophisches Denken auf einer Reihe von zentralen Überlegungen auf. Die gegensätzlichen Kategorien der Kontinuität und der Relativität, die ihrerseits von der Kategorie der Analogie unterstützt werden, stehen dabei im Mittelpunkt seiner Gedanken. Er verfolgt diese Prinzipien durch verschiedene Problembereiche hindurch und baut sie in einen Rahmen von speziellen Argumentationsketten aus dem Gebiet der Psychologie, der Ethik und der Religionskritik ein. Von der Ebene der systematischen Philosophie aus gewinnt er vermittels der genannten Kategorien den Übergang zur Kultur- und Zivilisationskritik.

Die Kategorie der Kontinuität weist besonders auf HÖFFDINGs *optimistischen Blick*, d. h. auf den über alle Brüche hinweg sich immer wieder herstellenden Zusammenhang der schöpferischen Kräfte der historisch-kulturellen Welt, die auf diese Weise nie von einem völligen Untergang bedroht sein kann. Mit der Kategorie der Relativität übernimmt HÖFFDING dagegen die Ingredienzien eines konsequenten Historismus, der erkenntnistheoretische Voraussetzungen ebenso in den Strom der Geschichte einbezieht wie ethische Prinzipien oder Formen der religiösen Weltauffassung. Damit kommt aber auch eine skeptische Komponente in sein Denken, ein Sinn für die Tragik des Vergänglichen, ein realistischer Blick für die Brüche und Kontingenzen in der Geschichte. HÖFFDING verbindet beide Komponenten - die skeptische und die optimistische - sowohl in den systematischen Teilen seiner Philosophie wie auch in seinen späteren Überlegungen zur Kulturphilosophie. Da sein konsequenter Relativismus ihm die Einsicht öffnete in den schwebenden, nie absolut zu begründenden Status aller Perspektiven, die jeweils einen besonderen Aspekt der Weltauffassung bestimmen können, stellt sich ihm die Frage, ob Pessimismus oder Optimismus bei der Bestimmung der Gegenwart und bei der Betrachtung der Geschichte insgesamt einen heuristischen Wert haben, in einer ganz besonders eindringlichen Weise.

---

[97] 1910 in Kbn., 1911 in Leipzig in deutsch erschienen.

[98] Der Einfluß der psychischen Disposition und der biographischen Momente auf die philosophische Gedankenbildung waren für *HÖFFDING* ein ebenso wichtiger Bestandteil seines Interesses wie die begrifflichen Momente; beachte dazu besonders H. *HÖFFDING*, Erkendelsesteori og Livsopfattelse, Kbn. 1924 (Erkenntnistheorie und Lebensauffassung, Leipzig 1926); ders., Jean Jacques Rousseau og Hans Filosofi, Kbn. 1896 (Jean Jacques Rousseau und seine Philosophie, Stuttgart 1897); ders. Søren Kierkegaard som Filosof, Kbn. 1892 (deutsch: 1896).

Wenn nämlich ohnehin keine zwingende Begründung für weltanschauliche Prinzipien möglich sei, warum sollte sich das Individuum dann nicht für eine optimistische Perspektive entscheiden? Dies umso mehr, als eine Reihe von wichtigen Axiomen, die für HÖFFDING auf verschiedenen Kulturgebieten und in den entsprechenden Denkregionen von grundlegender Bedeutung sind, dieser Entscheidung immerhin zu Hilfe kommen würden. Diese Axiome sind die verschiedenen Varianten der *Erhaltung des Wertes*, die ihrerseits eine Konsequenz des Postulates der Kontinuität darstellen und für die Ethik und die Religionsphilosophie von tragender Bedeutung sind. Die Basis des HÖFFDINGschen Denkens ist zwar ein begründeter, zuletzt aber doch ein auf persönlicher Entscheidung beruhender Optimismus[99], von dem aus sich sein gesamtes kulturtheoretisches und -kritisches Denken entwickelt.

Die Spannung dieser Kombination aus Skepsis, Sinn für Tragik und Kontingenz der Realität und dennoch beibehaltender optimistischer Weltsicht tendiert zur Ironie, die für HÖFFDING eine zentrale Kategorie seiner Kulturdeutung darstellt.

Ironie versteht HÖFFDING als humane Geste mit der die Vergänglichkeit, die Brüche, Störungen und Katastrophen in der Geschichte kontrastiert werden mit dem Absolutheitsanspruch, den derartige Ereignisse im Momente ihres Geschehens mit sich führen. Der Relativismus, der in den systematischen Partien von HÖFFDINGs Philosophie das Fließende und von daher Ungesicherte von Erkenntniskriterien und Wertmaßstäben hervorhebt, bekommt durch diese kulturelle Geste der Ironie eine ausgleichende Wirkung; er wirkt antidogmatisch und befreit die schöpferischen Lebenskräfte von der Fiktion der scheinbaren Absolutheitsansprüche seitens der gegebenen Verhältnisse.

HÖFFDING hat damit die moderne Zivilisationskritik, die ihrerseits gerade in der Ironie das typische Symptom einer negativen, zur Auflösung tendierenden Epoche sah, mit ihren eigenen Waffen geschlagen, jedenfalls seinem Anspruch nach. Ironie, die er mit dem Humor (den er als Typus einer bestimmten Weltanschauung ansah) zu einer Einheit verbindet, ist ihm ganz im Gegenteil ein Symptom für die stets auch unter den Bedingungen der Moderne aktivierbaren kreativen Kräfte in der Kulturentwicklung. Indem Ironie als praktisches Moment der Kulturentwicklung begriffen wird, kann sie gerade in Hinblick auf die Krisenzeit der Moderne ein probates Gegenmittel gegen einen geschichtsphilosophischen und kulturkritischen Pessimismus abgeben.

Unterstützung findet die Ironie dabei durch weitere zentrale Prinzipien und Kategorien aus den kulturtheoretisch orientierten Partien von HÖFFDINGs Philosophie. Die Prinzipien der *Paradoxie der Wirkungen*, der *Wertverschiebungen* und der kulturtheoretisch gewendeten *Analogie* kommen hier mit ins Spiel.

---

99 Diese persönliche Entscheidung wäre in der Terminologie von *TÖNNIES* eine Aktion des Wesenwillens; für *HÖFFDING* ist sie Ausdruck seiner erwähnten Berücksichtigung biographischer und psychischer Voraussetzungen intellektueller Entwicklungen.

Wie sie sich dabei auswirken, wird besonders deutlich, wenn HÖFFDING den modernen Egoismus des rationalen Interessensubjekts zu einem Faktor der ethischen Differenzierung umdeutet.

Der moderne Mensch nämlich ist aus Eigeninteresse darauf angewiesen, die Reaktionen der anderen in Gedanken vorwegzunehmen und in seinem Kalkül entsprechend zu berücksichtigen. Dazu muß er sich in die Lage eines anderen versetzen können. Die Fähigkeit dazu ist jedoch auch für den ethisch handelnden Menschen eine notwendige Voraussetzung. Im Zuge einer Wertverschiebung, die als Resultat die ethisch differenzierte Auffassung des anderen akzeptiert, kann der ursprüngliche egoistische Antrieb schließlich eine psychologisch differenzierte, die jeweilige andere Individualität respektierende ethische Haltung hervorbringen. Auch hier zeigt sich also wieder die schon erwähnte Konstellation: HÖFFDING setzt genau an *den* Kategorien an, die von der Zivilisationskritik zur Bezeichnung von Krisensymptomen verwendet werden. Er liest aus ihnen ironischerweise ganz im Gegenteil die Paradoxie zwischen historischem Ursprung und unbeabsichtigten, später aber kulturbestimmenden Konsequenzen ab und hebt dabei die Tendenz einer positiven Kulturentwicklung hervor.

Dieser Optimismus bei der Betrachtung der kulturellen Phänomene der Gegenwart, den HÖFFDING gegen TÖNNIES in diesem Briefwechsel zur Geltung bringen will, ist also nicht nur eine Meinung, die HÖFFDING aus der historischen Situation heraus gewonnen hat. Er ist vielmehr eine Disposition, die mit allen theoretischen Prinzipien von HÖFFDINGs Philosophie *systematisch* verbunden ist. HÖFFDING kann die Möglichkeit wirklicher und endgültiger historischer Verfallsentwicklungen, Katastrophen und Untergänge nicht akzeptieren, wenn nicht alle Partien seiner philosophischen Konzeption zusammenbrechen sollen. Ohne die Annahme einer umfassenden Kontinuität auf allen Ebenen der Weltauffassung wäre sein gleichzeitig von ihm beibehaltener 'Gesamtsinn' der Geschichte, seine Kontinuität der Erkenntnis, die er paradoxerweise über die historisch relativen Kulturkörper der einzelnen Epochen hinweg annimmt, nicht mehr möglich.

Bei seiner Auseinandersetzung mit TÖNNIES' geschichtsphilosophischem Pessimismus ging es für HÖFFDING also um mehr als nur um eine marginale Frage. Indirekt stand vielmehr sein ganzes philosophisches Fundament in Frage. Natürlich ließ er sich nicht in einem existentiellen Sinn von TÖNNIES - noch von einem anderen - in den Grundvoraussetzungen seines Denkens irre machen. Dennoch provozierte ihn TÖNNIES' Ansicht bezüglich der Pathologien der Moderne. Diese Herausforderung mußte umso deutlicher spürbar sein, als HÖFFDING in TÖNNIES' Werk eine Art Spiegel sehen konnte: einen Spiegel, der ihm von seinem jüngeren Kollegen gleichsam vorgehalten wurde, und in dem er sehen konnte, wie aus sehr ähnlichen, in einem kritischen Monismus sich zusammenschließenden Voraussetzungen, deutlich andere Konsequenzen gezogen werden konnten.

Aus diesem kursorischen Überblick über die systematischen Grundpositionen, die bei HÖFFDINGs brieflicher Reaktion auf *GuG* mitspielen, wird ersichtlich, wie von HÖFFDINGs Position aus die theoretischen Grundthemen des Briefwechsels ineinandergreifen. Auch die kontroverse Position von TÖNNIES in der Pessimismus-Frage ist systematisch integriert in die grundsätzlichen Entscheidungen und Weichenstellungen seiner soziologischen Theoriebildung.

TÖNNIES' wissenschaftstheoretische Konzeption wird bestimmt von einer programmatischen Orientierung an den einheitswissenschaftlichen Idealen des Positivismus. Diese Konzeption ist aber nicht so geschlossen und einheitlich, wie es zunächst scheinen mag. TÖNNIES selbst lenkt den Blick des Lesers auf gewisse Übergänge, immanente Widersprüche und Bruchlinien im philosophischen Fundament seines soziologischen Denkens. Das theoretische Grundproblem während seiner Arbeit an *GuG* war es, *Historismus und Rationalismus* auf eine theoretisch tragfähige Weise zum Ausgleich zu bringen. Dazu mußte er die hermeneutische Traditionen des Historismus in seine positivistische Konzeption aufnehmen und integrieren - zugleich aber mußte er den Primat des einheitswissenschaftlichen Ideals, d. h. der Orientierung am Erkenntnisideal der einen Wissenschaft, nämlich der Naturwissenschaft, aufrechterhalten. Dies gelang ihm allerdings nur auf der Ebene der Programmatik und der Selbststilisierung.

Dieses Programm war ihm auch aus wissenschaftstheoretischen Gründen wichtig. Denn nur der Positivismus seiner Zeit schien ihm die Tradition der Aufklärungsphilosophie in der Gegenwart fortsetzen zu können. Allerdings mußte er dafür in einer Art und Weise umgeformt werden, daß Selbstwidersprüche unvermeidlich wurden. Auf der theoretischen Ebene ließ TÖNNIES diese Widersprüche unbeachtet. Auf der praktischen Ebene der empirischen Forschung wirkten sie sich für ihn aber als Vorteil aus, da sie einen größeren Reichtum an Aspekten eröffneten, als es bei dem konsequenten Versuch zur Realisierung seiner positivistischen Maßstäbe sonst der Fall gewesen wäre.

Das Instrument zur Herstellung des angestrebten Ausgleichs zwischen Historismus und Rationalismus ist für TÖNNIES die *Willenstheorie*. Eine psychologische Fundierung der sozialen Wirklichkeit bot ihm die Möglichkeit, den Bereich historisch gewachsener und individuierter Phänomene und den Bereich genereller, maßgeblich aus zweckrationalem Kalkül geschaffener sozialer Zusammenhänge auf zwei grundsätzlich verschiedene Typen der psychischen Disposition zurückzuführen. Aus diesen Dispositionen ergaben sich nicht nur Formen des Selbstverständnisses für die handelnden Menschen selber, sondern auch Erkenntnisprinzipien für den auf die historisch-kulturelle Welt reflektierenden Wissenschaftler. Er korreliert dabei die zweckrationale Willensdisposition mit der Erkenntnishaltung, die am Modell der Naturwissenschaften orientiert ist. Die ganzheitlich eingestellte Disposition des Wesenwillens dagegen verweist auf eine Erkenntnishaltung, die nicht an Gesetzmäßigkeiten, sondern an historischen Individualitäten interessiert ist, die also den Geisteswissenschaften entspricht. Da aber der Wesenswille und damit TÖNNIES' Willenstheorie insgesamt dem Kriterium der naturwissenschaftlich legitimierten Evolutionstheorie genügen soll, schneidet sich TÖNNIES selbst die Möglichkleit ab, den Erkenntnistypus des Historismus[100], den er doch in sein Denken integrieren will, auf der Ebene seiner wissenschaftstheoretischen Programmatik in seiner Eigenständigkeit zur Geltung kommen zu lassen.

TÖNNIES hat bereits von Anfang an in der zeitgenössischen Kontroverse zwischen den Geisteswissenschaften, die - besonders im theoretischen Werk von DILTHEY[101] - ihren methodologisch eigenständigen Status gegen die Ansprüche des Positivismus auf die allgemeine Geltung des naturwissenschaftlichen Ideals des Erkennens sichern wollte, Partei ergriffen für den Positivismus. Andererseits wollte er aber auch, wie gerade erwähnt, die Besonderheiten der am Individuellen interessierten Geisteswissenschaften für seine Konzeption verwerten. Dies gelang ihm nur unter Mißachtung der sich daraus ergebenden erkenntnistheoretischen Konsequenzen für seinen programmatischen Szientismus. Diese innere Spannung in der wissenschaftstheoretischen Grundlegung setzt sich gleichsam in den kulturanthropologischen und geschichtstheoretischen Teilen seines Denkens fort.[102]

---

[100] der den zeitgenössischen Wissenschaften zugrunde lag als Antipode zur positivistischen Hintergrundphilosophie des Naturwissenschaften.

[101] Siehe: Wilhelm *DILTHEY*, Einleitung in die Geisteswissenschaften. Versuch einer Grundlegung für das Studium der Gesellschaft und der Geschichte, 1. Bd. (2. Bd. nicht erschienen); Gesammelte Schriften, Bd. 1, 4. Aufl., Stuttgart 1959 (zuerst Leipzig 1883). - Hier wie auch im Verhältnis zu *RICKERT* läßt sich in *TÖNNIES'* Denken eine erstaunliche Verbindung von gleichzeitiger Übereinstimmung und kategorialer Differenz zu repräsentativen philosophischen Autoren der Zeit feststellen. *DILTHEYs* Interesse an einer Kombinierung des westeuropäischen Positivismus mit der hermeneutischen Grundlegung der philosophischen und der historischen Wissenschaften findet z. B. eine klare Entsprechung in *TÖNNIES'* Versuch, eine Synthese von Historismus und Rationalismus herzustellen. Bei beiden wird die Psychologie als Grundwissenschaft in Anspruch genommen, nachdem sie zuvor für die Zwecke des »seelischen Strukturzusammenhanges« (*DILTHEY*) und des »Willens« (*TÖNNIES*) neu aufgebaut worden ist. Dabei findet *DILTHEYs* Ansatz einer ***beschreibenden Psychologie*** ihr Pendant in *TÖNNIES'* Konzeption des ***Wesenwillens***. In beiden Fällen wird der Lebenszusammenhang, die ganzheitlich integrierte Vernunft, hervorgehoben. Wenn *TÖNNIES'* Aufgabenstellung ihrer Struktur nach eine Analogie zu *DILTHEYs* Problematik aufweist, dann hat das relativierende Konsequenzen für *TÖNNIES'* programmatischen Positivismus und Szientismus, der angesichts der Nähe zu *DILTHEY* seinen wesentlich deklamatorischen Status zu erkennen gibt. Die Analogien in der Herauspräparierung der intellektuellen Grundbedingungen des neuzeitlichen Menschentypus (die sich besonders im Hinblick auf die ähnlich orientierten Analysen von *DILTHEY* und *TÖNNIES* zum ***natürlichen System der Wissenschaften vom Menschen*** in der Frühaufklärung zeigen) lenken den Blick darauf, wie *TÖNNIES'* Theorie von ***Gemeinschaft und Gesellschaft*** ungeachtet ihrer scheinbar so simplen Alltagsplausibilität, die sie auf den ersten Blick haben mag, in Wahrheit die Kurzformel für eine philosophisch und anthropologisch orientierte Strukturgeschichte und -theorie seit der frühen Neuzeit darstellt. Siehe dazu auch C. *BICKEL*, Theorie der Rationalität, in: C. *SCHLÜTER* (Hrsg.), Symbol, Bewegung, Rationalität. Zum 50. Todestag von Ferdinand Tönnies, Würzburg 1987, S. 56 - 153.

[102] Für eine ausführliche Darstellung der Auswirkungen dieser wissenschaftstheoretischen Problematik auf die einzelnen Komponenten in *TÖNNIES'* Denken beachte Cornelius *BICKEL*, Ferdinand Tönnies. Soziologie als skeptische Aufklärung zwischen Historismus und Rationalismus, Opladen, im Druck.

## Gemeinsamkeiten und Differenzen

HÖFFDING wird von drei Interessensrichtungen bestimmt, die in der damaligen wissenschaftsgeschichtlichen Situation dominierend waren: Evolutionismus, Historismus und psychologischer Realismus, die alle den Entwicklungsgedanken favorisierten. Das Phänomen der Erkenntnis faßt HÖFFDING als Evolutionsprodukt der gesamten Bewußtseinsentwicklung auf. Die Kontinuität der Entwicklung und die Analogien in der Funktionsweise und Struktur sind im Hinblick auf die Erkenntnispsychologie wichtige Momente der Untersuchung. Aber auch der Entwicklungssprung, der durch die Unterbrechung eingespielter Verhaltensweisen zu neuen Entwicklungen anregt, bekommt in seinen Untersuchungen zur Entwicklungsgeschichte der Erkenntnis einen gebührenden Platz.

### *Exkurs: HÖFFDINGs Erkenntnispsychologie*

*In seinen Untersuchungen zur Psychologie der Erkenntnis gibt HÖFFDING weitere Belege für die These von der Einheit des Bewußtseins und von dessen synthetisierender Grunddisposition. Dazu zeigt er die Verwandtschaft des Denkens - über die Entwicklungssprünge hinweg - mit den elementaren Stufen der Wahrnehmung. Die Grundstruktur des Sich-Erinnerns und des damit verbundenen Vergleichens nimmt bei diesen Untersuchungen eine zentrale Stellung ein; ebenso die zusammenfassende Kraft, die nicht nur der denkenden Synthese, sondern ebenso auch jeder Empfindung, die in Wahrheit stets zusammengesetzt ist[103], zugrundeliegt. Das Gleiche ist vom Relationalen zu sagen, dem jede Erkenntnis wie auch jede Wahrnehmung und jedes Gefühl unterliegt.*

*Aus der elementaren Operation des Wiedererkennens und der damit gegebenen Fähigkeit zur Identifizierung von Wiederholungen gewinnt HÖFFDING die Einsicht in die Untrennbarkeit von Wahrnehmung und Denken. Sein Einheitstheorem bezüglich aller psychischen Vermögen wird damit auch im Hinblick auf die Rolle der Vorstellungen im Bewußtsein bestätigt. Auch hier führt der Differenzierungsprozeß zu einer Verstärkung und Gewichtsverlagerung innerhalb der Dispositionen und Vermögen, die auf allen Entwicklungsstufen der Psyche tätig sind. Die Fähigkeit, Vorstellungen festzuhalten, die keine Wahrnehmungen mehr werden können[104], entsteht erst im Zuge einer Verstärkung der intellektuellen Seite des Wahrnehmungsprozesses.*

*HÖFFDING stellt in seinen Untersuchungen die psychologischen Bedingungen seiner eigenen erkenntnistheoretischen Prinzipien dar. Die Ansätze zu einem Transzendentalpragmatismus kombinieren sich mit den Ansätzen zu einer Zeichen-Theorie der Erkenntnis und führen zu der Auffassung, daß Erfahrungs- und Erkenntnis-Wirklichkeit Prädikate sind, die wir gleichsam wie*

[103] Die Qualität einer Empfindung werde durch ihr Kontrastverhältnis bestimmt, was nur die andere Seite der Tatsache sei, daß Empfindungen stets im Zusammenhang eines Ganzen, nie aber isoliert, wie es die Assoziationspsychologie annehme, gegeben seien.

[104] Vgl. H. *HÖFFDING*, Psychologie, S. 188

*Symbole den Objekten zusprechen*[105], *ohne wissen zu können, ob die erzeugenden Faktoren, die unseren Wahrnehmungs- und Kategorialapparat in Gang setzen, unabhängig davon sind.*

*Wenn Höffding auch im Zusammenhang mit dem Kausalbegriff die Kontinuität seiner Anwendung von den Vorformen bis zur Höhe der bewußten wissenschaftlichen Anwendung betont, so hebt er hier doch auch innerhalb dieser evolutionistischen Stetigkeit einen Bruch hervor. Es handelt sich wiederum um die stimulierende Unterbrechung von eingeschliffenen Verhaltensgewohnheiten, die zur Ausdifferenzierung von Erkenntnisleistungen führt.*

*Das wichtigste Medium zur Herstellung von Erkenntnis- und Wirklichkeitszusammenhängen ist das Kausalprinzip. HÖFFDING stimmt HUMEs Analyse hinsichtlich der Subjektivität des Kausalbegriffes zu, aber nur bis zu der Grenze, die ihm seine am Phänomen der Wechselwirkung - und der durch diese Beziehungen hergestellten Ganzheiten - orientierte Psychologie erlaubt. Er folgt HUMEs Argumenten also nur bis zu der Grenze, an der es deutlich wird, daß der Kausalbegriff und der Dingbegriff zusammengehen. Die Kausalbeziehung ist die wesentliche Relation, in der Dinge zueinander stehen, und unter deren Voraussetzung sie sich allererst als Erkenntnisobjekte zeigen. Damit ist zugleich auch die Grenze der Erkenntnis bezeichnet: Erkannt werden kann nur das, was in Relationen mit anderen steht. Vergleichung, Begründung aus mehreren Voraussetzungen, Zeit und Raum, Subjekt-Objekt-Relation werden von HÖFFDING neben der Kausalbeziehung als Anwendungsfälle dieses 'Beziehungsgesetzes' aufgeführt.*[106]

*Der transzendentalpragmatische Einschlag von HÖFFDINGs 'Erkenntnispsychologie' zeigt sich auch in seiner Herleitung der Zeitvorstellung aus bestimmten Handlungsmomenten. Ziel, Arbeit, Erreichung des Ziels (und auf einer avancierteren Stufe kommt noch die Erinnerung hinzu, wie sie sich aus der pragmatischen Notwendigkeit des Wiedererkennens ergibt), bezeichnen solche Zusammenhänge. Der monistische Gesichtspunkt setzt sich aber gegen den transzendentalen in einer bestimmten Weise durch. HÖFFDING nimmt an, daß die Dreidimensionalität in den Dingen selbst und nicht nur in der Organisation des Erkenntnisapparates einen Anhaltspunkt haben muß, wenn auch dieses Moment selbst wiederum nicht dreidimensional sein muß. Hier kombiniert HÖFFDING SPINOZAs Attributenlehre, die einen Ausblick in prinzipiell unendlich zahlreiche Bestimmungen jenseits unseres Erkenntnisvermögens öffnet, mit einer evolutionistischen Kategorienlehre.*

*Die Herstellung von Zusammenhang ist das prinzipielle Ziel aller Bewußtseinstätigkeit. Damit ist aber zugleich auch das Wahrheitskriterium gegeben. Es ist ein erweiterter forschungslogischer Wirklichkeitsbegriff, der dabei zugrundeliegt. Die Syntheseregeln des Bewußtseins, die im Prinzip mit der Struktur der intellektuellen Erkenntnisoperationen übereinstimmen, definieren die Wirklichkeit und ziehen die Grenze gegenüber dem Bereich von Phantasie und Traum. In diesem Zusammenhang dehnt HÖFFDING das Zusammenhangs-Argument, das immer auch ein Kontinuitäts-Argument ist, auf die Beziehung der*

---

105 Vgl. ebd., S. 308 und S. 310.

106 Vgl. ebd., S. 304

*verschiedenen, im Laufe der Geschichte sich abwechselnden Weltanschauungen aus. Der Zusammenhang der verschiedenen Weltanschauungen, den er ohne weitere Begründung - und sehr gewagt - voraussetzt, führt demnach insgesamt durch die historische Abfolge mit ihren wirkungsgeschichtlichen Wechselbezügen zu größerer Klarheit. Auch hier wird wieder die Verbindung von Relationismus und beibehaltener Fortschrittserwartung in HÖFFDINGs Denken deutlich.*

*Seine Psychologie betont die Einheit des Bewußtseins im Sinne des Evolutionsgedankens gegen die Trennung der psychischen Vermögen. Bei der Differenzierung der einzelnen Momente der Wahrnehmung und Erkenntnis handelt es sich nur um eine Akzentverschiebung unter den immer schon in ihrer Gesamtheit wirksam gewesenen Komponenten der Wahrnehmung. Daraus ergibt sich eine 'realistische' und 'kritische' Einbeziehung des Denkens und der Erkenntnis in die Gesamtheit der psychischen Vermögen. Die Trennung von Begriff und Erfahrungsdaten, die Einschätzung der Wahrnehmung als rein rezeptiv erweist sich vor dieser Betrachtung als falsch.*

*Innerhalb seiner Psychologie konzentriert sich HÖFFDING stark auf die Erkenntnispsychologie. Auch das ist ein Symptom für sein starkes Engagement in erkenntnistheoretischen Problembereichen. Aus erkenntnistheoretischen und methodologischen Überlegungen zur Psychologie ergeben sich wiederum Konsequenzen für metaphysische Fragen wie z. B. für das Geist-Körper-Verhältnis, für das Verhältnis von Freiheit, Determinismus und Indeterminismus und Individualität. Die dominierende Rolle des Willens verwendet HÖFFDING dabei auch zu Abwehr metaphysischer Überhöhungen.*

*Aus seinem Individualitätsgedanken ergeben sich Bezüge zur zeitgenössischen Problematik des Verhältnisses zwischen Bewußtem und Unbewußtem, ferner zur Relation zwischen formalem und realem Ich, wobei letzteres dem wirklichen Strukturzusammenhang der Seele entspricht, den zur gleichen Zeit auch DILTHEY als Gegenstand einer beschreibenden Psychologie umrissen hat. Daß der Wille die Erkenntnis stärker bestimmt als umgekehrt, ist für HÖFFDING nicht weniger als für TÖNNIES ein unbestrittener Tatbestand. HÖFFDING geht sogar so weit, daß er von einem* intellektuellen Gefühl *spricht, das in der Kontroverse über Wertprobleme einem stärker der ethisch gehaltvollen Praxis verpflichteten Gefühl gegenüber steht. Gefühl und Erkenntnis lassen sich also unter psychologischer Perspektive nie wirklich trennen. Die stets gegebene wechselseitige Verbundenheit beider Seiten kann allein durch Akzentuierung, nicht durch kategoriale Trennung, die in der Wirklichkeit nie vorkommt, verschiedene Grade und Formen annehmen. Die dominierende Rolle des Gefühls gegenüber dem Intellekt in den tatsächlichen psychischen Prozessen kommt auch in der ursprünglichen Bewegungstendenz zur Gefühlsexpansion zum Ausdruck. Im Zuge der Expansion eines Gefühls zur dominierenden Signatur eines Bewußtseinszustandes kann es zur konzentrierenden oder isolierenden Wirkung kommen, nämlich durch die Verabsolutierung einer bevorzugten Vorstellung. Es kann aber auch zu einer stimulierenden Wirkung kommen durch die wechselseitige Bestärkung im Falle eines von vielen geteilten Gefühls.*

*Ebenso wird bei der Typenbildung eine psychische Kraft wirksam, die nötig ist, um ein Beispiel als Repräsentanten für eine ganze Klasse von Dingen oder*

*Ereignissen festzuhalten. Mit dieser Deutung will HÖFFDING die Ansicht abwehren, daß bei der Typenbildung ein quasi-mechanischer Prozeß der Bildung einer Durchschnittsvorstellung ablaufe.*[107] *Das würde seiner Ansicht nach ein zu passives Bild des Vorstellungslebens zum Ausdruck bringen. Die Willenskomponente, die beim Generalisieren und Individualisieren tätig wurde, zeigt für HÖFFDING erneut, wie das Erkenntnisvermögen bei allen Wahrnehmungsvorgängen aktiv gestaltend in die Erfahrungswelt eingreift.*

*So ergeben sich zwei Komponenten aus HÖFFDINGs Analyse: zum einen die aktive, synthetisierende Tätigkeit des Bewußtseins, die zugleich das Einheitsband für alle psychischen Vermögen von der elementaren Wahrnehmung bis zu den intellektuellen Operationen bildet. »Das eigentliche Denken verfügt über keine Mittel und keine Formen, die nicht schon im unwillkürlichen Vorstellungslaufe vorgekommen und angewandt wären. Der Unterschied ist nur ein quantitativer, beruht auf der* Genauigkeit, *mit welcher das Ähnlichkeitsverhältnis aufgefaßt wird.«*[108] *Zum anderen aber ist in dieser Willenskomponente des Bewußtseinslebens zugleich die Fähigkeit zur Lösung von dem Druck des Gegebenen angelegt. Die Freiheit dem Gegebenen gegenüber*[109] *erweist sich neben der Faktentreue als Voraussetzung für die hypothesenschaffende Phantasie des Forschers.*

*Bei der grundsätzlichen Abgrenzung des Gegenstandsbereiches der Psychologie bezieht HÖFFDING die wissenschaftsgeschichtliche, die methodologische, die erkenntnistheoretische und die ontologisch-metaphysische Dimension mit ein. Alle Komponenten werden im Rückbezug auf die wissenschafts- und philosophiegeschichtliche Entwicklung dargestellt. Die in diese Darstellung eingezogenen Gedankenfäden verknüpft HÖFFDING dann in den einzelnen Kapiteln zu einigen thematischen Schwerpunkten, die für sein Denken sehr charakteristisch sind. Einheit und synthetisierende Aktivität des Bewußtseins durch alle Differenzierungsgrade hindurch ist dabei das zentrale Thema. Damit zusammen hängt seine Auffassung des Willens. Die Ansicht, daß das Bewußtsein durch alle seine Vermögen hindurch eine Einheit bildet, ist eine der Folgerungen aus seinem monistischen Evolutionsdenken.*

*Unter dieser Thematik werden speziellere Themen zusammengefaßt, wie das Verhältnis von Denken einerseits, Gefühl, Sinneswahrnehmungen und Trieb andererseits, oder das Verhältnis zwischen Bewußtem und Unbewußtem. Aus dem letztgenannten Aspekt ergibt sich im Zusammenhang mit Fragen der psychischen Äquivalente oder der Motivverschiebung für gleichbleibende Verhaltensweisen ein intensiverer Bezug zu Fragen der Soziologie als in den anderen Partien des HÖFFDINGschen Werkes. Besonders eine kulturanthropologisch orientierte, funktionalistisch verfahrende Soziologie wäre hier betroffen.*

Die psychologische Fundierung der Erkenntnisvermögen führt nach HÖFFDING zur Einsicht in die Dominanz des Willens. Das aktive Moment der Syn-

107 Vgl. ebd., S. 239.

108 ebd.

109 Vgl. ebd., S. 253.

these, ohne die Erkenntnis nicht möglich ist, beruht auf der Willenskomponente. Psychologischer Realismus und philosophischer Monismus im Sinne SPINOZAs, der Intellekt und Willen als Einheit betrachtete, bestätigen sich im Denken HÖFFDINGs gegenseitig. Neben der psychologischen Untersuchung der Erkenntnisgeschichte repräsentiert HÖFFDINGs Denken die beiden Grundströmungen der Zeit in der Philosophie und in den Kulturwissenschaften: Psychologismus und Historismus. Von beiden Seiten aus kommt HÖFFDING zur Betonung zweier gegensätzlicher, aber jeweils einander voraussetzender Gesichtspunkte: evolutionäre und historische *Kontinuität* des Erkenntnisprozesses und gleichzeitig, historisch und psychologisch bedingte *Relativität* von Erkenntniskriterien - und -resultaten sind die zentralen Gesichtspunkte seiner Analysen.

HÖFFDING verarbeitet in seinem philosophischen Denken die entscheidende Erfahrung des späten 19. Jahrhunderts, nämlich die Erfahrung der historischen Wandelbarkeit und Relativität aller Kulturobjektivationen - und die damit zusammenhängende, zugleich aber auch in der psychischen Konstitution beruhende Gebundenheit der Weltauffassung an bestimmte, durch Interessen, historische Konstellationen oder psychische Determinanten bedingte Perspektiven und Aspekte. Die radikalen Konsequenzen, die mit Einsichten dieser Art verbunden sind, werden von ihm aber auf eine zugleich optimistisch sich gebende, wie auch ironisch anheimstellende Art in der Schwebe gehalten. HÖFFDING erlaubt sich einerseits auch ein evolutionäres Fortschrittsdenken im liberalen Sinne, obwohl er dessen intellektuelle Voraussetzungen andererseits bereits erkenntnistheoretisch in Frage gestellt hat. Er repräsentiert in der intellektuellen Atmosphäre einer gegenüber den Krisenherden der Jahrhundertwende relativ geschützten Randregion einen liberalen Evolutionismus, den TÖNNIES sich nicht mehr erlaubt. Bei TÖNNIES spielen im Gegenteil - trotz grundsätzlicher Sympathien z. B. für SPENCER - die Annahme notwendiger immanenter Zerstörungstendenzen der historisch-kulturellen Welt eine wesentliche Rolle. TÖNNIES' Relativismus bezieht sich im Gegensatz zu HÖFFDINGs Relativismus auf eine anthropologisch begründete Geschichtstheorie, HÖFFDINGs Version dagegen ist im Kern erkenntnistheoretisch orientiert auf der Grundlage einer Kombination von SPINOZA und KANT. Es handelt sich nämlich um eine evolutionstheoretische Umdeutung des KANTischen Erkenntnisaprioris auf der Grundlage von SPINOZAs Monismus. Mit dieser Ansicht stimmt TÖNNIES auf erkenntnistheoretischem Gebiet zwar überein, die geschichtsphilosophischen Konsequenzen, die er mit einer Evolutionsgeschichte des Denkens verbindet, finden bei HÖFFDING jedoch keine Entsprechung.

Bei HÖFFDING kommt andererseits der Ironie-Begriff auch auf erkenntnistheoretischem Gebiet zur Auswirkung. Er hatte ihn, wie oben geschildert, zuerst und vor allem auf dem Boden der Weltanschauungstypologie und der Kulturpsychologie entwickelt. Daraus gewinnt er das Postulat zur Auflösung aller dogmatischen Fixierungen und Verabsolutierungen. Sie erweisen sich vor dem Forum dieser Betrachtungsweise als voreilige Versuche, den prinzipiell unabschließbaren Prozeß der kulturellen und der wissenschaftlichen Entwicklung auf einer Stufe festhalten zu wollen. Den Gegensatz zwischen dem Anspruch dogmatischer Verhärtungen und ihrer Machtlosigkeit vor der Geschichte faßt HÖFFDING nicht nur erkenntnislogisch, sondern auch im Sinne seiner Kulturtheorie und seiner antidogmatischen Ethik.

In der starken Betonung des Relativismus auf erkenntnistheoretischem und auf ethischem Gebiet, d. h. in der Beziehung von Erkenntniskriterien und Wertaspekten auf die Grundideen eines Kulturkörpers oder einer Epoche ist der Individualitätsgedanke enthalten. HÖFFDING übernimmt auf seine Weise die Grundprinzipien des Historismus: Individualität und Entwicklung, wobei mit Individualität auch die unverwechselbare Gestaltung ganzer Kulturen gemeint sein kann. HÖFFDING arrangiert diese Komponenten aber in einer besonderen Weise. Die wissenschaftslogische Abgrenzung, die gerade zu seiner Zeit unter der Perspektive der Historischen Schule gegenüber dem Methodenideal der Naturwissenschaften besonders in Deutschland vorgenommen wurde, spielte in seinem Denken keine Rolle.

## *Exkurs: Freiheit, Notwendigkeit und Individualität*

*Die empiristische Transformation des Freiheitsbegriffes kann aber auch für HÖFFDING nicht das Individualitätsproblem lösen. Sein allgemeines und intensives Interesse an der Rolle der Persönlichkeit in Geschichte und Kultur führt ihn auch im Zusammenhang einer Psychologie des Willens zu grundsätzlichen Überlegungen zum Individualitätsproblem. Auch das Individuum ist den Kausalgesetzen unterworfen. Persönliche Freiheit kann in diesem Zusammenhang nur heißen, in Übereinstimmung mit den eigenen ursprünglichen Impulsen zu handeln. Motive sind keine äußeren Faktoren, sondern Teile des Ichs. »Unser reales Ich ist unser Grundmotiv«[110], wie HÖFFDING im unausgesprochenen Anklang an SCHOPENHAUER sagen kann. HÖFFDINGs fragwürdige Identifizierung des Kausalprinzips mit dem Determinismus führt ihn zu dem Schluß, daß die Annahme des Determinismus die ontologische und methodologische Voraussetzung für Wissenschaft überhaupt sei. Folglich müsse auch die Psychologie »deterministisch sein«[111].*

*HÖFFDING glaubt, sein zentrales erkenntnistheoretisches Prinzip der Herstellung von Kontinuitäten nur durch die Annahme des Determinismus aufrechterhalten zu können. Auf den Determinismus verzichten, heißt ihm zufolge auf die Wissenschaft verzichten. »Der Determinismus behauptet die Kontinuität der Entwicklung des Bewußtseinslebens, indem er den Kausalnexus auf dem Gebiete des Willens behauptet. Der Indeterminismus dagegen sprengt die Kontinuität.«[112]*

---

110 ebd., S. 476
111 ebd., S. 475
112 ebd., S. 477

*Was RICKERT in seiner Auseinandersetzung mit Paul BARTH, dem TÖNNIES beigesprungen war[113], zurückgewiesen hatte, behauptet auch HÖFFDING: Indeterminiert sei vom Typus her nur der Wahnsinnige. Entgegen einem unhaltbaren impressionistischen Freiheitsbegriff gelte, daß Selbstbestimmung und Kausallosigkeit einander aufheben würden, daß die »beiden Begriffe Selbstbestimmung und Kausallosigkeit, die oft als gleichbedeutend betrachtet werden,« einander gegenseitig aufheben, »sobald man dem Wort 'Selbst' eine bestimmte Bedeutung gibt.«[114]*

*HÖFFDING erklärt die Freiheit in seinen psychologischen Analysen also einmal im Sinne einer empirisch fundierten Metaphysikkritik zum subjektiven Begleitgefühl erfolgreichen und entschlossenen Handelns. Zum anderen deutet er sie auf eine nun wieder gleichzeitig empirische und metaphysische Weise als Übereinstimmung mit sich selbst, wobei er sich zuerst und vor allem auf SCHOPENHAUER berufen könnte.*

*HÖFFDING kann sich den Aufbau von strukturierten Gesamtheiten nur mit dem Kausalprinzip denken. Daß die Frage sinnhafter Ganzheiten und individueller historischer Gebilde auch dann noch bestehen bleibt, wenn man die Frage der Kausalbeziehung suspendiert, bedenkt er in diesem Zusammenhang nicht. Das Phänomen von Sinnzusammenhängen, Stileinheiten, morphologischen Gebilden, wie sie in der Kultur- und Geistesgeschichte ständig auftauchen, hat er bei seinen Überlegungen übersehen. Das Festhalten am Kausalprinzip auch für eine psychologische Ergründung des Individuums führt aber relativ schnell zu einer Grenze, jenseits derer nur noch deskriptive Verfahren möglich sind. Die individuelle Mannigfaltigkeit läßt sich nicht durch die allgemeine Psychologie erschöpfen, stellt HÖFFDING mit dem Blick auf DILTHEYs Programm einer beschreibenden Psychologie[115] mit Zustimmung fest. Dieser positive Bezug auf die alternative Psychologie-Konzeption DILTHEYs bleibt aber für ihn folgenlos, weil er sie auf den außerwissenschaftlichen Bereich der Kunst schiebt. Dadurch wird er von Überlegungen entlastet, denen er sonst nicht hätte ausweichen können: ob die absolute Vorherrschaft des naturwissenschaftlichen Erkenntnismodells für die Psychologie aufrechterhalten werden kann angesichts des Problems der Individualität in der Psychologie und in den Geisteswissenschaften. Die Individualität mit dem realem Ich bezeichnet schließlich eine Grenze für die Wissenschaft. »Die psychologische Individualität ist einer der faktischen Grenzpunkte der Wissenschaft. Eben unser psychologischer Grundbegriff bezeichnet die faktische Grenze der Psychologie. ... Daß ein solches inneres Zentrum entstehen kann, ist das größte Problem, ist*

113 So *RICKERT* in seinen Briefen an *TÖNNIES* (2 Briefe, 1 Postkarte, Freiburg, den 29. 10. 1900, 27. 5. 1901 - darin die betreffende Stelle - und 30. 5. 1901, siehe im T-N). *RICKERT* erwähnt darin die Mißverständnisse, denen er sich in Paul *BARTHs* Referat (in dessen Buch *Die Philosophie der Geschichte als Soziologie*, Leipzig 1921, 1. Teil bereits 1898) über sein eigenes Werk *Grenzen der naturwissenschaftlichen Begriffsbildung* (2 Bde., Tübingen 1896 und 1902) ausgesetzt sah. Die Kontroverse wurde ausgetragen in: F. *TÖNNIES*, Zur Theorie der Geschichte, in: Archiv für wissenschaftliche Philosophie, 1901, 8, S. 1 - 38 und: H. *RICKERT*, Zur Theorie der Geschichte (Exkurs), ebd.

114 ebd., S. 478

115 Wilhelm *DILTHEY*, Ideen über eine beschreibende und zergliedernde Psychologie, in: ders. gesammelte Schriften, Bd. 5, Leipig /Berlin 1924 (zuerst 1894), S. 139 - 241

*das Grundproblem all unserer Erkenntnis - denn erst ein solches Zentrum ermöglicht das Entstehen der Erkenntnis selbst.«*[116]

Das Verhältnis zwischen Sinnzusammenhängen, wie sie in den Strukturen des Historikers auftreten und Kausalzusammenhängen, die für den Historiker, der sich den Auffassungen der Historischen Schule verpflichtet fühlt, nur einen besonderen Fall darstellen, ist für HÖFFDING nie zum wissenschaftslogischen Problem geworden. Diese Seite der Problematik hat ihn offenbar ebensowenig wie TÖNNIES interessiert. Faktisch spielt aber das Problem des sinnhaften Aufbaus strukturierter historischer und psychologischer Ganzheiten eine große Rolle in seinem Denken. In der Erkenntnistheorie hat er den damit verbundenen relativistischen Gesichtspunkt durchdacht. In seiner Kulturtheorie kann er somit seine Theorie der 'Gesamtgefühle' darstellen. Diese Konzeption gehört in den größeren Zusammenhang einer Weltanschauungstypologie, den HÖFFDING zwar berührt, aber nur an einem Fall darstellt, nicht aber systematisch ausbaut. Es ist das 'Gesamtgefühl' des Humors, das er zum Thema einer Analyse im Sinne der damals aktuellen Weltanschauungstypologie macht. HÖFFDING läßt dabei Humor und Ironie in ihrem *positiven* Sinne zu einer Einheit zusammenschmelzen.

## *Exkurs: Humor und Ironie als Weltanschauungstypen*

*HÖFFDING verbindet die psychische Grunddisposition des Humors mit allen zentralen Gesichtspunkten seiner Philosophie. Seine Darstellung des Humors gibt das Gefühl wieder, das mit dem 'kritischen Monismus' verbunden ist: ein Gefühl für die Kombination von Entwicklung und Relativität aller intellektuellen Grundlagen mit einem Vertrauen in die Kontinuität und Stabilität in den umgreifenden, zuletzt kosmologischen, gesetzmäßigen Zusammenhang des Ganzen. Auf diese Weise gibt HÖFFDING in seinem Humor-Buch eine Psychologie der modernen Mentalität im Hinblick auf das wissenschaftliche Erkennen und auf das situationsbezogene Handeln.*

*In seiner Fassung des Relativismusproblems und in seiner Version eines erkenntnistheoretischen Kritizismus, sowie in seiner dazu analogen Fassung des Werte-Problems finden sich alle Bestandteile der modernen Denkungsart, die in der zeitgenössischen Kulturkritik als problematisch angesehen wurden. In der Kulturkritik seiner Zeit wurden sie zwar als befreiend, aber auch als riskant und schließlich sogar als destruktiv für die psychische Stabilität des Einzelnen angesehen. Aber genau diesen Schluß zog HÖFFDING nicht. Im Gegenteil gewinnt er diesen Zügen der Moderne durch seine 'ironischen' Akzente einen grundsätzlich positiven Charakter ab. Auf diese Weise stellt er eine seltene Kombination von grundsätzlichem Optimismus im Ganzen und Skepsis, Kritik und Risikobewußtsein im Einzelnen dar. Der Unterschied zu TÖNNIES wird an dieser Konstellation besonders deutlich. In der Analyse der Wissen-*

[116] ebd., S. 489 f.

*schaft als Erkenntnisinstanz und als Kulturphänomen der Neuzeit sind beide sich einig. Daß ihre Ansichten im Hinblick auf die Gegenwartsdiagnose auseinandergehen, hängt damit zusammen, daß bei TÖNNIES etwas hinzukommt, was bei HÖFFDING fehlt. Es ist eine mit den geistigen Mitteln der Zeit begrifflich scharfe Auffassung der sozialen Realität und eine sowohl philosophische wie historische Anthropologie. Unter dieser Perspektive sieht er den modernen Abstraktionsprozeß nicht als problemlose Ausgestaltung natürlicher und immer schon wirksam gewesener Vermögen der menschlichen Psyche, sondern als einmaligen und immer riskanter werdenden historischen Prozeß. Diese Entwicklung richtet sich immer stärker gegen das menschliche Grundbedürfnis nach Anschaulichkeit. In einer immer komplexer werdenden Umwelt leidet die Wahrnehmungs- und Integrationsfähigkeit des Menschen dadurch in zunehmendem Maße.*

*HÖFFDINGs Humor-Buch verwendet die Resultate seiner Psychologie, seiner Erkenntnistheorie und seiner Ethik. Der Synthesegedanke, der jeweils aus der Mannigfaltigkeit an Gefühlen, Erfahrungsdaten oder Wertgesichtspunkten Ganzheiten schaffen soll, und der damit verbundene Gedanke der Individualität mit seinen kulturtheoretischen und methodologischen Implikationen markieren dabei seine systematischen Grundprobleme. HÖFFDING will in seinem Buch das Phänomen des psychischen 'Gesamtzustandes' oder 'Gesamtgefühls' untersuchen. Sie sind jeweils Ausdruck und Bedingungsfaktoren des 'realen Ich', dessen Eigenschaften durch das jeweils gegebene individuelle 'Gesamtgefühl' eine charakteristische 'Färbung' oder 'Klangfarbe' erhalten, wie HÖFFDING mit Metaphern aus der Ästhetik sagt. Es geht ihm dabei immer um ein 'individuelles Gesamtgefühl'. Daß die allgemeine historische Situation die emotionelle und intellektuelle Grundeinstellung der Individuen mitbedingt, ist für HÖFFDING allerdings klar, aber diese Seite des Problems ist für ihn grundsätzlich nur in zweiter Linie interessant. HÖFFDING hat diesen Akzent gesetzt, obwohl für ihn in Anbetracht seiner intellektuellen Voraussetzungen der Weg zu einer Weltansschauungstypologie offengestanden hätte. Diese Frage der Analyse und Darstellung von Weltbildern und kollektiven Gefühlzuständen hätte natürlich den direkten Bezug zu TÖNNIES' Theorie der sich wandelnden Kulturkörper, die von grundsätzlichen Bewußtseinsstellungen (wesenwilligen und kürwilligen) zur Welt bestimmt werden, hergestellt.*

*Um den Humor in seiner Eigenschaft als zusammengesetztes Gesamtgefühl verstehen und darstellen zu können, widmet sich HÖFFDING der Grundstruktur von Gesamtgefühlen. Sie sind das Ergebnis zweier Faktoren: dem Grundimpuls des psychischen Lebens überhaupt, der auf die Bildung von Synthesen drängt. HÖFFDING weist immer darauf hin, daß die Vermischung psychischer Zustände das Normale sei, isolierte Elemente seien dagegen fiktive Abstraktionsgebilde der wissenschaftlichen Analyse. Neben dieser psychologisch-anthropologischen und elementaren biologischen Grundkonstante des Impulses zur Synthesebildung, wirkt sich noch der historische Faktor zunehmender kultureller und sozialer Differenzierung aus. Psychische Gesamtzustände beruhen auf der Synthese vieler, auch widersprüchlicher Einzelmomente. Die Gelegenheit für Gesamtbildungen dieser Art ist jedoch erst mit der Individualisierung möglich, wie sie in der Periode der Aufklärung ihre Entfaltung findet. HÖFFDING hat da-*

*bei ganz in Übereinstimmung mit der Kulturtheorie und -philosophie seiner Zeit, besonders auch mit NIETZSCHE, die griechische Aufklärung mit SOKRATES als ihrem Repräsentanten ebenso im Blick wie die neuzeitliche Aufklärung seit dem 17. Jahrhundert.*

*In HÖFFDINGs Psychologie ist der neuzeitliche Individualisierungs- und Differenzierungsprozeß entscheidend. Er bringt überhaupt erst den Gegenstand für die moderne Psychologie hervor. HÖFFDINGs konsequenter Historismus bewährt sich dabei in der Einsicht, daß sowohl die modernen Kulturwissenschaften wie auch ihr Gegenstand historisch entstanden, also entsprechend variabel und überhistorischen Erkenntnissen entzogen sind. Es ist nicht schwer zu sehen, daß HÖFFDING mit seinem Begriff des 'Gesamtgefühls' den Topos des Individualitätsgedankens aufgreift - der Individualität, sofern sie auf die Einheit des Subjekts oder auf die 'überindividuelle' Einheit historischer Phänomene bezogen ist. Damit rücken die Fragen einer um den Individualitätsgedanken gruppierten Geistesgeschichte in den Mittelpunkt sowie Probleme der Theorie der Geschichte und erkenntnistheoretische Gesichtspunkte, die sich aus der historischen Rolle der Individualität ergeben.*

*Gesamtzustände werden durch zwei typische Gesetzmäßigkeiten gebildet: durch Prozesse der 'Verschmelzung' psychischer Komponenten oder durch solche der 'Organisation'. Der Zusammenhang des letzteren Typus ist beweglicher im Arrangement widersprüchlicher Elemente, damit auch artikulierbarer als die mehr diffuse und atmosphärische Einheit des ersteren Typus. In Erscheinung treten diese Strukturen aber stets nur auf symptomatische Weise in besonderen Entscheidungssituationen, in denen das Individuum oft zur eigenen Überraschung Einsichten in die eigenen Handlungsdispositionen erlangt. Bei diesem Blick für persönliche Entscheidungssituationen zeigt sich wieder das KIERKEGAARDsche Erbe, das HÖFFDING in der gemäßigten und gemilderten Form seiner 'erfahrungswissenschaftlichen' Psychologie aufgenommen hat.*

*Der Strukturzusammenhang, auf den HÖFFDING mit seinen Analysen zielt, ähnelt DILTHEYs 'Strukturzusammenhang der Seele'.*[117] *Auch die Kombination einer stark naturwissenschaftlichen, im Sinne der Evolutionstheorie orientierten Psychologie mit dem Interesse für spezifische Fragen einer Kulturgeschichte psychischer Zustände und Bewußtseinshaltungen ähnelt DILTHEYs Sicht der Dinge. In methodologischer Hinsicht zeigt sich ebenfalls eine verwandte Konstellation: HÖFFDINGs Interesse für psychische Individualitätsbildungen führt ihn zur Frage der besonderen Methoden, die zur Lösung dieser Fragen nötig wären. Er glaubt sie in einer beschreibenden Psychologie finden zu können. Das Methodenideal einer mit Experimenten operierenden, auf ahistorische Gesetzmäßigkeiten zielenden empirischen Psychologie scheint ihm, dem erklärten kritischen Monisten und Sympathisanten des zeitgenössischen Positivismus, dafür aber bemerkenswerterweise ungeeignet zu sein. Anders als DILTHEY verspürt er allerdings hier wie sonstwo in seinem reichhaltigen Werkkorpus nicht das Verlangen, aus diesen methodologischen Problemen eine spezifische Besonderheit von geisteswissenschaftlich-hermeneutischen Erkenntnisprinzipien zu entwickeln. Diese Problematik spielt zwar im-*

---

[117] Wilhelm *DILTHEY*, a.a.O.

*plicite in seinem Werk immer wieder eine Rolle - unvermeidlicherweise, da das Problem der individuellen Synthese im Gegenentwurf zu empiristischen, assoziationspsychologischen und naturalistischen Auffassungsweisen eine zentrale Rolle für sein Denken hat. HÖFFDING stellt aber nie die Frage, ob nicht die unterschiedliche Stellung des Erkenntnissubjektes zu seinem Gegenstand, sofern es in ihm selbst involviert ist, wie dies der historisch-kulturellen Welt gegenüber der Fall ist, auch ein erkenntnistheoretisch interessantes Problem wäre. Der Unterschied zur Erkenntnissituation des Naturwissenschaftlers wäre damit zum Thema gemacht worden. Für ihn entsteht deshalb kein Problem, weil er die Besonderheit des 'ganzheitlich' oder 'beschreibend' verfahrenden Psychologen durch die Nachbarschaft zur Kunst charakterisiert sieht. Die Frage, ob es sich hier um verschiedene Erkenntnisformen* innerhalb *der Wissenschaft handelt, wird für ihn damit gegenstandslos. Diese Art der Relativierung des naturwissenschaftlichen Methodenideals durch die Auslagerung von ergänzenden Verfahren in den Bereich der Kunst oder zumindest in das Zwischenreich zwischen Erkenntnis und Poesie würde auch TÖNNIES akzeptieren können. In seinem Werk herrscht immanent und unausgesprochen eine ähnliche Situation: objektive Nähe zu den inhaltlichen und methodologischen Fragen, die von den zeitgenössischen Geisteswissenschaften erkenntniskritisch reflektiert werden und gleichzeitig programmatisches, jedoch nicht faktisches, Festhalten am Methodenideal der 'Einheitswissenschaft'. So übernimmt auch bei TÖNNIES die Kunst - und Geschichtsschreibung ist für ihn Kunst - die Aufgabe, Erkenntnisoperationen, die nicht in das naturwissenschaftliche Methodenideal integriert werden können, in ihrem spezifischen Status einer alternativen Sichtweise zu legitimieren und gleichzeitig für die wissenschaftstheoretische Debatte zu neutralisieren. Was Kunst ist, braucht die Debatte innerhalb der Wissenschaft nicht zu beunruhigen.*

*Der Individualitätsgedanke im Sinne der auf einem Konstruktionsprinzip zentrierten Einheit ist für HÖFFDINGs Denken insgesamt außerordentlich wichtig. Darauf beruht sein Relationismus in erkenntnistheoretischer und in ethischer Hinsicht. Die Geltung wissenschaftlicher Sätze beruht demnach auf den Axiomen, die für eine bestimmte Epoche gültig sind. Die Geltung ethischer Sätze beruht auf dem jeweiligen Grundwert. Während aber HÖFFDING bei seinen wissenschaftshistorischen Analysen naturgemäß im Sinne einer Strukturgeschichte der geistigen Entwicklung verfährt, betont er in seiner Ethik sehr stark den Gesichtspunkt der individuellen Ethik, d. h. den ganz persönlichen Gebrauch ethisch folgenreicher Deutungsmuster, die der Einzelne durch die Besonderheiten seiner Biographie und seiner psychischen Disposition aufgebaut hat. Aus diesen methodischen Prinzipien folgt selbst wieder das ethische Postulat, der jeweiligen persönlichen Ethik einen eigenständigen Rang neben der sozialen Ethik zuzuerkennen.*

*Auf diesen Voraussetzungen seiner systematischen Gedanken zur Erkenntnistheorie und Psychologie entwickelt HÖFFDING nun seine Deutung des Humors als eines besonderen und ihm auch nahestehenden Gesamtgefühls. Diese Themenwahl geht an den Nerv des HÖFFDINGschen Denkens. Der Humor als Lebensanschauung bildet eine Einheit mit der Ironie, sofern diese auch als Gesinnung oder Weltauffassung verstanden wird. Der Aufweis der ähnlichen*

*Strukturen von Humor und Ironie hat in diesem Sinne für ihn weitreichende Konsequenzen, die unmittelbar den zentralen Problembereich der Sozialpessimismus-Debatte berühren.*

*Der Ironie-Begriff bildet die Brücke zu den Fragen einer Theorie der Moderne und dem damit gestellten Problem, wie die positiven und die negativen Seiten der Entwicklung zu typisieren seien.*

*Ironie war seit der Romantik der paradigmatische Ausdruck des modernen, aus der Selbstverständlichkeit traditionaler Bindungen herausgerissenen Menschen, der mit allen Möglichkeiten nur spielt, um Effekte der Konstruktion und der Verfremdung zu erzielen. Ironie als Impetus zur Auflösung und Befreiung oder als Zerstörung der ursprünglich stilbildenden und schöpferischen Kräfte - das war die Perspektive, unter der Ironie als psychische Disposition und als intellektuelles Stilmittel von der Kulturphilosophie und -theorie gesehen wurde. SOKRATES war in diesem Kontext die Gestalt, an der sich die kulturkritischen Einschätzungen schieden. HÖFFDING orientiert sich an NIETZSCHE und KIERKEGAARD, um dann zu seiner Deutung zu kommen. NIETZSCHEs Verurteilung des SOKRATES als Wegbereiter von Auflösung und Verflachung dient ihm als Kontrapunkt. KIERKEGAARDs Verbindung von begrenzter Zustimmung zu SOKRATES' Ironie, bezogen auf die historischen Aufgaben der Zeit, gekoppelt mit der Ablehnung der Ironie als Kulturhaltung für die Gegenwart, öffnet dagegen gleichsam das Tor für HÖFFDINGs eigenen Weg bei der Auseinandersetzung mit diesem Thema. Es ist dabei sein Ziel, KIERKEGAARD zu korrigieren. Dieser habe nämlich den 'positiven Charakter' von SOKRATES' Ironie nicht erkannt. Dessen Ironie teilt HÖFFDING in zwei Aspekte: den der Selbstbehauptung gegen eine durch Vorurteile und Egoismen behindernde Umwelt und den der Erziehung. In letzterem Fall erzeugt die Ironie eine vorübergehende Distanz durch den ihr immanenten Vorbehalt, der Verständnis und Verständigung motivieren soll. Das kann aber nur unter der Voraussetzung des Persönlichkeitsprinzips geschehen, das seinerseits eben dadurch verstärkt und weiter entfaltet wird.*

*Damit ist HÖFFDING aber bei seiner subtilen Analyse, die zunächst eigenständiger Art zu sein schien, wieder in das Gebiet einer ethischen Rechtfertigung der Moderne geraten. Es geht ihm ja grundsätzlich darum, die Rede von der notwendigen Destruktion, die der psychischen, egoistischen, individualistischen, traditionslosen etc. Disposition der Gegenwart innezuwohnen scheint, zu widerlegen - und zwar durch den Nachweis, daß eben diese besondere Orientierung des modernen Menschen in ihrer Dominanz eine Entwicklung forciert, deren Eigendynamik zur Ablösung von den naturalistischen Entstehungsbedingungen und weiter zum ethischen Humanismus führt durch die Entfaltung der ethischen Konsequenzen des Persönlichkeitsprinzips. Ohne die Auflösungsprozesse einer 'kritischen' Epoche wie der Neuzeit hätte dieses Prinzip keine Realisierungschance. Dies markiert HÖFFDINGs Variante der 'Paradoxie der Moderne', die in verschiedenen Zusammenhängen das Denken der Klassiker der modernen Sozial- und Kulturwissenschaften in jenen Jahren beschäftigte.*

*Die Fähigkeit der Ironie, die im angegebenen Sinne in Humor übergeht, als Fähigkeit zum Ertragen von Widersprüchen, ist auch im Kontext des Wert-Problems von besonderer Bedeutung. Die Relation von Wert und Wirklichkeit ist für HÖFFDING nämlich ein Anwendungsfall für Ironie und Humor. Die Widersprüche und grotesken Mißverhältnisse zwischen sinn-neutraler Realität und den Hoffnungen und Zielen der nach Wertgesichtspunkten handelnden Menschen provoziert in der Moderne die ironische Relation als psychische Möglichkeit und als Symptom der kulturellen Lage. Diese Relation ist aber intellektuell und emotional nur ironisch zu verarbeiten. Indem HÖFFDING die Wert- und Wirklichkeitsproblematik auf dem Gebiet von Ironie und Humor ansiedelt, verbindet er beides: Anerkennung der Brüche und Konflikte, zugleich aber auch Abwehr von düsteren dezisionistischen oder gar zynischen Sinnlosigkeits-Verdikten über die Situation des modernen Menschen.*

*Seine Sicherheit bezüglich eines sinnvollen Gesamtverlaufs der Geschichte bezieht er dabei aus einem ironisch pointierten und zugleich kritischen Evolutionismus. Seine psychologischen Hypothesen zur Kultur, und das heißt zum Wertewandel via Werteverschiebung und Kontrastwirkung*[118]*, zeigen ihren ironischen Akzent noch einmal besonders deutlich, wenn man sie in Verbindung mit den ausdrücklichen Analysen des Ironie- und Humorphänomens betrachtet.*

*Mit dem Humor-Begriff hat HÖFFDING das psychische Korrelat zum modernen Denken formuliert, und zwar im Sinne einer Lebensanschauung, die ein stabiles und zugleich bewegliches Verhältnis zur Welt erlaubt. Die Stabilität muß sich an dem Realismus bewähren, zu dem der Humor fähig ist. So rückt das Verhältnis zur Wirklichkeit zwangsläufig in das Blickfeld. Hier zeigt sich dann, daß HÖFFDING im Humor Entsprechungen zu erkenntnistheoretischen Relationen und Kriterien feststellt. Das geschieht unter der allgemeinen Perspektive des Prozessualen, Unabgeschlossenen, stets neue Horizonte aufbauenden Charakters des modernen, dynamischen Weltbildes. Ganz in Übereinstimmung mit den aktuellen Strömungen der Wissenschaftstheorie greift HÖFFDING auf einen forschungslogischen Wirklichkeitsbegriff zurück: hypothetischer Zusammenhang über schwankendem Grund - das ist das Bild, das sich daraus ergibt.*

*Genau diese Konstellation der wissenschaftlichen Erkenntnis, das die Möglichkeit eines Ganzen postuliert und doch um das Vorläufige der Erkenntnis weiß, entspricht der Grundhaltung des Humors als Lebensgefühl.*

*Die Dialektik der Grenze ist wesentlich für den Humor, der auf Dauer keine Verfestigungen anerkennen kann. Erkenntnisgrenzen sind ihm in Wahrheit nur Markierungen für die bald zu erwartende Inanspruchnahme neuer Forschungsparadigmas. Dieses Spannungsverhältnis zwischen der Vagheit des Erkennens und einem gleichzeitigen Erkenntnisoptimismus veranlaßt HÖFFDING, dogmatische Verfestigungen ebenso wie unkritische Resignation aufzulösen mit der Methode der Ironie. Während GOETHE nur von den »sehr ernsten Späßen« der Kunst sprach, überträgt HÖFFDING mit seinem Humor-Begriff diese Sicht in die Bereiche von Wissenschaft und Kultur: »Der große Humor treibt sowohl mit den absoluten Lösungen wie mit den absoluten Rätseln seinen Scherz. Und dieser Scherz gründet sich gerade auf den großen Ernst, mit dem der große*

---

[118] Der Egoist schafft contre cœur durch die trainierte Fähigkeit zur virtuellen Übernahme der Rolle des Anderen im Laufe der Entwicklung die Voraussetzung für einen wirklichen, auf differenziertem Verständnis beruhenden 'Altruismus'.

*Humor die Gedankenarbeit umfaßt. Im innersten Grunde beruht er auf einem Glauben an die Wahrheit als etwas, das beständig neue Arbeit verlangt, um die Erfahrung zu erweitern und die gewonnene Erfahrung zu durchdenken.«*[119]

*Mit seinem Begriff der 'humoristischen' Weltanschauung erfaßt HÖFFDING viele der Probleme, die sich für eine allgemeine Weltorientierung aus dem Historismus ergeben, z. B. bezüglich des Reichtums verschiedener Weltperspektiven. Er vermeidet dabei aber gerade die spezifische Form der Resignation vor einer angeblichen Beliebigkeit. Die Frage des Relativismus stellt sich ihm gerade nicht angesichts der Bezogenheit aller Kulturäußerungen auf die Prinzipien von jeweils wirksamen Weltbildern - oder - im Bereich der individuellen Lebensauffassung - auf die jeweils maßgebenden persönlichen Wertentscheidungen.*

*Bezogen auf den Verlauf der Historismus-Debatte seit RANKE kombiniert HÖFFDING das erkenntnistheoretische und das methodologische Raffinement mit einer säkularisierten Religiosität, die ihm noch in der von intellektuellen Konflikten zerklüfteten fin-de-siècle-Atmosphäre eine psychische Ausgeglichenheit gegenüber dem Rätsel der Geschichte erlaubt, wie man sie nach NIETZSCHE kaum noch für möglich gehalten hätte. Es ist aber eine 'Heiterkeit', die nur im Verein mit einem Sinn für Resignation und Tragik existieren kann. Der stoische Gleichmut angesichts des unerschöpflichen Daseinsstromes der Geschichte ist HÖFFDING nicht fremd: »Was mich betrifft, so habe ich den großen Humor als einen der idealen menschlichen Lebenstypen betrachten gelernt und als einen mit dem ich am meisten sympathisiere. Aber es kann ja sowohl eine unglückliche Liebe wie eine glückliche Liebe geben. Und unglückliche wie glückliche Liebe zu etwas können zum Verständnis führen. ... Der Schmerz bekommt jedoch den Charakter der Wehmut, weil beständig ein Widerspruch darin gefühlt wird, daß das Große so oft mit dem Kleinen verknüpft ist und darin, daß es nicht glückt, ein abschließendes Wort über den Kern des Lebens und die Bedingungen des Lebens zu finden. Hinter der Ironie und der Wehmut wird eine große Resignation liegen, bald mehr praktisch, bald mehr kontemplativ - bald bitter, bald mutig.*[120]

*Mit seinem Humor- und Ironie-Begriff will HÖFFDING zeigen, wie das moderne Individuum auf die kritischen Momente des modernen Denkens mit der Bildung einer zugleich elastischen und stabilen Lebensanschauung reagieren kann. Damit läßt sich aber der Einwand nicht vermeiden, inwiefern der Humor überhaupt ein typischer Ausdruck der modernen Denkungsart ist. Die Analogien zur Besonderheit der modernen Wissenschaftskonzeption wurden von HÖFFDING bereits zum Nachweis der Repräsentativität des Humors für die Situation des modernen Menschen nachgezeichnet. Der Humor ist demnach keine anthropologische Konstante wie das Lachen, sondern eine Kulturhaltung, die an die Herausbildung des Persönlichkeitsideals gebunden ist.*

*Zwar erwähnt HÖFFDING die Notwendigkeit einer historisch-soziologischen Betrachtungsweise zur Untersuchung der historischen Bedingungen für diesen*

---

[119] H. *HÖFFDING*, Den store Humor, Kbn. 1916, deutsch: Humor als Lebensgefühl (Der große Humor). Eine psychologische Studie, Leipzig 1918, erneut 1930, S. 140.
[120] ebd., S. 142

Typus des Gesamtgefühls, er bewegt sich aber selber kaum in diesem Gebiet. Statt dessen bleibt er auf dem Terrain der Geistesgeschichte, gibt aber allgemeine Hinweise auf philosophisch bedeutsame Strukturzusammenhänge, die in ihren epochen-übergreifenden Dimensionen an HEGELs Phänomenologie des Geistes erinnern. Danach ergibt sich Folgendes: In SOKRATES weist die Antike über sich selbst hinaus. Die neue Welt, die als Keim im Persönlichkeitsprinzip von SOKRATES lag, brauchte aber noch 2000 Jahre zu ihrer Entfaltung. Die sokratische Ironie ist ein Mittel des Durchbruchs zum Persönlichkeitsprinzip, das aber vorläufig nur als formales Prinzip fungierte, dem der reale Inhalt im Laufe der Geschichte erst nachfolgte. Das neue Prinzip war zunächst also rein subjektiv. Aber - und damit spricht HÖFFDING zwei Zentralpunkte seines Denkens, nämlich das Persönlichkeits- oder Individualitätsprinzip und das Relationismusprinzip, in Kombination aus: »Alle Objektivität beginnt subjektiv, in der Form der Subjektivität.«[121] Die Ironie richtet sich, subjektiv wie sie ist, gegen kulturelle Verkrustungen, aber der mit ihr sich entwickelnde Humor kündigt eine neue Welt an, nämlich die Welt der Kultur, auf der die Individualisierungsprozesse der Moderne beruhen: »Aber wenn es die Aufgabe des Persönlichkeitsprinzips ist, sowohl das Gedankenleben zu durchdringen <Erkenntnis durch Selbsttätigkeit des Erkenntnissubjektes im KANTischen Sinne bestimmt - Hrsg.> - als auch das soziale Leben <Freiheit des Einzelnen, soweit sie die Freiheit anderer nicht verletzt - Hrsg.>, so kündigt sich in dem großen Humor eine objektive Tätigkeit höheren Ranges an, als die ist, von der sich die Ironie freizumachen sucht.«[122]

Trotz seiner Bevorzugung des individualpsychologischen Aspekts nimmt HÖFFDING auch historische Gesetzmäßigkeiten und Strukturen an, die sich in seiner Ansicht einer positiven Paradoxie der Moderne zusammenfassen lassen, in welcher der Humanismus als Resultat der vom modernen Egoismus geschaffenen Voraussetzungen einer differenzierten Persönlichkeitsauffassung gilt. Für notwendige oder zumindest schwer vermeidbare Paradoxien der Moderne, für eine Dialektik der Aufklärung hat HÖFFDING aber gar keinen Sinn. Mit der Anerkennung von Entwicklungstendenzen dieser Art würden sich seine erkenntnis- und werttheoretischen Gesichtspunkte - die harmonistische und Vertrauen stiftende Einbindung in den Gesamtzusammenhang - verlieren und dann allerdings sofort die radikalen Konsequenzen entfalten, die sowohl in ihnen wie auch überhaupt in HÖFFDINGs Denken angelegt, aber gleichsam gebannt sind. An diesem neuralgischen und zentralen Punkt seines Denkens wird deutlich, warum die Sozialpessimismus-Frage - die im Hinblick auf die Begriffe der zeitgenössischen Philosophie sich prima vista etwas antiquiert auszunehmen scheint - für HÖFFDING eine so wesentliche Bedeutung hatte.

Mit seinem Humor-Begriff verarbeitet HÖFFDING aber auch die Erfahrungen seiner Epoche nach dem Untergang der idealistischen Systeme, nämlich daß Sinn empirisch ist und aus den kontingenten historischen Gebilden der Kulturentwicklung herauszulesen sei. Die Bedingungen, Brechungen, ironischen Unverhältnismäßigkeiten und Inkongruenzen, die sich aus der Verbindung von Geltungs- und Bedeutungsfragen mit der Zufälligkeit der Ereignisgeschichte

[121] ebd., S. 158

[122] ebd.

*ergeben, soll seine Theorie des Humors ja gerade erfassen. Es ist die Rechtfertigung der Realität vom subjektiven Standpunkt aus - auf dem stehend, man die Wirklichkeit meistern können soll. Humor und Ironie sind offenbar Reaktionen auf die Paradoxien und Widersprüche des Daseins, die sich nicht mehr dialektisch im Begriff der sich selbst auslegenden Vernunft aufheben lassen. Sie müssen vielmehr ausgehalten werden. Es gibt dabei keine gesicherte Auflösung der Widersprüche, aber es gibt eine evolutionstheoretisch angelegte Vorstellung vom Zusammenhang des Daseins als Leitidee, die den Widersprüchlichkeiten zwischen Wert und Wirklichkeit ihre dramatische Spannung nimmt.*

*HÖFFDINGs Ansicht, daß sich Werte gleichsam aus dem Erdenstaub der naturhaften und materiellen Bedingungen herausentwickeln, ist nicht reduktionistisch gemeint. In seiner harmonistischen Gesamtdeutung gilt vielmehr die umgekehrte Relation: von den höher entwickelten Resultaten der individuellen psychischen und der kollektiven kulturellen Entwicklung fällt zugleich ein erhöhendes Licht auf die naturhaften Anfänge zurück. Diese plastische Kraft zur Verarbeitung von Widersprüchen bewährt sich besonders in der Konfrontation mit den tragischen Aspekten des Lebens. Daran bewährt sich sein Realismus. Die Verbindung von Tragödie und Komödie des Daseins zeigt sich besonders prägnant in der Wert-Frage. Die Anmaßung der bestehenden Wirklichkeit wird in diesem Lichte deutlich, wenn sie absolute Geltung gegen die stets sich regende schöpferische Kraft der kulturellen Evolution usurpieren will . »Das Komische kann dadurch entstehen, daß das Leiden trotzdem seine Ohnmacht zeigen kann gegenüber einem neuen geistigen Aufschwung, den es selbst indirekt hervorgerufen hat.«*[123]

*Den Einwand, er verharmlose die Probleme, versucht HÖFFDING immer wieder durch die Versicherung abzuwehren, daß sein Begriff des Humors nicht dazu führe, daß man vor irgendetwas die Augen verschließe. Im Gegenteil, gerade der vollkommene Realismus schaffe, anders als dogmatisch gebundene pessimistische Weltanschauungen, die Möglichkeit dafür, daß sich die Gewichte nach ihrem wirklichen Verhältnis austarieren, und das heißt, daß es keine endgültigen Niederlagen und Untergänge angesichts der Offenheit der Verhältnisse in Natur und Kultur gäbe. »Daß Schmerz und Leid in der Welt existieren, ist eine Tatsache, vor der keine ernsthafte Lebensanschauung die Augen verschließt.«*[124] *Und: »Die Disharmonien des Lebens verflüchtigen sich zuletzt gegenüber der großen Kraft, mit der das Leben geführt wird.«*[125]

*Untergangserlebnissen versucht HÖFFDING mit einer Dialektik der Grenze ihre Schärfe zu nehmen. Man sehe aus dem ständigen Fluß der Entwicklung über alle Brüche hinweg, daß kein einziger Wert alle Werte umfassen könne.*

*Mit seinem Humor-Begriff hat sich HÖFFDING die Fähigkeit erschlossen, bestimmte Züge der Dialektik individualpsychologisch zu transformieren und ethisch akzentuiert in sein Denken zu integrieren.*

*Der positive Bezug zur Gegenwart, die volle Zuwendung zur Realität ist für HÖFFDINGs Humor-Begriff also wesentlich zur Abgrenzung vom Illusionismus.*

---

[123] ebd., S. 103

[124] ebd.

[125] ebd., S. 99

*Ein weiteres Moment ist die Sympathie, die er aus naturalistischen Anfängen hervorgehen läßt. Er will damit seinen psychologischen Realismus betonen. Der Weg zu dem zusammengesetzten Gefühl der Sympathie kann durch Motivverschiebung vom Impuls zur Selbstbehauptung ausgehen. Sympathie kann aber auch aus der Deutungsarbeit an Schmerz und Leid hervorgehen. Letzterer Gesichtspunkt gehört allerdings in den Rahmen einer durchaus nicht naturalistischen Interpretationsleistung des Individuums seinen Lebenserfahrungen gegenüber. Die von HÖFFDING beschriebene Art des Humors, der die Lebenserfahrung in allen ihren Aspekten in sich aufgenommen hat, endet anders als z. B. SCHOPENHAUERs metaphysischer Blick in die Lebenszusammenhänge mit einem optimistischen 'Ja' zum Leben und seinen Erscheinungsformen.*

*Es ist erstaunlich, wie präsent, wie einflußreich und dominierend die Pessimismus-Frage für HÖFFDINGs Denken stets ist. Immer wieder wird deutlich, daß seine Theorie des Humors und der Ironie als Gegenentwurf gegen pessimistische Gesamtdeutungen konzipiert war. Von daher gesehen, ist dieses relativ schmale, aber gehaltvolle Buch in einer späten Phase von HÖFFDINGs Werkgeschichte noch einmal eine markante Wiederaufnahme der anfänglichen Pessimismus-Debatte mit TÖNNIES von 1888. Nun wird sie von HÖFFDING aber auf einen differenzierten kulturpsychologischen Rahmen bezogen.*

Wie im obigen Exkurs gezeigt, bündelt HÖFFDING in seiner Darstellung des *Großen Humors* Grundgedanken seiner Psychologie, seiner Ethik und seiner Religionsphilosophie, sofern sie kulturtheoretisch wichtig sind, zu einem Gegenentwurf, der sich gegen den zeitgenössischen Pessimismus bei der Kulturbetrachtung wendet. Von daher gesehen, verbirgt sich hinter dem etwas abseitig anmutenden Titel von HÖFFDINGs Buch über den Großen Humor eine Wiederaufnahme der Pessimismus-Debatte, die er 1888 mit TÖNNIES geführt hat. Nun aber bewegt er sich auf dem Terrain seiner Werktrias und auf dem Zusammenhang ihrer Grundgedanken.

Die psychologischen Bedingungen für den Aufbau von Gesamtgefühlen werden von HÖFFDING nicht weniger intensiv durchdacht als zuvor die psychologischen Voraussetzungen der Erkenntnis, wie er sie in seiner Erkenntnispsychologie präsentiert hatte. Der zentrale Gedanke, auf den sich HÖFFDINGs Gegenentwurf gegen den Kulturpessimismus stützt, ist das Axiom von der *Erhaltung des Wertes*. Es stammt aus seiner Religionsphilosophie und bezeichnet - seinen Analysen zufolge - die Grundannahme jeder Religion, nämlich, daß das Dasein einen unzerstörbaren und stets präsenten, wenn auch einen in seinen Erscheinungsformen möglicherweise sich wandelnden Sinn hat. Diese Voraussetzung ist das religiöse Pendant zum erkenntnistheoretischen Kontinuitätspostulat. Die realwissenschaftliche Betrachtung der Ethik fördert im Theorem der *Metamorphosen des Gefühls* und besonders im Prinzip der Motivverschiebung ihrerseits ein Analogon zutage. Die Einheit des Bewußtseins und die sich daraus ergebende Analogie im Aufbau aller geistigen Produktionen bewährt sich für HÖFFDING in der Möglichkeit, die verschiedenen Zweige seines philosophischen Denkens in logisch-systematischer, aber auch in anthropologisch-realwissenschaftlicher Hinsicht zu verbinden.

Der Individualitätsgedanke, der von der umfassenden Dimension überindividueller Individualitäten bis hin zur persönlichen Entscheidungsproblematik des Einzelnen reichen kann, wird von HÖFFDING in seiner Kulturtheorie mit dem Kontinuitätsgedanken in seiner werttheoretischen Variante verbunden. Auf dieser Grundlage kann er die Möglichkeit endgültiger historischer und kultureller Katastrophen etc. zurückweisen. Durch die Eröffnung immer neuer Zusammenhänge können Entwicklungsstadien, die vorher blockiert gewesen zu sein schienen, unter jeweils neue Bedingungen gestellt werden. Dadurch wird die Kulturentwicklung vor den Untergängen bewahrt, die in der Geschichtstheorie der damaligen Zeit immer wieder eine wichtige Rolle spielten.[126] Der 'Pessimismus' wird bei HÖFFDING nun als voreiliges Dogma charakterisiert.

## *Exkurs: Psychologie des Egoismus und der sozialen Gefühle*

*Gegen den Pessimismus wendet sich HÖFFDING bereits auf der fundamentalen Ebene seiner Psychologie der Gefühle.*

*Neben den 'Metamorphosen der Gefühle' stehen für HÖFFDING die psychologischen Bedingungen ethisch bedeutsamer Gefühle im Mittelpunkt seines Interesses. Dabei handelt es sich um die grundlegende Dualität von Egoismus und Sympathie. Beides sind 'intellektuelle Gefühle', die eine hohe Entwicklung des Vorstellungslebens zur Voraussetzung haben. Der Egoismus stellt dabei den zentralen Anwendungsfall für den Vorgang der 'Motivverschiebung' dar. Die Berücksichtigung des Anderen aus zweckhaften Gründen kann durch die Motivverschiebung zum Hauptmotiv werden. Der realistische Impuls von HÖFFDINGs Denken kommt an dieser Stelle, wo die Paradoxie des unbeabsichtigten Entstehungsprozesses ethischer Gefühle nachgezeichnet wird, besonders klar zum Ausdruck. TÖNNIES dagegen sah in der Einsicht, daß die Menschen der Gesellschaft sich gegenseitig der Tendenz nach aus zweckrationalem Kalkül wie Dinge behandeln, keinen Ansatz für die Annahme einer unbeabsichtigten Entwicklung ethischer Einstellungen. In einem anderen Zusammenhang findet sich bei ihm aber auch die Vorstellung eines Humanisierungsprozesses, der jedoch auf fragilem intellektuellen Boden verläuft.*

*Bei seinen Analysen des Sympathiebegriffes verwendet HÖFFDING gleichsam die ethische Variante seines 'Kontinuitätspostulates'. Sympathie setze den Glauben an die Dauerhaftigkeit des inneren Kerns der Persönlichkeit voraus. Analog dazu beruht das Pflichtgefühl für ihn auf dem Bestreben, sich selbst treu zu bleiben. Auch die Religion hat eine analoge Grundstruktur, nämlich den Glauben an die Beständigkeit der höchsten Werte.*

*Seine Psychologie der Gefühle baut HÖFFDING in Übereinstimmung mit allen 'empirisch-realistischen Konzeptionen' auf den alles tragenden Gegen-*

---

126 und durch Oswald SPENGLER (Untergang des Abendlandes. Umrisse einer Morphologie der Weltgeschichte, 2 Bände, Wien/München 1919/1922) große Popularität erlangten.

*satz von Lust und Unlust auf. Von dieser Basis ausgehend, widmet er sich besonders den 'Metamorphosen des Gefühls', die durch die Einwirkung von verschiedenen Vorstellungen auf denselben Gefühlsimpuls entstehen. So kann, je nach der Chemie der Gefühle, aus Unlust dann Abscheu, Kummer, Haß oder Neid entstehen, aus Lust dagegen Freude, Liebe, Sympathie.*

*Nicht anders als TÖNNIES gelingt es HÖFFDING immer wieder, aus seinen psychologischen Analysen, die den Aufbau komplexerer Verhaltensweisen bis in ihre elementaren Komponenten zurückverfolgen, den Bezug zu Phänomenen herzustellen, die für die Sozialwissenschaften bedeutsam sind. Bei diesen Bezügen handelt es sich in HÖFFDINGs Fall aber nur um beiläufig zur Sprache gebrachte Konsequenzen, die nicht intensiv verfolgt werden. In diesem Zusammenhang ist besonders das Problem des unterschiedlichen Mobilitätsgrades von Gefühl und Gedanke interessant. Letzterer ist der weitaus beweglichere und flüchtigere Teil des psychischen Lebens. Das Gefühl dagegen ist schwerfälliger, aber auch beharrlicher. Aus dieser Einsicht kann HÖFFDING ideologiekritische Schlußfolgerungen ableiten, die PARETOs Unterscheidung in Residuen und Derivationen ähneln. Ohne Wandel in den tief sitzenden Gefühlshaltungen muß demnach jede nur in der intellektuellen Sphäre verbleibende Aufklärung auf Dauer wirkungslos bleiben. Die Verbindung von Gefühl und Gedanken dagegen schafft erst die eigentliche durchsetzungsfähige Kombinationen.*

*Auch bei diesen Überlegungen zur 'Psychologie der Ethik' taucht wieder ein wesentlicher soziologischer Gesichtspunkt quasi en passant auf, ohne daß HÖFFDING ihn weiter verfolgen würde. Es ist der Tatbestand, daß die Geltung ethischer Maximen auf der Fähigkeit der Menschen beruht, das 'Urteil' der Anderen - über ihre jeweilige Handlungsweisen vorwegzunehmen. HÖFFDINGs realistische Grundtendenz holt sich aus seinem Monismus die fundamentalen Gesichtspunkte, so auch den, daß das ethische Ideal der Wirklichkeit angemessen sein muß[127] und auch gar nicht umhin kann, diese Ädaquatheit zu zeigen, da es selbst Teil des umgreifenden Evolutionsprozesses ist. Für HÖFFDING entsprechen die sozialen Tugenden, so wie sie sich um den Sympathiebegriff aufbauen, nicht weniger der 'Natur' des Menschen als die egoistischen Tugenden.*

*Für die Frage des Sozialpessimismus hat sich HÖFFDINGs Theorie der 'Metamorphosen des Gefühls' als besonders folgenreich erwiesen. HÖFFDINGs Bild der humanisierenden Rolle des modernen Individualismus, der ursprünglich aus antagonistischen, egoistischen Impulsen entstanden ist, setzt eine genuin liberale Tradition seit der Aufklärungszeit fort: die Vorstellung der invisible hand (Adam SMITH), die über die Einzel-Egoismen den Zusammenhang sichert und die Vorstellung des antagonistischen Entstehungsgrundes einer Fortschrittstendenz der Geschichte (KANT).*

Mit der philosophischen Akzentuierung seiner kulturtheoretischen Grundgedanken verläßt HÖFFDING die spezifisch psychologische Ebene. Er liefert damit gleichsam eine geschichts- und erkenntnislogische aber auch eine ethische Widerlegung des Pessimismus, jedenfalls seinem Verständnis nach. Mit seiner

127 Vgl. ebd., S. 370

Theorie des Humors und der Ironie verlieh HÖFFDING auch seiner Kulturtheorie einen besonderen und für seine Weltsicht wesentlichen Akzent.

HÖFFDING umreißt den philosophischen Hintergrund, die kulturelle Vorgeschichte und die psychologischen Bedingungen für den Humor und die Ironie als Weltanschauungstypen. Diese Komponenten verbinden sich zu einer philosophischen Deutung der Gegenwart. Am Ironie-Begriff zeigt sich besonders deutlich, was für HÖFFDINGs gesamte philosophische Konzeption gilt: Seine Grundbegriffe sind zugleich zentrale Begriffe der intellektuellen Moderne. Er setzt bei ihnen aber nicht, wie die Zivilisationskritik, in kritischer Absicht an, sondern vielmehr in affirmativer Weise . Seine Grundbegriffe dienen ihm als Ausgangspunkt für eine Rechtfertigung der Moderne. Allerdings handelt es sich dabei um eine 'Rechtfertigung', in die, wie in alle kulturtheoretischen Lösungsvorschläge HÖFFDINGs, eine ironische Komponente eingewoben ist. Es ist aber bezeichnend und von großer symbolischer Bedeutung, daß ein positives Bild der Moderne, an dem HÖFFDING mit Überzeugung festhält, nur noch mit einem ironischem Beiklang möglich ist. Die Ironie ist bei HÖFFDING das kulturtheoretische Analogon zum Relativismusbegriff auf der erkenntnistheoretischen Ebene. Bezüglich des Schicksals der Werte, für die er einen unverbrüchlichen Zusammenhang annimmt, legt HÖFFDING ebenso eine kritizistische Komponente in seinen Monismus, wie bezüglich des Erkenntniszusammenhanges. In beiden Fällen handelt es sich um Postulate, nicht um dogmatische Setzungen.

Die Grundmotive von HÖFFDINGs Denken haben eine Entsprechung bei TÖNNIES. In dieser Parallelität zeigt sich, wie die Probleme und die Mittel zu ihrer Lösung im 'Zeitgeist' begründet waren. Angesichts dieses gemeinsamen, von der geistigen Situation der Zeit bereitgestellten Instrumentariums des Denkens werden die individuellen Unterschiede zwischen den Repräsentanten der gleichen Denkrichtung auffällig.

## *Exkurs: Die Religion als Paradigma des unterschiedlichen Denkens von HÖFFDING und* TÖNNIES

*HÖFFDING hat zwei Zentren bei der philosophischen Betrachtung des religiösen Problems; das kosmologische Problem im Hinblick auf das Werteschicksal und das Problem der Persönlichkeit in Hinblick auf das Engagement für Werte. In beiden Seiten findet er, unvermeidlicherweise, einen »Stachel«, den es zu entschärfen gilt. »Der Stachel des religiösen Problems entsteht zum großen Teil gerade daraus, daß der Wertbegriff in der Religion nicht nur psychologisch, sondern auch kosmologisch gültig sein will.«*[128] *Alles geht durch das Individuum. »Es ist aber von Wichtigkeit, stets im Gedächtnis zu behalten, daß die Gattung immer aus den einzelnen Individuen besteht und in diesen lebt, und daß alles Große und Echte sich anfänglich in solchen einzelnen Individuen*

[128] H. *HÖFFDING*, Religionsphilosophie, Leipzig 1901, S. 250

*emporarbeiten muß, wie auch, daß 'Tatsachen' nicht echter und 'Ideen' nicht wahrer werden, weil die Anzahl der an sie Glaubenden eine große ist.«*[129]

Die verschiedenen Persönlichkeitstypen, z. B. disharmonische und expansive Naturen, und die 'Stilvarianten' religiöser Auffassungen gehören in den Bereich der Explorationen zur Rolle der Persönlichkeit in der religiösen Entwicklung.[130] Die Rolle der Persönlichkeit als Werte-Entdecker und als Wert-Träger, als Sinnkriterium für das Eigenrecht des Einzelnen gegenüber dem Ganzen, aber auch als kulturtheoretischer Indikator für den Grad der Differenzierung[131] steht im Zentrum von HÖFFDINGs Analysen. Handelt es sich dabei um ein Symptom für Auflösung? Dagegen führt HÖFFDING aber die Möglichkeit neuer geistiger Gemeinschaftsbildungen von selbstständigen Individualitäten ins Feld. Vor allem gilt es, daß die Entfaltung des Persönlichkeitsprinzips zugleich die Fähigkeit zur Einfühlung, Sympathie und zum Verstehen der Menschen untereinander auf eine vorher nicht mögliche Höhe entwickelt hat. »Die feinste Blüte aller«[132] »Kultur entsteht durch sympathisches Verständnis der persönlichen Eigenthümlichkeit anderer Menschen, ... öffnet die Möglichkeit eines Gefühls der Gemeinschaftlichkeit, das tiefer liegt, als das durch den Anschluß an gemeinschaftliche Dogmen bedingte.«[133]

Der kollektive Aspekt hat bisher bei der Religionsbetrachtung überwogen. Der individuelle aber ist für uns, die wir alle Individuen und nicht Gattungsexemplare sind, insgesamt der wichtigere[134], gibt HÖFFDING zu verstehen,

Das Persönlichkeitsprinzip wird von HÖFFDING in seiner bereichernden Rolle für die Gesellschaft hervorgehoben. Es ist Selbstzweck der historischen Entwicklung, das die Gesellschaft produktiver, elastischer und reicher an Möglichkeiten macht. Darin sieht HÖFFDING also in seinem stets wachen Bewußtsein für die Probleme kultureller Erneuerung, ganz im Gegensatz gegen einen Topos der Kulturkritik, auch ein Reservoir für sinnvolle Neubildungen. Allerdings ist ihm klar, »daß die Geschichte nicht immer auf geraden Wegen wandelt«[135] und daß folglich der Impuls zur Erneuerung oft aus ganz unvermuteten Regionen kommen kann, die gerade nicht auf der Höhe der Zeit sind. »Die neuen Werte kommen sehr oft nicht aus der Welt der Kritik und Analyse, sondern aus Kreisen, wo man mit Tiefe und Innigkeit in den alten Werten gelebt hatte.«[136]

Das Dasein ist unabsehbar und unerschöpflich. Daraus gewinnt HÖFFDING eine Spitze gegen TÖNNIES, ohne daß der Adressat genannt zu werden brauchte: »...und daß die Welt alt geworden sein sollte, ist durchaus nicht zu verspüren.«[137] Diese Überlegungen dienen dem Nachweis, daß das Axiom mög-

---

129 ebd.

130 Vgl. ebd., S. 254

131 Vgl. ebd., S. 279

132 ebd., S. 283

133 ebd., S. 282

134 Vgl. ebd., S. 284; auf S. 300 wird aber dann doch summarisch die Berechtigung des soziologischen Aspekts hervorgehoben.

135 ebd., S. 281

136 ebd., S. 289

137 ebd., S. 242

*lich ist, ohne unkritische Zuflucht zu einem Harmonie-Dogma - im Gegenteil kann es zusammenbestehen mit der vollen Anerkennung des unabsehbaren, unabschließbaren und den einzelnen Kulturformen gegenüber 'rücksichtslosen' Charakters des Daseins. Damit will HÖFFDING auch den Pessimismus einer Selbst-Widerlegung ausliefern. Sein Part wird demnach vom 'kritischen Monismus' längst mitgetragen. Andererseits beruht der Pessimismus grundsätzlich auf einem Selbstwiderspruch: »Gerade, daß die Disharmonie gefühlt wird, ist also ein Zeichen, daß es im Dasein Werte gibt. Der Pessimismus hat ein optimistisches Element im Hintergrund. Die Kontrastwirkung kann allerdings so stark werden, daß man den Sinn für den Wert des Hintergrundes verliert, wenn man in rein passive Zustände hinabsinkt.«[138] Hier wird der Pessimismus also nach dem Muster 'Schmerz ist ein Zeichen für Gesundheit' abgehandelt. Die Möglichkeit, daß die Disharmonie das letzte Wort haben könnte, ignoriert HÖFFDING geflissentlich. In solchen Passagen wird deutlich, woraus HÖFFDING auch kein Geheimnis macht, daß seine gesamte Argumentation auf einem optimistischen Grundgefühl beruht, um das er sein Begriffsgebäude herumbaut. Die Freiheit für dieses Verfahren gibt ihm seine Version des Kritizismus, derzufolge alles auf prinzipiell nicht mehr begründbaren Annahmen beruht - und warum dann nicht auf positiven?, so lautet seine lebenslang immer wieder an TÖNNIES gestellte Grundfrage.*

*HÖFFDING muß aber dem Gedanken des Wandels bis in das innerste Zentrum seines Denkens nachgeben. Wie nebenher kommt plötzlich ein zentraler Gegengedanke - den Untergang von Werten betreffend - zur Sprache: Diesen Einwand gegen die Möglichkeit einer optimistischen Geschichtsauffassung wehrt er aber ab. Aus dem Prinzip der Erhaltung des Wertes leitet HÖFFDING vielmehr die gegen den Pessimismus und gegen alle vorübergehenden krisenhaften Zäsuren gerichtete Maxime des 'Immer-weiter-Machens' ab. Ein Endpunkt, ein endgültiger Untergang sei nie mit Sicherheit zu erkennen. Sowohl empirisch könne man aus der Geschichte lernen, wie auch theoretisch aus der Erkenntniskritik einsehen, daß die Phänomene der Geschichte immer wieder in neue Zusammenhänge eintreten können und dadurch auch nach vorübergehenden Krisen und Zusammenbrüchen einen neuen Sinn bekämen. Es gelte, ».. daß wir niemals das Recht haben, bei einem pessimistischen Dogma darum halt zu machen, weil sich zwischen der Erfahrung und unsrem Glauben an die Erhaltung des Wertes eine Disharmonie zeigt.«[139]*

*Der Impuls zur religionswissenschaftlichen Betrachtung ist also mehrfach: einmal geht es HÖFFDING um eine Bestimmung des Wesens der Religion, d. h. des spezifisch Religiösen. Er findet es in seinem Axiom. Der Weg zu dieser Einsicht führt über erkenntnistheoretische, -logische und psychologische Untersuchungen. Letztere teilen sich auf in individualpsychologische Analysen und in vergleichende kulturpsychologische Betrachtungen. Zum zweiten ist diese philosophische und kulturwissenschaftliche Betrachtungsweise von ihrem Ansatz her (nämlich der Untersuchung der 'religiösen Frage' als Konsequenz der Differenzierung der intellektuellen Leistungen in der modernen arbeitsteiligen*

---

[138] ebd., S. 244

[139] ebd., S. 310

*Welt) mit einem unmittelbaren Bezug zu Gegenwartsfragen verbunden, der seinerseits einen starken kulturreformerischen Antrieb erkennen läßt.*

*Auch der* Untergang von Werten *ist demnach kein Gegenargument. Denn - und nun wird fast kantisch eine, allerdings auf das kulturelle Handeln zielende, postulatorische Komponente eingeführt: »Eben in der Arbeit des Wertefindens und Werterzeugens liegt der Glaube an die Erhaltung der Werte, insoweit diese Arbeit die Möglichkeit voraussetzt, daß die Werte ausgelöst werden können und ihren Platz im Dasein finden, welcher Art und wie groß dieser auch sein mag.«*[140]

*Die Religion kann als treibende Kraft bei der praktischen Umsetzung dieser Postulate wirken.*

*Die Frage nach dem Fortbestehen des nun in seinem Wesen erkannten religiösen Bedürfnisses führt HÖFFDING zur Analyse des Auflösungsprozesses der dogmatischen, positiven Religion. Er verweist auf die Möglichkeit einer Verbindung von Kritik und neuer Harmonie. Beispiele dafür sind ihm SPINOZA und GOETHE, FICHTE und Stuart MILL; von CARLYLE, DÜHRING und NIETZSCHE gäbe es noch viel zu lernen bezüglich neuer Formen harmonischer Konzentration.*

*Das religiöse Problem ist für HÖFFDING offensichtlich in einer unlöslichen Symbiose mit dem ethischen verbunden. Der Oberbegriff ist der Begriff des Wertes, den es zu bewahren bzw. entsprechend der historischen Situation umzugestalten und fortzubilden gelte. Der Glaube an die Möglichkeit und an den Sinn dieses Unternehmens - das ist das Spezifische der Religion, wie es stets wirksam war, in der Moderne aber erst zu reiner Ausgestaltung gekommen ist. Die 'Prinzipien für die Entdeckung und die Erzeugung von Werten' sind Bestandteil der Ethik. Der schwebende und schwankende Grund aller geistigen Objektivationen und Prinzipien ist hier nicht anders als auf theoretischem Gebiet festzustellen.*

*Als eine Konsequenz der religiösen Entwicklung, die er bis zur Differenzierung von Wissenschaft und Religion und zur damit verbundenen dominierenden Rolle des Persönlichkeitsprinzips verfolgt hat, hebt HÖFFDING die ausschlaggebende Bedeutung des Ethischen in der Religion hervor. Dieser Aspekt ist der immanenten humanisierenden Tendenz in der Religionsentwicklung gewidmet. Er ist aber auch mit einem kritischen Gesichtspunkt verbunden, der wiederum stark an die Religionskritik der Linkshegelianer erinnert. Religiöse Werte sind für HÖFFDING stets sekundär, d. h. sie brauchen den Gegenstand bereits etablierter praktizierter Werte in der historisch-kulturellen Welt, die sie dann in einem zweiten Schritt beurteilen können. Die spezifisch religiöse Perspektive auf die Werte ist demzufolge immer abgeleitet. Man meint PARETOs Ausdrucksweise von den Derivationen zu hören. Nur bleibt bei HÖFFDING alles in einem Aufklärungsappell zur Humanisierung der kulturellen Welt einbezogen. Vor dieser Aufgabe muß sich die Religion bewähren. »Die Diskussion wird mit unerbittlicher Logik immer auf die begriffliche Priorität der Ethik vor der Re-*

---

[140] ebd., S. 245

*ligion zurückführen ... Die Bedingung für die Berechtigung der Religion ist also die, daß dem ethischen Werke weder Kraft noch Zeit entzogen wird.«*[141]

*»Woher kommt das Wertvolle und wohin geht es? Man muß darauf nicht unbedingt eine Antwort haben wollen.«*[142] *Hinter diesen Gedanken scheint die Vorstellung von der unerschöpflichen Produktivität des Lebensstromes hervorzuscheinen, der immer neue Gestalten und Formen aus sich hervorbringt. Man ist also versucht, HÖFFDING unter diesem Aspekt, in unmittelbare Nähe zur lebensphilosophischen Hauptströmung in der Kulturwissenschaft seiner Zeit zu rücken, also in die Nähe von DILTHEY und BERGSON und - mutatis mutandis - SIMMEL. Bei diesem Versuch hätte HÖFFDING jedoch protestiert. Denn er empfand sich in Opposition zu diesen Strömungen, obwohl es bei ihm in jeweils begrenztem Maße Sympathien bezüglich der beschreibenden Psychologie DILTHEYs, der kulturtheoretischen Form-Inhalt- und Relativismus-Problematik bei SIMMEL und der psychologischen Evolutionstheorie BERGSONs gab. Neben den wissenschaftstheoretischen Gesichtspunkten seines kritischen Monismus trennte ihn von der zeitgenössischen Lebensphilosophie, wie er sie sah, vor allem seine Betonung des Individualitätsprinzips. Ethik und Religion sind für HÖFFDING nicht Objektivationen überindividueller übergreifender Zusammenhänge, sondern zuerst und vor allem Resultate von individuellen Entscheidungen, Erfahrungen, Bedürfnissen und Gefühlen. Die Opposition KIERKEGAARDs gegen HEGEL wiederholt sich in HÖFFDINGs Position unter veränderten Bedingungen und in stark veränderter Form. Durch die Rezeption der kulturpsychologischen Betrachtungsweise hat HÖFFDING sich natürlich die vergleichende, auf Strukturen achtende Perspektive der zeitgenössischen Kulturwissenschaften in ihrem vollen Gehalt einverleibt. Seine Fassung des Individualitätsprinzips beruht also auf den Ergebnissen der historischen Aufklärung des 19. Jahrhunderts seit HEGEL.*

*Der Glaube an die Erhaltung des Wertes bindet Energien, die für die Suche nach neuen Werten nötig wären. Dadurch daß HÖFFDING nicht eine phänomenologische Betrachtungsweise einnimmt, sondern vielmehr psychologisch und historisch das Wesen der Religion zu fassen versucht, befindet er sich notwendigerweise fortwährend mit den Fragen des kulturellens Wandels konfrontiert. Seine Hypothesen bereitet er dabei indirekt durch erkenntnistheoretische Explorationen vor. Er gibt eine positive Begründung durch psychologische Untersuchung der religiösen Erfahrung und des religiösen Glaubens.*

*HÖFFDING hat auch eine Religionskritik im Sinne der Ideologiekritik in seinem Denken. Ein Gesichtspunkt in dieser Richtung ist - ganz in Übereinstimmung mit Karl MARX - die Konzentration auf die Subjekt-Prädikat-Frage und die damit verbundenen Möglichkeiten eines Vexierspiegels, wenn für empirische Prädikate ein nur postuliertes Subjekt als absolute Wesenheit gesetzt wird, ohne daß sein fiktiver Charakter kenntlich gemacht würde.*

*Anläßlich des Problems, ob sich Harmonie zwischen Erkenntnis und Schätzung herstellen lasse, geht HÖFFDING erkenntnistheoretisch auf den hypo-*

---

[141] ebd., S. 297 f.

[142] ebd., S. 338

*thetischen Status des Wertes ein. Aus der Kontinuität des Daseins folgt demnach nichts über die Kontinuität des Wertes.*

*Immer wieder aber nötigt die religiöse Problematik HÖFFDING, die parallele erkenntnistheoretische Problematik zu durchleuchten, um über diesen Kontrast hinweg die Einheit des Bewußtseins nachweisen zu können. Unter der Perspektive der Einheit des Bewußtseins analysiert dann HÖFFDING die Wirkungsweisen von Vorgriffen, Hypothesen, Leitideen, als die sich die Grundsätze geistiger Operationen auf allen Lebensgebieten erweisen. Die Veränderlichkeit der Prinzipien bringt er in einen kosmologischen Zusammenhang, indem er eine analoge Veränderlichkeit des Daseins insgesamt annimmt. Vor diesem Hintergrund kann er das religiöse Bedürfnis nach Stabilität, nach einem bestandshaften Kern des Daseins, besonders markant hervorheben.*

*In seiner Religionsphilosophie ebenso wie in seiner Ethik verwendet HÖFFDING den kritischen Gedanken KANTs, wie er ihn verstanden hat. Die tragende Rolle von Postulaten, Antizipationen und regulativen Ideen, die sein kritischer Monismus sowohl für das Gebiet der wissenschaftlichen Erkenntnis wie auch für den ethisch-religiösen Bereich hervorhebt, kommt hier wieder ins Spiel. Der Gedanke an die* Erhaltung des Wertes *ist eine Leitidee wie auch die Annahme eines durchgängigen Kausalprinzips. Aus dieser Analogie des Aufbaus aller geistigen Produktionen folgt die Annahme, »daß das Dasein als ein großes System potentieller Werte« angesehen werden könnte, »die zum Teil durch die Zwischenglieder der menschlichen Arbeit hindurch in aktuelle Werte umgesetzt werden sollen».*[143]

*Der Ansatz zu einer Transzendentalphilosophie der Werte, zur Abgrenzung einer metyphysischen Wertsphäre wird von HÖFFDING aber in seinem monistischen und evolutionstheoretischen Rahmen nicht entfaltet. Dennoch kommt mit diesen Vorstellungen eine problematische und 'fremde' Komponente in seinen Gedankengang hinein. Man muß sich dabei aber immer in Erinnerung rufen, daß HÖFFDING erkenntnistheoretisch, psychologisch und im Sinne einer Geschichtsevolution argumentiert. Die potentiellen Werte sind für ihn also Bestandteile der einen, umfassenden Erfahrungswelt, die nach und nach hervorgebracht werden, nicht aber ein Ideenreich, das in Erscheinung tritt.*

*Der Aspekt, der auf eine Kulturreform der Gegenwart zielt, wird sehr deutlich in HÖFFDINGs Versuchen zum Nachweis, daß die Religion nicht untergehen könne, ohne daß ein Äquivalent ihre Stelle einnimmt, wenn nicht ein wirklicher Verlust eintreten soll. Einen solchen Verlust hinzunehmen, verbietet aber das Postulat zur Erhaltung des Wertes, das in diesem Zusammenhang seine sozial- und kulturethische Bedeutung zeigt. Dieses Prinzip hat in HÖFFDINGs Augen selbst eine wertschöpfende Bedeutung. Es setzt nämlich eine Eigendynamik in Gang, die sich mit dem Motto 'Wer sucht, der findet' bezeichnen läßt. »Wie wir bereits sahen, hat der Glaube an die Erhaltung des Wertes die Tendenz, sich selbst zu verifizieren, indem wir durch die erweiterte Erfahrung die Disharmonien zu beseitigen suchen.«*[144] *Diese Leitidee führt HÖFFDING auch gegen einen Kulturpessimismus ins Feld. Daß Passagen, wie die folgenden, im indirekten*

---

[143] ebd., S. 306

[144] ebd., S. 315 f.

*Zwiegespräch mit TÖNNIES geschrieben sein könnten, leuchtet dem Leser der Korrespondenz sicherlich sofort ein: »Die Geschichte zeigt uns einen Rhythmus kritischer und organischer Perioden, und für den, der in einer kritischen Zeit lebt, kann es leicht aussehen, als ob eine organische Periode nie wieder einsetzen könnte.«[145] Die vergleichende Betrachtung aber lehrt, daß es faktisch so war, die erkenntnistheoretische aber zeigt, daß es unbeweisbar wäre, für Gegenwart und Zukunft das Gegenteil anzunehmen, die ethische Betrachtung schließlich verlangt in diesem Kontext, daß man so handeln müsse,* als ob *die Geschichte über alle Brüche hinweg die Kontinuität eines Sinnes bewahren würde. So ergibt sich im Blick auf die Gegenwart die folgende resümierende Einschätzung: »Wir leben in einer Übergangszeit. Es fehlt an Harmonie unseres Glaubens mit unserer Erkenntnis und unserem Leben. Es muß sich ein neuer Lebenstypus bilden, der weder die Kritik fürchtet noch seine Freiheit dadurch ausdrückt, daß er 'seiner Fesseln spottet', der dagegen mit heiterer Zuversicht seine tiefsten Erfahrungen in einem 'Psalm vom Leben äußert.«[146]*

*Die Analyse der Religion in ihrer Bedeutung als »einer Form geistiger Kultur«[147] bringt HÖFFDING dazu, ein einziges Mal in seiner Religionsphilosophie die gelegentlich eingestreuten Bemerkungen, daß auch soziologische Analysen der Religion wichtig wären, in die Tat umzusetzen und einen Abschnitt mit der ausdrücklichen Überschrift »Soziologische Betrachtung« in seine Darstellung einzufügen. In diesem Abschnitt geht es überraschenderweise um die »Kredit- und Debetseite der Kirche«[148], darum also, daß es bisher noch kein Äquivalent für die Kirche gebe, »keine andere soziale Form ideeller Kultur«[149] ihre Aufgabe übernehmen könne. Andererseits bringt HÖFFDING gegen die Begrenzung der Humanität auf die Gläubigen, gegen Sündenbewußtsein und kirchlichen Gehorsam das griechische Ideal der harmonischen Persönlichkeit zur Geltung. Daraus ergibt sich ihm unmittelbar die Richtung, in der das gesuchte Äquivalent gefunden werden könnte, nämlich im 'Ideal' eines »Reiches der Persönlichkeiten«[150]. HÖFFDING nähert sich mit dieser Entgegensetzung von griechischer Antike und Christentum stark dem ansonsten mit großen Vorbehalten betrachteten NIETZSCHE. Auch das charakteristische Prädikat der »geistigen Gesundheit«[151] taucht zur Bestimmung des Vorbildes der Griechen auf, dem gemäß man die Werte des Lebens in der Wirklichkeit und nicht in einem 'orientalischen' Jenseits suchen dürfe.*

*Wenn frühere Formulierungen im Hinblick auf die Wertproblematik stark an die wertheoretische Variante des Neukantianismus erinnern, so drückt sich HÖFFDING nun unmißverständlich ganz im Sinne einer empirisch-psychologischen Betrachtungsweise aus. Die starke kritische Komponente dieser Perspektive, die sich mit der ideologiekritischen Tradition von FEUERBACH bis PARETO berühren könnte, wird aber nur angedeutet, gelegentlich sogar ausge-*

---

145 ebd., S. 314
146 ebd., S. 340
147 ebd., S. 298
148 Vgl. S. 320
149 ebd., S. 318
150 ebd., S. 324
151 ebd., S. 342

*sprochen, nie aber in den Mittelpunkt seiner Überlegungen gestellt. »Wir leben von Wirklichkeiten. Jede Möglichkeit stützen wir auf Wirklichkeit: wir schließen auf das Mögliche aus dem Wirklichen ... Werte sind unwillkürlich oder klar bewußte Projektionen, Generalisationen oder Idealisationen.»[152]*

*Die Hypothesen zur objektiven und subjektiven Wertverschiebung[153] dienen HÖFFDING als Argumente gegen eine dogmatische Fassung des 'Satzes von der Erhaltung des Wertes'. Der Kern des Axioms ist dagegen der Gedanke: »daß das wirklichen Wert Besitzende unter irgendeiner Form erhalten bleibt«[154]. Diese Form des Satzes ist gegen die Verwechslung empirischer mit ewigen Werten gerichtet. Die Vorstellungen von ewigen Werten blieben stets Poesie und Symbolik. Gegen eine positive Fassung der - nur als Antizipationen oder Postulate möglichen - evolutionstheoretischen Analogien. denen zufolge Glaubensannahmen, die ja selbst Teil der Wirklichkeit sind, auch ein Korrelat in der Wirklichkeit haben müßten, setzt HÖFFDING kompromißlos den erkenntniskritischen Vorbehalt: »Und wir können weder die Wirklichkeit aus dem Werte, noch den Wert aus der Wirklichkeit ableiten.«[155]*

*Nach der Eruierung des Axioms und seiner historischen Analyse etc., nach der Formulierung des kulturpolitischen Bezugs auf die Gegenwart, widmet sich HÖFFDING vor allem der Aufgabe, jede Form des Dogmatismus auszugrenzen. Auch dabei kommt wieder die evolutionstheoretisch umgebogene Metaphysik SPINOZAs ins Spiel. Die Kenntnis der Attribute des Daseins ist unvollständig; als Konsequenz ergibt sich, daß die Erfahrung unabschließbar ist, ferner, daß das Geistige nicht aus der Materie abgeleitet werden kann, wenn auch beide Seiten nach der Art der mathematischen Funktionen miteinander korreliert werden können. Aus diesen Kriterien folgt, daß ein Glaube nicht unmöglich ist, aber eben immer nur ein Glaube bleiben muß.*

*Der Evolutionsgedanke im weiteren Sinn führt konsequenterweise zur Ansicht, daß das Dasein insgesamt eine Individualität ist, allerdings eine Individualität von besonderer Art, denn wir kennen ihre Grenzen nicht. »Dadurch erhält das Problem des Daseins seinen scharfen Stachel.«[156]*

*HÖFFDINGs Überlegungen in Hinblick auf die Möglichkeit religiöser Neubildungen berühren sich einerseits mit TÖNNIES' Gedanken zu diesem Problem, enthalten andererseits aber auch unverkennbar einen kritischen Aspekt gegen TÖNNIES. Auch HÖFFDING interessieren religiöse Gemeinschaften unter modernen Bedingungen, er will aber damit nicht eine Art Nachhut früherer vormoderner Gemeinschaftsbildungen fördern. HÖFFDING geht es vielmehr darum, daß durch Aktivierung der stets präsenten kulturschöpferischen Möglichkeiten die Kontinuität des Geisteslebens aufrechterhalten wird - gegen die Möglichkeit des Untergangs historischer und kultureller Epochen. »Es läßt sich kein Beweis führen, daß die Zeiten solcher geistigen Konzentrationen vorbei sein sollten, wenn wir vorläufig auch in der Zeit der Kritik und der Analyse*

---

[152] ebd., S. 344
[153] Vgl. ebd., S. 231
[154] ebd., S. 232
[155] ebd., S. 233
[156] ebd., S. 236

*leben.«[157] Die geistige Kraft und die Freiheit für Neubildungen freizusetzen in der Überzeugung, »daß unsere höchsten Ideen nur Gleichnisse sein können«[158], ist HÖFFDINGs Anliegen. Dazu muß er sein Axiom von der Erhaltung des Wertes mit seinen Einstellungen zum Historismus und Evolutionismus in Einklang bringen. An einer Stelle spricht er von »mutiger Resignation«[159], die nötig sei, um alle einschlägigen Perspektiven ertragen zu können. Die Begrenzungen bedingen sich gegenseitig. Erkenntnisbegrenzung und Wertewandel stehen in einem Bedingungsverhältnis zueinander ebenso wie die Begrenzung der Erfahrung und die Begrenzung des 'Schätzungsvermögens', also der Möglichkeit, zu Werturteilen zu kommen.*

*HÖFFDING konfrontiert sein Axiom auch mit der kosmologischen Entropie und Auflösungsvorstellungen. Konsequent führt er seine Option für positive Deutungsmöglichkeiten sozusagen bis zuende durch. Kosmologische Auflösung sei das letzte Wort? Nein, mitnichten, die Atome könnten in einem solchen Falle 'gelernt' haben und sich neu formieren. Das Dasein ist verschwenderisch und deshalb schonungslos gegenüber seinen einzelnen Formen und Gestalten. Diese Schöpfungskraft neutralisiert aber für HÖFFDING die Gefahren eines wirklichen, d. h. endgültigen Unterganges. Seine kosmologischen Überlegungen führen ihn auch zur Frage nach dem 'Recht' des Einzelnen gegenüber dem Ganzen. Die Disharmonie könnte ja auch dem Totalitätsprinzip selbst innewohnen und nicht nur, wie es die philosophische Tradition annimmt, im Einzelnen begründet sein. Die große Berechtigung der Proteste VOLTAIREs und SCHOPENHAUERs gegen Vorstellungen einer 'orientalischen Despotie' des Ganzen und seine Ansprüche auf Garantien für Sinn und Harmonie des Weltganzen bekräftigt HÖFFDING nachdrücklich. Die kosmologische Betrachtung mit ihrem Akzent auf der Widerständigkeit der Materie, Wandelbarkeit und Unabgeschlossenheit des Daseins, dient aber nicht nur der Relativierung, sondern überhaupt der Realisierung des Axioms. Nur weil die Wirklichkeit unabhängig vom Wert ist, kann die Annahme der begrenzten Existenzweise des Wertes inmitten einer sinn-neutralen Umgebung ohne Widerspruch festgehalten werden. Hier zeigt sich aber auch eine Bruchstelle in HÖFFDINGs Denken. Einerseits behauptet er die Unabhängigkeit der Wirklichkeit dem Wert gegenüber, andererseits muß er die Einheit der Realität annehmen, das heißt auch die empirische Realität des Wertes und schließlich auch die Einheit der Wert- und Kausalreihen.*

*Aus dieser Problematik rettet ihn seine kritizistische Komponente. Diese Einheit kann nur eine Annahme, niemals wissenschaftliche Erkenntnis sein angesichts der Unabschließbarkeit der Erkenntnis selbst.*

*Das Theodizeeproblem zeigt sich bei HÖFFDING ebenfalls in evolutionstheoretischer Fassung. Eine Art 'New-Frontier-Denken' spielt dabei eine Rolle: Disharmonien des Daseins werden durch seine Unendlichkeit ausgeglichen. Es kann immer alles wieder in neue, unvorhersehbare Zusammenhänge aufgenommen werden.*

---

157 ebd., S. 227

158 ebd.

159 ebd., S. 230

*TÖNNIES' und HÖFFDINGs Betrachtungsweise der Religion unterscheiden sich vor allem in zwei Hinsichten: 1. bezüglich der Frage, ob der kollektive oder der individuelle Aspekt Sinn und Bedeutung der Religion erschließen kann. Muß man also, so lautet die Frage, die individuellen Deutungs- und Entscheidungsaspekte, mit denen der Einzelne sich auf religiösem Gebiet orientiert, in den Mittelpunkt stellen, wenn man das Wesentliche der Religion erfassen will - oder ist es dafür wichtiger, die Religion als Produkt kollektiver sozialer Prozesse zu betrachten? 2. Bezüglich des symptomatischen Status der Philosophie: Wie muß man den gefährdeten Status der großen Religionen und ihrer kirchlichen Organisationsform deuten? Handelt es sich dabei um das charakteristische Symptom für die kulturelle Auflösung einer Spätzeit oder wird damit nicht vielmehr das Signal gegeben zur Bildung neuer Formen, in denen die fortdauernden religiösen Bedürfnisse nun unter veränderten historischen und kulturellen Bedingungen befriedigt werden können?*

*Daraus ergibt sich unmittelbar die Frage, ob mit der veränderten Stellung der Religion in der historischen Situation der Gegenwart ein Zeichen für die Gesamteinschätzung der neuzeitlichen europäischen Geschichte gegeben ist. Und wenn dies so ist, welche Aufschlüsse lassen sich aus der Einschätzung der Lage der Religion für die Bestimmung der historischen Entwicklungsrichtung gewinnen? Fällt unter dieser Perspektive ein optimistisches oder ein tragisches Licht auf die historische Entwicklung in der europäischen Neuzeit?*

*Auf diese Fragen geben HÖFFDING und TÖNNIES unmißverständlich verschiedene Antworten. Sie sprechen diese Divergenzen auch deutlich aus, ohne deswegen die tragenden Gemeinsamkeiten ihrer gesamten philosophischen Einstellung in Frage zu stellen. Es handelt sich dabei um Unterschiede bei gemeinsamen Voraussetzungen. Dadurch werden die Differenzen zugleich relativiert und intensiviert.*

*Was die Frage der kollektivistischen oder individualistischen Betrachtung der Religion angeht, so sind die Rollen hier ganz in Übereinstimmung mit dem fachlichen Hintergrund der beiden Autoren verteilt. TÖNNIES sieht das Wesensmerkmal der Religion im* Kultus, *also einem spezifisch* sozialen *Tatbestand. Die Problematik der* persönlichen *Glaubensentscheidung in ihren Varianten und Konsequenzen, die HÖFFDING an der Religion in einem tief verstandenen Sinne allein interessiert, hält TÖNNIES dagegen gerade nicht für ein spezifisch religiöses Problem. Er sieht vielmehr darin das Produkt einer späten Epoche, die durch urbane Philosophie an kritisches Denken und damit an den subjektiven Standpunkt gewöhnt ist. TÖNNIES muß es so erscheinen, daß HÖFFDING sich in Wahrheit gar nicht mit religiösen Fragen, sondern vielmehr mit typischen Aspekten des modernen Subjektivismus und Individualismus beschäftigt.*

*In seinen Büchern zitiert HÖFFDING als Opponenten in dieser Frage aber DURKHEIM und nicht TÖNNIES.*[160] *Er wirft dabei DURKHEIM (ohne jedoch diesen Terminus zu gebrauchen), bei grundsätzlicher Wertschätzung seines intellek-*

---

[160] Vgl. z. B. folgende Werke *HÖFFDINGs*: Ethik, a.a.O., S. 152; Der menschliche Gedanke, a.a.O., S. 120 und S. 389; Erkenntnistheorie und Lebensauffassung, a.a.O., S. 88 f.

*tuellen Ranges, Soziologismus*[161] *vor. TÖNNIES dagegen taucht in diesen Parallelpassagen der HÖFFDINGschen Bücher zum Briefwechsel namentlich nicht auf. Von HÖFFDING her gesehen, scheint DURKHEIM eine Art Stellvertreterrolle für TÖNNIES zu spielen, mit dem er über diese Fragen, wie man nach Kenntnis des Briefwechsels sieht, in eine kontroverse briefliche Debatte geraten war. Offenbar wollte HÖFFDING in seinen Büchern TÖNNIES nicht als Vertreter einer entgegengesetzten Meinung zitieren, um für das Lesepublikum die Akzente nicht falsch zu setzen. Denn das Maß der Übereinstimmung zwischen beiden ist selbstverständlich unvergleichlich viel größer als der Bereich der Divergenzen.*

*Diese Konstellation ist aber auch speziell im Blick auf TÖNNIES interessant. Es zeigt sich, daß TÖNNIES durch HÖFFDINGs Verweise auf DURKHEIM sich nicht veranlaßt fühlte, nun seinerseits zu DURKHEIM Stellung zu nehmen, obwohl der französische Soziologe ja offenbar für den dänischen Briefpartner das TÖNNIES'sche Argument verstärkt zu haben schien. TÖNNIES' Schweigen zu DURKHEIM in dieser Angelegenheit ist ein weiteres Symptom für die relativ neutrale Distanz, mit der TÖNNIES grundsätzlich dem französischen Kollegen gegenüberstand. TÖNNIES fühlte sich einerseits von DURKHEIM mißverstanden*[162]*, andererseits bemerkte er auch eine Parallelität in den beiderseitigen Gedanken, die ihn aber wenig zu interessieren schien. Gabriel TARDEs Sozialpsychologie war seiner Ansicht nach ein viel bedeutenderer Beitrag der französischen Soziologie als dies für DURKHEIMs behauptet werden konnte.*[163] *TÖNNIES seinerseits äußert sich zum Problem der Religionsauffassung in seiner Rezension der HÖFFDINGschen Religionsphilosophie ausführlich: Er fragt dort: »Woher stammt aber dieses Ringen der Seele? ist es ein ursprünglicher und wesentlicher Bestandteil der Religion als eines Volks-Glaubens oder einer Volks-Sitte? oder auch nur des religiösen Gefühles, das den Glauben und die Sitte 'trage'?* Oder *rührt es, gerade seinem reineren und höheren Gehalt nach, auch aus einer anderen Quelle her, nämlich aus dem Denken und Philosophieren, das dem Volks-Glauben und der Volks-Sitte seinem Wesen nach fremd, sogar regelmäßig von beiden als feindlich angesehen und zerstörend empfunden wurde?«*[164] *In den Weltreligionen habe allerdings, wie TÖNNIES auch feststellt, ein Ausgleich zwischen Volksreligiosität und reflektierender Einstellung stattgefunden.*

*HÖFFDING wiederum kann sich des Eindruckes nicht erwehren, daß man unter spezifisch soziologischer Perspektive apriori gar nicht die eigentümliche religiöse Dimension in den Blick bekommen kann. Ihn interessieren vor allem zwei Fragen: 1. Was ist das Charakteristische des religiösen Denkens und Empfindens, 2. welche Ausdrucksform kann dieses Bedürfnis legitimerweise*

---

[161] Der Terminus *Soziologismus* kam erst in den zwanziger Jahren dieses Jahrhunderts im Zusammenhang mit *MANNHEIMs* Wissenssoziologie in Gebrauch. Er trifft aber ausgezeichnet die Art des Vorwurfes.

[162] Siehe *DURKHEIMs* Rezension von *GuG* in: Revue de la France et de l'étranger:, 1899, 27, S. 416 - 422.

[163] In seiner Rezension von Gabriel *TARDE*, Les lois de l'imitation. Etude sociologique, Paris 1890, in: F. *TÖNNIES*, Werke zur Philosophie des sozialen Lebens und der Geschichte. 4. Artikel, in: Philosophische Monatshefte, 1893, Bd. 29, S. 291 - 309, nimmt er speziell auf *DURKHEIMs* Rezension von *GuG* kritisch Bezug.

[164] F. *TÖNNIES*, Höffdings Religionsphilosophie. Teil 1, in: Das Freie Wort, 1902, 1. Jg., S. 729

*noch annehmen, nachdem sich in der Moderne die Religion, die Kunst und die Wissenschaft als selbständige Sphären voneinander getrennt haben. Seine vorläufige Lösung für diese beiden Probleme war, wie oben gezeigt, die These, daß die Menschen ein Bedürfnis nach der* Erhaltung des Wertes des Daseins *haben und daß sie Antworten auf dieses Interesse in der Gegenwart nicht mehr im Gehäuse religiöser und kirchlicher Dogmen, sondern vielmehr im Rahmen freier Glaubensgemeinschaften zu finden hofften.*

*Was diese Einschätzung der Lage betrifft, so stimmt TÖNNIES mit ihr zunächst vollkommen überein. Auch er umkreist gedanklich immer wieder das Problem, wie das freigesetzte Individuum der* Gesellschaft *in neu sich bildenden religiösen und weltanschaulichen Gemeinschaften inneren Halt finden könne. Die undogmatische Vernunftreligion, die er dabei im Auge hatte, sollte das Beste der Tradition in sich aufgenommen haben. Das zeitgenössische Ideal der Kultursynthese macht sich bei diesem Programm als intellektueller Hintergrund bemerkbar. TÖNNIES denkt an freie Gemeinden, in denen die erwähnte Vernunftreligion praktiziert werden könnte. Den philosophischen Hintergrund für diese religiöse Weltauffassung findet er in* SPINOZAs *Monismus im weiteren Sinne. Kultus und Gemeindebildung, Lehre und Praktizierung der Prinzipien solidarischen, also* gemeinschaftlichen *Handelns müssen dann aber aus einer philosophischen Konzeption eine Religion bilden. Die Ethik muß unter Berücksichtigung sozialwissenschaftlicher Erkenntnisse, z. B. über die Ursachen von Kriminalität und Anomie, entwickelt werden.*[165]

*Grundsätzlich unterscheiden sich die beiden Briefpartner aber in der Frage, in welchem Ausmaße und in welcher Weise solche Gemeinschaftsbildungen überhaupt möglich seien. HÖFFDING sieht kein Problem darin, sich und seinen Lesern eine positive Antwort zu geben. Sein Kontinuitätsdenken versorgt ihn dabei mit den nötigen Denkinstrumenten. Wenn in der Geschichte nichts verloren geht, wenn also kulturelle Probleme und ihre Lösungen im Laufe der Entwicklung durch immer neue Varianten, je nach historischer Situation, fortgeführt werden, dann kann man apriori sicher sein, daß es immer* sinnvoll *weiter geht. Dann kann auch die religiöse Krise der Gegenwart nicht unter dem Aspekt der 'Endzeit' einer Kultur gesehen werden. Auf das fortdauerende schöpferische Potential zur Erfindung neuer Äquivalente glaubt er sich verlassen zu können. Es gibt bei ihm nicht, wie bei TÖNNIES, eine historische Anthropologie, die das Kontinuum der Geschichte auflöst in schöpferische Phasen und in Endphasen einer ökonomischen, politischen und intellektuellen Expansion, die zur immer unproduktiveren Entfaltung der einmal gelegten Prämissen genötigt wären. Für TÖNNIES ist die Gegenwart aber bekanntlich genau durch diese zuletzt genannten Kriterien bestimmt. Neue Gemeinschaftsbildungen, sofern sie überhaupt gelingen, können bei ihm also nur den Status von Notbehelfen haben, die der moderne Mensch zwar einerseits braucht, die er andererseits aber aufgrund der von ihm verlangten Selbstdisziplinierung und Konzentrierung auf den rein analytischen Denktypus nicht mehr wirklich zu-*

165 *TÖNNIES* hat seine Gedanken zu einer religiösen Erneuerung auf der Basis spinozistischer Grundgedanken kurz nach dem Weltkrieg in einem unveröffentlichten Manuskript festgehalten: Neue Botschaft, a.a.O.

Bild 15: Harald Höffding, ca. 1925

Bild 16: Ferdinand Tönnies am 2. 9. 1930

*standebringen kann. Der tragische Aspekt des Geschichtsprozesses, der damit gegeben ist, steht bei ihm schon früh, noch vor GuG fest.*[166]

*HÖFFDING ist bei seiner Analyse der Gegenwart und besonders bei seiner Einschätzung des religiösen Problems also mit seinen Denkmitteln beweglicher als sein Briefpartner. Andererseits hat er aber keine Möglichkeit, die innere Spannung historischer Krisen- und Katastrophenzeiten mit kategorialen Entgegensetzungen zu erfassen. TÖNNIES hat einen viel schärferen Blick dafür, daß scheinbar gleiche kulturelle Phänomene zu verschiedenen Epochen jeweils etwas anderes bedeuten können. Der Egoismus des mittelalterlichen, grundsätzlich wesenwillig orientierten Menschen hat für ihn eine andere Bedeutung als der Egoismus des analytisch und zweckrational orientierten modernen Menschen. Vormoderne Gemeinschaften sind für ihn aus einer anderen Bewußtseinsstellung zur Welt hervorgegangen als die bewußt angestrebten und versuchsweise gebildeten 'Surrogate' seiner Gegenwart, wie z. B. die Genossenschaften oder die Bünde der Jugendbewegung.*

*An der Oberfläche der Darstellung mag das Einschneidende dieser Differenz zwischen den beiden Briefpartnern nicht sofort deutlich werden. Der Blick auf die historische Anthropologie, die TÖNNIES mit seinen psychologischen Kategorien und ihrer soziologischen Anwendung zur Verfügung hat, läßt diese Differenz aber sehr markant werden.*

*TÖNNIES' Theorie zufolge haben die Menschen in der historischen Phase der* Gemeinschaft *grundsätzlich andere Probleme und andere Mittel zur Lösung als die Menschen der* Gesellschaft. *Durch seine rigorose kategoriale Differenzierung hat TÖNNIES ein begriffliches Mittel für eine bestimmte Form der Sinn- und Ideologiekritik. Das kommt z. B. in seinem Kommentar zu den Strömungen der zeitgenössischen philosophischen Ethik zum Ausdruck.*[167]

*Die neukantianische Ethik, die zur Lösung sozialethischer Fragen einen idealistisch verstandenen Gemeinschaftsbegriff einführt, ist ihm - bei grundsätzlichen Sympathien für ihre generelle Tendenz - ein exemplarischer Fall dafür, wie man das Opfer von Äquivokationen werden kann. Gemeinschaft* in *Gesellschaft ist etwas anderes als Gemeinschaft* vor *(der Epoche) der Gesellschaft. Folglich läßt sich auch kein wirklicher Übergang mehr finden zwischen den ethischen Prinzipien der Gemeinschaft und den Funktionsprinzipien der Gesellschaft. COHENs und NATORPs mangelnde Unterscheidung zwischen Gemeinschaft und Gesellschaft zeigt die Erkenntnisfalle, in die man nach TÖNNIES gerät, wenn man die von ihm durchdachte Entgegensetzung beider soziolo-*

---

166 Vgl. seinen Brief an *PAULSEN* vom 10. 3. 1881, a.a.O., S. 115 f., der einen starken epistolographischen Ausbruch gegen *PAULSEN*s optimistische Einstellung zur Politik, zur Geschichte und schließlich zur Metaphysik darstellt. Wesentlich spätere Notizbucheintragungen zeigen, wie *TÖNNIES* an dieser Ansicht durch die Lebensepochen hindurch festhält, so z. B. die folgende bruchstückhafte Aufzeichnung: »Zusammenhang meiner Erkenntnis der großen Kulturkrise und des tragischen Charakters der modernen Entwicklung« (T-N, Cb 54.41:101 vom 17. 7. 1921) oder auch das folgende Fragment, das mit dem zweifelnden Abbruch der Notiz bei der Frage positiver Möglichkeiten besonders charakteristisch für Tönnies ist: »Ges. Entwicklung. Ihre glänzende Seite. Die Wiss., Verstand? möglich? *Freiheit.* Aber *Erstarrung* , Sinn? Innerhalb des Prozesses Verbesserung? möglich?« (T-N, Cb 54.41:108, S. 11, vom Juli 1928)

167 F. *TÖNNIES*, Ethik und Sozialismus, in: Archiv für Sozialwissenschaft und Sozialpolitik, 1907 - 1909 (Dieser mehrteilige Beitrag stellt eine Sammelrezension der zeitgenössischen Ethik dar).

*gischer Grundtypen mißachtet. PAULSEN und HÖFFDING tappen aber TÖNNIES zufolge in eine ähnliche Falle. Sie werden dazu gebracht durch ihre harmonistische Ansicht bezüglich der humanisierenden Wirkung des ursprünglich antagonistischen neuzeitlichen Gesellschaftsprozesses zwischen egoistisch handelnden Individuen. Beide übersehen für TÖNNIES nämlich, daß sie die kategorialen Ebenen durcheinanderbringen. Moderne Formen einer sozialethischen Lösung von Interessengegensätzen berechtigen nicht zur optimistischen Annahme, daß damit der Siegeszug der rein kürwillig-gesellschaftlichen Prinzipien ernsthaft aufgehalten werden könnte.*

Die Gesichtspunkte des Evolutionismus, des Historismus, des Relativismus und des Psychologismus sind für TÖNNIES nicht weniger wichtig als für *HÖFFDING*. Bei ihm verbinden sich die Komponenten aber nach einem anderen stilistischen Gesetz, geleitet von anders gelagerten Akzenten. Das hat zum einen mit anderen persönlichen Voraussetzungen zu tun; vor allem aber spiegeln sich in den feinen, zuletzt aber doch nachhaltig sich zur Geltung bringenden Divergenzen zwischen TÖNNIES und HÖFFDING zwei Richtungen innerhalb desselben Rahmens der zeitgenössischen *wissenschaftlichen Philosophie*, die angesichts ihrer thematischen Orientierung am Phänomen der Wissenschaft, zumindest in Deutschland, sich grundsätzlich im Einflußbereich des zeitgenössischen Neukantianismus bewegte. TÖNNIES stand dem Streit der Schulen zwar fern, war aber doch als Universitätslehrer einer deutschen Universität mit den Tendenzen des Neukantianismus im letzten Drittel des 19. Jahrhunderts unmittelbarer konfrontiert, als dies bei HÖFFDING der Fall sein konnte. HÖFFDINGs Berührungspunkte mit dem Neukantianismus müssen immer relativiert werden in Anbetracht seiner kaum weniger stark entwickelten Orientierung an der zeitgenössischen englischen und französischen Philosophie.

TÖNNIES' philosophische Position läßt sich mit den Entwicklungstendenzen des Neukantianismus unter einem bestimmten Aspekt in Beziehung setzen, ohne daß dabei eine direkte Beeinflussung angenommen werden müßte. Es ist der Aspekt einer Divergenz zwischen einer dem Positivismus nahestehenden sozialkritisch eingestellten Richtung im Neukantianismus und einer späteren, ungefähr seit 1879 sich durchsetzenden Richtung, die werttheoretisch orientiert war und die Erkenntniskriterien des Positivismus von den Kulturwissenschaften fernhalten wollte.[168]

TÖNNIES vertrat nun eine Position, die der früheren, stärker dem Positivismus verbundenen Richtung und ihrer sozialkritischen Orientierung nahe steht. Nach dem Zurückweichen dieser Richtung im Bereich der akademischen Philosophie setzt er die damit verbundenen Impulse auf dem Gebiet der neu entstehenden Soziologie fort. TÖNNIES' Werk zeigt also, wie die kritischen Impulse des positivistisch und relativistisch orientierten Neukantianismus der Zeit vor 1879 nach dieser Zäsur in die entstehende Soziologie übergingen. Den

---

[168] Vgl. Klaus-Christian *KÖHNKE*, a.a.O.

Oppositionscharakter, den das Festhalten an der positivistischen Programmatik nach 1880 hatte, bringt TÖNNIES sowohl in seinem Werk wie auch in seinem Lebensschicksal in jenen Jahren zum Ausdruck. In seiner Biographie wird dieses kritische und oppositionelle Potential deutlich durch die Blockade seiner beruflichen Entwicklung an der Universität durch den Dauerkonflikt mit dem Ministerialdirigenten im Preußischen Kultusministerium, ALTHOFF, und durch die Emigrationspläne zu einer Zeit, als er aus seinen theoretischen Prämissen eines skeptischen Aufklärungsdenkens in besonders prägnanter Weise praktische Konsequenzen ziehen wollte, nämlich im Verlauf seines publizistischen Engagements im Hamburger Hafenarbeiterstreik. Zu alledem kommt noch die mangelnde Resonanz von *GuG*, zu dessen Programmpunkten es bekanntlich gehörte, die beiden Traditionen des Historismus und Rationalismus miteinander zu verbinden, die in der zeitgenössischen Debatte in Deutschland als kontravalent angesehen wurden. Diese Konstellation läßt den sozialkritischen Impuls des in der Korrespondenz so oft erwähnten Sozialpessimismus von TÖNNIES anschaulich werden.

Diese Rolle des *Pessimismus* als Moment eines skeptischen, in sich reflektierten und dadurch besonders gut fundierten Aufklärungsdenkens wird beim Blick auf die Grundlagen von TÖNNIES' theoretischem Denken und in Bezug auf die Anwendung dieser Prämissen in der sozialpolitischen Kontroverse jener Zeit deutlich. Sein Pessimismus öffnete ihm die Augen für das Illusionäre aller Annahmen bezüglich eines 'eingleisigen' und kontinuierlichen Fortschritts. Diese Kritik steht bereits am Ursprung von *GuG*. Sie war einer der bewegenden Faktoren, welche die Entstehung der *Gemeinschaft-und-Gesellschaft-Konzeption* überhaupt erst in Gang gesetzt hatten. Schon in seiner Kritik an IHERINGS *Der Zweck im Recht*[169] konnte er den Erkenntniswert seines 'Pessimismus' gegen ein unkritisches Fortschrittsdenken prüfen. In der Debatte um den Sozialdarwinismus von 1900[170] ist es auch die Idee der Verfallstendenzen, die mit an sich erwünschten Eigenschaften, wie z. B. stark entwickelter Intelligenz, notwendigerweise verbunden sind, ohne daß doch dadurch die Wünschbarkeit dieser Eigenschaften geschmälert würde. Das Konventionalistische der jeweiligen Ziele für den eugenischen Prozeß, die sich entgegen den Illusionen der Vertreter dieser Richtung eben nicht von selbst verstehen, bringt den Aspekt des von Werten und Zielen geleiteten Handelns ins Spiel. Damit wird die zeitgenössische Debatte um Eugenik und Sozialdarwinismus, die von ihren Prämissen aus nur auf die Manipulation von Naturprozessen fixiert war, von TÖNNIES ad absurdum geführt. Durch seine Argumentation, daß Entwicklungsziele trotz ihrer möglicherweise in Kraft tretenden negativen Begleiterscheinungen, angestrebt werden, weil sie einer kritischen Prüfung von Werten und Zielen des gesellschaftlichen Handelns standgehalten haben, sichert TÖNNIES

[169] 2 Bände, Leipzig 1877 - 1883 erschienen; vgl. *TÖNNIES*' zwei Leipziger Vorträge: Die Erneuerung des Naturrechts, Januar 1880, (handschriftlich), 3 Oktavhefte, T-N, Cb 54.41:64.

[170] In dieser Auseinandersetzung konnte Tönnies das kritische Potential seines 'Pessimismus' prägnant ausspielen.

seinen Sozialpessimismus gegen ein naturalistisches Mißverständnis. Die damit bezeichnete Perspektive richtet sich gerade nicht auf den Bereich naturhafter Prozesse und 'natürlicher' Pathologien, vielmehr auf die Paradoxie sinnhaften Handelns, das negative Begleitfolgen nicht vermeiden kann.

TÖNNIES und HÖFFDING stimmen in ihren wissenschaftstheoretischen Voraussetzung überein. TÖNNIES muß diese Komponenten aber in einer anderen Situation zusammenfügen und gegen andere Kontrahenten vortragen, als dies bei HÖFFDING der Fall ist.

Für TÖNNIES war die Historismus-Rationalismus-Debatte von entscheidender Bedeutung, da sie das Problem vorgab, das er mit seiner theoretischen Konzeption lösen wollte. Der Historismus ist aber auch im Fundament von HÖFFDINGs Denken wirksam. Hier ist es aber die Historisierung der *Wissenschaft*, die seine Aufmerksamkeit fast ausschließlich auf sich zieht; also die Berücksichtigung der historischen Dimension für eine Philosophie und Theorie der Wissenschaften. HÖFFDINGs Kontrahenten sind die Repräsentanten eines wissenschaftslogischen Purismus gewesen. TÖNNIES dagegen stößt auf die Historismus-Problematik zunächst in ihrer rechtsphilosophischen und -theoretischen Variante. Ihm stellt sich das Problem also primär in seiner Bedeutung für eine Theorie der Sozialwissenschaften. Er muß die konkurrierenden methodologischen Ansätze des Historismus und des Rationalismus miteinander zum Ausgleich bringen.Dazu muß er sich mit der zeitgenössischen Debatte um die methodologische Eigenständigkeit des Geisteswissenschaften gegenüber dem positivistischen Programm der *Einheitswissenschaft*, d. h. der einheitlichen Logik aller Wissenschaft, auseinandersetzen.

Da TÖNNIES aus allgemeinen philosophischen und weltanschaulichen Gründen auf der Seite der Tradition der Aufklärungsphilosophie steht, muß es für ihn zur zentralen Frage werden, wie diese Tradition begründet werden könnte, wenn das Problem der Geschichte ernst genommen wird. Es wird für ihn damit zum ursprünglichen Problem, wie die Naturrechtstradition, durch Einbeziehung der historischen Dimension und nicht durch deren Ausgrenzung, besser begründet werden kann, als dies bisher der Fall gewesen war. Bei dieser Perspektive zeigt sich schnell, daß die vom Aufklärungsrationalismus praktizierte, rein interessenpsychologische Begründung des sozialen Handelns unzureichend ist. Um diesem Mangel abzuhelfen, mußte die zeitgenössische Psychologie rezipiert werden, die ihrerseits jedoch unter dem Eindruck der entscheidenden Entdeckung stand, die damals auf dem Gebiet der Humanwissenschaft gemacht worden war: der Entdeckung des *Lebens* als wissenschaftliches Problem sowohl in seinen biologischen wie auch psychologischen Implikationen. Diese Entwicklung mußte die Willenskategorie in ihrer Eigenschaft als Grundkategorie der Lebensphänomene in den Mittelpunkt der Gegenbewegung gegen die Assoziationspsychologie rücken, die bis dahin dominiert hatte.

Die Willenskategorie war für TÖNNIES - abgesehen von dieser psychologisch-anthropologischen Perspektive - auch noch aus einem anderen Grunde von Anfang an wichtig gewesen: nämlich in ihrer Eigenschaft als rechtstheoretische Zentralkategorie. Da TÖNNIES das Recht nicht nur unter den normativen Aspekten der Juristen betrachtet hatte, sondern vielmehr unter dem genuin soziologischen Aspekt, unter dem das normative System des Rechts als faktisch wirksamer sozialer Tatbestand erscheint, gewinnt die Willenskategorie neben ihrer rechtstheoretischen Bedeutung notwendigerweise auch eine wesentliche sozialwissenschaftliche Denotation.

Da für TÖNNIES Intellekt und Wille nach dem Vorbild SPINOZAs zwei Seiten derselben Sache darstellen, befindet er sich mit seinem willenspsychologischen Entwurf bereits mitten in einer Theorie der Rationalität.[171] Auf der Grundlage dieser Konstellation mußte es für ihn zum entscheidenden Problem werden, daß die formale Rationalität keinen durchgehenden, sondern nur einen besonderen Part der historisch-kulturellen Welt bildet. Der erste Versuch einer theoretischen Durchdringung der sozialen Wirklichkeit war nun aber davon ausgegangen, daß die formale Rationalität entweder faktisch, im interessengeleiteten Handeln, oder kontrafaktisch, nämlich als Maßstab gegenüber irrationalen Eintrübungen der dem Menschen angemessenen Denkungsart, das einzige Kriterium für die Erkenntnis der sozialen Wirklichkeit sei. Diese Auffassung hatte nach der Entdeckung der historischen Dimension im späten 19. Jahrhundert jedoch ihre Plausibilität verloren und zwar in einem solchen Maße, daß TÖNNIES sich in einer bewußten intellektuellen Opposition sah bei dem Versuch, die Aufklärungstradition auch unter den intellektuellen Bedingungen seiner Zeit fortzusetzen. Die Aufgabe mußte für ihn somit lauten: Wie kann man auch die Bereiche der Geschichte, die nicht aus bewußtem zweckrationalem Handeln entstanden sind, der rationalen wissenschaftlichen Erkenntnis zugänglich machen? Nicht durch Aufoktroyierung ungeeigneter Erkenntniskriterien, sondern dadurch, daß man die Eigentümlichkeiten der historischen Dimension zunächst einmal in ihrem vollen Gewicht zur Geltung kommen läßt! Wenn die Geschichte aber nicht dem Irrationalismus anheimfallen soll, dann muß die Ratio auch hier wirksam sein, sowohl im Gegenstandsbereich selbst wie auch auf der Ebene der Erkenntnis; hier jedoch in anderer Weise als in den zweckrationalen Zusammenhängen. Die Ratio müßte hier - ganzheitlich integriert in Lebenszusammenhänge und Gewohnheiten - sich in einer speziellen Weise auswirken, während sie im anderen Fall, künstlich isoliert, unter der Maßgabe bewußt gesetzter Zwecke manipulativ tätig wird. In dieser speziellen Weise schöpfen Ratio und Willensimpuls stärker aus einem intuitiven Verständnis des *Wesens* einer Sache oder Situation, wie es im Falle traditional orientierter und handelnder Menschen gewöhnlich auch geschieht. Damit hat TÖNNIES seine zwei Typen des *Wesenwillens* und des *Kürwillens* gefunden, die als kombinierte Willens- und Vernunfts-Typen auch zwei grundsätzliche Dispositionen im Verhältnis zur Welt bezeichnen. TÖNNIES beansprucht für seine Willenstheorie, daß sie naturwissenschaftlichen Maßstäben, so wie er sie im positi-

[171] Vgl. zu diesem Aspekt Cornelius *BICKEL*, Tönnies' Theorie der Rationalität, a.a.O.

vistischen Geist des späten 19. Jahrhunderts verstand, entspricht. Es handelt sich um eine Evolutionstheorie der Willensformen, die das Prinzip durchgängiger kausaler Bestimmtheit beachtet. Andererseits nimmt diese Theorie mit den Vernunftskomponenten der Willenstypen den ganzen Bereich der sinnhaft konstituierten historisch-gesellschaftlichen Welt in sich auf. TÖNNIES stellt zwischen diesen Komponenten auf dem Wege der positivistischen Programmatik der *Einheitswissenschaft*[172] nur eine künstliche Verbindung her.

Die typologische Entgegensetzung zweier grundverschiedener Willens- und Bewußtseinsstellungen zur Welt hat TÖNNIES, wie ausgeführt, aus der unmittelbaren Auseinandersetzung mit der zeitgenössischen Debatte zwischen Historismus und Rationalismus gewonnen. Diese Kontroverse wurde damals in Deutschland in besonders intensiver und philosophisch reflektierter Weise geführt.

Damit ist TÖNNIES' Grundgedanke auf besondere Weise mit den spezifisch deutschen kulturtheoretischen Traditionen verbunden gewesen. Es war aber zugleich TÖNNIES' erklärtes Ziel, die westeuropäischen Traditionen des Positivismus zu rezipieren. Hier zeigt sich, daß TÖNNIES mit seinem *Grundtheorem* von *Gemeinschaft und Gesellschaft* und *Wesenwille und Kürwille* über den spezifisch soziologischen Bereich hinaus auch die Wissenschaftskulturen des westeuropäischen Positivismus und des stärker den deutschen Traditionen verbundenen Historismus in ein Verhältnis wechselseitiger Kritik und Korrektur bringen wollte.

Wenn die Geschichte in der Weise, wie TÖNNIES es tut, in den Kontext der soziologischen Theoriebildung aufgenommen werden soll, dann wird gleichsam apriori, nämlich von der Kategorienbildung her, der Blick für die Brüche, Gegensätze und Diskontinuitäten der historischen Entwicklung geschärft. Diese Konstellation wird noch verstärkt durch die Verbindung der historischen Betrachtungsweise mit der besonderen Version der Evolutionstheorie, die TÖNNIES sich für seine Zwecke aneignet. Die beiden erwähnten Formen der Weltauffassung werden von TÖNNIES als Produkte einer Evolution der Willens- und Bewußtseinsformen begriffen, deren Motor ganz in Übereinstimmung mit dem psychologischen und anthropologischen Realismus seiner Zeit das *Lustprinzip*[173] darstellt. Im Wesenwillen bilden Zweck und Mittel eine Einheit; das Handeln wird aus dieser Einstellung heraus zum Selbstzweck. Im Falle des Kürwillens dagegen werden Zweck und Mittel getrennt. Unlust, also eine pragmatisch und instrumentell begründete Askese, wird um der angestrebten Zwecke willen bewußt in Kauf genommen. Aus diesen elementaren psychischen Bedingungsverhältnissen baut TÖNNIES seine Typologie der Willensdispositionen auf, die ihrerseits die Brücke zu einer historischen Anthropologie

---

172 Diese Konzeption wird in der angelsächsischen Debatte des Neopositivismus mit dem Begriff 'Unified Science' bezeichnet; vgl. dazu z. B: Carl Gustav HEMPEL, Aspects of Scientific Explanation and other Essays in the Philosophy of Science, New York 1965.

173 Lustprinzip ist hier in einer empirischen und nicht hedonistischen Weise gemeint.

schlägt. Denn diese elementaren psychischen Verhältnisse, die potentiell stets präsent sind, benötigen zu ihrer Entfaltung bestimmte historische Voraussetzungen, die summarisch in dem einen Fall mit der traditionalen Gemeinschaft und im anderen mit der modernen Gesellschaft gegeben sind.

Durch diese Kombination von historischer Betrachtung und psychologisch-methodologischer Entwicklungstheorie bekommt der Aspekt historischer Zäsuren einen ganz besonderen Sinn. Für TÖNNIES ist die Vorherrschaft der formalen Ratio auf allen Kulturgebieten der Moderne ein extremes, künstliches und faszinierendes Experiment der Geschichte. Er kann diesen Typus der Handlungsdisposition und Weltauffassung in der epochalen Gestalt der europäischen Moderne nicht als Ergebnis einer kontinuierlichen Entwicklung sehen, in der nur bestimmte Bewußtseins- und Rationalitätsaspekte jeweils um einige Intensitäts*grade* verstärkt worden wären. Genau dieser Ansicht ist nun aber HÖFFDING, für den es als Figur des historischen Wandels nur die *Transformation* (nach Maßgabe seines Postulats bezüglich der *Erhaltung der Werte*), nicht aber den endgültigen *Untergang* und den darauf folgenden Neubeginn in der Entwicklung der Kulturen, gibt.

TÖNNIES' anthropologisch-psychologische Entwicklungstheorie bringt noch das Moment des Pathologischen als Pendant zum geschichtstheoretischen Phänomen des Kulturuntergangs ins Spiel. Pathologisch wäre die Entwicklungstendenz, die zur immer extremeren Divergenz zwischen Ratio und Lebensbedürfnissen führt, so daß schließlich das Band, das diese Komponenten im Wesenwillen ursprünglich zu einer Einheit verbunden hatte, gänzlich zerrissen wäre. Diese Betrachtungsweise ist bei TÖNNIES nicht biologistisch gemeint trotz gewisser terminologischer Anklänge, die in diese Richtung zu weisen scheinen, sondern vernunftkritisch - vernunftkritisch im Sinne einer zugleich systematischen und historischen Theorie der Rationalität.

Innerhalb der einzelnen Kulturkörper und -epochen gibt es selbstverständlich auch für TÖNNIES ein stetes Auf und Ab, ein Vorwärts und ein Zurück der Entwicklung. In der Gegenwart z. B. sieht er im Genossenschaftsgedanken eine Möglichkeit zur sozialen Reform, die dem Solidaritätsgedanken eine allerdings nur ephemere und stets ungesicherte Lebensmöglichkeit in der modernen Gesellschaft verschaffen kann, denn diese muß seiner Ansicht nach von ihren Voraussetzungen her einer ganz anderen Generaltendenz folgen. Dadurch ändert sich für TÖNNIES folglich nichts am Grundcharakter der von formaler Rationalität und Interessenkalkül beherrschten Epoche der *Gesellschaft*.

TÖNNIES' Pessimismus bezüglich der Entwicklung der Moderne ist also zunächst einmal ein Tribut an ein *positives* Erbe des Historismus, nämlich an die Fähigkeit und die Kunst, historische Individualitäten aus dem Kern ihrer raison d'être heraus zu erfassen, was konsequenterweise immer auch zu einer besonderen Betonung der Abgrenzung führen muß. Das genuine Erbe des Historismus verbindet sich in diesem Zusammenhang mit SPINOZAS Definition »omnis determinatio est negatio«. Auch hier zeigt sich, wie die intellektuellen

Impulse, die TÖNNIES aus den spezifischen Strömungen des 19. Jahrhunderts gewinnt - dem geistigen Milieu seiner eigentlich produktiven Jahre von 1881 bis 1887 und in einem zweiten Turnus bis ungefähr 1910 -, immer von zentralen Elementen der Aufklärungsphilosophie gestützt und beglaubigt werden.

Die Anwendung des Historismus auf Kritik und Begründung der Wissenschaft im Denken von TÖNNIES zeigt viele Analogien zu HÖFFDINGs Darstellung dieser Problembereiche. Beide sind sich - in Übereinstimmung mit einer Grundtendenz des zeitgenössischen Positivismus - einig in der Einschätzung der Bedeutung der Wissenschaftsgeschichte für die Beurteilung der Erkenntnis- und Geltungskriterien wissenschaftlicher Resultate. Die Geschichte der Wissenschaft mit ihrem kumulativen Fortschritt, so wie sie damals gesehen wurde, übernimmt die Funktion einer Begründung von Sinn, Geltung und Reichweite der wissenschaftlichen Erkenntnis.

Beide werden auch übereinstimmend von der Frage beschäftigt, welche Bedeutung die moderne Erfahrungswissenschaft als Kulturphänomen im historischen Kontext hat. Bei TÖNNIES kommen aber auch hier besondere Aspekte zum Tragen, die bei weiterhin bestehender grundsätzlicher Übereinstimmung mit HÖFFDING doch charakteristische Unterschiede begründen. Dieser Tatbestand zeigt, daß TÖNNIES auf besondere Weise mit der zeitgenössischen kulturtheoretischen und methodologischen Debatte in Deutschland verbunden ist, während HÖFFDING diesem speziellen Problemzusammenhang um einige Grade ferner steht. TÖNNIES' Gedanken gewinnen aus dieser Verflochtenheit in die zeitgenössische Historismus-Rationalismus-Debatte in Deutschland ihre Vielschichtigkeit, ihre Bedeutung und ihren intellektuellen Reiz. Es wird nämlich deutlich, wie auch ein Denker, der sich so stark und programmatisch am westeuropäischen Positivismus orientiert wie TÖNNIES, sich dem Einfluß der spezifisch deutschen intellektuellen Traditionen nicht entziehen konnte. Es handelt sich dabei um die Tendenzen, die das KANTische Erbe in eine Suche nach relativen, also historischenAprioris der Weltauffassung und in die lebensphilosophisch-pragmatische Ableitung ursprünglich als transzendental angesehener Kategorien einfliessen ließ.

Neben diesen geistesgeschichtlichen Zusammenhängen kommt bei einer Betrachtung von TÖNNIES' Gedanken zur Wissenschaftsgeschichte noch ein weiterer systematischer Gesichtspunkt zutage, der den Zusammenhang zur erörterten Pessimismus-Frage herstellt. Er zeigt, wie TÖNNIES' Einschätzung der europäischen Moderne auf einer Kulturtheorie fußt, die nach den Konstruktionsprinzipien der neuzeitlichen Weltauffassung seit dem 17. Jahrhundert fragt. Unter diesem Aspekt hat die moderne Wissenschaft sowohl ihren Existenz- wie auch ihren Erkenntnisgrund in dem Prozeß der immer extremer sich durchsetzenden Disposition des Kürwillens. Die Wissenschaft ist demnach die Artikulationsform dieses neuzeitlichen Prozesses, andererseits aber liefert sie überhaupt erst die Prinzipien und Instrumente zur Erkenntnis eben dieses Prozesses.

Wissenschaftstheoretische Analysen haben bei TÖNNIES immer auch ein erkenntniskritisches Moment. Die historische Bedingtheit der Kategorien legt auch ihren Anwendungs- und Geltungsbereich 'apriori' fest und damit auch den Sinn, den wissenschaftliche Resultate im Vergleich mit anderen Formen der Weltauffassung haben. Die unlösliche Verbindung von Wissenschaft und analytisch-rationaler Einstellung in der Disposition des Kürwillens gibt TÖNNIES die Möglichkeit, in der Kontroverse zwischen positivistischem Programm einer einheitlichen Wissenschaftslogik und dem Programm zum Nachweis eines eigenständigen erkenntnistheoretischen Status der Geisteswissenschaften programmatisch Position zu beziehen. Wissenschaft muß sich ihm notwendigerweise am Erkenntnismodell der Naturwissenschaften orientieren, da der zugrundeliegende Kürwillensprozeß keine andere Wahl mehr läßt. Wenn die Wissenschaft aber derart - historisch und systematisch-kategorial - mit den Prinzipien der *Gesellschaft* im TÖNNIESschen Sinne verbunden wird, dann erscheint sie insgesamt als ebenso historisch bedingt und dem zu erwartenden 'Untergang' ausgesetzt wie die Moderne überhaupt.

Es ist ersichtlich, daß der kulturtheoretische Relativismus von TÖNNIES radikaler konzipiert ist als HÖFFDINGs Version, die sich in seinem Falle spezieller auf die *Erkenntnis*dimension beschränkt und eben nicht primär Fragen einer *materialen* Kulturtheorie thematisiert. HÖFFDING hat genug Theoreme in seinem Denken eingebaut, die über allen Wechsel der Erscheinungsformen des historischen Prozesses hinweg eine grundsätzlich *optimistisch* stimmende Kontinuität garantieren. Für TÖNNIES dagegen ist selbst die Einsicht in die historische Wandelbarkeit selbst wiederum historisch bedingt. Neue Formen der Weltauffassung und der sozialen Organisation, die auf die europäische Epoche, die er *Gesellschaft* nennt, folgen werden, sorgen dann zu ihrer Zeit für eine andere Sicht der Dinge.

Auch hier wird wieder deutlich, daß der 'Untergangsaspekt', ganz unabhängig von allen eventuell mitwirkenden individuellen psychischen Dispositionen der Person TÖNNIES, bei ihm die zwingende Konsequenz eines systematischen Aufbaus von philosophischen und kulturtheoretischen Prämissen ist.

Auf diesen systematischen und theoretischen Voraussetzungen beruht das, was HÖFFDING als TÖNNIES' *Sozialpessimismus* bezeichnete, von dem er ihn unbedingt abbringen wollte. Daß dieses Vorhaben ihm nicht gelingen konnte mittels des Hinweises auf die positiven Entwicklungsmöglichkeiten, die trotz aller Krisensymptome in der Gegenwart erkennbar wären, wird nun - nach Einblick in TÖNNIES' theoretischen Hintergrund- offensichtlich.

# SOZIALER PESSIMISMUS

*von*

*HARALD HÖFFDING*

*zuerst veröffentlicht unter dem Titel* SOCIAL PESSIMISME *in: Tilskueren, 1890, S. 464 - 477 (als Rezension von Ferdinand* TÖNNIES, *Gemeinschaft und Gesellschaft, Berlin 1887). Übersetzung aus dem Dänischen von Lise* TÖNNIES.

## I.

Wenn sich eine optimistische und eine pessimistische Anschauung gegenüberstehen, sind es wohl in der Regel Stimmungen, die den Ausschlag geben, Stimmungen, die entweder im Temperament der Individuen ihren Ursprung haben oder aber in den begrenzten und zufälligen Erfahrungen, die sie gemacht haben oder meinen, gemacht zu haben. Jedoch wird gelegentlich von mehr als nur Stimmungen die Rede sein können; so leuchtet es z. B. ein, daß die Prozesse in einem organischen Körper einen Verlauf nehmen könnten, der es dem Sachkundigen ermöglicht, eine Auflösung des Lebens vorauszusagen. Und Physiker haben versucht zu zeigen, daß eine Zeit kommen wird, wo alles Leben und alle Bewegung in unserem Sonnensystem aufhören wird, weil eine gleichmäßige Verteilung der Wärme eintreten, und keine Umwandlung der Wärme in Bewegung mehr stattfinden wird. Sie leiten dies daraus her, daß, während alle Bewegung in Wärme umgesetzt, nicht alle Wärme wiederum in Bewegung umgewandelt werden kann, sondern ein Teil von ihr an die Umgebung abgegeben wird. Stellt man sich diesen Prozeß als vollendet vor, bekommen wir den Stillstand. Sollte es nun in gleicher Weise nicht möglich sein, festzustellen, ob im Bereich des menschlichen Zusammenlebens eine Auflösung und ein Rückschritt oder Fortschritt stattfinden?

Man könnte meinen, daß die Sache in den Augen derer klar sein müßte, die die Entwicklungshypothese verfechten. Man würde da jedoch Entwicklung und Fortschritt verwechseln. Entwicklung ist ein Annährungsprozeß, durch den Individuen und Arten solche Formen anzunehmen und solche Handlungen auszuführen in die Lage versetzt werden, wie es die Lebensbedingungen und die äußeren Umstände verlangen. Eine solche Anpassung kann aber unter bestimmten Bedingungen dazu führen, daß Formen und Fähigkeiten reduziert und eingeschränkt werden statt sich reichhaltiger und mannigfaltiger zu entfalten.

So gibt es bei Schmarotzern Spuren deutlichen Rückschritts, indem Organe, die bei verwandten Tierarten durch starken Bau hervortreten, zu schwachen Andeutungen geschrumpft und die entsprechenden Fähigkeiten ebenfalls verschwunden sind. Auch Menschen könnten sich so niedrigen und einfachen Verhältnissen anpassen, daß sie die höheren Fähigkeiten, die in ihnen angelegt waren, verlieren. Nicht nur beim Übergang von mannigfaltigen und größeren Verhältnissen zu engeren und einfacheren kann jedoch ein solcher Rückschritt geschehen. Beim Übergang von einfachen und schlichten, aber leicht überschaubaren Verhältnissen zu komplexeren und umfasserenden, aber zugleich künstlicheren Verhältnissen könnten Fähigkeiten von großem Wert auch verloren gehen. Es kann, was Mannigfaltigkeit angeht, ein Fortschritt stattfinden und trotzdem findet, was Konzentration, was inneren Zusammenhang und Kraft angeht, ein wesentlicher Rückschritt statt. Dies geschieht leicht, wenn der begrenzte, jedoch sichere und zuverlässige Instinkt durch die umfassendere, jedoch oft zweifelnde und irrende Vernunft abgelöst wird. Beim Menschen sind deswegen Ausschweifungen und Unnatürlichkeiten möglich, die das vom Instinkt geleitete Tier nicht kennt. Nach DARWIN's Auffassung ist ein Rückschritt geschehen, kurz nach "dem sehr frühen Zeitpunkt, da der Mensch gerade Mensch geworden war", und als die Vernunft in vielerlei Hinsicht im Begriffe war, den Instinkt abzulösen.[1] Die menschliche Entwicklung, sowohl beim einzelnen Individuum als auch bei ganzen Völkern, zeigt oft den Rückschritt, der - jedenfalls in einigen Punkten - mit einem Übergang von einfachen und begrenzten zu komplexen und mannigfaltigen Lebensbedingungen verbunden sein kann. Die Proteste gegen den Wert der Kultur, die bisweilen mit großem Nachdruck vorgebracht werden, haben in diesem Umstand ihre relative Berechtigung.

Die in den letzten Jahren vorgenommenen Untersuchungen über die Entwicklung der Gesellschaftsverhältnisse und der Rechtsvorstellungen bei den indoeuropäischen Völkern haben jetzt sogar zu einer Aufstellung einer ganzen sozialen Pathologie geführt. Man hat die Behauptung zu begründen versucht, daß die ganze neue Kulturentwicklung in Wirklichkeit ein großer Auflösungsprozeß sei, der still und unmerklich voranschreite und sich nur dem vergleichenden und konsequenten Forscher offenbare. Die oben angeführte Schrift von Ferdinand TÖNNIES (aus Husum, Dozent in Kiel) ist ein interessanter und, wie mir scheint, sehr lehrreicher Beitrag in dieser Richtung. Der Verfasser, bekannt durch seine Studien über HOBBES und SPINOZA, einige der vorzüglichsten Arbeiten, die auf dem Gebiet der Philosophiegeschichte geleistet worden, besitzt bei der Betrachtung der Phänomene des menschlichen Lebens dieselbe objektive Ruhe und Ungestörtheit, die jene älteren Denker auszeichnet, mit denen er sich so intensiv beschäftigt hat. Man spürt bei ihm nicht die

[1] Siehe "Menneskets Afstamning og Parringsvalget". Dänische Übersetzung, II, S. 364, 379, 400. - In diesem Zusammenhang kann an KANTS und SCHILLERS Auslegung des Mythos vom Sündenfall als Ausdruck des Überganges von Instinkt zur Vernunft erinnert werden.

Leidenschaft eines ROUSSEAU oder eines SCHOPENHAUER. Er untersucht und konstatiert auf ganz theoretische Weise, und verlangt, daß man ihm in gleicher Weise entgegnet. Er verbindet in eigentümlicher Weise Soziologie und Psychologie, indem er zeigt, wie die soziale Entwicklung zwangsläufig mit einer entsprechenden Entwicklung der menschlichen Geistesgaben zusammenhängt und in dieser ihr Gegenstück hat. Den reichhaltigen Stoff, auf den er in seiner Untersuchung baut, hat er zu seinem Eigentum gemacht, und zwar so, daß er ihn in einen Kreis von Gedanken umgesetzt hat, die oft in sehr abstrakter Form und unter Anwendung von neugebildeten Begriffen und Ausdrücken entwickelt werden, jedoch immer so, daß man festen Boden unter den Füßen spürt. Obwohl das Buch ein eindringliches Studium verlangt, um verstanden zu werden, ist es die Mühe wert, die man darauf anwendet. Vieles, was bisher unbekannt war, tritt in ein neues Licht, und etliche neue Gesichtspunkte werden angeführt. Wer ernsthaft seine Zeit und deren Tendenzen verstehen möchte, sollte die Herausforderung mit diesem Mann nicht scheuen. Ich möchte mich hier auf eine solche Auseinandersetzung einlassen, indem ich seinen Standpunkt darlege und danach untersuchen werde, was man gegen ihn geltend machen kann.

## II.

Die gegenwärtigen moralischen und sozialen Verhältnisse der europäischen Völker haben sich den neueren Untersuchungen zufolge aus einer früheren Ordnung der Dinge entwickelt, in welcher die scharf ausgeprägte Rechtsordnung mit einer bestimmten Festlegung von Anspruch und Pflicht einer jeden Person ebensowenig existierte wie der große Interessenkampf stattfand, durch welchen Gewinn oder Verlust jedes einzelnen vom Verhältnis zwischen Angebot und Nachfrage bestimmt wird. Es existierte weder die juristische noch die ökonomische Sonderung unter den Individuen, die sich bei den indoeuropäischen Völkern entwickelt haben, die von ihrer Heimat im Fernost ausgehend, sich allmählich in den westlichen Gebieten niederließen. Reste der alten Ordnung im Gemeinwesen gibt es heutzutage mehr auf dem Lande als in den Städten, beim gemeinen Mann mehr als bei den sogenannten Gebildeten, in den östlichen Ländern mehr als in den westlichen. So besteht in Indien immer noch das alte, auf Familien- und Nachbarschaftsbeziehungen begründete Dorfgesetz. Es war das Band des Blutes und der räumlichen Nähe, das die Menschen vereinte. Unmittelbare Sympathie und Verständnis, persönliche Bekanntschaft und ein durch Zusammenleben gestärktes Zusammenwirken waren die Kräfte, die das Gemeinwesen trugen. Es war ein natürliches, selbstverständliches, unwillkürliches Zusammenleben, nicht eingegangen mit klarem Bewußtsein und in der Hoffnung auf bestimmte persönliche Vorteile. Die einzelnen Individuen fühlten sich unmittelbar als Teile des Ganzen und können außerhalb desselben nicht existieren. Die Regeln ihres Verhaltens waren in uralten Sitten, Anordnungen und Überlieferungen vorgegeben, die nicht diskutiert sondern wie eine

Naturordnung eingehalten und mit Ehrfurcht betrachtet wurden. Auch der größere Gang der Weltläufe, von welchem das Schicksal der Familie und des Stammes abhängt, wurde nicht mit skeptischem Forschen und Schauen aufgefaßt und gewertet, sondern mit lebhafter Einbildungskraft, mit Gefühl und Glauben. Auch hier sah man eine Ordnung der Dinge, die den einzelnen Individuen als etwas Nahes und Vertrautes und doch zugleich als etwas Ehrwürdiges und Dauerndes entgegentrat.

Der Gang der Kultur hat jetzt - wie TÖNNIES zeigt - immer mehr über diesen Zustand hinausgeführt. Es hat eine voranschreitende Emanzipation stattgefunden. Das Individuum hat ein selbständiges Recht erhalten, abgelöst von dem engen, natürlichen Gemeinwesen, dem es angehört. Dem Spielraum der einzelnen Individuen sind feste Grenzen gesetzt. Sie sind aus ihrem unmittelbaren Zusammenhang herausgerissen, sind jeder für sich Zentren geworden, anstatt ein gemeinsames Zentrum zu haben. Wohl findet unter ihnen Kontakt und Verbindung statt, jedoch wird Kontakt und Verbindung jetzt immer mehr dadurch bestimmt, was der Einzelne meint, von den Anderen erreichen zu können. Die Gesellschaft tritt immer mehr an die Stelle von Gemeinschaft. An die Stelle des Instinkts und des von Tradition, Autorität und Bruderschaft unmittelbar bestimmten Gefühls, tritt nun die durch Vernunft mäßigende, berechnende Überlegung. Äußere Interessen verbinden die Menschen, ohne daß sie deswegen in einer wesentlichen inneren Verbindung stehen. Der eine will mit dem geringstmöglichen Opfer von seiner Seite aus das Meistmögliche von dem ihm Begehrenswerten, was der andere besitzt, erreichen. Das Handelsverhältnis ist das herausstechendste Beispiel der Gesellschaft gegenüber der Gemeinschaft, und der Handel ist zugleich das wichtigste Mittel, das die Gesellschaft von der Gemeinschaft ablöst.[2] Bei der "Gesellschaft" wird von allen ursprünglichen oder natürlichen Verbindungen zwischen den Menschen untereinander abgesehen. Eine Gesellschaft setzt nur eine Mehrheit abstrakter Personen voraus, die Leistungen zu erbringen und folglich Zusagen zu machen in der Lage sind.

---

2 Auch laut LEIST (Alt-arisches Jus Gentium. Leipzig 1889, S. 523 - 525) ist die altarische Hausordnung durch den Handel und den Aufschwung des Geldwesens, die die scharfe Entwicklung des rein privaten Eigentumsbegriffs zur Folge hatten, zugrunde gegangen. Es ist "die dämonische Kapitalmacht", die die Verhältnisse umwandelt. An die Stelle der Hausgemeinschaft und des an sie geknüpften gewerblichen Betriebes dringt nun das Eigeninteresse, das jeder dauernden Gemeinschaft feindlich gegenübersteht. LEIST macht treffend darauf aufmerksam, wie verständlich und in diesem Zusammenhang historisch bedeutungsvoll ARISTOTELES' Polemik (in seiner Staatslehre) gegen jedes Streben nach einem Gewerbe, das über das für den Hausstand Notwendige hinausgeht, uns erscheinen muß. Es war jedoch ein reaktionärer Gedankengang, der es nicht vermochte, die Entwicklung aufzuhalten.- Eine ähnliche Wirkung hat der Handel beim Übergang zur Neuzeit gehabt. Es waren die geänderten Absatzverhältnisse, die Bildung eines Weltmarkts an Stelle der früheren begrenzten Absatzverhältnisse, die zum Bruch mit der alten Zunftordnung, zur Ablösung des Handwerks durch die Großindustrie, zur Erfindung von Maschinen und zur ganzen modernen Konkurrenz führten. Vgl. L. BRENTANO: Über die Ursachen der heutigen sozialen Noth, Leipzig 1889, S. 16. BRENTANO wirft MARX vor (dem TÖNNIES in diesem Punkt recht stark folgt), daß er das Verhältnis umdreht, indem er die Großindustrie sich aus sich selbst entwickeln und darauf den Weltmarkt hervorbringen läßt, sowie MARX in seinen Theorien überhaupt die Bedeutung der Nachfrage übersieht.

Der eine gewährt dem anderen Mittel zu dessen Zwecken und bekommt dafür Mittel zu seinen eigenen Zwecken. Beim Übergang von Gemeinschaft zu Gesellschaft nähern wir uns einem Zustand, in dem ein jeder Kaufmann ist.

In der Gemeinschaft, in dem alten Gemeinwesen, war die Verbindung zwischen den Individuen gegeben, bevor sie einander gegenseitig einen Dienst erweisen konnten, und bevor sie auf solche gegenseitige Leistungen rechnen konnten. In der Gesellschaft hingegen bekommen die Individuen meistens nur miteinander zu tun, wenn sich ihre Interessen auf harmonische oder disharmonische Weise begegnen. Ein künstlicher und mechanischer Zusammenhang tritt an die Stelle eines inneren. Die Aktiengesellschaft ist der charakteristische Typ der Gesellschaft, ebenso wie es die Familie für die Gemeinschaft ist. An die Stelle von Ackerbau, Handwerk und Kunst treten Industrie und Handel. An die Stelle des persönlichen Verhältnisses zwischen dem Handwerker und seinen Kunden tritt das unpersönliche Verhältnis zwischen dem Massenproduzenten und seinen zufälligen, unbekannten Käufern. Die Großstadt mit ihrem bunten, internationalen Leben tritt an die Stelle von Haus, Familie und Dorf. Die Gesellschaft spitzt sich schließlich im Verhältnis zwischen Kapitalisten und Arbeitern als ein reines Kauf- und Vertragsverhältnis zu. Um Sir Henry MAINE's Ausdruck zu benutzen: Der natürliche, überlieferte Zustand (status) wird immer mehr durch den willkürlich mit bewußter Überlegung zustande gebrachten (contractus) abgelöst.

Es findet hier, laut TÖNNIES, ein pathologischer Entwicklungsprozeß statt, der zwar geändert, von Philanthropen und Gesetzgebern jedoch nicht verhindert werden kann. Ob jene "dualistische Konstruktion von Gesellschaft", die sich in dem Gegensatz zwischen Kapitalisten und Arbeitern zeigt, die einzig mögliche ist - was geschehen wird, wenn das Ende des Weges erreicht ist, und alle Verhältnisse Vertragsverhältnisse geworden sind -, das sind Fragen, die der Verfasser als nicht zur Sache gehörend bezeichnet.

Daß hier ein pathologischer Prozeß beschrieben ist, wird vor allem deutlich, wenn wir die psychologische Seite der Entwicklung, nicht nur die soziale, betrachten. Wie sich die Gesellschaft zur Gemeinschaft verhält, so verhält sich der willkürliche Wille zum Wesenwillen. Unter Wesenwille versteht TÖNNIES Instinkt, unmittelbaren Antrieb, der mit innerer Notwendigkeit auf sein Ziel zugeht. Er wirkt überwiegend unbewußt, nach natürlicher Veranlagung und nach Gewohnheit oder bestimmt durch Nachahmung und unmittelbare Sympathie. Bei dem willkürlichen Willen dagegen wird entschieden zwischen Zweck und Mittel, und es wird überlegt, wie viel man für die Mittel opfern sollte, um das Ziel zu erreichen. Jeder willkürliche Wille ist ein Kauf, man opfert etwas, um etwas zu gewinnen. Das Eigentümliche am willkürlichen Willen tritt deutlich hervor, wenn das Mittel einzig und allein des Zweckes wegen gewollt wird. Es gibt deswegen an dem willkürlichen Willen etwas Unnatürliches, einen gewissen Selbstdrang, eine Falschheit. Wenn man sich klar macht, was man opfert, und was man dadurch erreichen wird, wird auch der Egoismus naheliegen und die unmittelbare Hingabe verdrängen. Es ist bei der Willkür nicht die Güte, sondern nur die Klugheit und die Konsequenz, die zu bewundern ist. Das Leben steht nicht mehr wie ein Hof, in welchem gearbeitet wird, sondern als ein Geschäft, das gemacht werden muß. Die Entwicklung der Gesellschaft begünstigt die Tendenz zum willkürlichen und egoistischen Willen auf Kosten des Wesenwillens und der Hingabe. Unter dem ständigen Streit wird der rücksichtslose Gebrauch der Willkür Bedingung für das Bestehen des Individuums. Der klare Verstand tritt im ganzen geistigen Leben an die Stelle des unmittelbaren Gefühls, der Phantasie und des Glaubens. Es findet ein voranschreitender Intellektualismus statt; die wissenschaftliche Reflexion tritt immer mehr an die Stelle des kindlichen Glaubens. Das religiöse und das soziale Problem sind so Aspekte eines und desselben Problems, das Tönnies teils von der soziologischen, teils von der psychologischen Seite her behandelt.

## III.

Keiner wird leugnen können, daß eine solche soziologische und psychologische Entwicklung, wie sie Tönnies schildert, stattfindet. Die Kultur dringt dort ein, wo früher nur Natur war; die Lebensformen werden immer komplexer und in höherem Maße das Produkt willkürlicher Ordnung; es werden stets höhere Ansprüche an Scharfsinn gestellt. Wir scheinen uns insoweit immer mehr von dem Primitiven, Natürlichen und Unwillkürlichen zu entfernen. Wird sich die Entwicklung da nicht vollenden, so daß sie erstarrt oder aufgelöst wird, genau so wie es nach einer physikalischen Theorie dem Leben auf dem Erdball und in unserem Sonnensystem und der Bewegung überhaupt ergehen wird? Oder sollte die von Tönnies geschilderte Entwicklung nur ein Aspekt der Angelegenheit sein, da für den aufmerksamen Beobachter andere Entwicklungstendenzen erscheinen werden, die ihm die Stange halten könnten, so daß diese Entwicklung nicht zu einem Ende kommt?

Wir wollen kurz untersuchen, welche Erfahrungen und Betrachtungen dazu führen könnten, der Sache eine hellere Seite abzugewinnen.

Der Pessimismus ist hier, wie so oft, mit der Romantik verbunden. Er sieht in der Vergangenheit ein strahlendes Licht, während die Gegenwart kalt, leer und dunkel scheint. Die alten Verhältnisse im Gemeinwesen vor dem großen Emanzipationsprozeß, der einen so großen Platz in der Geschichte einnimmt, waren jedoch keineswegs ideal. Sie präsentieren sich uns mit dem Charakter der Einheit und der Geschlossenheit und sogleich mit einem gewissen idyllischen Gepräge. Das menschliche Leben und die menschlichen Gefühle erscheinen vor uns in einfachen, intensiven und elementaren Formen, die für das vom bunten, geteilten und strittigen Leben ermüdete Auge wohltuend sind. Bei Tönnies kommt es mir als etwas Besonderes vor, daß man die pietätvolle Anhänglichkeit an das Leben spürt, wie es sich auf dem Land und in den kleinen

Flecken formt; er schildert es und seine Formen mit einer Wärme, die dieser klare Denker nicht beizubehalten vermag, wenn es darum geht, die Verhältnisse der Großstadt und des komplexen Kulturlebens zu verstehen, und die zu bewahren dort ganz bestimmt auch schwieriger ist. Die Idylle ist aber oft nur ein Schein - in der menschlichen Welt wie in der übrigen Natur. Es konnte z. B. mit dem alten patriarchalischen System viel Grausamkeit und Unterdrückung auftreten. Der Hausvater herrschte ohne Kontrolle, nur der Strafe der Götter unterworfen; aber sie ließen nicht immer von sich hören. Über das Schlimmste schweigt vielleicht sogar die Geschichte, denn die gänzlich Rechtlosen bekommen keine Geschichte. Es war in Wirklichkeit kein anderer Fall, als daß das altarische, teils auf geistlicher Tradition und Priesterschaft gebaute Familiensystem, vom klar entwickelten griechisch-römischen Bürgersystem abgelöst wurde, innerhalb dessen das Privatrecht seinen grundlegenden Entwicklungsprozeß erfuhr. Es waren nicht nur Egoismus und selbstsüchtiges wirtschaftliches Interesse, die die altarische Hausordnung und zu einer späteren Zeit die mittelalterliche Zunftordnung sprengten. Es war vor allem eine durch die veränderten wirtschaftlichen Verhältnisse geweckte und genährte ausdrücklichere Anerkennung des Wertes und Könnens der einzelnen Person.

TÖNNIES macht wahrscheinlich mit vollem Recht auf den großen Unterschied zwischen den Knechten in der altarischen Familie und den Sklaven späterer Zeiten aufmerksam. Die Stellung des Knechtes näherte sich oft der Stellung des Sohnes oder des Freundes; er war ein Mitglied des Hausstandes ebenso wie Frau und Kinder. "Indem er Freude und Sorgen der Familie teilt, seinem Herrn die Ehrfurcht eines erwachsenen Sohnes zollt und die ihm anvertraute Stellung eines Helfers oder gar eines Ratgebers genießt, ist er seiner ganzen Beschaffenheit nach ein freier Mensch". Nur ausnahmsweise wird er durch Mißhandlung zu einer wirklichen sklavischen Stellung niedergedrückt. Später hat Leist hervorgehoben, daß die Sklaverei in der Antike, und immer noch bei den Griechen, weder von einem rein privatrechtlichen Gesichtspunkt noch vom öffentlichen Recht her betrachtet werden darf. "In der häuslichen Ordnung haben wir ein arisches Urrechtsinstitut vor uns, das älter ist als die Unterscheidung zwischen privatem und öffentlichen Recht. Sie ist der juristische Mikrokosmos, aus welchem das Privatrecht und das öffentliche Recht sich erst allmählich entwickelt haben". Wie beim Gewerbe so verstehen wir auch hier ARISTOTELES' Standpunkt (insbesondere seine bekannte Verteidigung der Knechtschaft als Institution) als einen Versuch, an der alten häuslichen Ordnung gegenüber dem voranschreitenden Individualismus festzuhalten.

Dies ist eine wichtige Betrachtung, durch die vieles in der Geschichte gerechter beurteilt wird, als eine abstrakte philanthropische naturrechtliche Anschauung es vermag. Aber gerade wenn die Stellung des Knechtes oft und vielleicht lange Zeit hindurch durch patriarchalische Fürsorge verhältnismäßig gut und geborgen gewesen ist, wird es gänzlich unverständlich sein, wie Wünsche entstehen konnten, diese Stellung zu verlassen, wenn kein Mißbrauch und

Bild 17: Harald Höffding

Bild 18: Christian X., König von Dänemark, anläßlich der Gratulation zum 80. Geburtstag von Harald Höffding

keine Unterdrückung stattfanden. Vermutlich ist es hier so zugegangen wie bei der Entwicklung des freien Arbeiterstandes am Ende des Mittelalters, die durch den Egoismus hervorgerufen wurde, mit dem die Zunftmeister versuchten, ihre Vorteile und Rechte auf einen so kleinen Kreis wie möglich beschränkt zu halten. Gleichzeitig damit wurde (wie schon in einem anderen Zusammenhang angesprochen) der Markt erweitert und immer mehr Arbeitskräfte in Anspruch genommen.[3]

Das alte System war nicht bloß ein patriarchalisches Haussystem; es war zugleich ein Zwangssystem, oder zumindest hatte es jeden Augenblick die Möglichkeit, in ein Zwangssystem überzugehen. Ob es nun aber durch fürsorgliche Milde oder durch Zwang wirkte, eins vermochte es nicht: Selbständigkeit im Können und Wirken und das damit verbundene Selbstgefühl bei den einzelnen Individuen zu entwickeln. Diese standen - mit Ausnahme der Autoritäten (Väter, Priester, Fürsten, Propheten usw.) - wie mehr oder weniger selbstlose Teile des Ganzen. Sie waren aber nicht jeder für sich kleine Einheiten. Der Übergang zu einer stärker individualistischen Ordnung (von Gemeinschaft zur Gesellschaft), ob er nun eher durch den Egoismus der autoritären Machthaber oder durch die von äußeren Verhältnissen geänderten wirtschaftlichen Bedingungen hervorgerufen ist, hat doch jedenfalls ein Gutes bewirkt, nämlich daß die Möglichkeit geschaffen und der Antrieb geweckt wurden, Fähigkeiten und Kräfte zu entfalten, die bisher in den Einzelnen nur schlummerten. Dadurch wurden im Verhältnis zwischen den Individuen zwar auch Isolation und Äußerlichkeit ermöglicht. Aber es wurde doch an den Einzelnen die große Aufgabe gestellt, eine selbständige und wesenseigene Persönlichkeit zu werden; es wurden eine Menge selbständiger Ausgangspunkte für das Leben der Familie angelegt. Einer größeren Innerlichkeit im menschlichen Leben, ganz neuen Erfahrungsbereichen von großem Wert wurde dadurch der Weg geebnet. Obwohl das Wirken der Individuen nicht so leicht und instinktmäßig vor sich geht, wie im alten Gemeinwesen, so ist doch eine große Errungenschaft erreicht. Beim Verlauf der Entwicklung geht unvermeidlich etwas verloren, jedes Mal wenn etwas gewonnen wird. Das ist nun einmal so. Es ist aber ungerechtfertigt, sich nur mit dem zu befassen, was verloren geht. Das Höchste zwar würde es sein, das Wertvolle aus den früheren Entwicklungsstufen mit dem Wertvollen aus den folgenden Stufen zu verbinden. Das ist aber ein Ideal, das nicht völlig erreicht

[3] L. BRENTANO schildert (in seinem Werk: Die Arbeitergilden, I, S. 59) diese Angelegenheit so: "Das Aufblühen der Industrie und in ihr der größere Einsatz von Kapital, die sich gegenseitig hervorriefen und bedingten, zogen zwangsläufig die Leibeigenen massenweise in die Stadt. Danach wurde auf der einen Seite zwar für eine größere Anzahl Arbeitskräfte gesorgt, die der Fortschritt der Industrie notwendig machte, auf der anderen Seite entstand aber in einem jeden neuen Arbeiter ein möglicher künftiger Konkurrent. Der Gewinn bei einer Kapitalanlage in der Industrie wurde also bedroht; die Sorge hierüber weckte den Monopolgeist der Handwerker, und es entstanden eine Menge Bestimmungen, die die Konkurrenz jener neu hervortretenden Familien einschränkten. Die Bezahlung für das Beitreten zu der Zunft wurde erhöht; auf dem Festland kam die Sitte auf, daß von jedem, der ein selbständiges Handwerk betreiben wollte, ein meist kostbares Meisterstück verlangt wurde, wohingegen Söhne und Schwiegersöhne wie auch die, die eine der Zunft angehörende Witwe ehelichten, Vergünstigungen genossen."

werden kann, obwohl es von großer Bedeutung ist, sich dies klar vor Augen zu halten. Die Mission der pessimistischen Anschauung ist es, zu verhindern, daß wir dies vergessen.

Nicht nur eine größere Selbständigkeit und Innerlichkeit wird möglich, sondern auch ein größeres Gemeinwesen. Der Staat und die Menschheit, dies sind Begriffe, die erst entwickelt werden können, wenn die patriarchalische Ordnung die einzelnen Individuen entläßt und es ihnen erlaubt, sich in menschlichen Verhältnisses zu fühlen, obwohl sie vom ursprünglichen Zuhause getrennt werden. Auch diese Seite der Entwicklung birgt ihre Gefahren; die engeren Kreise, mit ihren unmittelbaren und deshalb herzlicheren Berührungen, werden leicht bei Seite geschoben zugunsten der größeren, aber abstrakteren Verhältnisse, und das Leben kann dabei an seiner Kraft und seiner Wärme leiden. Aber es war doch an sich eine große und bedeutungsvolle Erweiterung des Menschlichkeitsgefühls, die stattfand, als Staat und Menschheit im menschlichen Leben leitende Ideen wurden. Schranken wurden abgebaut, die auf verschiedene Weise Hemmung und Streit mit sich führten.[4] -

Die Schwierigkeiten, das Gute der früheren Entwicklungsstufen mit dem Guten der späteren zu vereinen, wird jetzt zu einem großen Teil dadurch erleichtert, daß die Familie im gewissen Sinne immer von vorne anfängt. Es ist hier wie in der Natur, wo wir immer mehr gelernt haben, daß die Kräfte, die in früheren Erdperioden gewirkt haben, nicht wesensverschieden von denen sind, die am heutigen Tage um uns herum ihre Tätigkeit entfalten. Auch in dem menschlichen und sozialen Bereich gilt das Aktualitätsprinzip. Auch noch so viel Emanzipation und Individualismus können die einfachen Grundverhältnisse nicht aufheben, die immer aufs Neue die Gemeinschaft an die Stelle der Gesellschaft stellen. Die Familie muß eine Gemeinschaft bleiben. Das Verhältnis zwischen Eltern und Kindern und zwischen Mann und Frau legt den Grund

[4] In "Dänisches Bauernleben, wie es seit Menschengedenken geführt wurde, insbesondere in Westjütland" (Kopenhagen 1889) hat Pastor H. F. Freiberg eine interessante Schilderung des Lebens, auch des Zusammenlebens, im Dorfe, gegeben, so wie es geführt wurde, bevor die modernen Reformen, die ausgebauten Verkehrsmittel, die Aufklärung und die politische Bewegung neue Verhältnisse und einen neuen Geist zuwege brachten. Je größer die Liebe und das Verständnis sind, mit denen der Verfasser bei der alten Ordnung der Dinge verweilt, desto interessanter ist es, sein Urteil über die Veränderung zu hören, die gerade stattfindet und zum Teil schon stattgefunden hat. Er hebt hervor, welche Beschränktheit und welche Standesvorurteile unter der Isolation und Begrenzung entstehen mußten, unter denen das Leben geführt wurde. Man sah nur "bis zur Grenze des eigenen Ackers, oder wenn es hoch kommt bis zur Grenzscheide der Gemeinde; seltsam wäre es gewesen und fast unbegreiflich, wenn man Leute mit Blick für das große Gemeinwesen, für Land und Volk getroffen hätte". Es ist jetzt, als Folge der genannten Ursachen nicht zuletzt der politischen Bewegung, sogar in den armseligsten Familien "so etwas wie ein Gemeinschaftsgefühl, das so wohl nie dagewesen ist", aufgekommen. Der Arbeiter und der Kleinbauer haben gelernt, daß "sie einem Volk angehören, daß sie gemeinsame Interessen mit ihrem Volk haben, daß sie ein Recht und eine Verantwortung haben" (S. 130, 137). - Wenn der Verfasser damit recht hat, so sehen wir, wie die Auflösung der alten Stadtgemeinden mit ihrer Gemeinschaft und ihren auf Nachbarschaft beruhenden humanen und sozialen Verbindungen ein Übergang zu einem größeren und umfassenderen Gemeinschaftsgefühl sein kann und zu einem Bewußtsein von größeren Aufgaben und Gesichtspunkten führen kann, als es der begrenzte Horizont der alten Ordnung ermöglichte.

für die stärksten und dauerhaftesten Gefühle, die das Menschenleben kennt. Innerhalb des Gemeinwesens, das durch diese Gefühle bestimmt wird, beginnt jeder Mensch sein Leben. Hier findet ein Zusammenleben statt, das die Heimat von Mitgefühl und Menschlichkeitsgefühl ist. Von ihr gehen stets aufs Neue die Kräfte aus, die das Menschenleben zusammenhalten. Hier wird der Egoismus gebeugt und gelockert; hier erfährt die Brutalität ihre stille Änderung. Keine Rechtsmechanik, selbst nicht die sehr klug ausgedachte, und keine Aufklärung, selbst eine sehr gründliche nicht, können die Quelle ersetzen, die hier entspringt. Und diese verinnerlichende, mildernde und zusammenhaltende Macht ist nicht geschwächt, weil die äußere Ordnung des Lebens eine andere geworden ist als sie es war, als man keine anderen Formen des Gemeinwesens kannte als die, die auf Blut und Nachbarschaft gegründet wurden. Die Familie kommt gerade erst zu ihrem Recht, wenn sie nicht länger das einzige oder so gut wie das einzige Gemeinwesen ist. Das Machtverhältnis tritt dann zurück. Die Elemente werden ausgewechselt, die in der alten Familie viel zu sehr an ein Verhältnis zwischen Herrscher und Beherrschten erinnerten.[5] Der allgemeine Befreiungsprozeß ist auch der Familie zugute gekommen; ihr eigentliches Wesen hat sich erst entfalten können, nachdem die alte, patriarchalisch geführte Gemeinschaft aufgehört hatte. Nicht nur wirken also immer noch dieselben Kräfte im menschlichen Leben wie vor Jahrtausenden; sondern es besteht sogar Grund zu der Annahme, daß sie unter günstigeren Bedingungen wirken! -

Und obwohl die Individuen außerhalb der Familie jetzt mehr in einem Vertragsverhältnis als in einem natürlichen Zusammengehörigkeitsverhältnis zueinander stehen, - obwohl sich contractus auf Kosten von status verbreitet, - so führen doch diese veränderten Verhältnisse wiederum zu neuen Formen der Gemeinschaft, zu freier Assoziation. Nicht alle Assoziationen haben nämlich den bloßen und selbstsüchtigen Charakter der Aktiengesellschaft. Wo es nicht nur gemeinsame Ziele gibt, sondern wo auch gemeinsam gearbeitet und gestrebt, gelitten und ertragen wird, wird sich allmählich ein Gemeinschaftsgefühl, eine Kameradschaft entwickeln, die einen größeren Schwung annehmen und eine größere Stärke besitzen kann, als es die rein egoistische Erwartung mit dem Erreichen bestimmter äußere Zwecke erklären kann. Obwohl die Assoziation von Anfang an von seiten der Einzelnen aus überwiegend egoistischen Gründen eingegangen wird, so wird während des Zusammenlebens und Zusammenwirkens eine Verschiebung der Motive stattfinden, so daß das ursprüngliche Ziel dem Gefühl der Gemeinschaft weicht. Auf diesem Wege wird der Einzelne des gemeinsamen Lebens der Familie teilhaftig; wenn er sein kleines Gewicht in die Waagschale legt, ist es nicht der Gedanke an den eigenen Vor-

---

[5] Der russische Dramatiker *Ostrovsky* hat das Familienleben geschildert, so wie es sich vor 40 Jahren in den Städten des inneren Russland darstellte. Man sieht hier, in welchem Maß selbst die Familie unter der Ordnung der alten Dinge ein Zwangssystem war. Seine "Oeuvres dramatiques" haben daher nicht nur ein außerordentlich großes poetisches, sondern auch ein sehr großes kulturhistorisches und ethisches Interesse.

teil, sondern er will das Seinige dazu beitragen, daß das gemeinsame Schicksal in eine Richtung gelenkt wird, die er als die für die Gesamtheit, der er angehört, vorteilhafteste erachtet. Das beste und bekannteste Beispiel hierfür bietet die Geschichte der Arbeitergewerkschaften. Was wir aus dieser lernen könnten, habe ich an anderer Stelle (Ethik, S. 24) so ausgedrückt: "Das kameradschaftliche Gefühl, die Sympathie für andere wächst. Der Einzelne sieht, daß sein Verhalten während und außerhalb der Arbeit, seine Tüchtigkeit, sein Fleiß, seine Selbtbeherrschung und seine Sparsamkeit für mehr Personen außer ihm selbst von Bedeutung wird. Es wird sozusagen um ihn herum eine ethische Sphäre gebildet, eine große Familie, von der er sich als ein Teil fühlt. Er lernt die Bruderschaft kennen, die früher zugunsten von Freiheit und Gleichheit beinahe vergessen wurde. Er lernt es, seine eigenen Interessen den gemeinsamen unterzuordnen. Und er bekommt durch die gemeinsamen Erfahrungen und den Überblick über die Handels- und Fabrikverhältnisse, die die Politik der Gewerkschaften bestimmen, eine klare Auffassung von der Stellung der Arbeiter zu den anderen Gesellschaftsklassen, lernt sowohl seine Rechte als auch seine Pflichten als Mitglied der Familie besser kennen. Es ist, um es kurz zu sagen, eine ganze Erziehung von Egoismus zur Sympathie, von blinder Rohheit zu klarsehender Kraft, von Kampf zu friedlicher Verhandlung, die hier vor sich geht. Und all dies geschieht auf dem Weg der Freiheit. Es gibt keine bessere Antwort an die, die unsere Zeit als eine Zeit der bloßen Auflösung betrachten, als sie auf die Gesellschaftsbildung und die ethische Entwicklung, die hier stattgefunden hat, hinzuweisen." -

Nur mit wenigen Worten kann ich hier die psychologische Entwicklung ansprechen, die laut Tönnies mit der sozialen parallel geht und mit ihr in einem realen Zusammenhang steht. Auch sie war ja von pathologischer Beschaffenheit; Verstand und Reflexion lösen die Einbildungskraft und den Glauben ab; an die Stelle der unmittelbaren Wärme des Gefühls tritt die kühle Klarheit des Denkens; das geistige Leben bewegt sich nicht mehr nach natürlichem Antriebe, sondern nach klugen Berechnungen. Aber auch hier gilt, daß neue natürliche und unmittelbare Zustände und Motive sich bilden könnten, nachdem man sich von den instinktmäßigen und überlieferten losgerissen hat. Was wir zunächst mit der Erkenntnis umfaßten, kann zuletzt wieder das Gefühl und die Phantasie in Bewegung setzen. Je mehr wir uns in die gewonnene Erkenntnis hineinleben, um so mehr wird auch sie ein Rahmen oder eine Grundlage eines neuen unmittelbaren geistigen Lebens werden können. Die moderne Weltauffassung hat ihre Größe und Erhabenheit, die - wenn die vorbereitende Forschung und Kritik, die vorläufig die besten Kräfte in Anspruch nehmen, ihr Werk getan haben - die Phantasie und das Gefühl zur Wirksamkeit rufen wird. Wenn wir bedenken, wie kurz die wissenschaftliche Erkenntnis erst wirkt, und auf wie enge Kreise sie noch beschränkt ist, ist es berechtigt, wenn wir annehmen, in einer Übergangszeit zu leben. Streit zwischen Wissen und Glauben ist für eine solche Übergangszeit charakteristisch. Es besteht aber kein Grund zu der Annahme, daß dieser Streit - in seiner jetzigen Form - für immer andauern wird. Die Harmonie, die jetzt der Einzelne in seiner Lebensanschauung mühsam anstrebt, wenn der Bruch mit der Tradition geschehen ist, wird zu seiner Zeit in gemeinsamen Symbolen erscheinen, in Gedanken, um welche sich große Kreise sammeln könnten. Wir leben in einer "kritischen" Zeit; sie wird aber - dies ist kein unbegründeter Glaube - durch eine organische Zeit abgelöst werden.

Würden nun all diese Betrachtungen den sozialen Pessimisten beeindrucken?

Wie am Anfang erwähnt, liegen hinter dem Streit zwischen Optimismus und Pessimismus zwei verschiedene Grundstimmungen. Das gilt sogar hier, wo wir einem klaren und energischen Denker gegenüberstehen, der über ein reiches Material an Fakten verfügt und die Analyse mit großer Einsicht übt. Hinter den Gründen, die sich formulieren lassen, verbergen sich jedoch stets Stimmungsgründe, die sich nicht formulieren lassen. Was einen einzigen Punkt angeht (eine gewisse romantische Vorliebe für die primitiven, natürlichen, begrenzten Lebensformen), darauf wurde oben hingewiesen.

Außerdem sind die Verhältnisse, um die es hier geht, so kompliziert, daß keiner die Macht der verschiedenen zusammenwirkenden und entgegenwirkenden Tendenzen überschauen oder berechnen kann. Weder die Soziologie noch die Psychologie wird hier eine völlig sichere Deduktion aufstellen können, die den Streit entscheiden könnte.

Unser Gegner wird uns antworten: "Obwohl alles, was hier angeführt wurde, richtig ist, obwohl, z. B. immer noch Neubildungen in Richtung eines unmittelbaren sozialen und geistigen Leben stattfinden - die entgegengesetzte Tendenz, die in Richtung von Mechanisierung, Isolation und Intellektualisierung geht, wirkt in immer größerem Umfange; muß sie dann nicht letztendlich zu ihrem Ende kommen, so daß das Leben aufgelöst wird ?".

Nun ja, es gilt eine Überprüfung. Kein ernsthaft denkender Mensch kann vor der Gefahr blind sein. Das Leben ist ein dauernder Kampf, und seinen Ausgang können wir nicht schon im voraus kennen. Der Pessimismus hat das große Verdienst, daß wir nicht über einem Fortschritt an der Oberfläche das vergessen und verlieren, was doch letztendlich der Kern und die Kraft des Lebens ist. Darin hat TÖNNIES recht, daß, wenn der "Wesenwille" und alle "Gemeinschaft" aufgelöst werden, das Leben sofort ein Scheinleben, eine leere Form würde. Das ausdrückliche Bewußtsein dafür, worauf es ankommt, wird den Sinn für die wirklichen Werte und den Willen, sie zu erhalten, schärfen. Zurück könnten wir nicht, stehenbleiben könnten wir auch nicht; wir müssen vorwärts und würden gern vorwärts gehen, aber eine der wichtigsten Bedingungen für den wirklichen Fortschritt ist, daß wir nicht verlieren, was einmal erreicht ist, und was eine ständige Notwendigkeit für ein gesundes Leben ist.

# Abbildungsverzeichnis



Die Bilder 2, 3, 4, 11, 14, 15 und 17 stellte DET KONGELIGE BILBIOTEK in København zur Verfügung, die Bilder 6, 7 und 18 das CARLSBERG-MUSEUM, die Bilder 1, 5, 8, 9, 10, 12, 13 und 16 die SCHLESWIG-HOLSTEINISCHE LANDESBIBLIOTHEK in Kiel.

# Ortsregister

## Absenderadressen von Ferdinand Tönnies



## Absenderadressen von Harald Höffding

# Sachregister

# Namensregister

# Bibliographie


ANONYM, Höffding. The Philosophy of Religion (A Danish Thinker), in: The Times, Literary Supplement, 24. Aug. 1906

ANONYM, Rez. von H. Høffding. Religionsfilosofi, in: American Journal of Psychology, 1902, vol. xii, p. 584

BAIER, Horst, Auf dem Weg zu einem neuen Typus der historisch-kritischen Gesamtausgabe, in: W. Jaeschke et al. (Hg.), Buchstabe und Geist. Zur Überlieferung und Edition philosophischer Text, Hamburg 1987, S. 215 - 218

BAILLIE, J. B., Høffding. The Philosophy of Religion, in: International Journal of Ethics, 1907, xvii, p. 371 - 380

BALTZER, August, Ferdinand Tönnies, Gemeinschaft und Gesellschaft, Berlin 1890

BARTH, Paul, Die Philosophie der Geschichte als Soziologie, Leipzig 1921, 1. Teil bereits 1898)

BICKEL, Cornelius, Ferdinand Tönnies: Soziologie als skeptische Aufklärung zwischen Historismus und Rationalismus, Opladen 1989, i. Dr.

- Ferdinand Tönnies' Weg in die Soziologie, in: Otthein Rammstedt (Hg.), Simmel und die frühen Soziologen. Nähe und Distanz zu Durkheim, Tönnies und Max Weber, Frankfurt/M. 1988, S. 86 - 162

- Tönnies' Kritik des Sozialdarwinismus. Immunität durch Philosophie. Seine Auseinandersetzung mit der Krupp-Preisfrage von 1900, in: Carsten Klingemann (Hrsg.), Der Rasse-Mythos in der Deutschen Soziologie, Köln 1987

- Tönnies in Hamburg (1894 - 1901). Skeptische Aufklärung in Theorie und Praxis, in: Rainer Waßner (Hg.), Wege zum Sozialen. 90 Jahre Soziologie in Hamburg, Leverkusen 1989, S. 25 - 48

- Tönnies' Kontroverse mit Rickert über wissenschaftstheoretische Probleme der Geschichtswissenschaft und der Soziologie, in: L. Clausen u. F. U. Pappi (Hg.), Ankunft bei Tönnies, Kiel 1981, S. 95 - 131

- Tönnies' Theorie der Rationalität, in: Carsten Schlüter (Hrsg.), Symbol, Bewegung, Rationalität. Zum fünfzigsten Todestag von Ferdinand Tönnies, Würzburg, 1987, S. 56 - 152

BJARNASON, Ágúst, En Tak fra Island, in: Berlingske Tidende, 4. Juli 1931

BLEGVAD, Mogens, Harald Höffding, in: Dansk Biografisk Leksikon, vol. 7, Kbn. 1981, S. 25 - 30

BLÜM, Norbert, Willenslehre und Soziallehre bei Ferdinand Tönnies. Ein Beitrag zum Verständnis von 'Gemeinschaft und Gesellschaft', Bonn 1967 (unveröffentl. Diss.)

BOSSE, Ewald, Arbeitsläran dc ökonomiske arbeide, 2 Bände, Oslo 1927

BRANDES, Georg, Duplik (Polemik med Høffding), in: Tilskueren, 1890, S. 281 ff.

- Eine Abhandlung über aristokratischen Radicalismus, in: Tilskueren, 1889, S. 565 - 613; erneut in: ders., Menschen und Werke. Essays, Frankfurt/M. 1900, 3. Aufl. (dän.: Mennesker og Værker)

BRANDT, Frithiof, Den mechaniske Naturopsfattelse hos Thomas Hobbes, Kbn. 1921 (engl.: Thomas Hobbes' Mechanical Conception of Nature, 1928)

- Et Tiaar (Harald Høffding. 80 Aar), in: Tilskueren, 1923, I, S. 198 - 201

- H. Høffding (75 Aar)., in: Politikens Kronik 1918, 11. Marts

- Harald Høffding (Nekrolog), in: Archiv für Geschichte der Philosophie, 1931, XL, 3. Heft, S. 361 ff.

- Harald Høffdings Minde, in: Politiken, 1931, 5. Aug.

- Harald Höffding † 1843 - 1931, in: Archiv für Geschichte der Philosophie, 1931, XL, S. 621 - 623

- Harald Höffding ¯ 1843 - 1931, in: Archiv für Geschichte der Philosophie, 1931, xl, S. 621 - 623

- Høffding: Den nyere Filosofis Historie. III. Udg. 1921, in: Politikens Kronik, 1922, 10. Oktober

- Høffdings sidste Bog: Spinoza's Ethica (1918), in: Nordisk Tidsskrift, 1919, S. 24 - 34

- To Bøger om Platons Stat (Hartvig Frisch, Harald Høffding), in: Tilskueren. 1925, I, S. 322 - 329

BRANDT, Frithiof, HØFFDING, Hans et ADIGARD DES GAUTRIES, Jean (publ.), Correspondance entre Harald Høffding et Emile Meyerson, Copenhague 1939, 202 S.

BRANDT, Frithiof, JØRGENSEN, Jørgen, KUHR, Victor (Hg.), Harald Høffding in memoriam, Kbn. 1932*[1]

BRENTANO, Lujo, Die Arbeitengilden der Gegenwart, Bd. 1, Leipzig 1871

- Über die Ursachen der heutigen sozialen Noth, Leipzig 1889

BROCKDORFF, Baron Cay von, Hobbes als Philosoph, Pädagog und Soziologe, Kiel 1920[2]

- Hobbes im Lichte seiner didaktischen und pädagogischen Bedeutung, Kiel 1919

BRYCE, James, The American Commonwealth, 3 vols., London 1888

CAHNMAN, Werner J., Hobbes, Tönnies, Vico - Starting Points of Sociology, in: Buford Rhea (Hrsg.), The Future of the Sociological Classics, London/Boston/Sydney 1981, S. 16 - 38

CAHNMAN, Werner J., HEBERLE, Rudolf (ed.), Introduction, in: Ferdinand Tönnies on Sociology: Pure, Applied, and Empirical, S. xvii, Chicago/London 1971

CLAUSEN, Lars, Vorwort, in: Carsten Schlüter (Hg.), Symbol, Bewegung, Rationalität. Zum 50. Todestag von Ferdinand Tönnies, Würzburg 1987, S. 7 - 9

[1] Die mit * markierten Titel von H. HÖFFDING befinden sich noch in TÖNNIES' Bibliothek, siehe T-N

DAHME, Hans Jürgen Der Verlust des Fortschrittsglaubens und die Verwissenschaftlichung der Soziologie. Ein Vergleich von Georg Simmel, Ferdinand Tönnies und Max Weber, in: O. Rammstedt (Hrsg.), Simmel und die frühe Soziologie. Nähe und Distanz zu Durkheim, Tönnies und Max Weber, Frankfurt/M. 1988, S. 222 - 275

DAHME, Hans Jürgen, RAMMSTEDT, Otthein, Einleitung zu dieselben (Hrsg.), Georg Simmel. Schriften zur Soziologie. Eine Auswahl, Frankfurt/M. 1983, S. 7 - 34

DANTE, \Göttliche Komödie. In deutschen Stanzen frei bearbeitet von Paul Pochhammer, Leipzig 1901 u.ö.

DILTHEY, Wilhelm, Einleitung in die Geschichtswissenschaften. Versuch einer Grundlegung für das Studium der Gesellschaft und der Geschichte, 1. Bd., Breslau 1883 (Gesammelte Schriften, Bd. 1, Stuttgart 1959[4]

- Ideen über eine beschreibende und zergliedernde Psychologie, in: ders. gesammelte Schriften, Bd. 5, Leipig /Berlin 1924 (zuerst 1894), S. 139 - 241

DREYER, Michael, Ferdinand Tönnies und die Kriegsschuldfrage, in: L. Clausen, C. Schlüter (Hg.), Hundert Jahre 'Gemeinschaft und Gesellschaft', Leverkusen, voraussichtlich 1989

DURKHEIM, Emile, Rez. von F. Tönnies, Gemeinschaft und Gesellschaft, Leipzig 1887 in: Revue de la France et de l'étranger, 1899, 27, S. 416 - 422

FECHNER, Rolf, Der Wesenwille selbst ist künstlerischer Geist, in: L. Clausen, C. Schlüter (Hg.), Hundert Jahre 'Gemeinschaft und Gesellschaft', Leverkusen, voraussichtlich 1989

- Ferdinand Tönnies: Bibliographie. Eine Dokumentation seiner Publikationen, Hamburg 1985

- Sekundärbibliographie in alphabetischer und chronologischer Folge zum Werk Ferdinand Tönnies. Eine Dokumentation, Hamburg 1986[2]

FREIBERG, H. F., Dänisches Bauernleben, wie es seit Menschengedenken geführt wurde, insbesondere in Westjütland, Kbn. 1889

FRENCH, F. C., An Examination of Höffdings Theory of Religion, in: American Journal of Psychology, 1904, vol. xv, p. 108 - 113

- Rez. von H. Höffding. Religionsphilosophie, 1901, in: Philosophical Review, 1903, 3

GIERKE, Otto v., Der Entwurf eines bürgerlichen Gesetzbuches und das deutsche Recht, 2. Artikel, in: Schmollers Jahrbuch, 1888, Heft 4, Seite 109 - 195

GLIENKE, Bernhard, Jens Peter Jacobsens lyrische Dichtung, Neumünster 1975

GNEIST, Rudolf von, Geschichte und heutige Gestalt der englischen Kommunalverfassung oder des Selfgovernment, Berlin, 1863[2], 2 Bde.

GOETHE, Johann W. von, Rez. von Solgers nachgelassenen Schriften und Briefwechsel, in: Kunst und Altertum, in: Goethes Werke, hrsg. im Auftrage der Großherzogin Sophie von Sachsen, 1. Abt., 41.2 Bd., Weimar 1903, S. 269

GOLDAMMER, Peter (Hrsg.), Der Briefwechsel zwischen Theodor Storm und Gottfried Keller, Berlin/Weimar 1967

HARMS, Bernhard, Ferdinand Tönnies. Tischrede, gehalten zum siebzigsten, überreicht zum achtzigsten Geburtstage - 20. Juli 1925 und 1935, Typoskript, T-N, Cb 54.16:04

HARNACK, Adolf von, Das Wesen des Christentums. 16 Vorlesungen vor Studierenden aller Fakultäten im Wintersemester 1899/1900 an der Universität Berlin, Leipzig 1900 u.ö.

HEBERLE, Rudolf, Das Theorem Gemeinschaft und Gesellschaft in der Soziologie der politischen Parteien, in: Kölner Zeitschrift für Soziologie und Sozialpsychologie, 7, 1955, S. 426 - 442

- Ferdinand Tönnies und die sozialen Bewegungen, in: Soziale Welt, 10, 1955, S. 1 - 7

- Landbevölkerung und Nationalsozialismus. eine soziologische Untersuchung der politischen Willensbildung in Schleswig-Holstein 1918 - 1932, Stuttgart 1963

- The Sociological System of Ferdinand Tönnies, in: H. E. Barnes (ed.), An Introduction to the History of Sociology, Chicago 1948

- The Sociology of Ferdinand Tönnies, in: American Sociology Review, 2, 1937, p. 19 - 25

HEMPEL, Carl Gustav, Aspects of Scientific Explanation and other Essays in the Philosophy of Science, New York 1965

HOBBES, Thomas, Behemoth or the Long Parliament, London 1889, ed. for the First Time from the Original Ms. by Ferdinand Tönnies.

- The Elements of Law and Politics, ed. with an Preface and Editiorial Notes by Ferdinand Tönnies, London 1889

HOFMANNSTHAL, Hugo von, Briefe, in: Corona, 1943, 10, Heft 6, S. 800 f.

HOLM, Peter Edvard, Den offentlige Mening og Statssnagten i den dansk-norske Stat i Slutningen af den 18de Aarhundrede (1784 - 1799), Kbn. 1888, 202 S.

HÖFFDING, Harald, Alexander Hamilton og den nordamerikanske Unionsforfatning, in: Tilskueren, 1889, S. 699 - 725

- Alfred Lehmann (29. December 1858 - 26. September 1921), in: Det Kongelige Danske Videnskabernes Selskab Forh., 1921/22, S. 47 - 50

- Begrebet Analogi, Kbn., 1923, 137 S. (deutsch: Der Begriff der Analogie, Leipzig 1924*, unveränd. reprogr. Nachdruck, Darmstadt 1967)

- Bemærkninger om den platoniske dialog Parmenides, Det Kongelige Danske Videnskabernes Selskab Filosofiske Meddelser, I, 2, Kbn. 1920, 65 S. (deutsch: Bemerkungen über den platonischen Dialog Parmenides, Berlin 1921)

- Charles Darwin og hans Betydning for Filosofien. En Betragtning i Hundredaaret efter Darwins Fødsel og Halvhundredaaret efter Udgivelsen af 'Arternes Oprindelse', in: Tilskueren, 1909, I, S. 538 - 562 (Englisch: The Influence of the Conception of Evolution of modern Philosophy. Darwin and modern Science, ed. by A. C. Seward, Cambridge 1909, p. 446 - 464)

- Demokratisk Radikalisme (En Insigelse imod Brandes' Nietzsche-Artikel), in: Tilskueren, 1889, S. 849 - 872

- Den engelske Philosophi i vor Tid, Kbn. 1874, 193 S. (deutsch: Die Einleitung in die englische Philosophie unserer Zeit, Leipzig 1889)

- Den filosofiske Ethiks Principer, in: Det Kongelige Danske Videnskabernes Selskabs, 1886, S. 15 - 44 (deutsch: Die Prinzipien der Ethik, in: Vierteljahrschrift für wissenschaftliche Philosophie, 1886, x, 3, S. 249 - 282)
- Den menneskelige Tanke, dens Former og dens Opgaver, Kbn. 1910, 392 S.
- Den store Humor. En psykologisk Studie, Kbn. 1916, aus den Dänischen übersetzt von Heinrich Goebel, deutsch unter dem Titel: Humor als Lebensgefühl (Der grosse Humor). Eine psychologische Studie, Leipzig/Berlin, 1918*, 205 S., 2. Aufl. 1930
- Der Begriff der Analogie, Leizpig 1924 (dän.: Begrebet Analogi, Kbn. 1923)
- Der menschliche Gedanke, seine Formen und seine Aufgaben, erweiterte Ausgabe der Philosophischen Probleme, Leipzig 1911*
- Der Totalitätsbegriff. Eine erkenntnistheoretische Untersuchung, Leipzig 1917*
- Die drei Gedankenmotive Spinozas, in: Chronicon Spinozanum, 1921, I, S. 3 - 19
- Die Verflechtung der Probleme in Spinozas Philosophie, in: Kant-Studien, 1927, xxxii, 1, S. 29 - 43
- Einleitung in die englische Philosophie unserer Zeit, Leipzig 1889, 249 S.
- Emile Meyersons erkenntnistheoretische Arbeiten, in: Kant-Studien, 1925, Bd. 30, S. 484 - 494
- Epilog, Tilskueren, 1890, S. 343 - 353
- Erindringer, Kbn. 1928, 324 S.
- Erkendelsesteori og Livsopfattelse, Kbn. 1924, 123 S. (deutsch: Erkenntnistheorie und Lebensauffassung, Leipzig 1926*; franz.: Paris 1928)
- Etik. En Fremstilling af de etiske Principer og deres Anvendelse paa de vigtigste ivsforhold, Kbn., 1887, 417 S., erneut 1897, 1905, 1913, 1926 (deutsch: Ethik. Eine Darstellung der ethischen Prinzipien und deren Anwendung auf besondere Lebensverhältnisse, Leipzig 1888 u.ö.)
- Filosofiske Problemer. Indbydelsesskrift til Kbn. Univ. Aarsfest til Erindring om Kirkens Reformation, Kbn. 1902, 90 S.
- Fredrick Christian Sibbern, in: Tilskueren, 1885, S. 747 - 773
- Gensvar til Dr. Georg Brandes, in: Tilskueren, 1890, S. 125 - 153
- Geschichte der neueren Philosophie. Eine Darstellung der Geschichte der Philosophie von dem Ende der Renaissance bis zu unseren Tagen, unter Mitwirkung des Verfassers aus dem Dän. ins Deutsche übersetzt von F. Bendixen, 2 Bde., Leipzig 1921, 2. Aufl.; zuerst Leipzig 1895/96* (dän.: Den nyere Filosofis Historie. En Fremstilling af Filosofiens Historie fra Renaissances Slutning til vore Dage, Kbn. 1894 -95)
- Hans Brøchner, in: Magazin für die Literatur des Auslandes, 1876, Nr. 12, Bd. 89, S. 168 - 170
- Hans Larsson, in: Festskrift tillägnad Hans Larsson, Lund 1927, S. 3 - 7
- Harald Höffding, in: Die Philosophie der Gegenwart in Selbstdarstellungen, hrsg. von Raymund Schmidt, Leipzig 1923, Bd. 4, S. 75 - 97
- Jean Jacques Rousseau und seine Philosophie, Stuttgart 1897 u. ö. (dän.: Jean Jacques Rousseau og Hans Filosofi, Kbn. 1896)
- John Stuart Mill, in: Tilskueren 1906, S. 353 - 365

- Kontinuiteten i Kants filosofiske Udviklingsgang, Det Kongelige Danske Videnskabernes Selskab. Skrifter, 1893, 58 S. (deutsch: Die Kontinuität im philosophischen Entwicklungsgange Kants, in: Archiv für die Geschichte der Philosophie, 1893, VII)
- Lebensauffassung und Erkenntnistheorie, Leipzig 1926 (dän.: Erkendelsesteori og Livsopfattelse, Kbn. 1924)
- Ledende tankar under det nittande århundradet, Stockholm 1922
- Ledende Tanker i det nittende Aarhundrede, Kbn. 1920, 156 S.
- Lehrbuch der Geschichte der neueren Philosophie, Leipzig 1907*, 1922², 290 S.
- Lotzes Lehren über Zeit und Raum und R. Geijers Beurtheilung derselben, in: Philosophische Monatshefte, 1888, XXIV, S. 422 - 440
- Minder fra en Rejse (til Amerika og England 1904), in: Gads danske Magasin, 1921, S. 65 - 82.
- Mindre Arbejder (Første Række), Kbn. 1899 -1913, 3 Bde.*
- Moderne Philosophen. Vorlesungen, gehalten an der Universität in Kopenhagen im Herbst 1902, unter Mitwirkung des Verfassers übersetzt von F. Bendixen, Leipzig 1905* (dän.: Moderne Filosofer, 1904)
- Montaignes Betydning for Etikens Historie, in: Det nitttende Aarhundrede, 1876, S. 210 - 230
- Nye Undersøgelser om den primitive Familie, in: Tilskueren, 1888, V, S. 787 - 795
- Om Grundlaget for den humane Ethik, Kbn. 1876, 146 S.
- Om mit Forhold til Filosofen C. N. Starcke, in: Tilskueren, 1928, II, S. 145 - 148
- Om Sympathien som Grundlag for det ethiske, in: Vor Ungdom, 1880, S. 1 - 16
- Philosophien i Tydskland efter Hegel, Kbn. 1872, 325 S.
- Philosophische Probleme, Leipzig 1903* (dän.: Filosofiske Problemer, 1902)
- Platon's Bøger om Staten. Analyse og Karakteristik, Kbn. 1924, 148 S.
- Psychologie in Umrissen auf der Grundlage der Erfahrung, Leipzig 1887*, 3. Aufl. 1901*, 4. Aufl. 1908*
- Psykologi i Omrids paa Grundlag af Erfaring, Kbn. 1882, 422 S., erneut 1885, 1892, 1898, 1905, 1911, 1917, 1918, 1920, 1925, 1930 (deutsch: Psychologie in Umrissen auf Grundlage der Erfahrung, Leipzig 1887 u.ö., franz.: Paris 1900 und 1909; engl.: London 1891)
- Psykologiske Undersøgelser, Kbn. 1889, 103 S.
- Relation som kategori, Kbn. 1921, 109 S. (deutsch: Der Relationsbegriff. Eine erkenntnistheoretische Untersuchung, Leipzig 1922*, auch: Paris 1924)
- Religionsphilosophie. Unter Mitwirkung des Verfassers übers. von F. Bendixen, Leipzig 1901 (dän.: Religionsfilosofi, Kbn. 1901)
- Religøse Tanketyper, Kbn. 1927, 165 S.
- Rez. von Anton Thomsen, David Hume. Hans liv og virksomhed, Kbn. 1911, (deutsch: David Hume, sein Leben und seine Philosophie. Anläßlich des 200. Geburtstages seiner Geburt, Berlin 1912), in: Nordisk Tidskrift, 1911, S. 209 - 212
- Rez. von V. Kuhr, Æsthetisk Opleven og kunstnerisk Skaben, 1927 in: Tilskueren, 1927, I, S. 396 - 404

- Søren Kierkegaard som Filosof, Kbn. 1892, 2. Aufl. 1919 (deutsch: 1896, 2. Auf. 1902, 3. Aufl. 1922)

- Social Pessimisme, in: Mindere Arbejder, Kbn. 1899 (zuerst in: Tilskueren, 1890, S. 468 - 477)

- Sociologi og Religionsfilosofi, in: Vor Tid, 1914/1915, I, S. 1 - 16

- Spinoza 1677 - 1927, in: Tilskueren, 1927, I, S. 147 - 154

- Spinoza. 1677 - 1927, in: Chronicon Spinozanum, 1927, V, S. 40 - 47

- Spinozas Ethica. Analyse og Karakteristik, Kbn. 1918

- Sympathien som Grundlag for det ethiske, in: Vor Ungdom, 1880, S. 1 - 16

- Totalitet som kategori. En erkendelsesteoretisk undersøgelse, Kbn. 1917, 78 S. (deutsch: Der Totalitätsbegriff. Eine erkenntnistheoretische Untersuchung, Leipzig 1917, 126 S.)

- Zur Stellung der Erkenntnistheorie in unserer Zeit, in: Kant-Studien, 1930, xxxv, S. 480 - 495

- HÖFFDING, Harald, THOMSEN, A., Mindeord: Cai Viale, Et fragment om Den Moderne Opfattelse af Naturerkendelsen, efter hans død udgivet med mindeord af Harald Høffding og Anton Thomsen, Kbn. 1906, 32 S.

JACOBSSON, Malte, Psykisk kausalitet, Göteborg 1913

JACOBY, E. G., Die moderne Gesellschaft im sozialwissenschaftlichen Denken von Ferdinand Tönnies. eine biographische Einführung, Stuttgart 1971

KLOSE, Olaf, Jacoby, E. G., Fischer, Irma (Hrsg.), Ferdinand Tönnies - Friedrich Paulsen Briefwechsel 1876 - 1908, Kiel 1961; vergriffen

KÖHNKE, Klaus-Christian, Entstehung und Aufstieg des Neukantianismus. Die deutsche Universitätsphilosophie zwischen Idealismus und Positivismus, Frankfurt/M. 1986

KÖNIG, René, Die Begriffe Gemeinschaft und Gesellschaft bei Ferdinand Tönnies, in: Kölner Zeitschrift für Soziologie und Sozialpsychologie, 1955, 7, S. 348 - 420

KRARUP, Herdis, Rez. von H. Höffding, Den store humor, in: Tilskueren, 1917, I, S. 561 - 569

KUHR, J. V., Ved Harald Høffdings Død, in: Berlingske Tid. Aften., 1931, 2. Juli

LEIST, B. W., Alt-arisches Jus Gentium, Leipzig 1889

LEMBCKE, Oliver, Die Auseinandersetzung Tönnies' mit Grelling und Kautsky, in: L. Clausen, C. Schlüter (Hg.), Hundert Jahre 'Gemeinschaft und Gesellschaft', Leverkusen, voraussichtlich 1989

LIPS, J., Die Einstellung des Thomas Hobbes zu den politischen Parteien der großen englischen Revolution, Leipzig 1927

LOHMEIER, Dieter, Die persönlichen Beziehungen zwischen Storm und Tönnies, in: Rolf Fechner (Hg.), Der Dichter und der Soziologe. Zum Verhältnis zwischen Theodor Storm und Ferdinand Tönnies, Hamburg 1987, S. 11 - 20

- Artikel über »Neocorus«, in: Schleswig-Holsteinisches Biographisches Lexikon, Band 5, Neumünster 1979, S. 169 - 172

LÜTKEHAUS, Ludger, Zur Schopenhauer-Ausgabe letzter Hand, vorgelegt zum 22. 2. 1988, Zürich 1987

LYALL, Alfred, Asiatic Studies, religious and social, London 1882 u. ö.

MAIER, Heinrich, Sokrates, Tübingen 1913

MARX, Karl, Das Kapital, 1. Bd., Hamburg 1872, 2. verbesserte Aufl.

MAUTHNER, F., Spinoza, Dresden 1922

MERZ, Peter-Ulrich, Zum Verhältnis von Rationalität und sozialer Wirklichkeit bei Ferdinand Tönnies, in: A. Deichsel, R. Fechner (Hg.), Lokalkultur und Weltgesellschaft - Aspekte der Moderne, Hamburg 1987, S. 140 - 170

MEYERSON, Emile, Identité et Réalité, 1908 (deutsch: Leipzig 1930)

MUCKLE, Friedrich, Das Kulturproblem der französischen Revolution, 2 Bde., Jena 1921

- Die Rettung des Abendlandes durch den Geist der Goethezeit, Leipzig 1932

- Friedrich Nietzsche und der Zusammenbruch der Kultur, München und Leipzig 1921

MUTIUS, Gerhard von, Die drei Reiche, ein Versuch philosophischer Betrachtung, 1916

- Gedanke und Erkenntnis, Umriß einer Philosophie des Wertes, 1922

- Wort, Wert, Gemeinschaft. Sprachkritische und -soziologische Überlegungen, 1929

NÄGELE, Horst, Jens Peter Jacobsen, Stuttgart 1973

PAPILLON, Francisque, Le Problème religieux dans la philosophie de Harald Höffding, Genève 1920

PAULSEN, Friedrich, System der Ethik mit einem Umriß der Staats- und Gesellschaftslehre, Berlin 1889 u.ö.

PLESSNER, Helmuth, Nachwort zu Tönnies, in: Kölner Zeitschrift für Soziologie und Sozialpsychologie, 7, 1955, S. 341 - 347

POITEVIN, Léon, Rez. von H. Höffding. Religionsphilosophie, in: Revue Philosophique, 1903, p. 66 - 69

RICKERT, Heinrich, Grenzen der naturwissenschaftlichen Begriffsbildung, 2 Bde., Tübingen 1896 und 1902

- Zur Theorie der Geschichte (Exkurs), in: Archiv für wissenschaftliche Philosophie, 1901, 8

RUBIN, Edgar John, Einige prinzipielle Gesichtspunkte, 1927

- Haptische Untersuchungen, 1935

- Zur Psychologie der Geradheit, 1922

RUYSSEN, Problème de la personnalité en religion (d'aprés Höffding. Philosophie de la religion), in: Année psychologique, 1912, p. 460 - 477

SABATIER, Auguste, Esquisse d'une philosophie de la religion d'après la psychologie et l'histoire, Paris 1903, 7. Aufl. (deutsch: Leipzig/Tübingen 1898)

SANDELIN, Kalle, Kronologisk Bibliografi over Harald Høffdings Arbejder med Tillæg indeholdende Bibliografi over Skrifter om Høffding, in: F. Brandt, J. Jørgensen, V. Kuhr, E. Rubin (Hrsg.), Harald Høffding in memoriam, Kbn. 1932, S. 40 - 113

SCHÄFFLE, Albert Eberhard Friedrich, Bau und Leben des sozialen Körpers, Tübingen 1875 - 1878, 1896[2]

SCHINZ, Max, Die Wahrheit der Religion nach den neuesten Vertretern der Religionsphilosophie, Zürich 1908, S. 262 - 301

SCHLÜTER, Carsten (Hrsg.), Tönnies-Schmalenbach-Briefwechsel, in: L. Clausen, C. Schlüter (Hg.), Hundert Jahre 'Gemeinschaft und Gesellschaft', Leverkusen, voraussichtlich 1989

SCHMITZ, H. Walter, Tönnies' Zeichentheorie zwischen Signifik und Wiener Kreis, in: L. Clausen et al. (Hg.), Tönnies heute, Kiel 1985, S. 73 - 93

- Victoria Lady Welby und die Folgen, in: Zeitschrift für Semiotik, 1983, 5, S. 123 - 138

SCHMOLLER, Gustav, Rez. von Ferdinand Tönnies, Gemeinschaft und Gesellschaft, in: Schmollers Jahrbuch, 1888 12, S. 727 ff.

SCHOTT, Georg, Harald Höffding als Religionsphilosoph, München 1913 (Erlanger Dissertation)

SCHULZ, A., Deutsche Skulpturen der Neuzeit, Berlin 1900

SHAKESPEARE, Werke, herausgegeben und erklärt von Dr. Delius, Elberfeld 1860

SOLMS, Freda Gräfin zu (Hg.), Max Graf zu Solms. Ein Lebensgang. Briefe, Selbstzeugnisse, Berichte, Marburg 1982

SOLMS, Max Graf zu, Brücken, Privatdruck 1922

SOMBART, Werner, Der moderne Kapitalismus, Bde. 1 + 2, Leipzig 1902

- Sozialismus und soziale Bewegungen, Jena 1897 u. ö.

SPENGLER, Oswald, Untergang des Abendlandes. Umrisse einer Morphologie der Weltgeschichte, 2 Bände, Wien/München 1919/1922

STALLO, J. B., The Concepts and Theories of Modern Physics

THOMSEN, Anton, Aus Hegels Frühzeit, in: Kant-Studien, 1907, XII

- Bemerkungen zur Kritik des Kantischen Begriffes des Dinges an sich, in: Kant-Studien, 1903, VIII

- David Hume. Hans liv og virksomhed, Kbn. 1911, (deutsch: David Hume, sein Leben und seine Philosophie. Anläßlich des 200. Geburtstages seiner Geburt, Berlin 1912)

- David Hume. Religionens naturlige oprindelse og udvigling, Kbn. 1906

- Harald Höffding som Laerer. 1883 - 1908, in: Tilskueren, 1908

- Religion und Religionswissenschaft, Charlottenburg 1914

- Über die Entwicklung der ethischen Theorie Benekes, in: Archiv für Geschichte der Philosophie, 1903, XVI

TÖNNIES, Ferdinand, Anmerkungen über die Philosophie des Hobbes, in: Vierteljahrsschrift für wissenschaftliche Philosophie, 1879 - 1881, 3. - 5. Jg., insgesamt vier Artikel

- Begriff und Gesetz menschlichen Fortschritts, in: Archiv für Sozialwissenschaften und Sozialpolitik, 1925, 53, S. 1 - 10

- Briefe des Thomas Hobbes an Samuel Sorbières nebst Briefen Sorbières', Mersenne's u. a., herausgegeben und kommentiert von Ferdinand Tönnies, in: Archiv für Geschichte der Philosophie, 1889, Jg. 3, Heft 1, S. 758 -771 und Heft 2, S. 192 - 232
- Comtes Begriff der Soziologie, in: Monatsschrift Soziologie, 1909, 1. Jg., S. 42 - 50
- Das Ende des Strikes, in: Ethische Kultur, 1897, 5. Jg., S. 28 - 30 und S. 36 - 37
- Das Verbrechen als soziale Erscheinung, in: Archiv für soziale Gesetzgebung, 1895, Bd. 8, S. 329 - 344
- Das Wesen der Soziologie, in: Neue Zeit- und Streitfragen, 4. Jg., Heft 3, 1907, S. 53 - 58 (Vortrag in der Gehestiftung)
- Demokratie und Parlamentarismus, in: Schmollers Jahrbuch 1927, 51. Jg., S. 173 - 216
- Der englische Staat und der deutsche Staat. Eine Studie, Berlin 1917
- Der Hamburger Strike von 1896/97, in: Archiv für soziale Gesetzgebung und Statistik, 1897, Bd. 10, S. 673 - 720
- Der Kampf um das Sozialistengesetz 1878, Berlin 1929
- Der Nietzsche-Kultus. Eine Kritik, Leipzig 1897, 114 S. (eine Neuauflage im Berliner Akademie-Verlag ist geplant)
- Der Selbstmord in Schleswig-Holstein (alten Umfanges) 1885 - 1914, in: Nordelbingen, 1930/31, S. 447 - 472
- Der Umschwung der öffentlichen Meinung, in: The New Statesman vom 19. 8. 1916
- Der Zarismus und seine Bundesgenossen, Berlin 1922, 191 S.
- Die Berliner Statistik, in: Das Freie Wort, 1901, 1. Jg., S. 461 - 467
- Die Enquête über die Zustände der Arbeit im Hamburger Hafen, in: Archiv für soziale Gesetzgebung und Statistik,, 1898, Bd. 11, S. 303 - 348
- Die Entwicklung der sozialen Frage, Leipzig 1907, 154 S., erschien als 2. verbesserte Aufl. 1913, 160 S., dann 1919, Berlin/Leipzig mit dem Titelzusatz "bis zum Weltkriege", 161 S. und schließlich 1926 die verb. 4. Aufl., Berlin, 152 S.
- Die Erneuerung des Naturrechts, Januar 1880, (handschriftlich), 3 Oktavhefte, T-N, Cb 54.41:64.
- Die Kritik der öffentlichen Meinung, Berlin 1922, 583 S.
- Die Neue Botschaft, T-N Cb 54.34:39
- Die schöpferische Synthese. Ein philosophisches Resume, in: Die Zeit, 1901, Bd. 26, (franz.: La synthèse créatrice, in: Bibliotheque du Congrès International de Philosophie, 1900, tome 1, p. 415 - 434)
- Die schwere Kriminalität von Männern in Schleswig-Holstein in den Jahren 1899 - 1914, in: Zeitschrift für Völkerpsychologie und Soziologie, 1929, Jg. 5, S. 26 - 39 (zusammen mit E. Jurkat)
- Die Wahrheit über den Streik der Hamburger Hafenarbeiter und Seeleute in Hamburg 1896/97, Hamburg 1897 (Quelle dieser 31seitigen Schrift ist jedoch fraglich, Angaben nach Vermutung J. Zanders)
- Einteilung der Soziologie, in: Atti de V. Congresso internationale di filosofia, 1926, S. 1 - 16 (zuerst: Zeitschrift für die gesamten Staatswissenschaften, 1925, Bd. 79, S. 1 - 15)
- Ein Soziologenkongreß, in: Frankfurter Zeitung vom 11. 6. 1924
- Eindrücke von Dänemark, in: Frankfurter Zeitung vom 24. 10. 1914

- Eine neue Methode der Vergleichung statistischer Reihen, in: Schmollers Jahrbuch, 1909, 33. Jg., S. 699 - 720
- Einführung in die Soziologie, Stuttgart 1931 (erneut: 1965, 1974, 1981; norweg.: Oslo 1932)
- Einteilung der Soziologie, in: Zeitschrift für die Gesamte Staatswissenschaften, 1925, Bd. 79, S. 1 - 15
- Entwicklung der Soziologie in Deutschland im 19. Jahrhundert, in: Entwicklung der deutschen Volkswirtschaftslehre im 19. Jahrhundert. Festgabe für Gustav Schmoller, 1908
- Ethik und Sozialismus, in: Archiv für Sozialwissenschaft und Sozialpolitik, 3 Teile, 1907 - 1909, Bde. 25, 26 und 29
- Ethische Kultur und ihr Geleite. 1. Nietzsche-Narren, Berlin 1893
- Ferdinand Tönnies. Eutin, in: Deutsche Philosophie der Gegenwart in Selbstdarstellungen, Bd. 3, S. 199 - 234, hrsg. von Raymund Schmidt, Leipzig 1922; 2. ergänzte Aufl. 1923 unter der Titel: Ferdinand Tönnies. Kiel, ebd., S. 203 - 242
- Frei Finnland. 5 Briefe an einen schwedischen Politiker', in: Aftonbladet, 1917, S. 1-24
- Friedrich Paulsen (1846 - 1908), in: Herman Haupt und Paul Wentzcke (Hg.), Hundert Jahre Deutsche Burschenschaft. Burschenschaftliche Lebensläufe, Band 7 der 'Quellen und Darstellungen zur Geschichte der Burschenschaft und der deutschen Einheitsbewegung', S. 238 - 246, 1922
- Friedrich Paulsen (geb. 16. Juli, gestorben am 14. August 1908), in: Morgen, 1908, 2. Jg., S. 1180 - 1172
- Gemeinschaft und Gesellschaft. Abhandlung des Communismus und des Sozialismus als empirischer Culturformen, Leipzig 1887, 294 S. Die folgenden Auflagen erschienen unter dem Titel: Gemeinschaft und Gesellschaft. Grundbegriffe der reinen Soziologie, 2. erhebl. veränderte und vermehrte Aufl. Berlin 1912, 312 S.; 3. Aufl. Berlin 1920; 4. und 5. Aufl. Berlin 1922; 6. und 7. Aufl. 1926; 8. Aufl. 1935; reprographischer Nachdruck der achten Aufl., Darmstadt 1963, weitere Nachdrucke der Ausgabe von 1963 erfolgten 1969 (dabei wurde diese Ausgabe von Leinen auf Paperback umgestellt), dann 1970, 1972 und 1979; diese letzte Ausgabe wurde typographisch modernisiert, also neu gesetzt und 1984 erneut ausgegeben
- Gemeinschaft und Gesellschaft. Theorem der Kultur-Philosophie, in: Kant-Studien, 1925, 30. Jg., S. 149 - 179
- Hafenarbeiter und Seeleute in Hamburg, in: Archiv für soziale Gesetzgebung und Statistik, 1897, Bd. 10, S. 173 - 238 (unter durchgehender Mitarbeit von Heinrich Hennings)
- Hamburg, in: Die Kritik, 1897, Jg. 4, S. 342 - 345 (unter dem Pseudonym 'Krito')
- Harald Höffding, in: Ny Tid vom 10. 3. 1913 (jedoch fraglich)
- Harald Höffding. 11. Marts 1913, in: Tilskueren, 1913, S. 233 - 239 (Die deutsche Fassung in: Das Freie Wort, 1913, 12. Jg., S. 901 - 907)
- Harald Höffding. Zum 80. Geburtstag am 11. 3. 1923, in: Deutsche Allgemeine Zeitung vom 11. 3. 1923

- Herbert Spencers soziologische Werk, in: Philosophische Monatshefte, 1889, Bd. 25, S. 50 - 85; erneut in: SSK, I. Sammlung, S. 75 - 104
- Historismus und Rationalismus, in: Archiv für systematische Philosophie, 1894, 1. Bd., S. 228 - 252, erneut: in Tönnies, F., SSK, I, Jena 1925, S. 105 - 127
- Hobbes, der Mann und der Denker, Stuttgart 1912, 249 S.
- Höffdings Religionsphilosophie, Teil 1, in: Das Freie Wort, 1902, 1. Jg., S. 725 - 730, und Teil 2 + 3, in: ebd., 2. Jg., S. 76 - 86 + S. 139 - 144
- Immanuel Kants Weltbedeutung, in: Der Firn, 1924, 5. Jg., S. 244 - 245
- Kritik der öffentlichen Meinung, Berlin 1922, 583 S.; erneut: Aalen 1981
- Leibniz und Hobbes. 1 Brief des Leibniz an Hobbes, zum ersten Mal im richtigen Text herausgegeben mit Erläuterungen von Ferdinand Tönnies, in: Philosophische Monatshefte, 1887, Bd. 23 S. 557 - 560 und S. 561 - 573 (Erläuterungen)
- Marx. Sein Leben und Lehre, Jena 1921, 148 S.
- Menschheit und Volk, Graz/Wien 1918, 48 S. (Separatdruck: Zeitfragen aus dem Gebiete der Soziologie)
- Neue Botschaft, unveröffentlichtes Manuskript, T-N Cb. 54:
- Neuere Philosophie der Geschichte: Hegel, Marx, Comte, in: Archiv für Geschichte der Philosophie, 1894, Jg. 7, S. 486 - 515.
- Notes on the Welby Prize Essay, in Mind, 1901, vol. 10, p. 201 - 209
- Obligatorische Schiedsgerichte in Neuseeland (nach Bryce), in: Soziale Praxis, 1921, 30. Jg., S. 1038 - 1040
- Ortsherkunft von Verbrechern in Schleswig-Holstein, in: Deutsches Statistisches Zentralblatt, 1929, S. 146 - 150
- Philosophical Terminology (Part 1), in: Mind, 1899, vol. 8, S. 289 - 332, 2. Teil: 1899, vol. 8, p. 467 - 491
- Politik und Moral. Eine Betrachtung, Frankfurt 1904, 48 S.
- Probleme des Verbrechens und der Strafe, in: Deutschland, 1902/03, 1. Jg., S. 54 - 60 + S. 171 - 213
- Rez. von A. Pfungst, Zu seinen Gesammelten Werken, in: Deutsche Zeitung vom 14. 12. 1927
- Rez. von C. Legien, Der Strike der Hafenarbeiter und Seeleute in Hamburg-Altona, Hamburg 1897, in: Archiv für soziale Gesetzgebung und Statistik, 1897, Bd. 10, S. 490 - 492
- Rez. von C. N. Starcke, Die primitive Gesellschaft in ihrer Entsteheung und Entwicklung dargestellt, Leipzig 1988, in: Philosophische Monatshefte, 1889, Bd. 25, S. 366 - 369
- Rez. von C. Nohle, Die Staatslehre Platons in ihrer geschichtlichen Entwicklung, Jena 1882, in: Philosophische Monatshefte, 1882, Bd. 18, S. 76 - 85
- Rez. von Fr. Muckle, Geschichte der sozialistischen Ideen im 19. Jahrhundert, Leipzig 1909
- Rez. von F. Brandt, Thomas Hobbes' Mechanical Conception of Nature, in: Kant-Studien, 1932, 37. Jg., S. 165

- Rez. von Gabriel Tarde, Les lois de l'imitation. Etude sociologique, Paris 1890, in: F. Tönnies, Werke zur Philosophie des sozialen Lebens und der Geschichte; insgesamt 4 Artikel, in: Philosophische Monatshefte, 1893, Bd. 29, S. 291 - 309
- Rez. von H. H. Aall, Interessen som normativ idé, zwei Teile, Christiana 1913, in: Deutsche Literaturzeitung, 1917, 38. Jg., S. 1252 - 1255 und die Rez. des 3. Teiles, ebd., 1924, 45. Jg., S. 1460 - 1463
- Rez. von H. Kurella, Ein Handbuch über Kriminal-Anthropologie. Naturgeschichte des Verbrechens, in: Deutsche Worte, 1894, 24. Jg., S. 363 - 370
- Rez. von J. Bryce, Die obligatorischen Schiedsgerichte in Australien (nach Bryce), in: Soziale Praxis, 1921, 30. Jg., S. 712 - 71 und S. 712 - 714
- Rez. von W. Sombart, Der moderne Kapitalismus, in: Soziale Praxis, 1902, 11. Jg., S. 1070 - 1075
- Soziologische Studien und Kritiken, 3 Bde., Jena 1925, 1926, 1929
- Spinoza en Marx, in: Tijdspiegel, 1921, S. 289 - 294 (deutsch in: Die Neue Zeit, 1921, 39. Jg., S. 573 - 576)
- Statistik und Soziografie, Allgemeines Statistisches Archiv, 1929, 18. Bd., S. 546 - 558; verkürzte Darstellungen in: Deutsches Statistisches Zentralblatt, 1928, 20. Jg., S. 135 - 138, in: Forschungen und Fortschritte, 1928, 4. Jg., S. 161, in: Soziale Praxis, 1928, 37. Jg., S. 751 - 752; ebenfalls in: Varosi Szemle (ung.), 1929, S. 114 - 126
- Straftaten im Hamburger Hafenstrike, in: Archiv für soziale Gesetzgebung und Statistik, 1897, Bd. 10, Bd. 11, S. 513 - 520
- 'Strike-Terrorismus'. Ein Nachwort, in: Ethische Kultur, 1897, 5. Jg., S. 65 - 66
- Studie zur Entwicklungsgeschichte des Spinoza, in: Vierteljahrschrift für wissenschaftliche Philosophie, 1883, 7. Jg., S. 334 - 364
- Studie zur Kritik des Spinoza, in: Vierteljahrschrift für wissenschaftliche Philosophie, 1883, 7. Jg., S. 158 - 183
- Theodor Storm. Festrede zur Einweihung des Stormdenkmals am 14. 9. 1898, in: Ethische Kultur, 1898, 6. Jg., S. 333 - 336
- Theodor Storm. Zum 14. 9. 1917. Gedenkblätter, Berlin 1917, 72 S.
- Thomas Hobbes. Zum 3. Säculargedächtnis seines Geburtstages 1588, in: Deutsche Rundschau, 1889, 25. Jg., Bd. 59, S. 94 - 125
- Uneheliche und verwaiste Verbrecher. Studien über Verbrechertum in Schleswig-Holstein, Leipzig 1930
- Über die Aufgaben einer Logik der Geschichte, in: Archiv für systematische Philosophie
- Über die Demokratie, in: Verhandlungen des 5. Deutschen Soziologentages, 1927, Bd. 5, S. 12 - 26
- Über die Grundtatsache des menschlichen Lebens, Bern 1897 (Separatdruck aus: Ethisch-sozialwissenschaftliche Vortragskurse, Band 7)
- Über die preußische Nordschleswig-Politik, in: Kieler Zeitung von 1899 (fraglicher Titel)
- Verbrechertum in Schleswig-Holstein, in: Archiv für Sozialwissenschaft und Sozialpolitik, Bd. 52, 1924, S. 761 - 805

- Wege zu dauerndem Frieden?, Graz/Leipzig 1926
- Werke zur Philosophie des sozialen Lebens und der Geschichte. 4. Artikel, in: Philosophische Monatshefte, 1893, Bd. 29, S. 291 - 309
- Wilhelm Förster (Zum 70. Geburtstag), in: Nationalzeitung vom 16. 12. 1902, 55. Jg., Nr. 730
- Worte, gesprochen am Grabe Friedrich Paulsens, in: Husumer Nachrichten vom 27. 8. 1908
- Zum 11. März 1913, in: Das Freie Wort, 1913, 12. Jg., S. 901 - 907 (dän. in: Tilskueren, 1913, S. 233 - 239)
- Zum Gedächtnis an Franz Staudinger, in: Kölner Vierteljahreshefte, 1921, 2. Jg., S. S. 66 - 70
- Zum Hamburger Strike. Offener Brief an die Redaktion des 'Hamburger Korrespondenten', in: Ethische Kultur, 1896, 4. Jg., S. 409 - 411
- Zur Einleitung in die Soziologie, in: Zeitschrift für Philosophie und philosophische Kritik, 1899, 115. Bd., S. 240 - 251 (erneut in: SSK, I, S. 65 - 75)
- Zur Soziologie des demokratischen Staates, in: Weltwirtschaftsarchiv, 1923, S. 304 - 352
- Zur Theorie der Geschichte, in: Archiv für systematische Philosophie, 1902, 8. Bd., S. 1 - 38
- Zur Theorie der öffentlichen Meinung, in: Schmollers Jahrbuch, 1916, 40. Jg., S. 2001 - 2030

VIERKANDT, Alfred, Ferdinand Tönnies' Werk und seine Weiterbildung in der Gegenwart. Gedenkworte zu seinem siebenzigsten Geburtstag, in: Kant-Studien, 1925, 30, S. 299 - 309
- Rez. von H. Höffding, Religionsfilosofi, 1901, in: Vierteljahrschrift für wissenschaftliche Philosophie und Socziologie, 1902, XXVI, 2, S. 265 - 267

VORLÄNDER, Karl, Französische Philosophie, Breslau 1929
- Geschichte der Philosophie, Leipzig 1927⁷
- Immanuel Kants Leben, Leipzig 1911

WAGNER, Adolph, Grundlegung der politischen Ökonomie, 1. Theil: Grundlagen der Volkswirtschaft, 3. erweiterte Aufl. Leipzig 1892

WELBY, Lady Victoria, Significs and Language, London 1911
- What is Meaning? Studies in the Development of Significance, London 1903

WISSELL, Rudolf, Des alten Handwerks Recht und Gewohnheit, 2 Bände, Berlin 1929

WOLGAST, Ernst, Die Grundrechte und Grundpflichten der Deutschen im Lichte des Theorems 'Gemeinschaft und Gesellschaft', in: Kölner Vierteljahreshefte für Soziologie, 1925/26, 5, S. 145 - 156

WUNDT, Wilhelm, Ziele und Wege der Völkerpsychologie, in: ders., Probleme der Völkerpsychologie, Leipzig 1911, 2. vermehrte Auflage Stuttgart 1921, S. 1 - 39

ZANDER, Jürgen, Die Tatsache des Wollens, Berlin 1981

- Ferdinand Tönnies (1855 - 1936). Nachlaß, Bibliothek, Biographie, in: Berichte und Beiträge der Schleswig-Holsteinischen Landesbilbiothek, Kiel 1980

- Sozialgeschichte des Willens. Arthur Schopenhauer und die Anfänge der deutschen Soziologie im Werk von Ferdinand Tönnies, in: Rudolf Malter et al. (Hg.), Schopenhauer in der internationalen Diskussion. 69. Schopenhauer-Jahrbuch zur 200. Wiederkehr seines Geburtstages, Frankfurt/M. 1988, S. 583 - 592

ZWEIG, Stefan, Europäisches Erbe, Frankfurt /M. 1969